Maradick bei Forty

A Transition

Hugh Walpole

Writat

Diese Ausgabe erschien im Jahr 2024

ISBN: 9789359948003

Herausgegeben von
Writat
E-Mail: info@writat.com

Inhalt

Erster Teil:
Das Zimmer der Spielleute

KAPITEL I

DER ORT

Die graue Dämmerung verleiht den langen, hellen Sandflächen das Gefühl von etwas seltsam Unwirklichem. So weit das Auge reicht, biegt es in den Nebel hinein, sozusagen die letzten verschwindenden Kleidungsstücke eines fliehenden Geistes. Das Meer strömt sanft und ganz lautlos über seine Brust hinweg; Es ertönt ein zitterndes Flüstern, während es den höchsten Sandstreifen erwischt und ihn für einen Moment den Hang hinunterzieht, dann schleicht er sich mit einem kleinen Seufzer wieder zurück, ein besiegter Liebhaber.

Der Himmel ist grau, an seinen Außenrändern schwebt ein orangefarbenes Licht, das letzte Signal der untergehenden Sonne. Ein sehr schwacher Nebel kriecht allmählich über das Meer, so schwach, dass der silberne Kreis des aufgehenden Mondes ganz deutlich durch die Schatten scheint; Aber es verwandelt das blasse Gelb des geisterhaften Sandes in ein dunkelgraues Land ohne Form und Leere, das für einen Moment eins mit Meer und Himmel zu sein scheint und dann aus der Dunkelheit wieder zu einer klaren Substanz aufsteigt.

Hier im Bach herrscht Stille, abgesehen vom Rauschen und Flüstern des Meeres, aber hinter der Biegung der Felsen dringt der Lärm der Stadt direkt ins Ohr.

Die Stadt wird aus dem Sand am Hang des Hügels aufgebaut und erhebt sich Stufe für Stufe, bis sie ihren Höhepunkt im Kirchturm und den Dächern des „Man at Arms" findet.

Jetzt, in der Dämmerung, leuchten die Lichter Reihe für Reihe über den Sand. Vom Markt ertönt der Klang eines Jahrmarkts – raue, dissonante Melodien, die durch die Entfernung gemildert werden.

Die Kirchturmuhr schlägt acht, und irgendwo in den Tiefen der Stadt läutet eine Glocke.

In der Ferne ertönt ein Grollen, ein Brüllen, ein Lichtblitz, und ein Zug fährt in den Bahnhof ein.

Aber das Meer achtet nicht darauf, und hinter der Biegung des Baches schimmert der Sand weiß unter dem Mond, und der Nebel steigt aus dem Herzen der Wellen auf.

KAPITEL II

IN DEM UNSER HELD UND DER ORT WIEDER TREFFEN

Die Maradicks hatten bis 10.45 Uhr vier Plätze reserviert, und so gab es eigentlich keinen Grund, ein paar Minuten nach zehn in Paddington anzukommen. Aber es war wirklich ein Glücksfall, denn es waren so viele Leute unterwegs, dass die Träger scheinbar keine Bedenken hatten, ob man etwas reserviert hatte oder nicht, und einfach rosa Etiketten abzogen und rosa Etiketten aufklebten auf eine Weise, die wirklich grob unmoralisch war. Aber Mrs. Maradick , nachdem sie herausgefunden hatte, dass ihr eigenes rosa Ticket in Ordnung war –" James Maradick , Esq.: Vier Sitzplätze bis 10.45 Uhr. Reisen nach Treliss " – konnte es sich leisten, anderen Menschen gegenüber selbstgefällig zu sein und sogar ein wenig zu triumphieren über die recht amüsanten Missgeschicke einer sechsköpfigen Gruppe, die scheinbar keinerlei Chance hatte, sich einen Sitzplatz zu sichern.

Mrs. Maradick hielt tatsächlich immer ganz fest den Mund, wenn sie in den Urlaub fuhr. Sie betrat die Station mit der Miene einer Person, die einen sehr harten Kampf vor sich hat und unter keinen Umständen geschlagen werden würde. Sie wählte einen Träger mit der Zuversicht eines sehr alten Generals aus, der einen Mann auf den ersten Blick erkennen konnte, und sie führte ihn mit einer Vollständigkeit und einer großartigen Strategie auf dem Bahnsteig auf und ab, die ihn schließlich atemlos und verwirrt zurückließen, ohne dass ihm die Kraft fehlte um seine Empörung über die drei Pence zu zeigen , mit denen sie seine Dienste belohnte. Aber heute waren die Dinge früher als sonst erledigt, und um halb elf konnte sie sich in einer Viertelstunde Zeit ihren Freunden widmen.

Eine ganze Reihe von ihnen war gekommen, um sie zu verabschieden – Mrs. Martin Fraser, Louie Denis, Mrs. Mackintosh, Maggie Crowder und diese albernen Mädchen, die Dorringtons ; und eigentlich Tom Craddock – sehr klein, sehr dick, sehr atemlos – vielleicht ein bisschen schüchtern, aber ein Mann, der ihrem Mann mit einer ziemlich erbärmlichen Hingabe diente. Ja, natürlich *war er* gekommen, um sich von James zu verabschieden, also zählte er nicht ganz so, aber es war trotzdem nett von ihm.

"Oh! die Papiere! James, ich *muss* Papiere haben! Oh! Vielen Dank, Herr Craddock. Was? Oh, ich denke vielleicht, das *Bild der Dame* und die *Königin* – und oh! Wenn es Ihnen nichts ausmacht, die *Daily Mail* und der *Mirror* , und – oh! James hat die *Post* , also wäre der *Express vielleicht* besser – und ja, nur etwas für die Mädchen – was sagst du, Annie, meine Liebe? Das *Reich der Mädchen* ? Ja, bitte, das *Girl's Realm* , Mr. Craddock, und die *Girl's Own Paper* für Isabel. Ziemlich viel, nicht wahr, Louie, aber es ist eine *so* lange Reise – Stunden um Stunden – und die Mädchen werden so unruhig.“

Die Damen versammelten sich in einer kleinen Phalanx um das Kutschenfenster. Sie spürten immer diesen Abschied von Emmy Maradick ; jedes Jahr war es das Gleiche. Während ihrer Abwesenheit war Epsom nicht derselbe Ort, und sie konnten wirklich nicht verstehen, warum sie überhaupt weggehen sollte. Epsom war im August am schönsten, und das war der Monat des Jahres, in dem sie am nützlichsten sein konnte. Jeder gab damals seine Tennispartys; und es gab diese bezaubernden kleinen Sommertänze, und es gab keinen Garten in Epsom wie den der Maradicks ! Außerdem mochten sie sie um ihrer selbst willen. Es schien immer so gut zu laufen, wenn sie dort war, sie hatte so einen – wie war das Wort? – ein französisches Sprichwort – *Savoire -vivre* oder *savoir-faire* – ja, das war wirklich schade.

„Wir werden dich vermissen, Liebes." Das von Frau Mackintosh.

„Das ist süß von dir, Katie, Liebling. Und ich werde euch alle sehr vermissen. Und ein Hotel ist doch nie dasselbe, oder? Und der Garten fängt gerade erst an, wunderschön auszusehen. Du wirst ein- oder zweimal hineingehen, nicht wahr, Louie, und nachsehen, ob alles in Ordnung ist? Natürlich sollten sie es sein; Aber das kann man nie sagen, auch bei einem ganz neuen Gärtner. Ich denke, er ist standhaft genug – zumindest hatte er ausgezeichnete Zeugnisse, und James hörte von Mr. Templeton, wo er vorher war, wissen Sie, dass er ein ziemlich zuverlässiger Mann war; aber du weißt, was es ist, wenn man weg ist, wie alles zu laufen scheint – Oh! Nein, es ist alles in Ordnung, Mr. Craddock, ich glaube nicht, dass es schon so weit kommt. Setz dich, liebe Annie, und lehne dich nicht gegen die Tür."

Dann gingen die Damen eine nach der anderen an der Tür vorbei, überbrachten ihre kleinen Botschaften und stellten sich auf der anderen Seite auf. Also Frau Mackintosh –

„Nun, mein Lieber, ich *hoffe* , du hast die beste Zeit. Ich bin mir sicher, dass du es verdient hast, nach diesem alten Basar – all den Sorgen –"

Und Frau Martin Fraser –

„Denken Sie daran, eine Postkarte, Liebes – wenn Sie dort ankommen – nur eine Zeile. Wir werden es alle so gerne wissen."

Und Louie Denis –

„Liebling, vergiss die Skizze nicht, die du versprochen hast. Ich werde einen fertigen Rahmen bereithalten – und warte darauf."

Und Maggie Crowder –

„Ich hoffe, es wird gut, mein Lieber – was für ein Ärgernis, wenn es nass ist; Und dann ist da noch unser Tennistanz nächste Woche, es wird nicht im Geringsten das Gleiche sein, wenn –"

Endlich die Dorrington-Mädchen zusammen –

„Sehr geehrte Frau Maradick – auf Wiedersehen – reißend – es tut mir schrecklich leid –", der Rest verlor sich in nervösem Gelächter.

Und dann begann diese letzte schreckliche Minute, in der man sich wider Willen wünscht, dass der Zug fahren würde. Sie haben Ihre letzten Worte gesagt, Sie haben Ihre letzte Umarmung gegeben und Sie starren leidenschaftlich auf die Plattform und hoffen auf den Schlusspfiff und das prächtige Schwenken einer grünen Flagge.

Endlich kam es . Die Damen stürmten in Scharen nach vorn und schwenkten ihre Taschentücher. Mrs. Maradick lehnte sich einen Moment aus dem Fenster und winkte ihr zu. Tom Craddock schrie etwas Heiseres über James, das niemand hören konnte, und Epsom wurde schließlich seines Ruhmes beraubt.

Mrs. Maradick sammelte ihre Taschen mit ihren Teppichen ein und dachte dann über ihre Mädchen nach. Sie saßen ruhig, jeder in einer Ecke, die Gesichter fleißig über ihre Zeitschriften gebeugt. Sie waren sich sehr ähnlich, hatten glattes flachsblondes Haar und eine rosa-weiße Gesichtsfarbe, hellblaue Baumwollkleider und dunkelgrüne Hosenbunde.

Ja, es waren nette Mädchen – es waren liebe Mädchen. Dann dachte sie an ihren Mann. James Maradick hatte während der Verabschiedung im Hintergrund gestanden. Er war zwar bis zum letzten Moment beschäftigt gewesen, aber er war ein zurückhaltender und schweigsamer Mann und hatte eigentlich nicht viel zu sagen. Er war weit über 1,80 Meter groß und im Verhältnis breit. Er war glatt rasiert, hatte sehr ausgeprägte Gesichtszüge und eine hohe Stirn, aus der das Haar, kurz geschnitten und an den Schläfen etwas grau, zurückgekämmt und auf der rechten Seite gescheitelt war. Seine Augen waren grau und manchmal wunderbar ausdrucksstark. Epsom sagte, dass er ein schrecklicher Mann sei, weil er Sie durchschaut habe. Er trug einen dunkelbraunen, hervorragend geschnittenen Anzug. Er saß nun seiner Frau gegenüber und schaute aus dem Fenster. Er dachte an Tom Craddock.

„James, mein Lieber, wo ist mein Buch? Weißt du – der Roman, den du mir gegeben hast – „ Sir, der Erbe von irgendjemandem" oder so etwas. Ich möchte einfach wissen, wo alles ist, bevor ich mich niederlasse. Es war wirklich wahnsinnig nett, dass Louie Denis den ganzen Weg auf sich genommen hat, um sich zu verabschieden – und die anderen auch. Ich frage mich, ob Jack Hearne nicht da war. Er hätte Louie wiedersehen können, und das wäre eine gute Chance gewesen; aber vielleicht wusste er nicht, dass sie kommen würde. Es war nett, dass Mr. Craddock vorbeigekommen ist, obwohl er natürlich gekommen ist, um Sie zu sehen."

Sie hielt kurz inne und verneinte es, aber er sagte nichts, also fuhr sie fort : „ Aber, der arme Kerl, er wird furchtbar fett." Ich frage mich, ob er nicht etwas dafür vertragen könnte – Bäder oder so – obwohl natürlich Bewegung angesagt ist –"

Maradick blickte auf. „Ja, der arme alte Tom. Er ist ein guter Kerl. Aber er kommt voran – wir kommen alle voran. Ich werde bald dick sein – nicht mehr so jung wie wir –"

„Unsinn, James. Ich bin mir sicher, dass du dich seit deinem zwanzigsten Lebensjahr kein bisschen verändert hast. Mr. Craddock war immer beleibt."

Sie lehnte sich zurück und legte ihre Hand an ihre Stirn. „Dieser Zug wackelt fürchterlich. Ich werde wieder so schreckliche Kopfschmerzen haben. Ich spüre, wie es kommt. Suchen Sie einfach nach meinen Riechsalzen, ja? Ich glaube, sie sind in dieser kleinen schwarzen Handtasche."

Er, klug durch viel Erfahrung, fand bald, was sie suchte, legte Kissen auf ihren Rücken, zog die Jalousie herunter, um die Sonne vor ihren Augen zu schützen, und sank dann wieder in seinen Sitz zurück und sah zu, wie das Land vorbeizog.

Wie viele Feiertage gab es schon genau wie diesen? Er konnte sie nicht zählen. Es hatte immer Leute gegeben, die sie verabschiedet hatten – Leute, die die gleichen Dinge gesagt, die gleichen Witze gemacht, auf die gleiche Weise gelächelt und gelacht hatten. Es hatte immer das gleiche hastige Frühstück gegeben, die aufgeregte Fahrt, der überfüllte Bahnhof, das Abzählen der Kisten. Natürlich waren die Mädchen nicht immer da gewesen; Es war eine Krankenschwester da gewesen, und sie waren in einem anderen Wagen gereist, weil der Lärm seine Frau beunruhigte. Seine Frau! Er sah sie jetzt an, als sie sich mit geschlossenen Augen in ihre Kissen zurücklehnte. Sie hatte sich in all den Jahren ihrer Ehe kaum verändert; Sie war immer noch dieselbe zierliche, hübsche kleine Frau – etwas Zartes und Zerbrechliches –, die er vor fünfzehn Jahren so leidenschaftlich geliebt hatte. Er dachte an die Jahre, bevor er sie kennengelernt hatte. Es waren aufregende, abenteuerliche Jahre. Wann immer er hinausging, sei es auch nur, um einen Besuch abzustatten, hatte er immer den Gedanken gehabt, dass er jetzt vielleicht endlich dem wunderbaren Schicksal begegnen würde, das irgendwo auf ihn wartete. Er hatte oft geglaubt, er hätte es getroffen. Er erinnerte sich an Miss Suckling, ein hübsches Mädchen, die Tochter eines Pfarrers, und dann an Lucy Armes mit ihrem wundervollen dunklen Haar und ihren herrlichen Augen und dann an die kleine Rose Craven – ja, er hatte sie ziemlich sehr geliebt, nur jemand anders war eingetreten und hatte sie getragen sie weg.

Und dann war endlich sein Schicksal gekommen; Es hatte ein rauschendes Werben, einen glorreichen Heiratsantrag, eine rauschende

Verlobung und eine wundervolle Hochzeit gegeben. Es ging alles so schnell und so aufregend, dass er überhaupt keine Zeit hatte, darüber nachzudenken. Damals schien die Welt ein wundervoller, leuchtender Ort zu sein, und er hatte sich gefragt, warum die Menschen dachten, dass die Verzückung nachließ und anderen Gefühlen Platz machte – Misstrauen und Kritik und dann Entfremdung. Er erinnerte sich an die wunderbaren Briefe, die er geschrieben hatte, und an die Versiegelung mit großen Klecksen roten Siegellacks – jeden Abend, den er geschrieben hatte. Rückblickend schien es, als hätte er den größten Teil des Werbens erledigt; Sie war sehr charmant und zierlich und entzückend gewesen, aber sie hatte die Dinge sehr ruhig und nüchtern angegangen.

Und nun? Er sah sie noch einmal an und dann aus dem Fenster. Natürlich war nichts passiert. Er konnte auf keine bestimmte Handlung oder ein bestimmtes Ereignis blicken und darauf als Trennlinie verweisen. Er hatte sehr schnell herausgefunden, dass sie ihm nichts zu geben hatte, dass von Partnerschaft oder Kameradschaft weder die Rede war noch die Rede sein konnte . Das war natürlich zunächst so gewesen. Er hatte es auf seine eigene Dummheit, seine Unwissenheit, seine Blindheit zurückgeführt; Aber er hatte sie von allen Seiten auf die Probe gestellt, er hatte ihr jedes Zugeständnis gemacht, und da war nichts, einfach überhaupt nichts.

Dann hatte er noch etwas anderes entdeckt. Sie hatte ihn nicht um seiner selbst willen geheiratet, auch nicht, um ihr gerecht zu werden, wegen seiner Position oder wegen irgendetwas Materiellem, das er ihr geben konnte, sondern einfach, um Kinder zu bekommen. Er wusste nicht, wie er das herausgefunden hatte, aber er hatte es am Ende des ersten Jahres ihres gemeinsamen Lebens gewusst, und dann, als ihre Mädchen herangewachsen waren, hatte er es immer deutlicher gesehen. Jeder andere Mann hätte es genauso gut gemacht – einige Männer hätten es vielleicht besser gemacht – und so hatte er seine Pflicht getan.

Als er dann sah, was passiert war und dass seine Träume ein Ende hatten, hatte er die Zähne zusammengebissen und seine Seele für das Geldverdienen gegeben. Ob es ein fairer Austausch gewesen war, wusste er nicht, aber es war ihm gelungen. Sie hatten viel – viel für die Gegenwart, viel für die Zukunft. Er brauchte sein ganzes Leben lang keinen weiteren Tag zu arbeiten, es sei denn, er wollte, und er war erst vierzig.

Er lächelte grimmig, als er aus dem Fenster schaute. Er jammerte oder beschwerte sich nicht. Es gab zweifellos Tausende und Abertausende andere Menschen im selben Fall – nur was für ein Durcheinander! Was für ein albernes, abscheuliches Durcheinander.

Er war vierzig und bei bester Gesundheit. Er sah seine Frau noch einmal an. Sie war glücklich genug; Sie hatte ihr Haus und ihre Freunde und ihre

Mädchen! Sie wollte überhaupt nichts. Und sie würden natürlich bis zum Ende solcher Dinge weitermachen. Seit Jahren war es das Gleiche. Er hatte das Spiel gespielt, und sie hätte nie gedacht, dass er etwas wollte; Sie hatte wahrscheinlich noch nie an ihn gedacht.

Er war vierzig und das Leben war vorbei – seine Abenteuer, seine Emotionen, seine Überraschungen, seine Laster, seine große Romantik; er war ein Vogel in einem Käfig, und er hatte sich hineingesetzt und die Tür verschlossen. Er sah seine Mädchen an; Sie lösten keinerlei Emotionen aus, er mochte sie überhaupt nicht. Das war natürlich falsch, aber es stimmte völlig; und dann war es genauso wahr, dass sie sich nicht um ihn kümmerten. Sein Kopf begann zu nicken und schließlich schlief er ein. Er träumte vom Bahnhof und dem armen Tom Craddock – er wurde immer dicker – er füllte den Wagen – jeder musste sich an die Wand quetschen, um ihm aus dem Weg zu gehen – Tom, Tom – das geht eigentlich nicht – nimm welche Rücksichtnahme . . . .

Im Wagen herrschte vollkommene Stille. Die Mädchen hatten seit Beginn der Reise kein Wort gesprochen. Die leuchtende Landschaft flog an ihnen vorbei; Dinge schossen am Fenster hoch; Kühe, Bäume, Hecken und Telegrafendrähte sprangen ohne ersichtlichen Grund wild auf und ab. Schließlich kam ein Beamter und befahl ihnen , ihre Plätze zum Mittagessen einzunehmen, und es herrschte sofort Verwirrung. Mrs. Maradick segelte in den Speisewagen, dicht gefolgt von ihren Mädchen; Maradick bildete das Schlusslicht.

Ihr Schlaf hatte sie erfrischt, und sie war fröhlich und fröhlich. „Jetzt, James, sehen Sie strahlend aus. Na, Annie, Liebling, und war das *Mädchenreich* amüsant? Ja? Ich bin so froh und was hat Ihnen am besten gefallen?"

Annie sprach leise und bedächtig. „Es gab eine Geschichte, Mutter, über die Abenteuer eines Mädchens in Amerika, die mir sehr gut gefallen hat, auch ein Artikel über ,Wie man Geige lernt' war sehr gut." Sie faltete die Hände im Schoß und blickte direkt vor sich hin.

Aber Mrs. Maradick steckte tief in der Speisekarte. „Es ist immer gebratenes Hammelfleisch oder gekochtes Lamm", rief sie aus; „So etwas Eintöniges – Käse *oder* Süßes – habe ich noch nie erlebt" – sie tauchte genüsslich in ihre Suppe.

„Es ist wirklich nicht so schlimm", rief sie wenig später. „Und sie haben die Sachen heiß, was so wichtig ist. Denken Sie, Mädels, wir haben schon die Hälfte geschafft. Wir werden pünktlich zum Abendessen da sein. Ich bin gespannt, wer dieses Jahr dabei sein wird. Letztes Jahr gab es diese netten Jacksons – Sie erinnern sich – diese Miss Jackson mit dem wuscheligem Haar und dem kurzen Rock – ganz nette Leute, das waren sie. Ich glaube nicht, dass sie dir besonders gefallen haben, James."

„Nein, sie waren mir nicht besonders wichtig", antwortete er grimmig.

„Nein – so schade. Wir mögen so oft unterschiedliche Menschen. Und dann waren da noch die Dalrymples – ganz nett – und Lucy Dalrymple war eine so gute Freundin für die Mädchen; Du erinnerst dich an Lucy, nicht wahr, meine Lieben?"

Und so sollte es wieder dasselbe sein – die gleiche eintönige Runde wie zuvor. Anfangs hatte er Treliss gemocht . Es war urig, romantisch und interessant gewesen und er hatte das Meer geliebt. Und dann das Hotel mit seinem malerischen Namen „The Man at Arms" und seiner malerischen elisabethanischen Architektur. Wenn er allein dort sein könnte, nur für einen Tag!

Sie gingen zu ihrem Wagen zurück und stellten fest, dass die beiden zusätzlichen Sitze, die bisher von einem in jeder Hinsicht unbedeutenden Mann und seiner Frau gemietet worden waren, jetzt von zwei sehr jungen Leuten besetzt waren. Ein weiterer Blick stufte sie als „Flitterwochen" ein, und Mrs. Maradick fand sie nicht mehr interessant. Sie versank in ihrem Roman, und es herrschte absolute Stille, abgesehen vom leisen Surren der Räder unter ihnen und dem Rauschen der Luft vor den Fenstern.

Das Paar ihm gegenüber war sehr still – manchmal gab es ein Flüstern oder ein Lachen, als sich ihre Blicke trafen. Er kannte diesen Blick und diesen Handschlag. Er wusste, dass sie sich beide außerhalb des Zuges befanden und durch den Raum flogen, ohne an Zeit oder irgendwelche einschränkenden Grenzen zu denken. Was waren das für Narren; er würde es ihnen gerne sagen. Er möchte ihnen zeigen, dass er vor fünfzehn Jahren schon einmal so gewesen ist. Er hatte geglaubt, dass es nie ein Ende geben würde, und es hatte kaum ein Jahr gedauert.

Und so gelangten sie nach Cornwall. Jedes Jahr verspürte er in diesem Moment die gleiche seltsame Erregung, die gleiche Emotion, als würde etwas Altes und Unveränderliches die sehr moderne und sich verändernde Struktur seines eigenen Lebens durchkreuzen.

Mrs. Maradick legte ihren Roman weg und sah sich um.

„Bald wird es Truro sein", sagte sie; „Und dann wird es bei Trewth all diese mühsamen Umstellungen geben . Es ist wirklich zu absurd, dass man das ständig haben sollte. Liebe Louie! Ich frage mich, was sie jetzt macht – vermutlich ist sie gegangen, um sich den Garten anzusehen, so wie das liebe Mädchen, das sie ist. Ich hoffe, dass sie uns dieses Jahr wieder die gleichen Zimmer geben werden. Du hast für sie geschrieben, nicht wahr?"

"Ja, Liebes."

„Weil Sie wissen, dass sie letztes Jahr versucht haben, diese blöden Jones's einzubauen, und wenn ich nicht einen großen Streit darüber gemacht hätte, hätten sie uns in den Ostflügel geschickt, mit diesem großen, trüben Blick auf das Meer und ohne einen Blick darauf Stadt vor der Tür.“

Er erinnerte sich, dass er die Räume davor ziemlich beneidet hatte; Es gab eine herrliche Aussicht auf das Meer und eine kleine Ecke mit einem alten Pier aus grauem Stein und roten Fischerbooten.

Mrs. Maradick richtete ihre Aufmerksamkeit auf die Mädchen.

„Jetzt, meine Lieben, kommt und redet.“ Sie gingen auf sie zu und setzten sich erwartungsvoll auf jede Seite. „Ich hatte eure Berichte, meine Lieben, kurz bevor ich das Haus verließ, und sie waren beide äußerst zufriedenstellend. Miss Maynard sagt über Ihr Französisch, Isabel, dass Sie einiges an Können und großen Fleiß an den Tag legen. Welches war Miss Maynard, mein Lieber, bei der Preisverleihung? Das hübsche Mädchen mit dem ziemlich schicken Kleid? Ich erinnere mich, dass ich sie damals bemerkt habe.“

„Nein, Mutter, das war Miss Lane; Miss Maynard hatte einen Zwicker.“

"Oh ja; und im Takt der Lieder, erinnere ich mich. Was die Arithmetik betrifft –“

Er beobachtete sie und wusste, dass er völlig vergessen worden war. Waren die Kinder anderer Leute so? Er kannte einige kleine Mädchen, die auf das Knie ihres Vaters kletterten, an seinem Schnurrbart zogen und seine Hand umklammerten; aber andererseits musste es größtenteils seine eigene Schuld sein, denn er wusste, dass er sie daran gehindert hätte, wenn seine Mädchen es versucht hätten . Er hätte nicht wissen sollen, was er sagen sollte!

Trewth kamen, lag ein wunderbarer Glanz über dem Land . Er spürte bereits den Atem des Meeres und das stechende Salz in der Luft; Die lange Plattform hinunter wehte der Wind lachend und kreischend um die Kisten und Bündel und die absurden Sterblichen, die sich an ihren Hüten und Umhängen und ordentlich zusammengebundenen Haaren festhielten.

„Kommt, Mädels.“ Mrs. Maradick packte ihren Träger und rief „ Treliss !“ in sein Ohr. „Vergiss nichts, James. Hast du meine grüne Tasche und die kleine braune Reisetasche ? und – ach ja – meine schwarze Tasche dort auf dem Sitz.“ Sie eilte den Bahnsteig hinunter.

Es war immer in diesem Moment, dass eine allgemeine Überprüfung stattfand und man herausfand, ob es jemanden geben würde, den man bei Treliss kannte . Alle warteten auf die Ankunft des anderen Zuges, so dass Sie eine herrliche Zeit für die Inspektion hatten. Mrs. Maradick war eine Meisterin der schwierigen Kunst, in einer halben Minute alles über Menschen zu erfahren, ohne auch nur in ihre Nähe zu schauen.

„Nein, die Dalrymples sind nicht da. Ich wage zu behaupten, dass sie bereits gekommen sind. Was für ein Wind! Eigentlich ist es am nervigsten, warten zu müssen. James, hast du alle Kisten da? Zwölf insgesamt, deinen Portmanteau mitgerechnet –"

Sie sah in der Tat sehr hübsch aus, ihre Farbe wurde durch den Wind verstärkt, ihr Haar wehte in kleinen goldenen Strähnen um ihre Wange, das Hellgrün ihres Kleides und das kleine Klirren goldener Armbänder und die Perlenkette an ihrem Hals.

Sie gingen schweigend auf dem Bahnsteig auf und ab, bis der Zug einfuhr. Sie redeten nie, wenn sie zusammen waren, weil es nichts zu sagen gab. Wenn andere Leute da waren , machten sie weiter, weil sie ein Spiel spielen mussten, aber wenn sie alleine waren, lohnte es sich wirklich nicht . Er fragte sich manchmal, ob sie überhaupt merkte, dass er da war. Am liebsten hätte er sie wütend gemacht; Er hatte es einmal versucht, aber es hatte nichts geholfen, sie lächelte nur und starrte durch ihn hindurch, als wäre er eine Mauer gewesen.

Sie stiegen in den Zug und rasten auf die Märchenreise nach Treliss . Es war schon immer das Magischste auf der Welt. Die Züge trugen dazu bei, die Romantik noch zu steigern – seltsame, schwerfällige, stolpernde Waggons mit einer lächerlichen kleinen Lokomotive, die ohne Grund kreischte und schnaufte und schnaubte, um ihre eigene Bedeutung zu steigern. Sie hörten oft plötzlich auf, während etwas in Ordnung gebracht wurde; und sie lagen mehrere Minuten lang im Herzen des goldenen Sandes, während das blaue Meer darunter lächelte. Oft verspürte er die Versuchung, auszusteigen und über die grünen Dünen zu marschieren, und so hinunter ins Herz der kleinen Stadt mit ihren roten Dächern und leuchtenden Türmen. Er erhaschte das Glitzern des nassen Sandes und sah die rotbraunen Umrisse der Felsen, die um die Kurve bogen.

Der Bahnsteig war überfüllt und er hatte einige Schwierigkeiten, ein Taxi zu finden; aber schließlich hatten sie sich niedergelassen und bogen um die Ecke auf die gepflasterte Straße.

Frau Maradick legte sich ziemlich erschöpft zurück. „Wir hätten dieses Taxi nie bekommen, wenn ich mich nicht am Arm dieses Mannes festgehalten hätte", sagte sie atemlos. „Es war mit Sicherheit der letzte, und wir hätten an dieser Station Stunden warten müssen, bis wir einen neuen bekamen. Ich nenne es normales schlechtes Management. Es ist der wichtigste Zug des Tages und es hätte genug Dinge geben müssen, um ihm gerecht zu werden."

Treliss wurde bisher nicht durch die Anforderungen der modernen Zivilisation verdorben . Im August ist es „touristisch" und das „Man at Arms" ist eines der beliebtesten Hotels im Westen Englands; Aber es ist ihm gelungen, seine herrlich engen Gassen, seine wunderbar unzureichenden Geschäfte, seine mangelhafte Beleuchtung und einen durchaus triumphalen Mangel an Konkurrenz unbefleckt zu halten. Die Hauptstraße verläuft steil den Hügel hinauf und hat ihren Ursprung im nassen, glänzenden Sand der kleinen Bucht und ihren triumphalen Abschluss in den prächtigen Portalen und leuchtenden Terrassen des „Man at Arms". Die Straße besteht aus Kopfsteinpflaster, und die Häuser hängen noch immer mit schiefen Türpfosten und gebogenen Giebeln darüber, so dass das Mittelalter auf Ihrem Weg an Ihrer Seite schleicht und Sie erwarten, dass eine dunkel verhüllte Gestalt mit knochigen Fingern bedrohlich durch die dunklen Gassen zeigt und verdrehte Ecken. Unterwegs gibt es solche Geschäfte, aber niemand hat sie jemals ernst genommen. „In Treliss kann man nichts kaufen " ist der ständige Ruf aller Besucher; und es folgt im Allgemeinen die Behauptung, dass man trotzdem die doppelten West-End-Preise zahlen muss.

Der uralte Vierradwagen mit den Maradicks holperte langsam den Hügel hinauf, und in jedem Moment schien es, als müsste die Lawine von Kisten oben mit einem Rauschen und Brüllen herunterkommen und ihren Inhalt über das Kopfsteinpflaster verstreuen.

Mrs. Maradick sagte nichts, ihre Gedanken waren auf das bevorstehende Interview mit ihrem Hotelmanager gerichtet. Sie wusste, dass sie um diese Räume kämpfen musste, aber sie würde ihren Sieg erringen und kein Pardon geben. Der Charme des Ortes hatte Maradick erneut in seinen Bann gezogen. Im Staub und in der Hitze des Londoner Jahres hatte er geglaubt, er hätte den Verstand völlig verloren; Aber jetzt, als er einen Blick auf die geschwungene Bucht und die gepflasterte Straße erhaschte und den Duft von Gischt, Zwiebeln, Reseda und Fischernetzen (er war eine Mischung aus all diesen Dingen) in seiner Nase hatte, schlug sein Herz aufgeregt, und das tat er auch summte eine kleine Melodie, die er im Jahr zuvor gehört hatte. Was war die Melodie? Er hatte es vergessen; er hatte in London nie daran gedacht, aber jetzt war es wieder bei ihm. Er hatte es in einem Gasthaus am Kai von einem Seemann singen hören. Er hatte draußen in der Dämmerung gestanden und zugehört. Er erinnerte sich an die letzte Zeile:

Und da ist Gold im Bach und im Sand des Meeres,

Also ho! für die Fracht des Schmugglers!

Das bedeutete natürlich nichts – eine Art „Fluch von Penzance "-Absurdität –, aber die kleine Melodie pochte in seinem Gehirn.

Auf halber Höhe des Hügels liegt der Marktplatz, sozusagen auf einem erhöhten Plateau, mit dem Rathaus als Mittelpunkt.

Es war schwierig für sie, hindurchzukommen, denn es gab einen Jahrmarkt, der den Markt füllte und sich über die verwinkelten Straßen den Hügel hinauf und hinunter erstreckte. Während sie hindurchstolperten und stolperten, erhaschten sie nur einen flüchtigen Blick: ein Karussell und Reihen von Buden und schreiende Scharen von Männern und Mädchen und eine seltsame zahnlose alte Frau mit spitzem Hut, die auf einem Fass saß und Süßigkeiten verkaufte.

„Wie sie das zulassen können, weiß ich nicht!" Mrs. Maradick lehnte sich vom Fenster zurück. „Man könnte genauso gut – Whitechapel, wissen Sie, und so etwas."

Die letzte Biegung der Straße zum Hotel war tatsächlich sehr steil und das Gewicht der Kisten schien mit jedem Schritt zuzunehmen; Die Pferde zogen und zerrten, und einen Moment lang zögerten sie und rutschten halb rückwärts, dann waren sie mit einem heiseren Schrei des Kutschers, einer gigantischen Anspannung von Gliedmaßen und Muskeln, durch das Hoteltor. Denn das Hotel befindet sich auf einem eigenen Grundstück, und wenn man sich ihm über eine Auffahrt aus Lärchen- und Birkenholz nähert, ist die Privatsphäre verblüffend und ungewöhnlich.

Hundert Jahre zuvor war es das Herrenhaus des Anwesens gewesen, das feudale Schloss einer feudalen Stadt, das wie ein italienischer Despot das Land zu seinen Füßen regierte. Dann waren seine Herren dem Moloch der modernen Zivilisation und des Fortschritts zu Füßen gefallen, und ihre Tyrannei war in die Hände anderer übergegangen. Einige Jahre lang hatte das Haus verlassen gelegen und drohte völlig zu verfallen und zu verfallen; Seine Gärten hatten sich in eine Wildnis verwandelt, und in seinen Gemächern hatten sich Staub und Schimmel angesammelt. Dann, etwa im Jahr 1850, hatte der junge Mr. Bannister aus Manchester seine Chance erkannt. Treliss war damals ein obskures und winziges Dorf ohne jeglichen Ruhm; Aber es gab Angeln, Farben und Baden, also nutzte Mr. Bannister seine Gelegenheit.

Er verfügte über große Ressourcen und ein sehr originelles Gehirn, also machte er sich an die Arbeit und hatte sofort Erfolg. Er hatte nicht die Absicht, es in eine moderne Wasserstelle umzuwandeln – davon gab es (wenn wir jetzt von 1860 sprechen) genug, was anderswo getan werden könnte –, er hatte Pendragon und Port Looth im Kopf. Nein, er würde es seinen Charakter behalten lassen – tatsächlich würde er es zwingen, seinen Charakter zu behalten. Einige Jahre lang gab es andere Dinge zu tun und seine Pläne steckten noch in den Kinderschuhen; dann im Jahr 1870 (nicht mehr der junge Mr. Bannister, sondern der beleibte und wohlhabende Mr. Bannister) übernahm er das Haus.

Er hat seinen ursprünglichen Charakter in keiner Weise beeinträchtigt. Natürlich gab es viele Veränderungen, aber trotz alledem hat es den Charme und die Geräumigkeit des 17. Jahrhunderts bewahrt – diesen Hauch von Überraschung und unerwarteten Ecken, die plötzlichen Visionen von versteckten Gärten, die von dicht beschnittenen Buchsbäumen begrenzt werden, und die weiten Tiefen mit breiten Steintreppen und dunkler Eichenvertäfelung – ein Charme, der in keinem anderen Hotel in England zu finden war, ein köstliches Überbleibsel, das Ihnen das England des 17. Jahrhunderts ohne seine Unannehmlichkeiten und Nachteile, ob hygienischer oder sonstiger Art, vermittelte.

Vorerst, im Jahr 1908, verfügte es über die allerneuesten Verbesserungen. Es gab Aufzüge und die allerbesten Belüftungsmethoden; Das elektrische Licht war von köstlicher Sanftheit und die Teppiche und Stühle waren so luxuriös, dass es schwierig war, sich nach draußen zu zwingen. Aber dann, wenn man draußen war, fragte man sich, wie man jemals drinnen bleiben konnte; denn es gab Rasenflächen mit herrlichsten Ausblicken auf das Meer und Tennis, Krocket und Badminton und – und jetzt standen die Maradicks vor der Tür.

Mehrere Menschen waren auf dem Gelände verstreut und beobachteten sie neugierig. aber es war fast Zeit, sich umzuziehen, und schon wurden die Schatten auf den Rasenflächen länger, und die Eiben warfen lange, fantastische Formen über die Rosen und Nelken. In den Wipfeln der Bäume wehte eine leichte Brise, und ganz schwach, wie eine ferne, feierliche Musik, ertönte das Rauschen des Meeres.

Die Türen der Maradicks schlossen sich .

KAPITEL III

IN DEM DER ADMONITUS LOCORUM SPASS ZU HABEN BEGINNT

MIT ZWEI VÖLLIG RESPEKTIVITÄTEN MITGLIEDERN VON

GESELLSCHAFT

Die Halle des „Man at Arms" war schon immer ein Ort des Mysteriums. Das hohe Dach schien in den unendlichen Raum überzugehen, und auf jeder Seite erschienen Durchgänge und dunkle Eichentüren, die, wie man glaubte, in das Herz der Geheimhaltung führten.

Am anderen Ende, gegenüber den großen Türen, befand sich die breite Steintreppe, die zu anderen Stockwerken führte, und durch die Gänge nach rechts und links ließen tief eingelassene Fenster Lichtstrahlen herein.

Frau Maradick begrüßte Herrn Bannister herzlich, aber zurückhaltend. Er war ein kleiner, stämmiger Mann wie ein Top, äußerst ordentlich und immer korrekt. Er vermittelte seinen Gästen gerne den Geist des Ortes – dass sie nicht aus Söldnersicht, sondern mit der Begrüßung eines Freundes empfangen wurden. Natürlich würde es am Ende eine Rechnung geben – es war nur die schreckliche Notwendigkeit dieser, unserer Zeit –, aber wir sollten sie vergessen und bis zur endgültigen Verabschiedung beiseite legen. Am liebsten hätte er die Rechnungen, wenn möglich, nachträglich per Post verschickt, auf Anweisung einer anderen Hand; aber das gab skrupellosen Abenteurern Gelegenheit. Am liebsten hätte er die ganze Welt, jedenfalls die ganze gesellschaftliche Welt, unentgeltlich unterhalten; so wie es war – nun ja, die Rechnungen waren schwer. Er war immer enttäuscht, wenn seine Gäste diesen Standpunkt nicht verstanden; Manchmal waren sie polternd und dominant, manchmal waren sie unterwürfig und ängstlich – beide Verhaltensweisen waren unangenehm.

Bei Mrs. Maradick war er sich nie ganz sicher. Er hatte Angst, dass sie die ganze Situation kaum begriff; Es bestand kein Zweifel daran, dass sie es für unmöglich hielt, den Gesetzentwurf ganz abzuschaffen.

„Und unsere Zimmer?"

Mrs. Maradick sah zu ihm auf. Sie lächelte, aber es war ein Lächeln, das zu verschwinden drohte.

„Ich denke, Sie werden vollkommen zufrieden sein, Frau Maradick . Eine höchst entzückende Suite im zweiten Stock mit Blick auf das Meer –"

„Ah – aber unsere Zimmer. Mein Mann hat geschrieben, glaube ich. Wir hatten letztes Jahr das Gleiche – ich –"

„Ich fürchte, es gab ein paar Schwierigkeiten. Wir hatten bereits Bestellungen erhalten. Ich hätte geschrieben, um es zu erklären, wenn ich nicht sicher gewesen wäre, dass die Zimmer, die wir Ihnen zugewiesen hatten, vollkommen zufriedenstellend sein würden."

„Nun, Mr. Bannister, das ist wirklich schade von Ihnen." Das Lächeln war verschwunden und ihre Augen blitzten. Es sollte zu einer Schlacht kommen, wie sie es vorhergesehen hatte. „Wir hatten letztes Jahr die gleichen Probleme, glaube ich –"

„Es tut mir sehr leid, Frau Maradick ." Er beobachtete sie etwas besorgt. Dies war eine der Gelegenheiten, bei denen er sich ihrer nicht sicher war. Würde sie sich an die wahre Ethik der Situation erinnern? Er hoffte für sie, dass sie es tun würde. „Es tut mir wirklich sehr leid, aber ich befürchte, dass in diesem Fall nichts getan werden kann. Sir Richard und Lady Gale haben die Zimmer bereits letztes Weihnachten bestellt. Ich glaube, es ist für ihn aus gesundheitlichen Gründen von einiger Bedeutung. Sie haben etwas Wert darauf gelegt."

„Lady Gale?"

"Ja." Mr. Bannister lächelte erneut. „Wirklich, Frau Maradick , ich denke, Sie wären mit Ihren Zimmern vollkommen zufrieden, wenn Sie für einen Moment vorbeikommen würden."

„Ist Lady Gale hier?" Frau Maradick überlegte.

"Ja. Sie sind letzte Nacht angekommen."

„Nun", langsam und zögernd, „lass uns gehen und sie sehen, James." Man weiß schließlich nie."

Maradick war erleichtert. Er wartete bei diesen Interviews immer im Hintergrund – es gab das ganze Jahr über viele. Aber das war erfreulicherweise vorbei. Wäre es der Jones gewesen! Nun, er hatte keinen Zweifel daran, dass es ein längerer Kampf gewesen wäre; schließlich *gab es* einen Unterschied.

Mrs. Maradick eilte zum Aufzug, dicht gefolgt von ihren Mädchen, und Mr. Bannister an ihrer Seite. Maradick wollte gerade folgen, als er eine Berührung an seinem Ellbogen spürte und sich umdrehte. An seiner Seite stand ein junger Mann mit dunklem, lockigem Haar und einer Stupsnase; Nicht brüsk genug, um es zu bemerken, aber gerade genug, um den Eindruck zu erwecken, dass „alles nach oben gedreht ist" – seine Mundwinkel und seine Ohrenspitzen.

Er schien tatsächlich sehr jung zu sein und hatte diese sehr saubere, klare Haut, die das Beste an einem anständigen jungen Mann ist; Zumindest fasste

Maradick ihn mehr oder weniger so zusammen. Er trug ein Abendkleid, und es stand ihm.

„Ich sage, es tut mir schrecklich leid."

Er lächelte, also lächelte auch Maradick .

„Ich bitte um Verzeihung", sagte er.

„Was die Zimmer angeht, wissen Sie. Es sind meine Leute – mein Name ist Gale – die sie haben. Ich fürchte, es war sehr ärgerlich und ich bin mir sicher, dass es meiner Mutter sehr leid tun wird." Er errötete und stammelte.

„Oh, bitte –" Maradick war ziemlich verlegen. „Es spielt eigentlich überhaupt keine Rolle. Meiner Frau gefielen diese Zimmer – wir waren letztes Jahr dort – und sie hat natürlich danach gefragt; aber diese anderen werden uns hervorragend passen."

„Nein, aber dass du letztes Jahr dort gewesen bist, scheint fast so, als hättest du ein Recht darauf, nicht wahr? Das stimmt mit meinem Vater, es macht einen ziemlichen Unterschied für ihn, und sie zerstören Räume."

„Ja, natürlich", lachte Maradick erneut, „wir werden uns vollkommen wohl fühlen."

Es entstand eine kurze Pause. Es gab nichts mehr zu sagen: dann plötzlich, gleichzeitig: „ Es ist sehr anständig. " . ." und da lachten sie wieder. Dann eilte Maradick die Treppe hinauf.

Der Junge blieb, wo er war, das Lächeln blieb in seinen Mundwinkeln. Obwohl es halb sieben war, strömte Tageslicht in die Halle. Die Leute gingen hin und her , warfen ihm hin und wieder einen Blick zu und fingen sein ansteckendes Lächeln auf.

„Bei Gott, eine hübsche Frau, aber ein bisschen tatarisch", sagte er und dachte an Mrs. Maradick ; Dann drehte er sich um und ging die Treppe hinauf, einen Gang nach rechts hinunter, und im Nu hatte der junge Gale die Tür zum Wohnzimmer geöffnet. Die besprochenen Räume waren auf jeden Fall sehr reizvoll und die Aussicht war bezaubernd, über die Stadt und auf das dahinter liegende Meer. Es gab flüchtige Blicke auf die krummen Straßen und verdrehten Giebel und schließlich auf den kleinen Steinpier und eine Schar Heringsboote, die unter seinem Schutz Schutz suchten.

Im Wohnzimmer wartete Lady Gale darauf, zum Abendessen hinunterzugehen. Zu diesem Zeitpunkt war sie etwa fünfzig Jahre alt, aber sie war gerade und groß wie mit zwanzig. In ihren jungen Tagen als Miss Laurence, Tochter von Sir Douglas Laurence, dem berühmten Ägyptologen, war sie eine Schönheit gewesen, und jetzt war sie großartig mit einer Fülle schneeweißer Haare, die, hoch auf ihrem Kopf aufgetürmt, wie eine würdige

Krone wirkten über sie als eine der besten und sanftesten Frauen ihrer Generation; Aber vielleicht waren es ihre Augen, die einem sofort bewusst machten, dass man sich in der Gegenwart von jemandem befand , dessen Urteilsvermögen unerschütterlich und von einer Zärtlichkeit des Mitgefühls geprägt war, die sie zur Vertrauten aller Versager und Verschwender ihrer Zeit machte. „Lady Gale wird Ihnen sagen, dass Sie falsch liegen", sagte jemand einmal über sie; „Aber sie wird es dir sagen, damit ihre Verurteilung besser ist als das Lob einer anderen Person."

An ihrer Seite stand ein etwa dreißigjähriger Mann, der ihr in vielerlei Hinsicht frappierend ähnelte, dem es aber an Lebhaftigkeit und Intelligenz mangelte. Man spürte, dass sein sorgfältig gepflegter Schnurrbart das Kostbarste an ihm war und dass der Schnitt seiner Kleidung wichtiger war als der Schnitt seines Charakters.

„Na, Tony?" Lady Gale begrüßte ihn, als er die Tür hinter sich schloss. „Werden Sie ungeduldig? Vater ist nicht bereit. Ich sagte ihm, dass wir auf ihn warten würden; und Alice ist nicht erschienen –"

„Nein, kein bisschen." Er kam zu ihr und legte seine Hand auf ihre Schulter. „Ich habe eigentlich keinen Hunger, viel zu viel Tee. Außerdem, wo ist Alice?"

"Kommen. Sie sagte uns, wir sollten nicht warten, aber ich denke, es wäre besser.

„Oh, sage ich! Mutter! Ich habe unten wirklich den schrecklich anständigsten Kerl entdeckt; Ich hoffe, dass wir ihn kennenlernen werden. Er sieht absolut gut aus."

Das rote Licht der untergehenden Sonne hatte den Kirchturm und die Dächer des Marktplatzes erfasst; die Stadt schien in Flammen zu stehen; Der Lärm des Jahrmarktes drang misstönend an sie heran.

„Noch einer deiner furchtbar anständigen Kerle!" Das von seinem Bruder. „Mein lieber Tony, jede Woche entdeckst du etwas Neues. Ich wünschte nur, du würdest sie uns nicht aufdrängen. Was ist mit dem charmanten Maler, der sich Ihre Links ausgeliehen und nie zurückgegeben hat, und diesem entzückenden Autorenkollegen, der so unglaublich klug war, dass er quer durchs Land fliegen musste –?"

„Oh, lass es sein, Rupert. Natürlich macht man Fehler. Ich habe viel von Allison gelernt, und ich weiß, dass er die Links immer zurückschicken wollte und es dann vergessen hat; jedenfalls ist er ihnen herzlich willkommen. Aber diesem Kerl geht es gut – er ist wirklich – er sieht ganz anständig aus –"

"Ja; Aber, Tony", sagte seine Mutter lachend, „da stimme ich Rupert zu. Machen Sie Ihre seltsamen Bekanntschaften, wenn Sie möchten, aber bringen Sie sie nicht zu uns herab; zum Beispiel dieser schreckliche kleine dicke Mann, den du einst so sehr mochtest, der Dichter – –"

„Oh, Trelawny. Ihm geht es jetzt gut. Er wird eines Tages Großes leisten."

„Und inzwischen leiht er sich Geld, das er nie zurückzahlen will. Nein, Tony, diese plötzlichen Bekanntschaften sind im Allgemeinen ein Fehler, glaub mir. Wie lange kennen Sie diesen Mann unten schon?"

„Nur eine Minute. Er ist gerade mit seiner Frau und zwei kleinen Mädchen angekommen."

„Und du kennst ihn schon?"

„Nun, sehen Sie, seine Frau wollte diese Zimmer haben – sie sagte, sie hätte sie bestellt oder so – und hat dann den alten Bannister angerufen, und er hat natürlich gesagt, dass wir sie bekommen hätten; Und dann klebte er eine Bemerkung über ihre Zimmer und sagte, es seien bei weitem die schönsten Zimmer im ganzen Ort, und dann verschwand sie ziemlich still."

„Nun, wo ist der Mann reingekommen?"

„Er hat es überhaupt nicht getan, und ihrem Aussehen nach zu urteilen, sollte ich nicht glauben, dass er es jemals tun wird. Aber ich bin hingegangen und habe gesagt, dass es mir wirklich Leid tut, und so weiter …"

„Nun, ich bin ——!" von Rupert. „Wirklich, Tony! Und wofür um alles in der Welt hätte man sich entschuldigen können ! Wenn wir anfangen, allen im Hotel, die diese Zimmer haben möchten, nette Dinge zu sagen , haben wir viel Arbeit vor uns."

"Oh! Ich habe keine schönen Dinge gesagt; Ich weiß nicht, warum ich überhaupt etwas gesagt habe. Der Geist hat mich wohl bewegt. Ich werde mit diesem Mann befreundet sein. Ich werde ihn mögen."

"Woher weißt du das?"

„Durch drei unfehlbare Zeichen. Er sieht dir direkt in die Augen, hat ein erstklassiges Lachen und sagt nicht viel."

„Eigenschaften der meisten Schurken im Königreich", sagte Rupert gähnend. "Von Jove! Ich wünschte, Vater und Alice würden sich beeilen."

In diesem Moment kam ein Mädchen herein; Tony tanzte um sie herum, ergriff dann ihre Hand und führte sie zu seiner Mutter.

"Eure Majestät! Ich habe die Ehre , ihr Gnade, die Herzogin von – vorzustellen."

Aber das Mädchen löste sich von ihm. „Bitte nicht, Tony, du bringst alles durcheinander. Bitte, Lady Gale, können wir nicht runtergehen? Ich bin so hungrig, dass mich kein gewöhnliches Abendessen jemals sättigen kann."

„Tu nicht so, Alice", rief Tony lachend. „Es ist das Kleid, das ganze Kleid und nichts als das Kleid. Dass wir diese Stadt Treliss in Erstaunen versetzen können , ist unser aufrichtiger und demütigster Wunsch." Er hörte auf. „Es ist höchste Zeit, weißt du, Mutter; fast halb acht."

„Ich weiß, aber es ist dein Vater. Vielleicht gehst du hin und schaust nach, ob er fast fertig ist, Tony."

Als er durch den Raum ging, folgten ihm ihre Augen mit einer Hingabe, die das Schönste auf der Welt war. Dann wandte sie sich dem Mädchen zu.

Miss Alice Du Cane sah wirklich sehr hübsch aus. Ihr Kleid war etwas Wundervolles in Rosa, und das war alles, was der normale Betrachter daran entdeckt hätte; sehr schön und weich, beim Gehen fiel sie in alle möglichen Linien, Kurven und Schattierungen. Eine der Schönheiten der Saison, Miss Alice Du Cane, und eine der schönsten Visionen, die Ihre Speisesäle wahrscheinlich zu bieten haben, Mr. Bannister! Sie war dunkelhäutig und groß und ihr Lächeln war entzückend – vielleicht etwas zu offensichtlich, aber dennoch entzückend!

„Ja, Schatz, du siehst sehr gut aus." Lady Gale lächelte sie an. „Ich wünschte nur, dass alle jungen Damen heutzutage damit zufrieden wären, sich so einfach zu kleiden; aber natürlich haben nicht alle deine natürlichen Vorzüge!"

Dann öffnete sich die Tür erneut und Sir Richard Gale erschien, dicht gefolgt von Tony. Er war ein Mann von großartiger Präsenz und wunderbarer Bewahrung, und er war wahrscheinlich der völlig selbstsüchtigste Egoist im Königreich; Auf diesen beiden Tatsachen hatte er seinen Ruf aufgebaut. Das erste bescherte ihm viele Bewunderer und das zweite viele Feinde, und das Ergebnis war eine glänzende gesellschaftliche Auszeichnung.

Er war bemerkenswert gutaussehend, im Stil eines Militärs und einer Botschaft; das heißt, sein Schnurrbart, sein Gang und der Schwung seiner Schultern waren alles, was sie sein sollten. Er ging wunderschön durch den Raum, aber vielleicht etwas zu vorsichtig, so dass er beim Betrachter den Eindruck von etwas prekärem Zusammenhalt erweckte – das war der einzige Hinweis auf sein Alter.

Er verbrachte sein Leben damit, Wege zu finden, die es seiner Frau ermöglichen würden, der Welt ihre Zuneigung zu bekunden und zu beweisen. Er war völlig launisch und unzuverlässig und empfand heftige

Abneigungen gegenüber den unterschiedlichsten Menschen. Er war immer ein sehr stiller Mann gewesen, und jetzt beschränkte sich seine Unterhaltung auf einsilbige Worte; Er mochte geschwätzige Personen nicht, erwartete aber, dass die Konversation aufrechterhalten wurde.

Das Einzige, was er jetzt sagte, war „Abendessen!" aber jeder wusste, was er meinte, und es wurde ein Vorstoß gemacht: Lady Gale und ihr Mann, Miss Du Cane, zwischen Rupert und Tony, begleitet von Gelächter und einer Menge wilder Scherze seitens des Letztgenannten.

Das Abendessen zu Hause war immer eine äußerst feierliche Angelegenheit, auch wenn niemand außer der Familie anwesend war. Sir Richard zeigte sich in den Minuten, die die Prozession dauerte, von seiner besten Seite und symbolisierte die Würde und Feierlichkeit, die seinem Platz und seiner Familie gebührt. Die Gales gehen zum Abendessen rein! und dann geht Sir Richard Gale zum Abendessen! – es war der Moment des Tages.

Und wie sehr wurde nun die Symbolik gesteigert? Hier sitzen wir im Herzen der Demokratie und sitzen mit unseren Mitmenschen zusammen, von denen einige mit Sicherheit Bürger des einfachen Volkes sind, ohne auch nur eine erhöhte Plattform zu haben; zwar nicht am selben Tisch, aber doch auf derselben Etage, unter derselben Decke! Es war tatsächlich eine wundervolle und wahrhaft britische Zeremonie.

Im Allgemeinen schaffte er es, etwas zu spät zu kommen, aber heute waren sie tatsächlich sehr spät, und seine Schultern waren nur ein wenig höher und sein Kopf war nur ein wenig höher als sonst.

Der Raum war voll und viele hoben die Köpfe, als sie eintraten. Sie waren zweifellos eine feine Familie – Sir Richard, Lady Gale, Rupert – alle vornehm und Menschen, die man zweimal ansah, und Alice war reizend. Vielleicht war es nur Tony, der irgendjemand hätte sein können; Die Leute nannten ihn einfach einen netten, sauber aussehenden Jungen, aber sie mochten ihn immer. Ihr Tisch befand sich am anderen Ende des Raumes und die Prozession verlief langsam. Tony hat es immer gehasst – „ sich selbst und die Familie in ein übles Affentheater zu versetzen" –, aber sein Vater ließ sich Zeit.

Das Zimmer war bezaubernd, mit einem kleinen Hauch von etwas Ungewöhnlichem. Mr. Bannister mochte Blumen, aber er nutzte sie klug; und jeder Tisch hatte genau den Hauch von Farbe , Rot, Blau und Gold, der nötig war, ohne unnötige Übertreibung.

Es waren sehr viele Leute da – die Saison war auf dem Höhepunkt – und die Maradicks hatten, obwohl sie spät dran waren, das Glück, einen Tisch am Fenster zu ergattern. Die Mädchen waren müde und wollten im Bett zu

Abend essen – ein wenig Fisch, etwas Hühnchen und etwas Form – Mrs. Maradick hatte sorgfältige Anweisungen gegeben.

Durch die Fenster drangen die Düfte des Gartens und eine leichte Brise, die nach Meer roch. Auf dem Rasen draußen gab es wunderschöne Farben . Der Mond ging auf, ein Vollmond wie eine steife Platte aus altem Gold, und sein Licht warf Schatten und seltsame, verdrehte Formen über das Gras. Die Bäume standen hoch und dunkel da, eine geheimnisvolle Barriere, die im leichten Wind flatterte und zitterte und erfüllt vom Flüstern tausender Stimmen war. Dahinter lag wieder das helle, blasse, zitternde Blau des Nachthimmels, in dem die Sterne blitzten, kreisten und funkelten.

Herr und Frau Maradick spielten das Spiel heute Abend sehr gründlich; Sie hätten kein hingebungsvolleres Paar im Raum finden können. Sie sah bezaubernd aus in ihrer zerbrechlichen, kätzchenhaften Art, etwas Flauschiges, Weißes und scheinbar Einfaches, mit einer schmalen Goldkette um den Hals und einem kleinen Strauß Diamanten im Haar. Sie war auch begeistert von dem Ort und den Menschen und der ganzen Veränderung. Das war, oh! ganz bestimmt! besser als Epsom, und Mrs. Martin Fraser und Louie waren in einer sehr fernen Vergangenheit verschwunden. Das war ihr Metier! – das mit seinen Lichtern und seiner Mode! Warum lebten sie nicht in London, wirklich in London? Sie muss James nächstes Jahr überzeugen. Auch für die Mädchen wäre es besser, jetzt, wo sie erwachsen sind; und vielleicht finden sie sogar einen Ort mit Garten. Sie plapperte ununterbrochen und beobachtete die Wirkung auf ihre Nachbarn . Sie hatte bemerkt, dass ein Mann flüsterte, und mehrere Leute hatten hinübergeschaut.

„Es ist so wunderbar, dass ich nach all dem Hin und Her nicht noch müder bin, und weißt du, ich habe die ganze Zeit über gespürt, wie die Kopfschmerzen aufkamen. . . habe es gerade noch in Schach gehalten. Aber jetzt bin ich wirklich ziemlich hungrig; es ist komisch. Ich konnte in Epsom nie etwas essen. Was ist dort?"

Der Kellner reichte ihr die Karte. Sie sah lächelnd zu ihm auf. "Oh! keine Brühe! Danke. Ja, Filet de Sole und Poularde Schmorbraten – oh! und Grouse à la broche – natürlich – gerade rechtzeitig, James, heute ist erst der fünfzehnte. Cerises Beatrice – Friandises – oh! entzückend! genau das Richtige.“

„Bannister weiß, was er uns geben soll“, sagte er und drehte sich zu ihr um.

Mit einem leisen Schnurren der Freude lehnte sie sich in ihrem Sitz zurück. „Ich hoffe, die Mädchen hatten, was sie wollten. Kleine Liebe! Ich fürchte, sie waren furchtbar müde.“

Er beobachtete sie neugierig. Es hatte so viele Abende wie diesen gegeben – Abende, an denen die Menschen um ihn herum ihn für einen glücklichen Kerl gehalten hätten; und doch wusste er, dass er eine Mauer gewesen sein könnte und sie genauso geredet hätte. Er beurteilte sie anhand ihrer Augen – Augen, die durch ihn hindurch blickten, an ihm vorbei, ganz kalt, ohne Ausdruck und ohne Emotionen. Sie merkte einfach nicht , dass er da war, und plötzlich fühlte er sich kalt und elend und sehr einsam. Oh! Wenn nur diese Leute um ihn herum es wüssten, wenn sie nur sehen könnten, was er sah. Aber vielleicht befanden sich viele von ihnen in der gleichen Lage. Er beobachtete sie neugierig. Männer und Frauen lachten und unterhielten sich mit dieser intimen Stimme, die so viel zu bedeuten schien und, wie er genau wusste, so wenig bedeuten konnte. Alle schienen sehr glücklich zu sein; vielleicht waren sie es. Oh! Er war ein alter Marplot mittleren Alters, ein Spielverderber, ein Skelett beim Fest.

„Ist das nicht lustig, Liebes?" sagte er und lachte über den Tisch hinweg; „Dieses Auerhuhn ist perfekt."

„Sag mir", sagte sie und winkte ihm mit dem Handgelenk zu, das er so gut kannte – „ Sag mir, wo die Gales sind." Ich nehme allerdings nicht an, dass Sie es wissen, aber wir könnten es erraten."

„Ich weiß", antwortete er lachend; „Der junge Gale kam und sprach mit mir, kurz bevor ich zum Anziehen kam. Er schien ein netter junger Kerl zu sein. Er kam herauf und sagte etwas über die Räume – er hatte gehört, wie Sie mit Bannister gesprochen hatten. Sie kamen gerade erst herein; ein gutaussehender älterer Mann, eine Dame mit wunderschönen weißen Haaren, ein hübsches Mädchen in Rosa."

"Oh! Natürlich! Ich habe sie bemerkt! Oh ja! man konnte erkennen, dass sie jemand waren." Sie blickte sich im Raum um. „Ja, da sind sie, an der Wand hinten; ein wirklich hübsches Mädchen!" Sie sah sie neugierig an. „Oh, du hast mit dem jungen Gale gesprochen, oder? Er sieht ganz nett aus. Ich hoffe, dass ihnen die Zimmer gefallen haben, und schließlich sind unsere doch nicht schlecht, oder? Wirklich, ich bin mir nicht sicher, ob das in gewisser Weise …"

Sie redete weiter und lobte das Moorhuhn, die Brotsoße und das Gemüse. Sie spekulierte über Menschen und machte kleine Witze über sie, und er warf den Ball wieder zurück, fröhlich, fröhlich, unbeschwert.

„Weißt du, ich glaube nicht, dass Louie sich wirklich um ihn kümmert. Ich habe ihr zuliebe oft darauf gehofft, das arme Mädchen, denn es lässt sich nicht leugnen, dass es ihr gut geht; Und es ist nicht so, dass sie gut aussieht oder Geld hat, und es ist ein Wunder, dass er so an ihr festhält. Ich habe immer gesagt, dass Louie eine Frau ist, die heiratet, und dass sie ihn zu einer guten Ehefrau machen würde, daran besteht kein Zweifel."

Ihre kleinen Augen glitzerten wie Diamanten und ihre Wangen waren heiß. Die Leute trafen auf der Obstbühne ein, und die Gespräche, die über die Suppe gemurmelt und über das Fleisch gesummt worden waren, schienen Maradick über die Trauben und Birnen zu kreischen. Wie absurd war das alles und was war mit ihm los? Sein Kopf schmerzte und das Silber und die Blumen tanzten vor seinen Augen. Die großen Linien der Hängebirke waren lila über dem Rasen und der Vollmond stand auf Höhe der Fenster. Es muss an der Reise gelegen haben, und er hatte in den letzten Monaten in der Stadt sicherlich sehr hart gearbeitet; aber er hatte seine Nerven noch nie so gespürt wie heute Abend, tatsächlich hatte er sich oft gefragt, ob er überhaupt nervös war. Jetzt waren sie alle auf dem Sprung; Als ob Sie sich in einem dieser Kreisverkehre befänden, die Pferde hüpften auf und ab und im Kreis, und die Lichter und die anderen Leute sprangen auch. An einem Tisch in ihrer Nähe saß ein lächerlicher Mann mit Glatze, und das elektrische Licht fing ihn ein und verwandelte ihn in eine feurige Kugel. So eine Glatze! Es schien wie die Sonne, und er konnte den Blick nicht davon abwenden: Und trotzdem redete seine Frau weiter, redete, redete – dasselbe kleine Lachen, dieses Gestikulieren mit den Fingern, dieser Blick, der sich umschaute, um zu sehen, ob die Leute es bemerkt hätten . In einigen dieser ersten Jahre hatte er versucht, sie wütend zu machen, hatte ihr widersprochen und spöttisch gelacht, aber es hatte keine Wirkung gezeigt. Sie hatte einfach nicht an ihn gedacht. Aber sie *muss* an ihn denken! Es war absurd; sie waren Mann und Frau. Er hatte gesagt – was hatte er an diesem ersten Tag in der Kirche gesagt? Er konnte sich nicht erinnern, aber er wusste, dass sie an ihn denken sollte, dass sie nicht so an ihm vorbeischauen sollte, als ob er nicht da wäre. Mit großer Anstrengung raffte er sich zusammen und trank den Champagner in seinem Glas aus: Der Kellner füllte es erneut auf; Dann lehnte er sich in seinem Stuhl zurück und begann, einen Apfel zu schälen, aber seine Finger zitterten.

„Diese Frau da drüben", sagte Mrs. Maradick , wandte sich an einen Tisch zu ihrer Rechten und blickte dann schnell nach links, „ist Mrs. Newton Bassett schrecklich ähnlich – von der gleichen Haarart, und sie hat die gleichen Augen." Ich glaube, dass Captain Bassett im Herbst nach Hause kommt, was für Muriel Bassett ein ziemlicher Schlag sein wird, wenn alles wahr ist, was sie sagen. Er war in Zentralafrika oder irgendwo anders, nicht wahr? Jahre älter als sie, heißt es, und genauso hässlich wie – na ja! Die Leute reden zwar, aber der junge Forrest war in letzter Zeit sehr oft dort und er ist ein so netter junger Kerl, wie man ihn nur kennenlernen möchte."

Er hielt es nicht mehr lange aus, also legte er den Apfel auf seinen Teller und trank den Champagner aus.

„Wenn ich nach Zentralafrika gehen würde", sagte er langsam, „würde ich mich fragen, ob –"

„Diese Birnen sind köstlich", antwortete sie und blickte immer noch auf den Tisch zu ihrer Linken.

„Wenn ich nach Zentralafrika gehen würde –", sagte er noch einmal.

Sie beugte sich vor und spielte mit dem Silber vor ihr.

„Schau her, ich möchte, dass du zuhörst." Er beugte sich zu ihr vor, um dem Mann mit der Glatze zu entkommen. „Wenn ich nach Zentralafrika gehen würde, hättest du – nun ja, es würde dir nicht viel ausmachen, oder? Die Dinge wären weitgehend gleich. Es ist ziemlich beruhigend zu glauben, dass es Ihnen nichts ausmachen würde."

Maradicks Hände zitterten, aber er sprach ganz ruhig und erhob seine Stimme nicht, weil er nicht wollte, dass der Mann mit der Glatze es hörte.

„Es würde dir nichts ausmachen, oder? Warum sagst du nicht?" Dann schien sich plötzlich etwas in seinem Gehirn zu drehen, wie ein kleines Rad, und es tat weh. „Das geht schon seit Jahren so, und wie lange, glauben Sie, werde ich das aushalten? Es ist dir überhaupt egal. Ich bin einfach wie ein Stuhl, ein Tisch, irgendetwas. Ich sage, es muss sich ändern – ich werde dich rausschmeißen – wird nichts mehr mit dir zu tun haben – du bist überhaupt keine Ehefrau – ein Mann erwartet –" Er wusste nicht, was er sagte, und Es war ihm eigentlich egal. Er konnte dabei nicht eloquent oder dramatisch sein, wie es die Leute in Büchern tun, denn er war kein großer Redner, und da war dieses kleine Rad in seinem Kopf, und all diese Leute redeten. Es war alles in kürzester Zeit geschehen. Damals merkte er es kaum , aber hinterher hatte er den Eindruck, dass seine Finger auf der Tischdecke kratzten; sie gruben sich in das Holz des Tisches.

Einen Moment lang schienen sich seine Finger von selbst vom Tisch zu erheben und sich zu ihrer Kehle auszustrecken. Reine tierische Leidenschaft hielt ihn gefangen, eine Leidenschaft, die aus ihrer Gelassenheit und Gleichgültigkeit entstand. Dann fing er plötzlich ihren Blick auf; Sie sah ihn an, starrte ihn an, ihr Gesicht war ganz weiß, und er hatte noch nie jemanden gesehen, der so verängstigt aussah. Und dann verließ ihn all seine Wut und er lehnte sich wieder in seinem Stuhl zurück und zitterte von Kopf bis Fuß. Es lagen so viele Jahre zwischen ihnen und er hatte bis jetzt noch nie ein Wort gesagt! Dann schämte er sich fürchterlich; Er war einer Dame gegenüber unerträglich unhöflich gewesen. Er war sich nicht ganz sicher, was er gesagt hatte.

„Ich bitte um Verzeihung", sagte er langsam, „ich war sehr unhöflich. Ich wusste nicht ganz, was ich sagte."

Einen Moment lang schwiegen sie. Das Geplapper ging weiter, und der Kellner stand etwas abseits; er hatte nichts gehört.

„Ich bin ziemlich müde", sagte Frau Maradick ; „Ich denke, ich gehe nach oben, wenn es Ihnen nichts ausmacht."

Er stand auf und reichte ihr seinen Arm, und sie gingen zusammen hinaus. Sie sah ihn nicht an und keiner von ihnen sagte ein Wort.

Tony Gale war an diesem Abend absurd aufgeregt und selbst die Anwesenheit seines Vaters konnte ihn kaum zurückhalten. Sir Richard sagte nie viel, machte aber im Allgemeinen einen sehr guten Eindruck; Heute Abend hat er sein Abendessen genossen. Lady Gale beobachtete Tony etwas besorgt. Sie war immer die weiseste aller Mütter gewesen, da sie vor ihrer Zeit nie gesprochen hatte; Die ganze Pflicht der Eltern besteht darin, das Vertrauen ihrer Kinder zu gewinnen, indem sie niemals darum bitten, und sie hatte nie darum gebeten. Dann hatte sie Miss Alice Du Cane kennengelernt und mochte sie, und es war ihr klar geworden, dass dies genau das Mädchen für Tony war. Tony mochte sie und sie mochte Tony. Es schien in jeder Hinsicht zu wünschen übrig, und diese Einladung, sie nach Cornwall zu begleiten, war ein natürlicher Schritt in die richtige Richtung. Sie waren natürlich beide sehr jung; Aber andererseits fingen die Leute heutzutage sehr jung an, und Tony war seit einem Jahr von Oxford „heruntergekommen" und sollte wissen, was er tat. Alice war ein bezauberndes Mädchen und besaß viel gesunden Menschenverstand; tatsächlich stellte sich nur die Frage, ob sie nicht etwas zu viel bekommen hatte. Die Du Canes waren hervorragend vernetzt; Mütterlicherseits gab es die Forestiers von Portland Hall unten in Devon und die Craddocks von Newton Chase – oh! das war in Ordnung. Und dann hatte Tony ein eigenes Vermögen, so dass er völlig unabhängig war, und man konnte nicht ganz sicher sein, was er tun würde, und es war eine Genugtuung zu glauben, dass er sich wirklich um jemanden kümmerte, der es so hervorragend tat! Es versprach, eine rundum zufriedenstellende Angelegenheit zu werden, und selbst Sir Richard, ein ehemaliger Meister in der Kunst, komplizierte Einwände gegen wünschenswerte Pläne zu finden, hatte nichts zu sagen. Natürlich war es eine Angelegenheit, die aus allen Blickwinkeln betrachtet werden musste. Von den Du Canes gab es nicht viele. Colonel Du Cane war einige Jahre zuvor gestorben, und Lady Du Cane, eine melancholische, verblasste Dame, die ihre Zeit in so aufregenden Kurorten wie Baden-Baden und Marienbad verbrachte, hatte ihre Tochter der Obhut ihrer Tante, Miss Perryn, überlassen . Es *gab* noch andere Du Canes, einen Bruder in Eton und eine Schwester in Frankreich, aber sie waren zu jung, um eine Rolle zu spielen; und dann war da noch viel Geld, also hatte Alice wirklich nichts zu beanstanden.

Aber Lady Gale war immer noch altmodisch genug, um sich ein wenig um gegenseitige Zuneigung zu kümmern. Haben sie sich wirklich umeinander gekümmert? Natürlich war es so schwierig, etwas über Tony zu erzählen, weil er sich um jeden kümmerte und sich immer für die absurdesten gewöhnlichen Menschen begeisterte. Seine Gänse waren allesamt Schwäne, keine Frage; aber andererseits war das, wie er immer erwiderte, besser, als zu denken, dass deine Schwäne, wenn du sie trafst, alle Gänse waren. Trotzdem war es schwierig zu sagen. Als er zum Beispiel einen Mann, den er zum ersten Mal in der Hotelhalle getroffen hatte, genau für eine Minute genau so bewertete, wie er die Freunde seines Lebens bewertete, was sollten Sie denken? Dann war auch Alice schwierig.

Sie war vollkommen selbstbeherrscht und nie ratlos, und Lady Gale mochte Menschen, die Fehler machten. Sie wussten immer genau, was Alice zu jedem besprochenen Thema sagen oder denken würde. Sie hatte den absolut vernünftigen und besonnenen Standpunkt, der Menschen mit impulsivem Urteilsvermögen so nervt. Nicht, dass Lady Gale impulsiv gewesen wäre; Aber sie war klug genug, um zu wissen, dass es sich um einige der besten Leute handelte, und sie misstraute alten Köpfen auf jungen Schultern. Miss Du Cane hatte genug gelesen, um die Literatur des Tages vernünftig und mit Autorität kommentieren zu können. Sie erlaubte Ihnen, Ihre Meinung zu äußern, und stimmte dann zu oder widersprach ihr mit der Andeutung von Standards, die vor langer Zeit aufgestellt und unerschütterlich aufrechterhalten wurden, und einer lachenden Behauptung ihrer eigenen Unwissenheit, die Sie von ihrer Weisheit überzeugte. Sie beteuerte immer, sie sei oberflächlich, und Oberflächlichkeit sei daher der letzte Fehler, der ihr jemals vorgeworfen wurde.

Tony lag ihr am Herzen, daran bestand kein Zweifel; aber das taten ja auch alle. Lady Gales einziger Zweifel war, dass sie die ganze Sache nicht etwas zu sachlich angehen würde; Aber schließlich waren Mädchen heutzutage ganz anders, und die Zurschaustellung jeglicher Emotionen war eine unverzeihliche Sünde.

„Auerhuhn! Hurra!" Tony zeigte die Speisekarte. „Der Erste des Jahres. Ich bin sehr froh, dass ich nicht mit Menzies nach Schottland gefahren bin; Hier ist es viel besser und ich werde dieses Jahr nicht schießen –"

„Das liegt nur daran, dass dir der Ort, an dem du bist, immer besser gefällt als jeder andere mögliche Ort, Tony", sagte Alice. „Und ich wünschte, ich hätte die Tugend. Oh! diese trostlosen Monate mit der Mutter in Baden! Sie hängen immer noch über mir."

„Nun, ich gehe davon aus, dass sie Ihrer Mutter große Freude bereitet haben, meine Liebe", sagte Lady Gale, „und das ist schließlich auch heutzutage noch etwas."

„Nein, das haben sie nicht, das ist das Schlimmste. Sie wollte mich kein bisschen. Da waren die alte Lady Pomfret und Mrs. Rainer, und oh! viele andere; Brücke, morgens, mittags und abends, und ich pflegte herumzuwandern und Trübsal zu blasen.“

„Du hättest die ganze Zeit Briefe an Tony und mich schreiben sollen“, sagte Rupert lachend. „So eine Chance bekommst du nie wieder.“

„Nun ja, das habe ich, nicht wahr, Tony? Sprechen Sie für mich, da ist ein Ziegelstein!“

„Nun, ich weiß es nicht“, sagte Tony. „Sie waren ziemlich klein, und es schien nicht viel Trübsal darüber zu geben.“

„Das sollte dich aufmuntern. Du wolltest doch nicht, dass ich dir den Eindruck erwecke, ich sei depressiv, oder?“

Sir Richard hatte sein Auerhahn aufgegessen und konnte seine Aufmerksamkeit anderen Dingen zuwenden. Er beschwerte sich über den Glanz der Lichter, und einige davon waren ausgeschaltet.

„Wo ist dein Mann, Tony?“ sagte Rupert. „Lass uns ihn sehen.“

„Da drüben am Fenster – ein Mann und eine Frau allein an einem Tisch – ein großer Mann, glatt rasiert. Dort können Sie ihn jetzt sehen, hinter diesem langen Kellner – eine hübsche Frau in Weiß, die lacht.“

"Nun ja! Er ist besser als manche“, gab Rupert widerwillig zu. „Nicht so schlecht – starker, muskulöser, stiller Heldentyp – es ist eine hübsche Frau.“ Er befestigte sein Brillenglas, eine Aufmerksamkeit, die er immer jedem schenkte, der es wirklich verdiente.

„Ja, ich mag ihn“, sagte Lady Gale; „Was hast du gesagt, wie war sein Name?“

„Ich habe es nicht ganz verstanden; Marabin oder Mara – nein, ich weiß nicht – Mara – irgendetwas. Aber ich sage: Was machen wir heute Abend? Wir müssen etwas machen. Ich war noch nie in meinem Leben so aufgeregt, und ich weiß überhaupt nicht, warum.“

„Oh, das wird vorübergehen“, sagte Rupert; „Wir kennen deine Stimmungen, Tony. Du musst ihn in den Garten mitnehmen, Alice, und ihn beruhigen. Oh! Schauen Sie, sie gehen, diese Marabins oder wie auch immer sie heißen. Sie trägt sich gut, diese Frau.“

Das Abendessen dauerte immer lange, weil Sir Richard sein Essen genoss und eine Theorie über das Abbeißen jedes Bissens hatte, auf die er sein gesundes Alter allein zurückführte; es war mit langen Mahlzeiten verbunden.

Sie waren fast die letzten im Raum, als sie schließlich aufstanden, um zu gehen, und es wurde schon spät.

„Es ist so vernünftig von ihnen, die Jalousien nicht herunterzulassen", sagte Tony, „der Mond hilft der Verdauung." Sir Richard ging, wie es seine Gewohnheit war, langsam und majestätisch in sein Zimmer hinauf, die anderen in den Garten.

„Nehmen Sie Alice mit, um die Aussicht von den Terrassen zu sehen, Rupert", sagte Lady Gale. „Tony und ich werden hier ein wenig herumlaufen."

Sie legte ihren Arm unter den ihres Sohnes und sie gingen die Gehwege vor dem Hotel auf und ab. Der Blick auf die Stadt in der Ferne war schwarz, die Gärten waren kalt und weiß im Mondlicht.

"Oh! es ist schön." Lady Gale holte tief Luft. „Und wenn ich an einem Ort wie diesem bin, und es ist England, frage ich mich ständig, warum so viele Menschen irgendwohin eilen, sobald sie eine Minute Zeit haben. Nirgends gibt es so Schönes wie das hier!"

Tony lachte. „Da ist Magie drin", sagte er. „Ich hatte den Ort eine Viertelstunde lang nicht betreten, als mir klar wurde, dass er ganz anders war als alle anderen Orte, an denen ich je gewesen war. Ich habe gerade beim Abendessen keine Witze gemacht. Ich habe es ganz ernst gemeint. Ich habe das Gefühl, als stünde ich vor einem gewaltigen Abenteuer – als ob mit Sicherheit etwas Wichtiges passieren würde."

„Etwas Wichtiges passiert immer, besonders in der Lebensphase; Das erinnert mich daran, lieber Tony, dass ich ernsthaft mit dir reden möchte."

Er sah ihr ins Gesicht. „Was ist los, Mutter?"

„Es ist nichts los, und vielleicht hältst du mich für eine alberne alte Frau, die sich einmischt; Aber du weißt, dass Mütter seltsame Dinge sind, Tony, und du kannst nicht sagen, dass ich dich in den vergangenen Tagen sehr gestört habe."

"NEIN." Plötzlich legte er seinen Arm um ihren Hals, zog ihren Kopf zu sich und küsste sie. "Es ist alles in Ordnung. Hier ist niemand zu sehen, und es wäre auch völlig egal, wenn es jemanden gäbe. Nein, du bist die süßeste und beste Mutter, die dieser sterbliche Mann je hatte, und du bist mit der undankbaren, rücksichtslosen Sünde eines Sohnes verflucht, mehr ist schade."

„Ah", sagte sie kopfschüttelnd, „genau das meine ich. Deine Mutter ist ein wunderschöner und entzückender Witz wie alles und jeder andere. Es ist Zeit, Tony, dass du dich weiterentwickelst. Du bist vierundzwanzig und scheinst mir genau dort zu sein, wo du mit achtzehn warst. Jetzt möchte ich Sie nicht bedrängen oder beunruhigen, aber der ewige Scherz reicht nicht mehr aus. Es ist nicht so, dass ich selbst möchte, dass du etwas anders bist, denn das tue ich nicht. Ich möchte nur, dass du glücklich bist. Aber das Leben ist hart, und ich glaube nicht, dass man dem begegnen kann, indem man damit spielt."

Er sagte nichts, drückte aber leicht ihren Arm.

„Dann wissen Sie", fuhr sie fort, „Sie haben absolut keinen Sinn für Proportionen. Alle und alles sind genau im gleichen Maßstab. Mir scheint, Sie haben keinen Maßstab, nach dem Sie die Dinge einschätzen. Alle sind nett und entzückend. Ich glaube nicht, dass Sie jemals jemanden nicht mochten, und es war für uns alle immer ein Wunder, dass Sie nicht noch mehr verloren haben, weil Sie so viele Narren gerne ertragen mussten. Ich dachte immer, sobald man sich in jemanden verliebt – wirklich und richtig in ein nettes Mädchen –, würde dieser Ernst kommen, und das machte mir nichts aus. Ich möchte Sie nicht in diese Richtung drängen, Liebes, aber ich möchte, dass Sie sich wohlfühlen. Wirklich, Tony, weißt du, du hast dich überhaupt nicht verändert, du bist genau derselbe; so sehr das Gleiche, dass ich mich ein- oder zweimal ein wenig gefragt habe, ob dir wirklich jemand etwas bedeutet."

„Arme alte Mutter, und meine Flatterhaftigkeit hat dir doch Sorgen gemacht, oder? Es tut mir schrecklich leid. Aber Gott hat die Narren ebenso geschaffen wie die Klugen, und Er hat die Narren nicht gefragt, zu welchem Haufen sie gehören wollten."

„Nein, aber Tony, du bist kein Dummkopf, das ist einfach so. Irgendwo hast du das Gehirn der Familie, aber du scheinst dich dafür zu schämen und Angst davor zu haben, dass die Leute wissen, dass du es hast, und deiner Mutter wäre es lieber, wenn sie es wüssten. Und dann, meine Liebe, gibt es so etwas wie Familienstolz. Es ist kein Snobismus, auch wenn es so aussieht; es bedeutet nur, dass man nicht zu wahllos sein sollte. Habe nicht irgendjemanden zum Freund. Ihre Geburt spielt keine Rolle, wohl aber ihre Meinung und ihr Umfeld. Einige von ihnen waren – na ja, kaum sauber, mein Lieber. Ich bin mir sicher, dass Herr Templer kein netter Mann war, wenngleich ich zu behaupten wage, dass er sehr klug war; und dieser Mann heute Abend zum Beispiel: Ich wage zu behaupten, dass er in jeder Hinsicht ein ausgezeichneter Mann ist, aber Sie sind es der Familie schuldig, zuerst ein wenig über ihn herauszufinden; man kann es nicht in einer Minute sagen –"

Er hielt sie für eine Minute inne und blickte ganz ernst zu ihr auf. „Es wird schwierig sein, mich zu ändern, Mutter, fürchte ich. Wie du und dein Vater jemals einen solchen Vagabunden hervorgebracht haben, weiß ich nicht, aber Vagabund bin ich, und Vagabund werde ich bleiben, trotz Oxford und dem Schneider in der Bond Street. Aber trauere niemals, liebe Mutter, ich verspreche dir, dir alles zu erzählen – mach dir keine Sorgen.“

"Ja. Aber wie wäre es mit der Eingewöhnung?“

„Oh, ich bin zufrieden!“ er antwortete ernst. „Vagabunden sollten überhaupt nicht heiraten.“

„Aber du bist mit allem zufrieden? Bist du mit den Dingen, wie sie sind, zufrieden?“

"Natürlich!" er weinte. „Denken Sie nur daran, was für ein Biest ich wäre, wenn ich es nicht wäre. Natürlich ist es großartig. Und jetzt, Mutter, ist der Kiefer vorbei und ich bin der allerbeste Sohn, und es ist eine herrliche Nacht, und wir werden so glücklich sein, wie der Tag lang ist.“

Sie knieten auf dem Sitz am Südende und schauten in die verwinkelten Straßen hinunter; Der Mond hatte inzwischen seinen Weg dorthin gefunden, und sie konnten die Namen auf den Geschäften fast lesen.

Plötzlich legte Lady Gale ihre Hand auf seine Wange. „Tony, mein Lieber, ich sorge mich mehr als alles andere auf der Welt um dich. Du weißt es. Und, Tony, tu immer das, was du für das Richtige hältst, und ich werde wissen, dass es das Richtige für dich ist, und ich werde dir vertrauen; Aber, Tony, heirate niemanden, es sei denn, du bist ganz sicher, dass es die einzige Person ist. Lass dich von nichts anderem beeinflussen. Mit der falschen Person zu heiraten ist –“ Ihre Stimme zitterte für einen Moment. „Versprich es mir, Tony.“

„Ich verspreche es“, antwortete er feierlich, und sie nahm seinen Arm und sie gingen den Weg zurück.

Rupert und Alice warteten auf sie und sie gingen alle zusammen hinein. Lady Gale und Rupert sagten gute Nacht. Rupert war immer sehr früh am Abend müde, es sei denn, es gab Bridge oder einen Tanz, aber Alice und Tony saßen im Wohnzimmer am offenen Fenster und beobachteten das Mondlicht auf dem Meer und lauschten dem gedämpften Donner der Wellen. Weit draußen in der Dunkelheit blitzte der Leuchtturm von Porth Allen auf.

Eine Weile schwiegen sie, dann sagte Tony plötzlich:

„Ich sage, bin ich furchtbar jung?“

Sie schaute hoch. "Jung?"

"Ja. Die Mutter hat heute Abend mit mir gesprochen. Sie sagt, es sei an der Zeit, dass ich erwachsen werde, dass ich seit meinem achtzehnten

Lebensjahr kein bisschen gewachsen sei und dass es für alle sehr nervig sein müsse. Hast du es auch gespürt?"

„Natürlich weiß ich, was sie meint. Es ist absurd, aber ich fühle mich immer um Jahre älter als du, obwohl ich vom Alter her jünger bin. Aber oh! es ist schwer zu erklären; man will immer mit dir herumalbern. Wenn du da bist, bin ich immer am albernsten, und ich *hasse es* , am albernsten zu sein."

„Das weiß ich, das ist deine schlimmste Schuld. Aber wirklich, das ist ziemlich schrecklich. Ich muss weiter erwachsen werden. Aber sagen Sie mir mal ehrlich: Bin ich ein Narr?"

„Nein, natürlich bist du nicht, du bist furchtbar schlau. Aber das ist es, was wir alle über dich denken – du könntest so viele Dinge tun und tust nichts."

Er saß auf dem Fensterbrett und schwang die Beine.

„Es war einmal", begann er, „der König der Narren, und er hatte einen äußerst prächtigen und weithin besuchten Hof; Und eines Tages kam der weiseste Mann der Christenheit, um zu sehen und gesehen zu werden, und er redete die weisesten Dinge, die er je gelernt hatte, und die Narren hörten mit allen Ohren zu und dachten, sie hätten noch nie so eine Torheit gehört, und das nach einer Weile Sie schrien spöttisch, ohne zu wissen, dass er der weiseste Mann war: ‚Er ist doch der größte Narr von allen!'"

„Das moralische Wesen?"

„Siehe, der weiseste Mann!" rief Tony und zeigte dramatisch auf seine Brust. „So, meine liebe Alice, du hast die Sache auf den Punkt gebracht."

„Danke für das Kompliment", sagte Alice lachend, „nur ist es kaum überzeugend. Im Ernst, Tony, Lady Gale hat recht. Gehören Sie nicht zu den Mistkerlen wie die jungen Seins oder Rocky Culler oder Dick Staines, die ihren ganzen Tag damit verbringen, durch die Bond Street zu schlendern und mit dem Kopf zu wackeln. Natürlich wäre es nicht so, dass du jemals so sein würdest, aber es wäre ziemlich anständig, wenn du etwas tun würdest."

„Nun, das tue ich", rief er.

"Was?" Sie sagte.

„Ich kann mit einer Waffe schießen, ich kann reiten, ich kann beim Tennis Corker aus der Abwehrreihe aufschlagen und beim moderaten Cricket dreißig Punkte erzielen; Ich kann Französisch, Deutsch, Italienisch lesen. Ich kann Bridge spielen – na ja, fair –, ich kann die Wahrheit sagen, den ganzen Tag Baiser essen, ohne dass es böse Folgen hat, bei einem Kumpel bleiben und für immer und ewig wandeln, Amen. Oh, aber du machst mich eitel!"

Sie lachte. „Keines dieser Dinge reicht aus“, sagte sie. „Du weißt ganz genau, was ich meine. Sie müssen einen Beruf ergreifen; Warum nicht das Parlament, die Anwaltschaft, das Schreiben? – man könnte wunderbar schreiben, wenn man wollte. Oh, Tony!“

„Ich habe einen“, sagte er.

"Jetzt! Was?"

„Der beste Beruf der Welt – Odysseus, Jason, Cœur -de-Lion, der heilige Franz von Assisi, Wilhelm Meister, Lavengro …“ Beim Bart des Ahasveros bin ich ein Wanderer!“

Er nahm eine Haltung ein und lachte, aber in seinen Augen war ein Licht und seine Wangen waren gerötet.

Dann fügte er hinzu:

"Oh! Was für ein Mist! Niemand ist so langweilig wie jemand, der seinem Hobby nachgeht. Es tut mir leid, Alice, aber du hast mich weitergeführt; Es ist deine eigene Schuld."

„Weißt du“, sagte sie, „das ist das erste Mal, Tony, dass ich dich ernsthaft über irgendetwas reden höre, und du machst es wirklich nicht halb so schlecht.“ Aber sind Sie gleichzeitig ganz sicher, dass Sie Recht haben? . . Jetzt? Was ich meine ist, dass sich die Dinge so verändert haben. Ich habe solche Leute schon früher reden hören, aber im Allgemeinen bedeutete das, dass sie arbeitslos waren oder so und am Ende sechs Pence verlangten. Mir kommt es so vor, als gäbe es jetzt so viel zu tun und so wenig Zeit dafür, dass wir keine Zeit haben, herumzulaufen und nach Abenteuern zu suchen; Es ist nicht ganz richtig, dass wir das tun sollten, wenn wir körperlich fit sind und arbeiten können.“

„Warum, wie ernst sind wir plötzlich“, rief er. „Man könnte meinen, Sie hätten einen Mädchenclub geleitet.“

„Ich fahre oft nach Southwark“, antwortete sie. „Und wir brauchen dringend Abonnements. Ich wollte dich schon früher fragen.“

„Wer ist jetzt arbeitslos?“ sagte er lachend. „Ich dachte, es würde damit enden.“

„Nun, ich muss zu Bett gehen“, sagte sie und stand vom Fensterbrett auf. „Es ist spät und kalt, und ich bin sicher, dass wir auf beiden Seiten ein äußerst inspirierendes Gespräch geführt haben. Gute Nacht, alter Junge.“

„Ta-ta“, sagte Tony.

Aber nachdem sie gegangen war , saß er am Fenster und dachte nach. Stimmte es, dass er ein bisschen faul war? Hatte er es sich wirklich zu leicht gemacht? Bis zu den letzten beiden Tagen hatte er überhaupt nicht über sich selbst oder seine Position nachgedacht. Er war immer strahlend glücklich gewesen; Selbstbefragung war krankhaft und unnötig gewesen. Für Pessimisten und Leute, die an die *Times* schrieben, war das alles schön und gut , aber zusammen mit Pope summte er: „Was auch immer ist, ist das Beste" und dachte nicht mehr darüber nach.

Aber dieser Ort schien das alles verändert zu haben. Was gab es an diesem Ort, fragte er sich? Er war vom ersten Moment an seltsam aufgeregt gewesen, aber er konnte keinen Grund dafür nennen. Es war ein verschlafener kleiner Ort, natürlich hübsch und charmant, aber das war es auch schon. Aber er hatte weder Ruhe noch Frieden gekannt; Es muss etwas passieren. Und dann war da noch Alice. Er wusste ganz genau, warum man sie gebeten hatte, sich ihnen anzuschließen, und er wusste, dass sie es wusste. Bevor sie heruntergekommen waren, hatte ihm die Idee gefallen. Sie war eine der Besten und Wahrhaftigsten aus Stahl. Er hatte sich fast entschieden, schließlich war es an der Zeit, dass sie sich niederließen. Und dann, als wir hierherkamen, war alles anders. Alice, sein Vater, seine Mutter, Rupert hatten sich verändert; etwas war falsch. Das machte er nicht, er konnte sich keine Sorgen machen, nur war es furchtbar heiß, es war eine wunderschöne Nacht draußen und er würde stundenlang nicht schlafen können.

Er ging leise die Treppe hinunter und hinaus in den Garten. Er ging zum Südende hinunter. Es war wunderbar – der Mond, die Sterne, das wirbelnde Licht auf dem Meer und ganz deutlich der Lärm des Jahrmarkts.

Er beugte sich über die Mauer und blickte nach unten. Plötzlich wurde ihm bewusst, dass jemand anders da war; ein großer Mann, im Abendkleid, eine Zigarre rauchend. Etwas an ihm, die riesigen Arme oder das kurzgeschnittene Haar, kam ihm bekannt vor.

„Guten Abend", sagte Tony.

Es war Maradick . Er blickte auf und Tony wünschte sofort, er hätte nichts gesagt. Es war das Gesicht eines Mannes, der tief in seinen Gedanken versunken war und schockiert zurückgeholt wurde, aber er lächelte.

"Guten Abend. Es ist wunderbar schön, nicht wahr?"

„Ich bin Gale", sagte Tony entschuldigend, „es tut mir leid, wenn ich Sie unterbrochen habe."

„Oh nein", antwortete Maradick . „Man kann jederzeit denken, und ich wollte Gesellschaft. Ich nehme an, der Rest des Hotels liegt im Bett – in einer Nacht wie dieser eher ein Verbrechen." Dann hielt er plötzlich einen warnenden Finger hoch. "Hören!" er sagte.

Ganz deutlich und hoch über dem Lärm des Jahrmarkts erklang die Stimme eines Mannes, der unten in den Straßen sang. Er sang zwei Strophen, und dann verstummte es.

„Das war eine Melodie, die ich letztes Jahr gehört habe", sagte Maradick entschuldigend. „Mir gefiel es und ich hatte es mit diesem Ort in Verbindung gebracht. Ich –" Dann hörten sie es plötzlich wieder.

Sie schwiegen beide und hörten gemeinsam zu.

KAPITEL IV

IN DEM DER VORGENANNTE ADMONITUS DAS VORGENANNTE FÜHRT

MITGLIEDER DER GESELLSCHAFT EIN TANZ

Die beiden Männer standen einige Minuten lang schweigend da; die Stimme verstummte und der Lärm des Jahrmarkts wurde leiser und weniger unharmonisch; An ihnen vorbei flatterten zwei weiße Motten, das Surren ihrer Flügel, das schwere, ungeschickte Stampfen gegen Tonys Mantel und dann wieder die Stille.

„Ich habe es letztes Jahr gehört, dieses Lied", wiederholte Maradick ; Er zog an seiner Zigarre, und sie glänzte für einen Moment, als ein großer roter Stern in den Himmel schleuderte, ein Rivale zu den Myriaden darüber und um ihn herum. „Es ist komisch, wie sich solche Dinge im Gedächtnis festsetzen – sie sind in gewisser Weise wichtiger als die größeren Dinge."

„Vielleicht sind es die größeren Dinge", sagte Tony.

„Vielleicht", sagte Maradick .

Er verfiel wieder in Schweigen. Er wollte nicht wirklich reden und fragte sich, warum dieser junge Kerl so hartnäckig war. Er war zu keiner Zeit ein redefreudiger Mensch, und an diesem Abend würde er es jedenfalls vorziehen, in Ruhe gelassen zu werden. Aber das konnte der junge Mann schließlich nicht wissen und hatte angeboten zu gehen. Er konnte über nichts zusammenhängend nachdenken; Er konnte sich nur daran erinnern, dass er beim Abendessen unhöflich zu seiner Frau gewesen war. Kein Gentleman hätte die Dinge gesagt, die er gesagt hatte. Er konnte sich nicht erinnern, was er gesagt hatte, aber es war sehr unhöflich gewesen; Es war, als hätte er seiner Frau ins Gesicht geschlagen.

„Ich sage", sagte er, „es ist Zeit, dass Jungs in deinem Alter im Bett liegen." Glauben Sie nicht daran, lange wach zu bleiben." Er sprach schroff und blickte über die Mauer auf die wirbelnden Lichter des Karussells auf dem Marktplatz.

„Du hast gesagt, weißt du", sagte Tony, „dass du Gesellschaft wolltest; aber natürlich –" Er entfernte sich von der Wand.

"Oh! Bleib, wenn du willst. Junge Kerle gehen nie ins Bett. Wenn sie nur wüssten, was ihnen bevorsteht, wären sie etwas vorsichtiger. Wenn du so ein alter Puffer bist wie ich –"

"Alt!" Tony lachte. „Na, du bist nicht alt."

„Nicht wahr? Jedenfalls vierzig geworden."

„Na, du bist einer der stärksten Männer, die ich je gesehen habe." Tonys Stimme klang voller Bewunderung.

Maradick lachte grimmig. „Es kommt nicht auf Ihre körperliche Stärke an, sondern auf die Sichtweise – die Art und Weise, wie Sie die Dinge betrachten und die Art und Weise, wie die Leute Sie ansehen."

Mit ihm wuchs die Lust am Reden; er wollte nicht denken, er konnte nicht schlafen – warum nicht reden?

„Aber vierzig ist jedenfalls nicht alt", sagte Tony. Niemand denkt, dass du mit vierzig alt bist."

„Oh, nicht wahr? Warte, bis du es bist, dann wirst du es wissen."

„Nun, Balzac –"

„Oh, verdammt, deine Bücher! Was wissen sie darüber? Jeder nimmt heutzutage Dinge aus Büchern, anstatt sie aus erster Hand zu bekommen . Die Leute bleiben drinnen, lesen ein oder zwei Romane und denken, sie kennen das Leben – so ein Mist!"

Tony lachte. „Ich sage", sagte er, „ich weiß, man denkt nicht immer so – es ist nur ein Streit."

Maradick drehte sich plötzlich um und sah Tony an. Er legte seine Hand auf seine Schulter.

„Ich sage, Junge", sagte er, „geh ins Bett." Es nützt einem Kerl in deinem Alter nichts, mit einem pessimistischen alten Puffer wie mir zu reden. Ich werde nur knurren und es wird dir nicht besser gehen. Geh ins Bett!"

Tony sah zu ihm auf, ohne sich zu bewegen.

„Ich denke, ich werde bleiben. Ich gehe davon aus, dass du den Mut hast, und es tut einem Kerl immer gut, wenn er den Mut hat, mit jemandem zu reden."

"Warst du schon einmal hier?" fragte Tony.

"Oh ja! letztes Jahr. Ich werde nicht wiederkommen.

"Warum nicht?"

„Es verunsichert dich. Es ist nicht angebracht, verunsichert zu sein, wenn man in meine Lebensphase kommt."

„Wie meinst du das – verunsichert?"

Maradick überlegte. Wie genau meinte er – verunsichert? Daran bestand jedoch kein Zweifel.

„Oh, ich bin nicht besonders gut im Erklären, aber wenn man eine bestimmte Zeit hinter sich hat, ist man in eine Art Rhythmus geraten – zwangsläufig dazu, nehme ich an. Ich habe meine Arbeit, genau wie ein anderer Mann. Jeden Morgen das gleiche Frühstück, der gleiche Ansturm zum Bahnhof, der gleiche Zug, die gleiche Morgenzeitung, das gleiche Büro, der gleiche Büroangestellte , die gleichen Leute; Abends wieder dieselben Leute, dasselbe kleine Abendessen, dasselbe kleine Nickerchen – oh, es ist wie bei jedem anderen. Man kommt auf die Idee, dass das Leben so ist, begrenzt durch den Golfplatz von Epsom und das Büro in der Stadt. Alles andere hat man beiseite gelegt und nach einer Weile denkt man, dass es nicht da ist. Und dann kommt ein Mann hierher und, ich weiß nicht, was es ist, der Ort oder das Nichtstun macht einen wütend und alles ist ganz anders.“ Dann, nach einem Moment: „Ich nehme an, dafür ist ein Urlaub da.“

Er hatte versucht, seine Gefühle in Worte zu fassen, aber er wusste, dass er überhaupt nicht gesagt hatte, was er wirklich gefühlt hatte. Es waren nicht die Veränderungen im Leben, die faulen Stunden und die netten Menschen; außerdem konnte er, was das betraf, jederzeit und wenn es ihm gefiel, die Dinge dauerhaft ändern. Er hatte genug verdient, er brauchte überhaupt nicht in die Stadt zurückzukehren; aber er wusste, dass es das nicht war. Es war etwas, das er im Zug gespürt hatte, dann beim Anblick der Stadt, eine gewisse vage Unzufriedenheit, die zu diesem Ausbruch beim Abendessen geführt hatte. Er war kein Leser, sonst hätte er vielleicht über den Admonitus nachgedacht Locorum . Er hatte noch nie davon gelesen und wusste auch nichts von einem solchen Geist; aber es *war*, es muss der Ort sein.

„Ja“, sagte Tony, „natürlich habe ich mich noch nie auf irgendetwas festgelegt, wissen Sie; Daher kann ich die Monotonie nicht so ganz nachvollziehen wie Sie. Meine Leute waren sehr anständig; Ich konnte umherwandern und tun, was ich wollte, und letztes Jahr war ich in Deutschland und hatte eine tolle Zeit. Habe mir einfach einen *Rucksack geholt* und bin gelaufen. Und ich kann mir nicht vorstellen, irgendwo sesshaft zu werden; Und selbst wenn ich irgendwo wäre – in Epsom oder irgendwo anders –, wären sie genauso auf der Suche nach Abenteuern, auf der Suche nach Dingen, wissen Sie.“

„Abenteuer in Epsom!“

"Warum nicht? Ich gehe davon aus, dass es voll davon ist.“

„Ah, das liegt daran, dass du jung bist! Ich war einmal so, als ich mich umsah und den Fünf-Uhr-Tee als Romanze bezeichnete. Ich habe es besser gelernt.“

Tony drehte sich um. „Es ist so absurd von dir, zu reden, als ob du achtzig wärest. Du sprichst, als wäre alles vorbei und du fängst gerade erst an."

Maradick lachte. „Nun, das ist eine ziemliche Frechheit von einem Kerl, der halb so alt ist wie du! Warum, was weißt du über das Leben, würde ich gerne wissen?"

„Oh, nicht viel. Tatsächlich ist es ziemlich lustig, dass Sie so reden, denn meine Leute haben heute Abend mit mir über genau diese Sache gesprochen – sich niederzulassen, meine ich. Sie sagen, dass mein Umherstreifen lange genug durchgehalten hat und dass ich mich bald in einen Verschwender verwandeln werde, wenn ich nichts unternehme. Außerdem ist es an der Zeit, dass ich erwachsen werde. „Ich weiß nicht", fügte er entschuldigend hinzu, „warum ich Ihnen das erzähle, es kann Sie nicht interessieren, aber sie wollen, dass ich genau das tue, worüber Sie sich beschwert haben."

„Oh nein, ich habe mich nicht beschwert", sagte Maradick hastig. „Ich sage nur: Wenn Sie sich beruhigen, gehen Sie nirgendwo hin und tun Sie nichts, was Sie wieder verunsichern könnte. Es ist so verdammt schwer, zurückzukommen. Aber was nützt es, wenn ich euch Ratschläge gebe und rede, ihr jungen Kerle hört nie zu!"

„Es hört sich an, als hätten sie dort unten Spaß", sagte Tony ein wenig wehmütig. Die Aufregung lag ihm noch immer im Blut und eine wilde Idee schoss ihm in den Sinn. Warum nicht? Aber nein, es war absurd, er kannte den Mann erst seit einer Viertelstunde. Die Lichter des Karussells wurden hin und her geworfen wie von einem Besessenen; Wirbel und Blitz, dann regungslos und wieder Stille. Das gemurmelte Stimmengewirr drang an ihre Ohren. Warum nicht?

„Ich sage", Tony berührte Maradicks Arm, „warum sollten wir nicht dort hinunter in die Stadt schlendern?" Es könnte amüsant sein. Es wäre eine herrliche Nacht für einen Spaziergang, und es ist erst zwanzig vor elf. Wir wären um zwölf zurück."

"Dort unten? Jetzt!" Maradick lachte. Aber er hatte ein seltsames Verlangen nach Gesellschaft. Er konnte nicht ins Hotel zurückkehren, noch nicht, und er würde sich nur in seinen eigenen Gedanken verlieren, die ihn nirgendwohin führten, wenn er allein hier bliebe. Vor ein paar Tagen hätte er sich über die Idee lustig gemacht, mit einem Jungen, den er nicht kannte, hinunterzuwandern, um einen Kreisverkehr und ein paar betrunkene Dorfbewohner zu sehen; Aber die Dinge waren anders, ein neuer Impuls war in ihm am Werk. Außerdem mochte er den Jungen ziemlich. Es war lange her, dass jemand seine Kameradschaft auf diese Weise in Anspruch genommen hatte; Tatsächlich hätte er vor ein paar Tagen jeden, der es versucht hätte, mit unmissverständlicher Hand abgewehrt.

Maradick dachte darüber nach.

„Oh, ich sage, tu es!" sagte Tony, seine Hand immer noch auf Maradicks Arm und erfreut, dass sein Vorschlag ernsthaft in Betracht gezogen wurde. „Schließlich ist es nur ein Spaziergang und wir kommen wieder, sobald Sie es wünschen. Mäntel können wir im Hotel holen; Es könnte ziemlich amüsant sein, wissen Sie."

Es ging ihm schon besser. Es war natürlich absurd, dass er sich zu dieser Stunde auf so ein verrücktes Spiel einließ, aber – warum sollte das nicht absurd sein? Er hatte fünfzehn Jahre lang nichts Lächerliches getan, überhaupt nichts, also war es höchste Zeit, damit anzufangen.

„Es *wird* ein Lappen sein!" sagte Tony.

Sie gingen hinein, um ihre Mäntel zu holen. Als zwei dunkle Verschwörer stürzten sie sich den kleinen, krummen Pfad entlang, der der schnellste Weg in die Stadt war. Auf allen Seiten drängte sich der Duft der Blumen, stärker und süßer als bei Tageslicht, und gerade ihre vagen Umrisse verliehen ihnen Geheimnis und Charme. Die hohen Gipfel der Bäume, die sich gegen den Himmel abzeichneten, nahmen seltsame und unheimliche Formen an – die Masten eines Schiffes, die hohe Spitze einer Kathedrale, Sensen und Schwerter, die durch die Luft schnitten; und über ihnen dieser wundervolle Nachthimmel des Sommers, etwas, das in seinem blasssten Safranlicht eine frühe Morgendämmerung versprach, eine wundervolle Andeutung unzähliger Farben, die schwach durch den dunkelblauen Vorhang zu sehen waren.

> „Nachts verweilten wir auf dem Rasen,
>
> Denn unter den Füßen war das Kraut dürr;
>
> Und wohlige Wärme und über dem Himmel
>
> Der silbrige Dunst des Sommers zeichnete:
>
> „Und Fledermäuse kreisten in duftenden Himmeln,
>
> Und die hauchdünnen Formen bewegt oder beleuchtet
>
> Das verfolgt die Dämmerung mit Hermelinumhängen
>
> Und wollige Brüste und Perlenaugen:"

zitierte Tony. „Tennyson, und zwar richtig gut."

„Ich weiß es nicht", sagte Maradick ziemlich schroff. „Schlecht für Ihr Geschäft. Außerdem, was wissen diese Kerle über das Leben? Sie schlossen sich in ihren Zimmern ein und machten Reime über dem Feuer. Was könnten sie wissen?"

„Oh, einige von ihnen", sagte Tony, „wussten einiges. Aber es tut mir leid, dass ich zitiert habe. Es ist eine schockierende Angewohnheit, der man sich im Allgemeinen hingibt, um seinen Freunden Überlegenheit zu zeigen. Aber der Himmel ist heute Nacht einfach so. Leicht quer gezogen, als würde es auf der anderen Seite alles Mögliche verbergen."

Maradick gab keine Antwort und sie gingen schweigend weiter. Sie erreichten das Ende des Hotelgartens und gelangten durch das kleine weiße Tor auf einen schmalen Pfad, der an der Stadtmauer entlangführte und Sie plötzlich auf den Marktplatz neben der Kirche führte. Auf seinem Weg zum Meer passierte er ein hohes Ufer, das den Fluss Ess überragte . Es war eher ein stolzer kleiner Fluss, wie es bei kleinen Flüssen üblich ist, der in seinen frühen, höheren Flussläufen plätscherte und plapperte, mit der jungen Fröhlichkeit, die zu Landpfarrhäusern und den Papierschiffen von Dorfkindern passte; und dann, feierlich und ruhig und vielleicht sogar ein wenig wichtig, als es sich der Stadt näherte und Heringsbooten mit braunen Segeln Schutz bot, und dann, schließlich, aufgeregt, aufgeregt, stürmisch, als es in seinen Wächter, den …, stürzte Meer.

Heute Nacht ging es zufrieden unter den Mauern der Stadt hindurch, sang dabei ein sehr schläfriges kleines Lied und spielte Spiele mit dem Mondlicht und den Sternen. Hier blieb der Messelärm verborgen und alles war sehr ruhig und friedlich. Die Schritte der beiden Männer waren laut und deutlich zu hören. Die Nachtluft hatte Maradicks Gehirn beruhigt, und er hatte mehr Frieden mit der Welt, aber dennoch herrschte ein gewisses Unbehagen, das natürlich und in der Tat unvermeidlich bei einem Mann war, der nach einem geordneten und geregelten Dasein über viele Jahre hinweg etwas tut das ist ungewöhnlich und ein wenig lächerlich. Er war, wie es in der Tat bei so vielen Menschen mittleren Alters der Fall war, dazu gelangt, drei Seiten des Lebens bewusst auszuschließen, um die vierte Seite vollständig zu erfassen. Durch beharrliche Praxis hatte er sich selbst beigebracht zu glauben, dass die anderen drei Seiten nicht existierten. Er sagte sich, dass er nicht anpassungsfähig sei, dass er sein Bett gemacht habe und darauf liegen müsse, dass der Mond für Träumer sei; Und nun wurde plötzlich, innerhalb eines Tages, die Jalousie vom Fenster heruntergezogen, vor dem er fünfzehn Jahre lang gesessen hatte, und siehe da! Da waren die Sterne!

Dann begann Tony erneut. Von ihm hatte man gesagt, sein schlimmster Fehler sei seine Bereitschaft zu antworten, er wisse nicht, was es heißt, auf der Hut zu sein, und er behandelte Maradick jetzt mit einem Vertrauen und einer Offenheit, die angesichts der Länge ihrer Bekanntschaft seltsam vertraulich wirkte . Schließlich sprach er von Alice Du Cane. „Ich weiß, dass meine Leute es wollen, und sie ist eine wirklich gute Frau, wirklich sportlich und die Art von Mädchen, der man bis ans Ende seiner Tage vertrauen würde. Ein Mädchen, bei dem du absolut sicher bist."

„Ist sie dir wichtig?" sagte Maradick .

"Natürlich. Wir kennen uns schon seit Jahren. Wir sind nicht sehr sentimental, aber ich für meinen Teil misstraue all dem zutiefst. Es ist heutzutage nicht mehr das, was Sie wollen; Nur auf einer soliden Wertschätzung kann man aufbauen."

Tony sprach mit einem Hauch tiefer Erfahrung. Maradick , der an sein eigenes Versagen im Kopf dachte, fragte sich, ob das nicht doch die richtige Sichtweise sei. Vor fünfzehn Jahren war es nicht seine Art gewesen; er war der wahre ungestüme Liebhaber gewesen, und jetzt erntete er seine Ernte. Oh! Diese rücksichtsvollen und vorsichtigen jungen Männer und Mädchen der neuen Generation lernten ihre Lektion, und doch scheiterte die Ehe trotz allem so häufig wie eh und je. Aber diese Bemerkung des Jungen stimmte kaum mit dem Rest von ihm überein; Er war romantisch, ungestüm und sehr, sehr jung gewesen, und diese ernste und ziemlich zynische Doktrin der „guten, soliden Wertschätzung" passte nicht zu seinem Rest.

„Ich frage mich, ob du das meinst", sagte er und sah Tony scharf an.

"Natürlich. Ich habe viel über die Ehe nachgedacht, insbesondere in unserem Set. Man sieht jeden Tag Leute heiraten, entweder weil man es ihnen sagt oder weil man es ihnen nicht sagt, und beide Arten sind schlecht. Natürlich habe ich ein- oder zweimal geglaubt, ich wäre verliebt, aber das ist immer so gewesen. Angenommen, ich hätte eines dieser Mädchen geheiratet, was wäre daraus geworden? Eine Katastrophe, natürlich. Jetzt bin ich also klüger."

„Sei nicht zu sicher. Es ist diese Weisheit, die so gefährlich ist. Die Schicksale, oder was auch immer sie sein mögen, wählen immer den richtigen Moment, um die Gewissheit zu zerstören. Ich sollte mich nicht wundern, wenn man seine Ansichten ändert, bevor man viel älter ist. Sie sind, wenn Sie mir das sagen dürfen, nicht der Typ, der solche Dinge so philosophisch angeht. Und dann liegt etwas in der Luft dieses Ortes –"

Tony antwortete nicht. Er fragte sich, ob er überhaupt so selbstsicher war. Er hatte sich den letzten Monat lang gesagt, dass es in jeder Hinsicht das Beste sei, Miss Du Cane zu heiraten; sein Volk, seine Zukunft, seine Gewissheit über deren Sicherheit, all das drängte ihn, und doch – und doch … . . Die Worte seiner Mutter kamen ihm wieder in den Sinn. „Tony, heirate niemanden, es sei denn, du bist ganz sicher, dass es die einzige Person ist.

Lass dich von nichts anderem beeinflussen. Die Ehe mit der falschen Person ist … .."

Und dann, im nächsten Moment, stand die Messe vor der Tür. Es hatte gerade elf geschlagen und die Aufregung schien ihren Höhepunkt erreicht zu haben. Der Marktplatz war in seiner Sauberkeit sehr französisch und eine gewisse Versammlung des gesamten geistlichen und gesellschaftlichen Lebens der Stadt; Die normannische Kirche, die von einigem historischen Interesse ist, füllte die rechte Seite des Platzes. Dicht an seiner Seite, eingeklemmt zwischen seinen grauen Mauern und der feierlichen Würde des Rathauses, befand sich ein hoher rechteckiger Turm, der mit kleinen Fensterschlitzen und seltsamen Eisenstangen übersät war, die wie Zeigefinger in die Luft ragten.

Es hatte etwas ziemlich erbärmlich Würdevolles; es protestierte gegen seine moderne Vernachlässigung und Desertion. Man hatte das Gefühl, dass es früher mutige Zeiten gegeben hatte. Jetzt wurde das Erdgeschoss von einem Obsthändler genutzt ; Äpfel und Pflaumen, Kirschen und Birnen wurden gekauft und verkauft, und der Grafenturm war Hardings Laden.

Es gab mehrere andere Häuser auf dem Platz, die die gleiche Geschichte erzählten, Häuser mit fantastischen Erkerfenstern und kleinen Pfefferstreuertüren, winzigen Balkonen und urig geschnitzten Figuren, die einen aus versteckten Ecken anstarrten; Häuser, die einst hochmodern waren, versteckten sich nun schüchtern vor der wahren Pracht des Rathauses. Ihr Tag war vorbei und vielleicht war ihr Leben bedroht. Das Rathaus mit seinen Abendessen, Bällen und Reden braucht keine Rivalität zu fürchten.

Aber heute Abend wurde das Rathaus beiseite geschoben und zählte überhaupt nichts. Es war der einzige Anlass im Jahr, bei dem es keine Bedeutung hatte, und der alte, verachtete Turm entsprach viel mehr der Stunde und dem Szenario.

In der Mitte des Platzes befanden sich Reihen von Kabinen, die von Gasdüsen beleuchtet wurden, die unter dem Zischen vieler Schlangen in der Nachtluft flammten und aufflackerten. Diese füllten die Mittellinie des Marktes. Rechts war der Kreisverkehr; Sein Kreis aus Lichtern, der sich wie verrückt im Kreis drehte, verlieh ihm die Vitalität eines Lebewesens – ein riesiger Leviathan auf Rädern, der misstönend den neuesten Triumph der Hallen brüllte und dann, von seiner Stimme erregt, immer schneller und schneller wirbelte, als wollte er schleudern erhebt sich in die Luft und zieht fröhlich tobend durch den Markt, um dann plötzlich tot, erschöpft und melancholisch umzufallen, als sein Gesang verstummt : –

Platziere mich unter den – Mädchen!

Die mit den lockigen Locken!

und dann eine plötzliche Vision von dunklen Gestalten, die auf und ab ins Licht springen und wieder heraus, das wilde Wedeln eines Arms und das Rot, Grün und Gelb der Pferde, die im Takt der Melodie auf und ab und im Kreis herumwirbeln.

In einer anderen Ecke stand ein Prediger auf einem Brett, das auf zwei Fässern lag, die Arme phantastisch über den Kopf erhoben. Um ihn herum versammelte sich ein kleiner Kreis von Personen mit Büchern, und schwach, durch den Lärm des Karussells und die Schreie derer, die kauften und verkauften, erklang der schrille, schwankende Schrei einer Hymne: –

So wie kleine Kerzen

Wir werden strahlen,

Du in deiner kleinen Ecke

Und ich in meinem.

Mittelgasse entlang zogen Scharen von Männern und Frauen vorbei, größtenteils Matrosen und ihre Liebsten; und viele von ihnen sahen seltsam fremdartig aus – braun und dunkelhäutig, mit schwarzen Locken und dunklen, blitzenden Augen.

Es gab viele Landleute, die ihre Sonntagskleidung mit einem Unbehagen trugen, das auch etwas von eingestandener Tugend und Stolz an sich hatte. Ihre schlecht sitzende und absurd befangene Kleidung hing um sie herum und schränkte ihre Bewegungen ein; Sie beobachteten die Szene um sie herum fast verstohlen und mit einem gewissen gedämpften Entsetzen. Für sie war es der Tag, die Nacht des Jahres; Man hatte mit der Würde eines oft durchgeblätterten Kalenders darauf gewartet, es gezählt und feierlich begangen , und während der langen, trostlosen Wintertage, als Schnee und blendender Nebel einsame Höfe mit Trostlosigkeit umhüllten, war es erwartet und vorhergesehen worden mit eifriger Intensität. Jetzt, wo es hier war und so bald stehen sollte, eine einsame Säule in der völlig ereignislosen Einöde des Jahres, blickten sie es ängstlich, ängstlich und doch voller gespannter Erregung an. Diese Lichter, dieser Lärm, diese Menschenmenge, wie schön, danach auf alles zurückzublicken, und wie gefährlich das alles war! Sie gingen vorsichtig durch die Reihe der Stände, staunten über deren Pracht und Pracht, kauften ein- oder zweimal etwas und bereuten dann, was sie getan hatten. Noch eine Stunde und es wäre vorbei; schon jetzt schauderten sie angesichts der Schwärze des morgigen Tages.

Bei den Stadtbewohnern, den Fischern und Seeleuten von Penzance war es eine alte Angelegenheit; etwas Amüsantes und darauf ausgelegt, materielle und finanzielle Angelegenheiten sowie Liebesdinge zu verbessern, aber keineswegs etwas, worüber man sich wundern sollte. Der letzte Abend der dreitägigen Messe war jedoch von großer Bedeutung. Dem alten Aberglauben zufolge bildeten alle Bürger der Stadt eine Prozession, die mit brennenden Fackeln und einer alten Trommel an der Spitze um die Mauern marschierte. Dies geschah, so die Legende, schon seit den Tagen der Kelten, als nackte Eindringlinge mit wildem Geschrei und spöttischen Gesten immer wieder durch die Stadt zogen und mit einem allgemeinen Massaker und der Niederwerfung der Mauern endeten. Die Stadt war bald wieder zum Leben erwacht, und die Zeremonie war zu einem Jubiläum und das Jubiläum zu einem Jahrmarkt geworden. Die letzten Sterbeschreie dieser alten Völker verwandelten sich nun in das Kreischen eines Karussells, den Verkauf von Bonbons und das Geplapper vieler alter Frauen; und es gab nur wenige an diesem Ort, die sich daran erinnerten, woher diese Ursprünge stammten.

Aufregung lag in der Luft und der Platz schien von Moment zu Moment voller zu werden. Das Aufflammen des Gases warf riesige Schatten auf die Mauern, und das Licht war auf die Stadt gerichtet, so dass ihre Seiten wie von Feuer leuchteten. Der Lärm war ohrenbetäubend – das Kreischen im Kreisverkehr, die Rufe der Fahrer, die Schreie und das Gelächter der Menge erzeugten ein wirres Geräuschgebell, und in der Ferne war das Schlagen der Trommel zu hören. Es war die Stunde der Abschlusszeremonie.

„Ich frage mich", sagte Maradick , „was die Leute in diesen Häusern davon halten." Schlafen muss unter diesen Umständen schwierig sein."

„Ich sollte denken", sagte Tony lachend, „dass sie alle hier draußen sind." Ich gehe davon aus, dass zu diesem Zeitpunkt der größte Teil der Stadt hier ist." Und tatsächlich, der Andrang war riesig. Der Prediger war in Gefahr, von seinem Brett gestoßen zu werden; Die Leute drängten sich tanzend, singend und schreiend umher, und sein kleiner Kreis war in der Menge gefangen und verschlungen worden. Nur sehr wenige Leute schienen ihm zuzuhören; aber er redete weiter, wedelte mit dem Buch in der Hand und hob sich scharf vor dem leuchtenden Turm in seinem Rücken ab.

Ihnen fielen die Worte ein: „Morgen wird es zu spät sein." Ich sage euch, meine Freunde, dass es jetzt und jetzt nur noch so ist. . . Und die Tür war geschlossen. . . Wir können nicht wählen. . ."

Aber die Trommel war auf dem Platz. Der Stadtschreiber, ein kleiner, pompöser Mann, stand auf den Stufen des Rathauses, gekleidet in sein offizielles Rot, und begrüßte den Jahrmarkt. Keine Worte konnten die Verwirrung durchdringen, aber die Menschen versammelten sich schreiend und singend um ihn. Das Kaufen und Verkaufen begann in den letzten fünf

Minuten hektisch, bevor es schließlich ganz aufhörte. Plötzlich sanken die Preise auf Null, und weise und vorsichtige Geister, die den ganzen Tag auf diesen Moment gewartet hatten, strömten herbei und machten die schönsten Schnäppchen.

Der Prediger merkte, dass die Menge jetzt keine Ohren mehr für ihn hatte, und so klappte er mit einem letzten kleinen, verzweifelten Armschütteln sein Buch zu und sprang von seinem Brett. Der Karussell stieß einen letzten Begeisterungsschrei aus und sank dann erschöpft zu Boden, mit dem glücklichen Gefühl, dass er zur Fröhlichkeit der Nationen beigetragen und viele Kupfermünzen in die Taschen seines Besitzers gebracht hatte.

Die Menge stürmte mit der Trommel auf den kleinen roten Büttel zu, und Maradick und Tony stürmten mit. Es war zweifellos eine sehr lebhafte Menschenmenge, und mit jedem Trommelschlag drohte sie lebhafter zu werden. Der Klang war zweifelsohne berauschend und wenn man dem „Roten Löwen" bereits einen Besuch abgestattet und mit der besten Freundin ein fröhliches Glas genossen hat, lässt man sich natürlich herzlicher denn je auf die Stimmung ein.

Und dann war dieser Tanz durch die Stadt auch der Moment des Jahres. Es war die einzige Gelegenheit, bei der keine Fragen gestellt und keine Überraschung gezeigt wurde. Anstand und Anstand, beides hervorragende Dinge, wurden ausnahmsweise beiseite geworfen; denn solange sie nicht weggeworfen wurden, konnte man den Geist des Tanzes nicht genießen. Es war zutiefst symbolisch; Eine herrliche Viertelstunde, in die man die ganze Untätigkeit des Jahres werfen konnte – Enttäuschung, Rache, Eifersucht, Hass gingen wie schmutzige und nutzlose Lumpen in den kochenden Topf und wurden für immer weggetanzt . Sie brachten auch Ihre ganze Freude und Dankbarkeit für ein wunderbares Jahr und eine überaus fröhliche Messe zum Ausdruck und tranken sozusagen Wein, Ermutigung und Hoffnung für das kommende Jahr. Es hatte schlechte Zeiten und enttäuschende Freunde gegeben und das traurige Wissen, dass man nicht mehr so stark war wie früher; aber ab in den Topf mit allem! Tanze in die Schwebe! Und auf der Rückseite dieser fröhlichen Trommel sitzt ein Geist, der Ihnen neues Herz verleiht und Ihre Zehen durch die Straße funkeln lässt.

Und das Beste war: Es war ein Tanz der Herzen. Es war der große Moment, in dem Sie Gewissheit erlangten, und als Sie dieser Trommel die gewundene Straße entlang folgten, wussten Sie, dass Ihnen das Wunderbarste auf der Welt widerfahren war und dass Sie nie wieder derselbe Mensch sein würden ; Vielleicht hatte sie mit dir die Straße entlang getanzt, vielleicht hatte sie dich beobachtet und der Trommel zugehört und gewusst, dass es keine Frage mehr gab. Ich weiß nicht, für wie viele Ehen diese Trommel in Treliss verantwortlich war, aber sie kannte ihr Geschäft.

Unter viel Gedränge, Gelächter und Lärm begann sich in der Menge eine gewisse Ordnung zu bilden. Es gab Pfeifen, kleine Fähnchen und Blechhörner. Es galt als Glücksbringer für das kommende Jahr und so kämpfte jeder Mensch um einen Platz. Wenn Sie nicht getanzt hätten, wären Ihre Aussichten für die nächsten zwölf Monate wirklich schlecht gewesen, und Ihre Nachbarn hätten Sie als jemanden abgestempelt, der dem Unglück geweiht sei. Da waren sehr alte Frauen, ihre Röcke fest um den Körper gerafft, den Mund fest zusammengepresst und den Blick auf die Trommel gerichtet. Alte Männer wurden von jüngeren beiseite gedrängt und nahmen es ruhig und unterwürfig hin und begnügten sich mit dem Gedanken an die Jahre, in denen sie ihren Teil des Kampfes geleistet und einen Platz bei den Besten gehabt hatten. Vorne versammelten sich die meisten jungen Männer. Die Menge schlängelte sich schlangenartig um den Markt, schlängelte sich um und über die Buden und Stände, schlängelte sich an dem grauen Turm vorbei und schließlich hinab in die grauen Tiefen, wo sich die Pfefferstreuerhäuser unter dem roten Lichtschein der Lichter bogen und drehten.

Maradick und Tony waren fest zwischen Flanke und Rücken eingeklemmt; So wie die Dinge lagen, war es schwierig genug, auf den Beinen zu bleiben. An Maradicks Seite stand eine alte, stämmige Frau, deren Haube ablenkend von der Stirn gerückt war, deren graue Haare hinter ihr wehten und die Hände fest über einen Korb gepresst, den sie an ihrer Taille festhielt.

„Eh, meine Herren. . . eh, meine Herren!" keuchend, atemlos schnappte sie nach Luft, und dann wurde ihre Hand hastig an ihre Stirn gedrückt; Dabei flog der Deckel des Korbes hoch, und der dürre, magere Hals einer Henne reckte sich jämmerlich in die Luft und kreischte hektisch. „Runter, Janet; aber so etwas wie dieses. . . Ich habe es nie gesehen. Aber dennoch hatte das Ganze etwas Triumphierendes; Zumindest behielt sie ihren Platz.

Schon schlugen die Füße im Takt der Trommel; Ein maßvoller Stempel, ein Stempel auf dem Kopfsteinpflaster zeugte vom Drang, loszukommen, von der Sehnsucht nach dem großen Moment. Wellen der Aufregung gingen durch die Menge. Für einen Moment schien es, als würden alle mitgerissen, die Füße würden den Halt auf dem Bürgersteig verlieren und die Menge würde wütend den Hügel hinunterstürzen; aber nein, die Welle strömte zu der kleinen roten Trommel und strömte dann wieder zurück. Die Trommel war noch nicht fertig; es waren nicht alle da. „Geduld" – man konnte es ruhig und entschlossen in seinen Schlägen sprechen hören – „ Geduld, die Zeit kommt, wenn du nur geduldig sein willst." Du musst mir für den großen Moment vertrauen."

Maradick wurde mit dem Korb gegen die alte Dame geschleudert; Für einen Moment schleuderte ihn eine Bewegung in der Menge nach vorne und er packte den Korb, um sich zu stabilisieren. Wirklich, es war zu lächerlich! Sein Hut war auf seinen Hinterkopf gefallen, ihm war heiß und er schwitzte, und er wollte seinen Mantel abwerfen, aber seine Hände waren an seine Seiten gedrückt. Mechanisch hielten seine Füße den Takt mit der Trommel, und plötzlich lachte er. Ein alter Mann vor ihm wurde zwischen zwei tapferen Jugendlichen seitlich zerquetscht, und hin und wieder versuchte er zu entkommen, machte klägliche kleine Bewegungen mit seinen Händen und sank dann resigniert wieder zurück. Sein altes, faltiges Gesicht mit der schiefen Nase und dem Ausdruck schüchterner Angst schien Maradick unendlich unterhaltsam zu sein. „Bei Gott", rief er, „schau dir diesen Kerl an!" Aber Tony war über alle Maßen aufgeregt.

Maradick gedrückt , seine Mütze balancierte lächerlich auf seinem Hinterkopf; sein Mund lächelte und seine Füße schlugen den Takt. „Ist es nicht ein Lappen? Ich sage, nicht wahr? Was für ein Spaß! Oh, ich bitte um Verzeihung, ich habe Angst, dass ich auf dich getreten bin. Aber es gibt eine Menschenmenge, nicht wahr? Es ist wirklich furchtbar schwer, ihm zu helfen. Oh! Lass mich es für dich aufheben – eine Gurke, hast du gesagt? Oh, da ist es, direkt unter diesen Mann gerollt." „ Oh, danke, wenn es Ihnen nichts ausmacht!" „Nein, es ist nicht schlimmer, Missis. Ich sage, Maradick , sind sie nicht anständig? die Leute, meine ich?"

Und dann waren sie plötzlich weg. Der rote Mantel des Stadtausrufers wehte im Wind und die Trommel bewegte sich.

Einen Moment lang herrschte merkwürdiges Schweigen über der Menge. Vorher hatte es Babel gegeben – ein wahres Meer von Stimmen, vermischt mit Schreien und Hörnern und dem Schmettern von Pfennigpfeifen –, man konnte sich selbst kaum sprechen hören. Aber jetzt herrschte Stille. Der Trommelschlag ertönte deutlich durch die Luft – eins, zwei, eins, zwei – und dann wurde die Stille mit einem Schrei gebrochen und die Prozession bewegte sich.

Es gab eine plötzliche Bewegung der Arme entlang der Linie und Tony steckte seine Arme durch Maradicks . Mit den Füßen in einer Reihe gingen sie den Platz entlang, beugten sich vor, dann zurück; In einem Moment sprang der Korb der alten Frau plötzlich in Maradicks Bauch, dann wurde er von hinten gestoßen. Er spürte, dass seine Mütze wackelte, nahm sie ab, drückte sie fest an die Brust und ging barhäuptig weiter.

In der Kurve wurde das Tempo schneller. Der Trommelschlag, der schwach durch den Lärm der Menge zu hören war, war jetzt „zwei, drei, zwei, drei". „Komm mit, komm mit, es ist Zeit umzuziehen, ich habe es satt, still zu stehen!"

Ein Delirium schien die Frontlinien zu erfassen, und es ging wie eine Flamme durch die Reihen. Schneller schneller. Um Himmels willen, schneller! Die Leute sangen, eine seltsame Melodie, die keine Worte zu haben schien, sondern nur ein Crescendo des Klangs, ein Murmeln, das zu einem Summen und dann zu einem Schrei anstieg und dann wieder im Wind und im Trommelschlag versank.

Sie hatten den Marktplatz verlassen und drängten sich durch die schmale Straße, die zur Bucht führte. Jemand vor uns begann eine Art Tanzschritt. Eins, zwei, drei, dann fast doppelt nach vorne beugen, den Kopf nach unten, dann eins, zwei, drei und den Körper wieder zurück, ein Bein in der Luft, den Kopf nach hinten geworfen. Es war der Tanz, der Tanz!

Der Geist war auf ihnen, die Trommel hatte das Wort gegeben, und die ganze Gesellschaft tanzte den Hügel hinunter über das Kopfsteinpflaster. Eins, zwei, drei, beugen, eins, zwei, drei, Rücken, Bein in der Luft! „Oh, aber ich kann nicht!" Maradick keuchte. Er konnte nicht aufhören, denn sie drängten sich dicht hinter ihn. Die alte Frau hatte jeglichen Sinn für Anstand verloren. Sie schwenkte ihren Korb in der Luft, und aus dessen Tiefen erklang der Schrei der Henne. Tonys Arm war fest um seinen gelegt und Tony tanzte. Eins, zwei, drei und alle beugten sich zusammen. Eins, zwei, drei, die Beine waren in der Luft. Die Gesichter waren vor Aufregung gerötet, die Hände waren geballt und die Melodie hob und senkte sich. Einen Moment lang widersetzte sich Maradick . Er muss da raus; er versuchte, seinen Arm wegzuziehen. Es wurde in einem Schraubstock festgehalten und Tony war zu aufgeregt, um zuzuhören, und dann verschwanden Anstand, Jahre und Tradition und er tanzte wie die anderen. Er schrie wild, er schwenkte seine Mütze in der Luft; dann fing er die Melodie auf und rief sie mit den anderen.

Eine seltsame Halluzination überkam ihn, dass er jemand anderes war, dass er als Maradick nicht existierte. Epsom war eine Lüge und das Büro in der Stadt eine Täuschung. Die Jahre schienen von seinem Rücken zu verschwinden, wie das Rudel eines Pilgers, und so tanzte er schreiend und singend die Straße entlang.

Sie erreichten den Fuß des Hügels und bogen um die Ecke auf den Weg, der an der Bucht vorbeiführte. Das Meer lag regungslos zu ihren Füßen, und die Bahn des Mondes erstreckte sich bis zum Horizont.

Die Melodie wurde immer wilder; Der Tanz hatte seine Wirkung getan, und es waren genug Hochzeiten geplant, um die Kirche ein Jahr lang sonntags zu füllen. Die Anwesenheit von Tony und Maradick war keine Überraschung . Dies war ein Anlass, bei dem niemand für seine Taten verantwortlich war, und wenn sich die Herren dazu entschließen sollten, mitzumachen, dann gab es keinen großen Grund zur Verwunderung.

Für Tony schien es der Moment seines Lebens zu sein. Dafür war er geboren: wild durch die Stadt zu tanzen. Es schien Kameradschaft, gute Kameradschaft, wahre Gleichheit zu bedeuten. Es war der alte griechische Geist, der wieder zum Leben erwachte; dieser Geist, von dem er zu Alice gesprochen hatte – etwas, das Homer gekannt und etwas, das Whitman gepredigt hatte. Und so bergauf! wildes Herumtollen, Gestikulieren, Schreien. Jemand ist unten, aber niemand bleibt stehen. Es bleibt ihm überlassen, sich wieder aufzuraffen und ihm hinterherzuhumpeln. Mr. Trefusis , der Metzger, hatte zwölf Monate lang mit Mr. Curtis, dem Schreibwarenhändler, Krieg geführt, jetzt sind sie Arm in Arm, beide absurd beleibt; Der Kragen von Mr. Curtis ist am Hals geplatzt, aber sie sind wieder Freunde. Mrs. Graham, Wäscherin, hatte Miss Penny, Schneiderin, vor vier Monaten beleidigt, und sie hatten seitdem nicht mehr gesprochen; Jetzt, mit schiefen Hauben und platzenden Knöpfen auf der Rückseite, geht es wieder um „Mary" und „Agnes".

Oh! Die Trommel kannte ihre Arbeit.

Und dann war es plötzlich vorbei. Die Spitze des Hügels vollendete den Kreis und man erreichte wieder den Markt. Die Trommel schlug hektisch auf die Stufen des Rathauses, die Menge strömte wie wild um den Platz, und dann verstummten plötzlich die Schreie, ein letzter schwacher Schlag war zu hören und es herrschte Stille. Die Leute lehnten atemlos gegen jede eventuell vorhandene Stütze und dachten plötzlich an die Unordnung ihrer Kleidung. Jeder war vielleicht ein wenig verlegen, und einige wirkten wie diejenigen, die plötzlich aus dem Schlaf erwacht waren.

Maradick kam schnell zur Besinnung. Er wusste nicht, was er getan hatte, aber es war alles sehr dumm gewesen. Er rückte seine Krawatte zurecht, setzte seine Mütze auf, wischte sich die Stirn und löste seinen Arm von Tonys Arm. Er war sehr dankbar, dass niemand da war, der ihn kannte. Was hätten seine Angestellten gesagt, wenn sie ihn gesehen hätten? Lust auf den Bürojungen! Und dann die Epsom-Leute. Einfach schick! Louie, Mrs. Martin Fraser, der alte Tom Craddock. Maradick , James Maradick tanzt wild mit einer alten Frau die Straße entlang. Es war unglaublich!

Aber es gab immer noch das seltsame, halbbewusste Gefühl, dass es überhaupt nicht Maradick gewesen war oder zumindest ein seltsamer, neugieriger Maradick , mit dessen Existenz bis heute Abend nie gerechnet worden war. Es war nicht der Maradick von Epsom und der Stadt. Und dann der Admonitus Locorum saß fröhlich auf seiner Schulter, lachte urkomisch und zwinkerte dem Turm zu.

Tony war aufgeregt wie nie zuvor und unterhielt sich eifrig mit einem alten gehörlosen Mann, der es geschafft hatte, mit der Firma mitzuhalten, aber dadurch traurigerweise erschöpft war.

„Mein letzter", seufzte der alte Mann zwischen keuchenden Atemzügen. „Sag es mir nicht , junger Mann, ich werde keinen anderen sehen."

„Unsinn", Tony wedelte mit den Armen in der Luft, „du bist ja noch ziemlich jung. Du bist ein Fischer, nicht wahr? Wie großartig. Ich würde alles dafür geben, Fischer zu sein. Manchmal komme ich herunter und beobachte dich, und du musst heraufkommen und Tee trinken."

An diesem Punkt intervenierte Maradick .

„Ich sage, lass uns da raus, es ist so heiß. Komm weg von der Menge." Er zog Tony am Arm.

"In Ordnung." Tony schüttelte dem alten Mann die Hand. „Auf Wiedersehen, ich werde eines Morgens kommen und dir beim Fischen zuschauen. Bei Gott, es ist heiß! aber was für ein Spaß! Wohin sollen wir gehen?"

„Ich schlage vor, ins Bett zu gehen", sagte Maradick ziemlich grimmig. Plötzlich hatte er das Gefühl, kein Mitgefühl mehr für die ganze Sache zu haben. Es war, als hätte eine Macht von außen den echten Maradick , den Maradick des Geschäfts und desillusionierte Vierzig, wieder an seinen richtigen Platz zurückversetzt. Die Menge wurde zu etwas Alltäglichem und sogar Ekelhaftem. Er blickte sich um, um sich zu vergewissern, dass niemand, der von Bedeutung war, Zeuge seiner Eskapaden gewesen war, wie er sie nannte; Er war ein wenig verärgert über Tony, weil er ihn hineingezogen hatte. Es entstand schließlich alles aus dem ersten indiskreten Verlassen des Hotels. Er fühlte nun, dass die sofortige Rückkehr in seine Räume die einzig sichere Möglichkeit des Rückzugs sei. Der Tanz stand vor ihm wie eine schreckliche Indiskretion eines unverantwortlichen und unbefugten Teils von ihm. Wie könnte er! Der lächerlich dünne Hals der schreienden Henne verdeutlichte die Moral der ganzen Angelegenheit. Er hatte das Gefühl, dass er sich auf schrecklichste Weise im Stich gelassen hatte.

„Ja, Bett", sagte er. „Wir haben genug getäuscht." Doch für Tony war der Abend noch lange nicht vorbei. Der Tanz war lediglich das Symbol einer neuen Ordnung der Dinge gewesen. Es war der körperliche Ausdruck von etwas, das er in den letzten Tagen so seltsam, so schön gefühlt hatte. Er hatte es mit so vielen Namen bezeichnet – Aufrichtigkeit, Einfachheit, Schönheit, der klassische Geist, das heroische Zeitalter –, aber keiner dieser Namen hatte genügen, denn es bestand aus all diesen Dingen und war dennoch keines davon allein . Er hatte sich über diesen neuen Impuls gewundert, fast schon über neues Wissen; und doch kaum neu, denn er hatte das Gefühl, als hätte er alles, den Impuls, die Lebendigkeit und die Einfachheit schon vor langer Zeit gekannt.

Und jetzt hatte dieser Tanz die Dinge für ihn klarer gemacht. Es war etwas, was er vor vielen hundert, ja sogar tausenden Jahren an anderen Orten mit anderen Menschen getan hatte; Er hatte seinen Platz in der goldenen Kette gefunden, die die Welt umgab. Und so wollte er natürlich nicht zurück. Er würde niemals zurückkehren; er würde nie wieder einschlafen, und so erzählte er es Maradick .

„Nun, ich werde gehen", sagte Maradick und ging voran aus der Menge. Dann hatte Tony das Gefühl, unhöflich gewesen zu sein. Schließlich hatte er Maradick überredet zu kommen, und es war jetzt ziemlich unhöflich, ihn allein zurückkehren zu lassen.

„Vielleicht", sagte er bedauernd, „wäre es besser." Aber es ist so ein toller Abend, und so ein Spiel hat man nicht oft."

„Nein", sagte Maradick , „vielleicht ist es das auch." Ich weiß nicht, was mich dazu geführt hat; und jetzt bin ich heiß, staubig, tierisch!"

„Ich sage etwas trinken", sagte Tony. Sie hatten den Marktplatz verlassen und bogen um die Ecke der krummen Straße zu ihrer Rechten ab. Ein kleines Gasthaus, die „Rote Garde", zeigte noch Licht in den Fenstern. Die Tür flog auf und zwei Männer kamen heraus und mit ihnen der Lärm anderer Stimmen. Obwohl es schon spät war, wurde der Handel immer noch vorangetrieben; Es war die Nacht des Jahres und alle Regeln könnten ungestraft gebrochen werden.

Maradick und Tony traten ein.

Die Tür war niedrig und der Durchgang, durch den sie gingen, war voller Rauch und voller Biergeruch. Der Boden war rau und uneben, und das zischende Gas, das in dunkler Entfernung hing, war völlig unzureichend. Sie tappten ihren Weg und fanden schließlich, von Stimmen geleitet, die Tür des Schankraums. Es war tatsächlich sehr voll, und die Luft hätte mit einem Messer zerschnitten sein können. Irgendwo im rauchigen Dunst ertönte ein Lied, das ab und zu, wenn der Refrain begann, eine bereitwillige Unterstützung aus dem gesamten Raum erhielt.

Tony war begeistert. „Warum, es ist Shelley's Inn!" er weinte. "Oh! Du weisst! wo er den Speck hatte", und er zitierte: „'. . . „Ein Windsor-Stuhl, an einem kleinen runden Buchentisch in einem kleinen dunklen Raum mit gut geschliffenem Boden." Es ist, als ob ich schon einmal hier gewesen wäre. Was für geile Kerle!"

In einer Ecke neben der Tür stand ein kleiner Tisch, und sie setzten sich und bestellten Bier. Der Rauch war so dicht, dass es fast so aussah, als hätten sie den Raum für sich allein. Köpfe und Stiefel und lange, sehnige Arme tauchten durch die Wolken auf und verschwanden wieder. Hin und wieder schickte das Öffnen der Tür den Rauch in wirbelnden Wirbeln durch den Raum und der Horizont klarte auf; dann, einen Augenblick später, war wieder Nebel.

„„Was würde Miss Warne sagen?"", zitierte Tony. „Wissen Sie, das hat Elizabeth Westbrook, die Schwester von Harriet, immer gesagt; Aber Dichter langweilen dich, nicht wahr? Nur ist es irgendwie eine Shelley-Nacht. Er hätte wie alles getanzt. Ist dieses Bier nicht herrlich? Wir müssen wieder hierher kommen."

Aber Maradick fühlte sich unwohl. Sein überwältigender Wunsch war es, schnell, heimlich und sicher zurückzukehren. Er hasste diese stinkende, verrauchte Taverne. Er war noch nie in seinem Leben an einem solchen Ort gewesen und er wusste nicht, warum er sich jemals von Tony dorthin hatte führen lassen. Um die Wahrheit zu sagen, war er ziemlich sauer auf Tony. Sein ständiger Enthusiasmus war ein wenig ermüdend und er kam in seiner Bekanntschaft mit einer Geschwindigkeit voran, die Maradicks Vorsicht etwas missfiel. Und dann fehlte es an Maßstäben, was ein wenig demütigend war. Maradick hatte an diesem Abend mit der Miene eines Menschen begonnen, der ihm einen Gefallen erweist ; Jetzt hatte er das Gefühl, in Tonys Gehirn in denselben Korb geworfen zu werden wie der alte Fischer, der Wirt der „Roten Garde" und die anderen fröhlichen Kerle im Raum. Sie waren alle „entzückend", „charmant", „die beste Gesellschaft"; Es gab, das empfand er verärgert, keine Diskriminierung. Der ganze Abend war vielleicht ein Fehler gewesen, und in Zukunft würde er vorsichtiger sein.

Und dann bemerkte er plötzlich, dass jemand an ihrem kleinen Tisch saß. Es war seltsam, dass er ihn noch nie zuvor gesehen hatte, denn der Tisch war klein und sie standen in der Nähe der Tür. Aber er war in seine Gedanken versunken und hatte den Blick abgewandt. An seiner Seite saß ganz stumm ein kleiner Mann in Braun, den Blick auf das Fenster gerichtet; er schien ihre Anwesenheit nicht bemerkt zu haben. Er mochte zwischen vierzig und fünfzig sein, aber er wirkte wohlhabend wie jemand, der das Leben als eine angenehme Angelegenheit und alles andere als als ein Problem empfand; „Ein Gentleman", schloss Maradick .

Und dann blickte er plötzlich auf und fing Maradicks Blick auf. Er lächelte. Es war das bezauberndste Lächeln, das Maradick je gesehen hatte, etwas, das nicht nur das Gesicht, sondern den ganzen Raum erhellte, und etwas unglaublich junges und einnehmendes. Tony spürte die Ansteckung und lächelte ebenfalls. Maradick hatte zu diesem Zeitpunkt keine Ahnung, dass dieses Treffen für ihn in irgendeiner Weise von Bedeutung sein würde; aber er erinnerte sich später an jedes Detail davon und besonders an dieses schöne plötzliche Lächeln, die Jugend und Offenheit darin. In anderen Tagen, als der Moment angesichts der späteren Ereignisse eine fast tragische

Bedeutung erlangt hatte, war das Bild vielleicht der herausragendste Hintergrund, den er besaß; Das neblige, verschlungene Licht fiel auf den kleinen dunkelschwarzen Tisch, den sandgestrahlten Boden, die hohe Balkendecke: Dann waren da noch die dunklen Räume dahinter, bevölkert von geheimnisvollen Gestalten und stürmisch von hundert Stimmen. Und schließlich der stille kleine Mann in Braun.

„Hast du das Festival gesehen?" er sagte. Die Ausgeglichenheit und Ausgewogenheit des Satzes hatte etwas Fremdartiges; die englische Aussprache war perfekt? aber die Worte waren etwas zu deutlich.

Maradick sah ihn erneut an. Sein *Gesicht hatte* vielleicht etwas Fremdartiges – eher blass, und sein Haar war von rabenschwarzer Farbe.

„Ja", sagte Maradick . „Es war höchst interessant. So etwas habe ich noch nie gesehen."

„Du bist ihm gefolgt?" er hat gefragt.

"Ja." Maradick zögerte ein wenig.

"Eher!" Tony unterbrach ihn; „Wir haben auch getanzt. Ich hatte noch nie so viel Spaß. Wir sind dort oben im Hotel; Wir sahen die Lichter und waren versucht herunterzukommen, aber so etwas hätten wir nie erwartet. Ich wünschte, es gäbe noch eine weitere Nacht davon."

Er lehnte sich in seinem Stuhl zurück, sein Mantel war offen, und die Mütze saß schief auf seinem Hinterkopf. Der Fremde sah ihn anerkennend an.

"Ich bin froh, dass es dir gefällt. Es ist *die* Nacht für unsere kleine Stadt, aber wir haben sie mehr oder weniger für uns behalten. Die Leute wissen nichts davon, was gut ist. Du brauchst es ihnen nicht zu sagen, sonst wird es ruiniert."

"Unsere Stadt." Dann gehörte der Mann zum Ort. Und doch war er sicherlich kein Einheimischer.

„Es ist nichts Neues für dich?" sagte Maradick zögernd.

"Neu! Oh! mein Lieber, nein!" Der Mann lachte. „Ich gehöre hierher und das schon seit vielen Jahren. Zumindest war es sozusagen mein Hintergrund. Sie wären überrascht, wie viel der Ort enthält."

„Oh, das kann man sehen", sagte Tony. „Es hat mehr Atmosphäre als jeder andere Ort, den ich je kannte – mittelalterlich, und ich schäme mich nicht dafür, was für England ungewöhnlich ist."

Modernisierung , die England ruiniert , fast unberührt geblieben", sagte der andere . Wir sind trotz des Hotels genauso wie vor fünfhundert Jahren.

Im Übrigen wird Cornwall ruiniert. Schauen Sie sich Pendragon, Conister und Hunderte von Orten an. Aber hier haben wir unseren Jahrmarkt und unseren Tanz und unsere schiefen Häuser und schämen uns nicht."

Aber Maradick hatte keine Lust, das Gespräch fortzusetzen. Plötzlich wurde ihm klar , dass er sehr müde und schläfrig war – das Bett war der richtige Ort, und dieser Ort mit seinem Chor aus Matrosen und Rauch ..... . Er trank sein Bier aus und stand auf.

„Ich fürchte, wir müssen zurückkommen", sagte er. "Es ist sehr spät. Ich hatte eigentlich nicht die Absicht, so lange zu bleiben." Er kam sich plötzlich dumm vor, als würden die anderen beiden ihn auslachen. Er fühlte sich seltsam gereizt.

„Natürlich", sagte er zu Tony, „das bin nur ich. Beeilen Sie sich nicht; aber alte Knochen, wissen Sie –" Er versuchte, es mit einem Lachen wegzustecken.

"Oh! Ich komme", sagte Tony. „ Wir sagten, wir würden um zwölf zurück sein, und wir haben fünf Minuten. Also sagen wir gute Nacht, Sir."

Er streckte dem Mann in Braun die Hand entgegen. Der Fremde holte ein Kartenetui heraus und reichte ihm seine Karte.

„Falls Sie Lust haben, sich ein wenig umzusehen – es gibt ein gutes Angebot, das ich Ihnen zeigen könnte. Über einen längeren Aufenthalt würde ich mich jederzeit sehr freuen; Ich werde jetzt einige Monate hier sein und stehe Ihnen voll und ganz zur Verfügung."

Maradick an und lächelte, aber offensichtlich war die Einladung für Tony bestimmt. Maradick hatte das Gefühl, absurderweise nicht mehr dabei zu sein.

„Oh, danke", sagte Tony, „ich sollte mich riesig freuen. Ich denke, dass wir irgendwann hier sein werden; Ich werde auf jeden Fall kommen, wenn ich darf."

Sie lächelten einander an, der Fremde verbeugte sich und sie befanden sich wieder in der kühleren Luft.

Im Licht der Lampe las Tony die Karte:

„ HERR ANDREAS MORELLI ,

19 Trevenna Street, Treliss ."

"Ah! „Ein Ausländer, wie ich dachte", sagte Tony. „Was für ein schrecklich netter Mann. Hast du jemals so ein Lächeln gesehen?"

„Eher eine kurze Bekanntschaft!" sagte Maradick . „Wir haben nur eine Minute mit ihm gesprochen, und dann hat er seine Karte angeboten. Man muss ein wenig vorsichtig sein."

"Oh! man merkte, dass es ihm gut ging", sagte Tony; „Schau dir seine Augen an. Aber was für ein Spaß es gemacht hat. Bist du nicht froh, dass du heruntergekommen bist?"

Maradick konnte das nicht ehrlich sagen, aber er antwortete mit „Ja". „Nur, wissen Sie", sagte er lachend, „es ist ein ungewöhnlicher Abend für einen Mann wie mich." Wir laufen auf Rädern und bleiben am liebsten auf den Schienen."

Sie kletterten den Hügel hinauf. „Na, das ist die Trevenna Street!" rief Tony, als er den Namen auf einem der Häuser erblickte. „Der Mann wohnt hier."

Die Straße war idyllisch und malerisch und an einigen Wänden waren alte Schnitzereien zu sehen; Köpfe starrten sie über die Türen und Fenstersimse hinweg an. Dann schlug es irgendwo in der Stadt zwölf, und sofort gingen alle Lichter aus; Die Straße lag im Dunkeln, denn im Moment waren die Wolken über dem Mond.

„Wir sind in der Provinz", sagte Tony lachend. „Wir sollten Link-Boys haben."

Plötzlich war über ihren Köpfen ein Licht. Ein Fenster wurde hochgerissen und jemand stand dort mit einer Kerze. Es war ein Mädchen; im Kerzenlicht hob sie sich strahlend vom schwarzen Hintergrund ab. Sie lehnte sich aus dem Fenster.

„Bist du das, Vater?" Sie hat angerufen.

Dann sprach jemand aus dem Raum. Es gab ein gereiztes „Oh, Mist! Fräulein Minns !" und dann schloss sich das Fenster.

Maradick hatte die Angelegenheit kaum bemerkt. Er eilte den Hügel hinauf, begierig darauf, das Hotel zu erreichen.

Aber Tony blieb, wo er war. "Von Jove!" er weinte. „Hast du ihre Augen gesehen? Wunderbar! Du hast in deinem ganzen Leben noch nie ——!"

„Kerzenlicht täuscht", sagte Maradick .

„Sie war wunderbar! Herrlich! Nur für einen Moment, raus aus der Dunkelheit! Aber dies ist tatsächlich eine Stadt der Wunder!" Er blickte zurück; Das Haus lag in absoluter Dunkelheit.

Minns nicht ", fügte er hinzu. „Ich gehe davon aus, dass Miss Minns ein Biest ist; Auch ich hasse Miss Minns .

Endlich, in der dunklen, geheimnisvollen Halle, trennten sie sich. "Oh! fürs Bett!" sagte Maradick .

„Aber was für eine Nacht!" rief Tony. „Beim Himmel! was für eine Nacht!"

Und der Admonitus Locorum lächelte sehr wissend vom Treppenabsatz aus.

KAPITEL V

MARADICK MACHT EIN VERSPRECHEN UND ERFÜLLT EINEN
REISENDER OPTIMIST

Das Haus war das klügste der Welt. In Europa gab es nichts Vergleichbares, und das lag daran, dass seine Klugheit darin lag, dass man es nie überhaupt für klug hielt. Erstaunlicherweise konnte es so völlig verschwinden, dass man sich überhaupt keine Gedanken mehr darüber machte und es einfach ohne Diskussion als perfekten Hintergrund akzeptierte. Und dann, plötzlich, an einem Morgen oder Abend, sprang es auf dich zu und packte dich an der Kehle; und der Reisende wunderte sich und war entsetzt über seine großartigste Anpassungsfähigkeit.

Es war in der Tat alles für alle Menschen; aber es gelang ihm trotzdem, die besten Teile davon hervorzuheben. All diese seltsamen Menschen, die es gesehen hatte – Maler und Musiker, die Aristokratie und alte Jungfern, Millionäre und die aus tausend Städten vertriebenen heruntergekommenen Nichtsnutze – versammelte es alle, und sie verließen es, obwohl sie nur eine Nacht darin verbracht hatten sein Unternehmen, ein wenig verändert. Und das erreichte es durch seine Anpassungsfähigkeit. In seinen Räumen und Gängen, seinen Gärten und plötzlichen Ecken, seinen grauen Lichtern und grünen Rasenflächen wartete dasselbe Geheimnis auf eine sofortige Offenbarung. Einige hielten das Haus für eine Tyrannei, andere nannten es eine Überraschung, und einige hielten es für eine Unmöglichkeit, aber niemand ignorierte es.

Für Maradick lag der Reiz in diesen seltsamen neuen Tagen, in die er eintrat, in seinem Alter. Dieser erste Blick mit der dunklen, sich verbreiternden Treppe, die in verborgene Lichter und Geheimnisse über Ihnen führte und den satten Glanz ihrer dunkelbraunen Eiche so edel auf Sie richtete, die Halle mit ihrem breiten Kamin und Gänge, die leuchteten, wie es alle echten Gänge tun sollten kleine Becher aus Licht und Schatten, Grau und Blau und Gold, bevor sie in der Dunkelheit verschwanden – dieser erste Blick hatte ihn entzückt; Es war eine Halle, die eine perfekte Prüfung für den ankommenden Besucher darstellte, und Maradick hatte das Gefühl, dass er selbst kaum der Richtige gewesen war. Es war fast so, als hätte er sich für das farblose Geldverdienen, das er bisher geführt hatte, entschuldigen sollen; er hatte dies vage gespürt und sich ein wenig unwohl gefühlt. Aber weiter oben gab es Dinge, die noch besser waren. Es gab Räume, die klugerweise unberührt geblieben waren, und ihre dunkle, geheimnisvolle Täfelung , der wehmütige Duft getrockneter Blumen und das Wachs sterbender Kerzen; Die Vorstellung – so dass er manchmal den Atem anhielt, um zu lauschen, ob es wirklich so war – von raschelnden Brokaten und dem leisen Klicken glänzender Absätze auf dem polierten Boden hatte für ihn einen ganz unvergleichlichen Zauber. Natürlich lag darin Fantasie, und in den letzten Tagen waren diese Dinge gewachsen und hatten ihren Einfluss auf ihn ausgeweitet, aber es musste schon vorher etwas da gewesen sein, argumentierte er, das einen so sachlichen und soliden Gentleman beeindruckte.

Es gab ein Zimmer, das ihn besonders anzog, so dass er manchmal, bevor er zu Bett ging, mit hoch über dem Kopf erhobener Kerze eintrat und den Schatten auf dem Boden und die hohe Düsternis der geschnitzten Decke beobachtete. Es enthielt eine kleine Minnesängergalerie, die auf massiven Säulen aus glänzender Eiche ruhte, und am unteren Ende der Plattform waren die Köpfe grinsender Löwen geschnitzt, die an die berühmte Cremona-Geige von Herrn Prespil erinnerten . In der Mitte des Raumes stand ein alter Tisch mit einem grünen Filztuch, und an der Wand standen steif aufgestellte und staubige Stühle mit urigen Schnitzereien und hohen Lehnen, aber ansonsten kein Teppich und keine Bilder an den dunklen, dicken Wänden .

Manchmal wurde es zum Tanzen und manchmal für ein Treffen oder einen Verkauf von Arbeiten genutzt; oder vielleicht, wenn es musikbegeisterte Herren gab, für Kammermusik. Aber das halbe Jahr über war es leer, und niemand wirbelte seinen Staub auf; es erinnerte Maradick an den Turm auf dem Marktplatz. Sie waren beide melancholische Überlebende, aber er applaudierte ihrem Mut, überhaupt zu überleben, und er hegte fast ein persönliches Mitgefühl für sie, denn er hätte sie gerne gewusst, dass es zumindest einen Zuschauer gab, der sie schätzte da sein.

Im oberen Teil des Hauses gab es Räume und Gänge, die gleichermaßen entzückend und gleichermaßen einsam waren. Er selbst hatte sie in seinem früheren Jahr in Treliss für melancholisch und staubig gehalten; es hatte keinen Charme gegeben. Aber jetzt hatte ihn das Zimmer der Minnesänger häufig zu seinen Türen gelockt, teils wegen seiner Suggestionskraft – der Wertschätzung von Licht, Ton und Farbe für ihn in ihrer wahren und beständigsten Qualität – teils wegen der erstaunlichen Aussicht dass seine tiefliegenden Fenster dafür sorgten. Es hing sozusagen nach vorne über den Hügel, so dass der dazwischen liegende Raum aus Garten, Turm und Wald verloren ging und nur das Meer übrig blieb. Es schien bis zum Fuß der Mauern zu kriechen, und sein Horizont war so weit entfernt, dass es sich in den unendlichen Raum erstreckte und ohne Unterbrechung oder Trennung in den Himmel traf. Die Höhe des Raumes verlieh der Aussicht Farbe , sodass im Meer tiefere Blau- und Grüntöne zu sehen waren und am Himmel die Grau- und Weißtöne mit anderen Farben durchsetzt waren , die ihnen die Nebel der dazwischenliegenden Luft verliehen hatten.

In den letzten Tagen hatte Maradick die Aussicht mit immer größerer Verwunderung beobachtet. Das Meer war für ihn schon immer etwas gewesen, das für die Bequemlichkeit des Menschen da war – ein Fortbewegungsmittel, ein angenehmer Ort zum Baden, Sand für die Kinder und der Pier für einen unterhaltsamen Spaziergang. Jetzt empfand er diese Dinge als eine Zumutung. Es kam ihm so vor, als würde das Meer sie gegen seinen Willen zulassen und eines Tages seine Zurückhaltung brechen und sich in überwältigender Wut über diese Menge von Krankenschwestern und Nigger-Minnesängern und Sonnenschirmen ergießen; er hoffte fast, dass es so sein würde.

Die Einsamkeit war jedoch maßgeblich für diesen Meinungswandel verantwortlich. Diesmal war niemand im Hotel gewesen, zu dem er genau gegangen war. Letztes Jahr hatte es Männer gegeben, die er gemocht hatte, ausgezeichnete Kerle. Sie waren zum Golfen dorthin gekommen und er hatte viele von ihnen gesehen. Vielleicht gab es jetzt einige von der gleichen Art, aber aus irgendeinem Grund fühlte er sich nicht zu ihnen hingezogen, obwohl er noch nicht analysiert und nur sehr unklar erfasst war.

Der Samstag am Ende dieser Woche war ein furchtbar heißer Tag, und nach dem Mittagessen war er in sein Zimmer gegangen, hatte die Jalousien heruntergelassen und bei einem Roman geschlafen. Der Roman stammte von einem Mann namens Lester; Er hatte sich einige Jahre zuvor mit „Die sieben Reisenden " einen Namen gemacht, einem Werk, das sowohl bei Kritikern als auch beim Publikum Anklang fand. Es erschien mittlerweile in der zehnten Auflage. Maradick war von „The Seven Travelers " gelangweilt; es schien wirkungslos und unbestimmt zu sein. Sie waren, so hatte er gedacht, ständig auf Reisen und kamen nie ans Ziel, und er hatte es unvollendet abgelegt. Der Mann wusste aus erster Hand nichts vom Leben, und die Charaktere waren zu offensichtlich mit ihren eigenen Gefühlen beschäftigt, als dass sie beim Leser irgendwelche sehr ausgeprägten Gefühle hervorrufen könnten. Aber dieses, „To Paradise", war besser. Wenn der Nachmittag nicht so heiß gewesen wäre, hätte es ihn vielleicht sogar wach gehalten. Die Charaktere waren immer noch verweichlicht und unbestimmt, die Motive waren immer noch grob gehandhabt und die Dinge waren vage und unklar, aber gerade in der Formlosigkeit lag etwas, das besonders angenehm war. Und es war wunderschön, daran gab es keinen Zweifel; kleine Beschreibungen von Orten und Menschen, die nicht nur für sich selbst, sondern auch für die Anregungen, die sie hervorbrachten, bezaubernd waren.

Als er aufwachte, war es fast vier Uhr. Er erinnerte sich, dass er seiner Frau versprochen hatte, zum Tee vorbeizukommen. Sie hatte die Gales am Tag zuvor getroffen und sie kamen zum Tee, und er musste nützlich sein. Es gab viele kleine Salons im Hotel, so dass man mehr Leute zum Tee einladen konnte, als in seinem eigenen Zimmer Platz finden konnte, und dennoch im Großen und Ganzen privat war.

Er gähnte, streckte die Arme über den Kopf und verließ sein Zimmer. Dann fiel ihm ein, dass er an diesem Morgen ein Buch im Raum mit der Minnesängergalerie gelassen hatte . Er ging nach oben, um es zu holen. Der Raum selbst lag im Schatten, aber draußen, hinter den offenen Fenstern, war das Licht so grell, dass es ihm in den Augen schmerzte.

Er hatte noch nie etwas gesehen, das dieser Farbe nahe kam . Meer und Himmel waren von brennendem Blau, und man sah sie durch einen goldenen Nebel, der sich wie ein flatternder, geheimnisvoller Vorhang zwischen Erde und Himmel zu bewegen schien. Es herrschte vollkommene Stille. Drei kleine Fischerboote mit braunen Segeln, durch die die Sonne im roten Licht eines Rubins schimmerte, hoben sich vom strahlenden, blendenden Weiß der fernen Klippen ab.

Er fand sein Buch und stand einen Moment da und fragte sich, warum ihm der Ort so gut gefiel. Er war nie ein Mann der Fantasie gewesen, aber jetzt füllte er den Raum um ihn herum vage mit Figuren. Er konnte seine Gedanken überhaupt nicht analysieren , aber er wusste, dass ihm jetzt alles etwas bedeutete, etwas, das vor einer Woche noch nicht da gewesen war.

Er ging zum Tee hinunter.

Der Salon lag im Schatten; Licht und Hitze wurden durch schwere Vorhänge abgehalten. Seine Frau kochte gerade Tee, und als er zur Tür hereinkam, wurde ihm ihre Anmut und ihr Charme sehr deutlich bewusst . Das glänzende Silber und das zarte Porzellan standen ihr gut, und an ihrem weißen Kleid gab es kleine, sehr helle Blautöne, die vage genug waren, um zufällig zu wirken; Sie haben sich gefragt, warum sie genau an genau den richtigen Stellen waren. Es waren auch Lady und Sir Richard Gale, Alice Du Cane, Mrs. Lawrence und im Hintergrund mit einem winzigen Kätzchen, Tony, da .

„Etwas zu essen, Miss Du Cane? Was, eigentlich nichts?" Er setzte sich neben sie und Tony. Sie interessierte ihn, teils weil sie so schön war, teils weil sie vielleicht Tony heiraten würde. Sie sah jetzt sehr cool aus; ein bisschen zu cool, dachte er.

"Also? Magst du diesen Ort?" er sagte.

"ICH? Oh ja! Es ist natürlich schön. Aber ich denke, es wäre besser, wenn man hier ein Häuschen hätte, ganz ruhig. Natürlich ist das Hotel wunderschön und äußerst komfortabel, aber es ist die Art von Ort, an dem man nicht an mehr als nur an den Ort denken sollte; Das ist es wert. Alle anderen Dinge – sich anziehen und darüber nachdenken, wie man aussieht, und *Table d'hôte* – sie stehen alle dazwischen, irgendwie wie eine Mauer. Man will nichts anderes als den Ort."

Das war , wie er plötzlich entdeckte, der Grund, warum ihm das kleine Zimmer oben gefiel, weil es so einfach und klar der richtige Ort war. Er sah sie dankbar an.

„Ja", sagte er, „das ist genau das, was ich gefühlt habe. Ich habe es letztes Jahr irgendwie verpasst. Es schien nicht ganz so gut zu sein."

Aber er sah, dass sie kein wirkliches Interesse hatte. Sie betrachtete ihn natürlich als eine Art Bankier mittleren Alters. Er erwartete, dass sie bald versuchen würde, mit ihm über sich selbst, das *Table d'hôte* und Bridge zu sprechen . Er wollte ihr unbedingt zeigen, dass es noch andere Dinge gab, die ihm am Herzen lagen.

„Du hast dich seit neulich sehr verändert, Alice", sagte Tony plötzlich. „Du hast mir gesagt, dass dir Treliss kein bisschen gefällt, und jetzt findest du es wunderschön."

„Das tue ich wirklich", sagte Alice lachend. „Das war nur eine Stimmung. Wie könnte man der Fürsorge helfen? Trotzdem glaube ich nicht, dass es ganz gut für einen ist, es ist ein zu vollständiger Urlaub."

„Das ist sehr anstrengend, Miss Du Cane", sagte Maradick . „Warum sollten wir keine Ferien haben? Es hilft."

„Ah, ja", sagte Alice. „Aber dann arbeitest du. Hier mache ich das ganze Jahr über nichts, außer mich zu amüsieren; Ehrlich gesagt, ich habe es langsam satt. Ich werde eine Schreibmaschine oder so etwas kaufen. Oh! wenn ich nur ein Mann wäre!"

Sie sah Tony an. Er lachte.

„Das macht sie immer, Maradick – sie greift mich an, weil ich nichts tue; aber das liegt nur daran, dass sie überhaupt nicht weiß, was ich wirklich tue. Sie weiß es nicht –"

„Bitte, Mr. Maradick ", sagte sie und drehte sich zu ihm um, „lassen Sie ihn ernsthaft etwas anfangen." Bringen Sie ihn in Ihr Büro. Ich gehe davon aus, dass er etwas hinzufügen oder in irgendeiner Weise nützlich sein kann. Er wird so alt wie Methusalem, und er hat noch nie in seinem Leben einen Tag lang gearbeitet."

Obwohl sie leichtfertig sprach, konnte er erkennen, dass sie es sehr ernst meinte. Er fragte sich, was sie von ihm wollte und warum die Leute anscheinend davon ausgingen, dass er Einfluss auf Tony hatte; Es war, als ob das Schicksal ihn in eine Verantwortung treiben würde, der er lieber aus dem Weg gehen würde. Aber das Schwierige an der ganzen Sache war, dass er so sehr im Dunkeln tappte. Diese Leute hatten ihn nicht in die Dinge hineingelassen, und doch forderten sie alle, dass er etwas tun sollte. Am liebsten hätte er sie gebeten, ihm offen zu sagen, was sie von ihm wollte und warum sie ihn überhaupt angesprochen hatte; aber damals gab es keine Gelegenheit. Jedenfalls hatte er das Gefühl, dass ein Teil ihrer Gleichgültigkeit verschwunden war; Sie hatte ihn erkennen lassen, dass es irgendwo Schwierigkeiten gab, und das war zumindest teilweises Vertrauen.

Mrs. Maradick unterbrach sie: „Miss Du Cane, ich frage mich, ob Sie kommen und eine Vier am Bridge machen würden. Es ist zu heiß zum Ausgehen und Sir Richard hätte gerne ein Spiel. Es wäre sehr nett von dir."

Alice ging zum Kartentisch. Sir Richard spielte kontinuierlich, verbesserte sich aber nie. Er setzte sich jetzt mit der Miene eines Herablassenden; Er verbarg seine Fehler mit der Versicherung, dass es seine Partnerin war, die abscheulich spielte, und erklärte ihr am Ende des Spiels sorgfältig und höflich, was sie hätte tun sollen. Mrs. Maradick und Mrs. Lawrence spielten mit einer Ernsthaftigkeit und unterdrückter Gereiztheit, die einer größeren Sache würdig war.

Tony war aus dem Zimmer geschlüpft und Lady Gale ging am Fenster zu Maradick hinüber.

„Wie schnell", sagte sie, „lernen wir uns an einem Ort wie diesem kennen. Wir sind erst seit einer Woche hier und ich werde schon jetzt ganz vertraulich sein."

"Vertraulich?" sagte Maradick .

„Ja, und ich hoffe, es macht Ihnen nichts aus. Es darf dir nichts ausmachen, denn das ist meine Art. Das war schon immer so. Wenn man die Leute richtig kennen will, ärgere ich mich über all die Zeitverschwendung, die zuerst kommt. Außerdem sind Vorbereitungen bei Leuten, die so alt sind wie Sie und ich, nicht nötig. Bis dahin sollten wir es verstanden haben. Dann können wir es kaum erwarten."

Er schaute ihr ins Gesicht und wusste, dass es hier zumindest absolute Ehrlichkeit und irgendeine Erklärung geben würde.

„Verzeihen Sie mir, Lady Gale", sagte er, „aber ich fürchte, ich verstehe es nicht. Ich tappe im Dunkeln und vielleicht erklären Sie es mir. Bevor ich hierher kam, habe ich fast ausschließlich für mich gelebt – ein Mann in meinem Alter und meinem Beruf ist das im Allgemeinen – und jetzt bin ich plötzlich in die Angelegenheiten anderer Leute verwickelt, und das ist verwirrend."

„Nun, es ist alles ganz einfach", antwortete sie. „ Natürlich geht es um Tony. Jeder interessiert sich für Tony. Er ist gerade in einem interessanten

Alter und ziemlich aufregend genug, dass seine Leute sich fragen, was aus ihm werden wird. Es ist die Puppe in der – nun ja, das kommt nur darauf an. Und dann ist es mir natürlich viel wichtiger als den anderen. Tony war für mich anders als die anderen. Ich nehme an, dass das bei jeder Mutter so ist, aber ich glaube nicht, dass die meisten von ihnen so gut mit ihren Söhnen befreundet waren wie ich mit Tony. Wir waren lange Zeit zusammen allein auf dem Land und sonst war niemand da. Und dann kam die Zeit, auf die ich mich vorbereitet hatte und der ich mich stellen musste, die Zeit, in der er Dinge hatte, die er mir nicht erzählte. Jeder Junge ist so, aber ich vertraute ihm genug, um es nicht wissen zu wollen, und er sagte es mir oft, nur weil ich nicht gefragt hatte. Dann kümmerte er sich um die richtigen Dinge und lief immer geradeaus; Er hat sich nie den Kopf zerbrochen, um zu beweisen, dass Schwarze weiß sind, und zwar sogar noch weißer als die meisten Weißen, wie es so viele Menschen tun. Aber in letzter Zeit war ich ein wenig besorgt – wir alle waren es – alle von uns, die ihn beobachteten. Zu diesem Zeitpunkt hätte er sich mit etwas oder irgendjemandem zufrieden geben sollen, und man weiß nicht genau, warum er das nicht getan hat; und er war in den letzten sechs Monaten nicht mehr er selbst. Hier hätte es zu einer Zuspitzung kommen müssen. Ich weiß nicht, was er diese Woche gemacht hat, aber keiner von uns hat etwas von ihm gesehen, und ich kann sehen, dass seine Gedanken die ganze Zeit woanders sind. Es ist nicht im Geringsten so, dass ich an ihm zweifle oder unglücklich bin, ich möchte nur, dass jemand da ist, der ihm hilft, wenn er eine möchte. Eine Frau würde es nicht tun; es muss ein Mann sein, und –"

„Du denkst, ich bin die Person", sagte Maradick .

„Nun, er mag dich. Er hat dich enorm angezogen. Das war schon immer eine Schwierigkeit, weil er sich so schnell auf Menschen einlässt und es ihm scheinbar egal ist, wer es ist; Aber Sie sind genau der richtige Mann, der Mann, für den ich mir gewünscht habe, dass er sich um ihn kümmert. Du würdest ihm helfen, du könntest ihm helfen, und ich denke, du wirst es tun."

Maradick schwieg.

„Du darfst bitte nicht denken, dass ich dich in irgendeiner Weise zum Spionieren beauftrage", fuhr sie fort. „Ich möchte nicht, dass du mir etwas erzählst. Ich werde dich nie fragen, und du brauchst mir nie etwas darüber zu sagen. Ich weiß nur, dass jemand da ist, wenn er in Schwierigkeiten gerät, und ich weiß, dass es ihm gut geht." Sie hielt erneut inne und fuhr dann sanft fort:

„Du darfst es nicht komisch finden, dass ich so mit dir spreche, obwohl ich dich so wenig kenne. In meinem Alter beurteilt man Menschen schnell und ich möchte keine Zeit verschwenden. Ich verlange vielleicht viel von Ihnen; Ich weiß es nicht, aber ich denke, es wäre auf jeden Fall passiert, ob ich gesprochen hätte oder nicht. Und dann werden Sie etwas gewinnen, wissen Sie. Niemand kann mit Tony zusammen sein – ihn kennenlernen und ein Freund von ihm sein –, ohne etwas zu gewinnen. Er ist ein sehr magischer Mensch."

Maradick blickte auf den Boden. Er wusste ganz genau, dass er alles getan hätte, worum Lady Gale ihn gebeten hatte. Seit er sie zum ersten Mal gesehen hatte, kam sie ihm wie etwas sehr Schönes und sogar Wunderbares vor, und er war stolz und dankbar, dass sie ihm so vertraut hatte.

„Das ist sehr nett von Ihnen, Lady Gale", sagte er; „Ich werde auf jeden Fall ein Freund von Tony sein, wenn Sie das wollen. Er ist ein entzückender Kerl, viel zu entzückend, fürchte ich, als dass er irgendetwas mit einem langweiligen Dummkopf mittleren Alters wie mir zu tun haben könnte. Ich muss aufwachen und etwas Staub abschütteln."

Sie lächelte. "Danke schön; Sie wissen nicht, wie dankbar ich Ihnen dafür bin, dass Sie sich für ihn interessieren. Ich werde mich noch viel sicherer fühlen."

Und dann öffnete sich die Tür und Tony kam herein. Er ging zu ihr und sagte eifrig: „Mutter, die Lesters sind hier. Kam heute Nachmittag. Sie kommen in einer Minute hoch; ist es nicht herrlich!"

„Oh, ich bin froh – nicht zu laut, Tony, du wirst die Brücke stören. Wie großartig sie kommen; Mildred sagte in der Stadt etwas darüber, dass sie möglicherweise mit dem Auto herunterkommen würde."

„Er ist der Autorenkollege, wissen Sie", sagte Tony und drehte sich zu Maradick um . „Sie haben gestern ,To Paradise' gelesen; Ich habe dich damit gesehen. Seine Bücher sind besser als er selbst. Aber sie ist einfach der Hammer; der beste Spaß, den du je in deinem Leben gesehen hast."

Dass Maradick Interesse daran verspürte, einen Romanautor zu treffen, war eine neue Erfahrung. Früher hatte er sie als Klasse sowohl in der Moral als auch in der Kleidung für unordentlich gehalten und die Stadtmänner entschieden bevorzugt. Aber ihm gefiel das Buch.

"Ja. Ich habe heute Nachmittag „Ins Paradies" gelesen, sagte er. "Es ist sehr gut. Ich lese nicht viel Romane und es kommt sehr selten vor, dass ich einen neuen lese, aber da war etwas Ungewöhnliches …"

Dann öffnete sich die Tür und die Lesters kamen herein. Sie war nicht gerade hübsch, aber auffällig – vielleicht sogar aufregend, dachte er später. Später versuchte er oft, sich an den ersten Eindruck zu erinnern, den er von ihr hatte, aber er wusste, dass es keine Gleichgültigkeit gewesen war. Im schattigen Dämmerlicht des Zimmers ließen die graublauen Schatten, die die Vorhänge auf den dunkelgrünen Teppich warfen, ihr hellgelbes Kleid deutlich hervortreten; Es hatte die Farbe von Primeln vor den weichen, unsicheren Umrissen der Wände und versteckten Ecken. Es gab einen großen schwarzen Hut, der ihr Gesicht und ihre Stirn verbarg, aber darunter leuchteten und funkelten zwei dunkle Augen, die die erhöhte Farbe ihrer Wangen hervorhoben. Aber der Eindruck, den er hatte, war etwas überaus Lebendiges; nicht ganz so lebendig wie Tony – das war eine Lebenskraft, die so natürlich war wie die Kraft von Bächen, Sturzbächen und unendlichen Meeren; Das hatte etwas Widersprüchliches an sich, als ob eine Schlacht es geschaffen hätte. Ihr Mann, ein dunkler, unscheinbarer Mann, ein wenig müde und vielleicht ein wenig gleichgültig, stand im Hintergrund. Er schien im Moment nicht zu zählen.

„Oh, Mildred, wie herrlich!" Lady Gale ging auf sie zu. „Tony hat es mir gerade gesagt. Ich hatte wirklich keine Ahnung, dass du kommst; Natürlich kann man mit einem Auto alles machen und überall hinkommen, aber ich dachte, es wäre im Ausland gewesen!"

„ So hätte es sein sollen", sagte Frau Lester. „Fred kam mit dem neuen Buch nicht weiter und sagte plötzlich beim Frühstück, wie er es immer tut, wissen Sie, dass wir an diesem Abend in Timbuctoo sein müssen. Also packten wir. Dann fragten wir uns, wen wir sehen wollten, und natürlich waren Sie es; Und dann fragten wir uns, wohin wir wollten, und natürlich war es Treliss , und als wir dann herausfanden, dass Sie und Treliss zusammen waren, war die Sache natürlich erledigt. Hier sind wir also, und es ist schrecklich heiß. Ich habe nur kurz nach dir geschaut, weil ich sofort ein Bad nehmen und meine Sachen wechseln werde."

Sie ging für einen Moment zum Kartentisch und sprach mit Sir Richard. „Nein, stehen Sie nicht auf, Sir Richard, um nichts in der Welt würde ich die Brücke stoppen. Nur ein Fingerschütteln und schon kann es losgehen. Wie geht es dir? Fit? Ich habe völlig recht, danke. Hallo, Alice! Ich habe gehört, dass du hier bist! Prächtig! Ich komme später wieder."

Ihr Mann hatte Lady Gale die Hand geschüttelt und einen Moment mit ihr gesprochen, dann waren sie weg.

„Das ist genau wie Mildred", sagte Lady Gale lachend. „Für einen Moment rein und wieder raus, nie still. Wenn sie und Tony zusammen sind, bewegen sich die Dinge, das kann ich Ihnen sagen. Nun, ich muss in mein Zimmer gehen, um vor dem Abendessen noch jede Menge Briefe zu schreiben . Auf Wiedersehen, Herr Maradick , für den Moment. Vielen Dank für das Gespräch."

Als sie allein waren, sagte Tony: „Komm raus. Es ist jetzt viel kühler. Es wird am Meer reißen. Du warst den ganzen Nachmittag da."

„Ja", sagte Maradick , „ich komme."

Als er den Raum verließ, wurde ihm klar , dass er und seine Frau sich seit diesem ersten Abend kaum getroffen hatten. Es waren immer andere Leute da gewesen, beim Essen, draußen, nach dem Abendessen; er wusste, dass er nicht viel an sie gedacht hatte, aber er fragte sich plötzlich, ob sie nicht ein wenig einsam gewesen war. Diese Leute hatten sie nicht ganz so akzeptiert wie ihn, und das war ziemlich überraschend, denn in Epsom und in der Stadt war es immer umgekehrt gewesen. Er war derjenige gewesen, den die Leute für langweilig gehalten hatten; Jeder wusste, dass sie entzückend war. Die Erklärung war natürlich , dass Tony ihn sozusagen aufgenommen hatte. Alle diese Leute waren an Tony interessiert und hatten deshalb auch Maradick mit einbezogen . Er konnte ein wenig bei der Interpretation bzw. Entwicklung von Tony helfen und war daher von einiger Bedeutung. Einen Moment lang herrschte ein Gefühl der Verärgerung über die Position, und dann erinnerte er sich daran, dass es kaum wahrscheinlich war, dass sich irgendjemand für ihn interessierte, und dass das Nächstbeste darin bestand, wegen Tony gemocht zu werden. Aber für seine Frau muss es natürlich ein Rätsel sein. Er hatte ein- oder zweimal einen Blick erhascht, etwas, das zeigte, dass sie sich wunderte, und auch das war neu; Bis jetzt hatte sie noch nie an ihn gedacht.

Tony plapperte den ganzen Weg hinunter zum Flur.

„Die Lesters sind der Hammer. Wir kennen Milly Lester seit Anbeginn der Zeit. Sie ist nicht viel älter als ich, wissen Sie, und wir wohnten Tür an Tür in Carrington Gardens. Unsere Kinderwagen fuhren immer zusammen auf und um den Platz, und wir sagten pfui miteinander. Später erfand ich dann Geschichten für sie. Sie hatte schon immer eine große Vorliebe für Geschichten, und ich war darin ziemlich geschickt ; Dann haben wir uns gestritten, und ich habe ihr ins Gesicht geschlagen, und sie hat mich gekniffen. Dann gingen wir zusammen zum Panto und tanzten auf Weihnachtsfeiern miteinander. Ich war nie in sie verliebt, weißt du: Sie war einfach eine sehr gute Frau, mit der ich gern zusammen war. Sie ist immer auf der Hut; *er* findet es etwas zu oft. Er ist ein feierlicher Bettler und sehr ernst, er lebt mehr in seinen Büchern als aus ihnen, was nicht gerade für Geselligkeit sorgt. Eher Pech für sie.“

„Was faszinierte ihn an ihr?“ fragte Maradick .

„Oh, ich weiß nicht“, sagte Tony; „Sie bewunderte seine Bücher schrecklich und machte den Fehler zu glauben, dass der Mann wie sie sei. So ist er in gewisser Weise; Es ist, als hätte man die Bücher geheiratet, wissen Sie, und da wäre außer dem Leder nichts anderes da.“

Sie schwiegen eine Weile, dann sagte Tony: „An einem Tag wie diesem hat man Angst –“ Timeo Danaos und Dona „ferentes “, wissen Sie – es ist allzu *schön* und wundervoll und bildet einen großartigen Hintergrund für das Abenteuer, vor dem wir stehen."

"Abenteuer?" sagte Maradick .

"Ja; Du hast die letzte Nacht doch nicht vergessen, oder? Ich habe darauf gewartet, dass du mit mir darüber sprichst. Und dann sah ich heute Nachmittag, dass alles in Ordnung war. Dass ich dich gebeten habe, herauszukommen, war eine Art Test, nur wusste ich, dass du ja sagen würdest. Ich wusste, dass Mutter mit dir darüber gesprochen hatte. Über mich und ob du mir helfen würdest? Nicht wahr?"

„Das ist eine Sache zwischen deiner Mutter und mir", sagte Maradick .

„Nun, das war es jedenfalls. Und du hast ja gesagt. Und es ist mitreißend, es ist genau das, was ich mir unbedingt gewünscht habe. Sie haben sich alle gefragt, was ich vorhabe. Natürlich konnten sie sehen, dass etwas nicht stimmte; und sie sehnen sich einfach danach, alles darüber zu erfahren, die anderen aus Neugier und Mutter, weil sie sich um sie kümmert. Es ist kein bisschen Neugier bei ihr, weißt du, es ist nur so, dass sie wissen will, dass ich in Sicherheit bin, und jetzt, wo sie dich, dem sie so offensichtlich vertraut, als eine Art Leibwächter über mich festhält, wird sie es sein bequem und Sie müssen sich keine Sorgen mehr machen. Es ist einfach großartig, dass sie sich keine Sorgen macht und dass du ja gesagt hast."

Maradick an .

„Weil, wissen Sie", fuhr er mit seinem charmanten, etwas schiefen kleinen Lächeln fort, „ich wünsche mir, dass du ein Freund bist, ganz abgesehen davon, dass es meiner Mutter ein gutes Gefühl gibt." Du bist genau der Richtige, um es durchzuziehen; Ich habe recht damit, dass die Sache geklärt ist, nicht wahr?"

Maradick streckte seine Hand aus.

„Ich gehe davon aus, dass ich ein Narr bin", sagte er, „in meinem Alter, wenn ich mich in Dinge einmische, die mich nichts angehen, aber ich habe sowieso meine Hand im Spiel. Ich mag dich. Ich möchte ein bisschen aufwachen und mich umdrehen, und du wirst es schaffen. Es ist also ein Schnäppchen."

Sie schüttelten sich sehr feierlich die Hände und gingen schweigend den Weg entlang. Sie bogen nach rechts ab, statt nach links abzubiegen und durch die Stadt zu fahren. Sie überquerten einen Zaunübertritt und folgten bald darauf einem schmalen, hügeligen Pfad zwischen zwei Mauern aus wogendem Mais. Zwischen den Stielen versteckten sich Mohnblumen und über ihnen sang eine Lerche. Für einen Moment kam er auf sie zu und sein

Gesang erfüllte ihre Ohren, dann kreiste er hoch und weit über ihren Köpfen, bis er als winziger Fleck vor einem marmorblauen Himmel hing.

„Du könntest es mir sagen." sagte Maradick , „was das Abenteuer wirklich ist." Ich selbst habe, wissen Sie, eine ziemlich vage Vorstellung, und da ich so unmittelbar besorgt bin , denke ich, dass ich etwas darüber wissen sollte."

"Warum? Ich habe es dir neulich Abend gesagt", sagte Tony; „Und es ist wirklich nicht viel weiter gegangen. Ich habe sie nicht wiedergesehen, Punch auch nicht, und er war so oft am Strand, dass er es sicher getan hätte, wenn sie dort unten gewesen wäre. Aber den nächsten Schritt muss man gemeinsam gehen."

"Was ist es?" sagte Maradick ein wenig besorgt.

„Um den Mann anzurufen, der uns neulich Abend seine Karte gegeben hat. Ich weiß, er hat viel mit ihr zu tun, und es ist ein großes Glück, dass wir ihn so kennengelernt haben."

„Ich muss sagen, dass ich ihn aus einem völlig unerklärlichen Grund nicht mochte. Aber warum nicht ohne mich anrufen? Er will mich nicht sehen; Dir hat er die Karte gegeben."

„Nein, du musst kommen. Ich sollte Angst haben, alleine zu gehen. Außerdem zeigt er Ihnen vielleicht Dinge in Treliss , die Sie gerne sehen würden, obwohl Sie es inzwischen wohl schon ziemlich gut erkundet haben. Aber übrigens, wo warst du diese Woche? Ich habe dich noch nie in der Gegend oder mit Leuten gesehen."

„Nein", sagte Maradick . „Irgendwo oben im Haus habe ich ein ziemlich gemütliches Zimmer entdeckt, einen kleinen, alten, verlassenen Ort mit einer altmodischen Galerie und einer herrlichen Aussicht. Der Ort hat mir sehr gut gefallen und ich war schon oft dort."

„Du musst es mir zeigen. Wir sollten den Ort inzwischen erreicht haben. Oh, da ist es, rechts."

Sie waren am Rand der Klippe angekommen und suchten nach einem Weg, der sie hinunter zum Strand führen würde. Unter ihnen befand sich ein kleiner Strand, der an drei Seiten von einer Klippe begrenzt war. Sein Sand war sehr glatt und sehr golden, und das Meer kam mit den allerfeinsten Wellen an seinen Rand und verging wieder mit einem kleinen Seufzer. Alles war vollkommen still. Dann ertönte plötzlich das Bellen eines Hundes und auf den unteren Felsen erschien ein Mann, dessen Umrisse sich scharf vom Himmel abzeichneten.

"Was für ein Glück!" rief Tony. „Es ist Punch. Ich wollte, dass du ihn triffst, und vielleicht hat er eine Nachricht für mich."

Der Mann sah sie, stieg von den Felsen zum Strand hinab und kam auf sie zu, der Hund folgte ihm. Ein kleiner krummer Weg führte sie zu ihm und Maradick wurde vorgestellt. Es war schwer, nicht zu lächeln. Der Mann war klein und stämmig; Seine Beine waren sehr kurz, aber seine Brust war enorm, und seine Arme und Schultern sahen aus, als hätten sie einem viel größeren Mann gehören sollen. Sein Mund und seine Ohren waren sehr groß, seine Nase und seine Augen klein; Er trug eine Samtschirmmütze, eine Samtjacke und Samtknickerbocker. Maradick , der später an ihn dachte, sagte über ihn, dass er „zwinkerte"; Das war der erste Eindruck von ihm. Seine Beine, seine Augen, seine Nase, sein Mund, der zu einem riesigen Lächeln verzogen war, hatten diesen „tanzenden" Effekt; Sie sagten: „Wir sind jetzt hier und freuen uns sehr, Sie zu sehen, aber oh! mein Wort! Wir können jeden Moment weg sein, wissen Sie!"

Der Hund, ein weißhaariger Mischling, ein bisschen vom Mopstyp, ähnelte ein wenig seinem Herrn; Sein Gesicht war merkwürdig ähnlich, mit einer kleinen Nase, winzigen Augen und einem riesigen Mund.

„Lass mich dich vorstellen", sagte Tony. „Punch, das ist ein Freund von mir, Mr. Maradick . Maradick , das ist mein Freund und Berater Punch; und, oh ja, da ist Toby. Darf ich dich vorstellen, Toby? Herr Maradick – Toby. Toby – Mr. Maradick !"

Der kleine Mann streckte eine riesige Hand aus, der Hund streckte ernst eine Pfote aus. Maradick schüttelte beide.

„Ich freue mich sehr, Sie kennenzulernen", sagte er. „Tony hat mir von dir erzählt."

„Vielen Dank, Sir, da bin ich mir sicher", antwortete der Mann. „Ich freue mich sehr, *Sie* kennenzulernen , Sir."

Es entstand eine Pause, und sie setzten sich mit dem Rücken gegen die Felsen in den Sand.

„Na, Punch", sagte Tony, „wie läuft die Show?" Ich habe dich seit Donnerstag nicht gesehen."

„Oh, die *Show ist* in Ordnung", antwortete er. „Davor muss man nie Angst haben. Mein Publikum ist sicher genug, solange es Kinder und Babys gibt, was es in der Natur immer geben wird. Es ist eine sehr angenehme Sache, ein Publikum zu haben, das immer aktiv ist, und es besteht auch keine Chance, dass sich der Geschmack ändert. Welpen, Babys und Kätzchen mögen Jahr für Jahr die gleichen Dinge , segne ihre kleinen Herzen."

„Sie haben eine Punch-and-Judy-Show, nicht wahr?" sagte Maradick etwas steif. Er war angewidert von seiner Steifheit, aber er fühlte sich unbehaglich und schüchtern. Das war nicht die Art von Kerl, mit der er jemals zuvor etwas zu tun hatte; er hätte seine Hand in die Tasche stecken und ihm einen Schilling geben können und wäre dabei recht freundlich gewesen, aber diese Gleichheit war peinlich. Tony empfand das offensichtlich nicht so, aber andererseits war Tony jung.

"Jawohl; „Punch and Judy"-Shows werden immer seltener, wegen eurer Kinematographen und Pierrots und so. Aber es gibt immer Kunden für sie und wird es auch immer geben. Und es ist mehr als nur Babys wie sie . Ich habe oft gesehen, wie alte Herren und feine Damen stehen blieben und zusahen, wenn sie dachten, dass niemand sie ansah , und das Licht in ihre Augen und die Farbe in ihre Wangen kam, und dann dachten sie, dass jemand sie sah und sie schleichen davon. Es ist ganz natürlich, Punch zu mögen; Es ist die knallende, umwerfende Art von Humor , die die einzig echte Art ist. Und dann ist die Moral erstklassig. Er ist immer wieder wach, Punch ist es, weiß nie, wann er geschlagen ist, und lächelt immer."

„Ja", sagte Maradick , aber er wusste, dass er einer dieser Menschen gewesen wäre, die sich davongeschlichen hätten.

„Und da ist noch etwas anderes", sagte der Mann; „Die Babys wissen sofort, dass es das ist, was sie wollen. Ich glaube, dass ihnen, bevor sie hierherkommen, gesagt wird, dass Punch auf sie wartet, sonst wären sie überhaupt nicht gekommen. Wenn man ihnen sofort Punch geben würde, gäbe es überhaupt kein Heulen; Ein Schlag in jedes Kinderzimmer, sage ich. Sie wären überrascht, Sir, die wissenden Blicke zu sehen, wenn sie Punch zum ersten Mal sehen, man könnte meinen, sie hätten es ihr ganzes Leben lang gesehen. Daran ist nichts Neues; Manche Babys sind ziemlich *gleichgültig* darüber."

„Und dann sind da noch die Kindermädchen", sagte Tony.

„Ja", sagte Punch, „sie sind eine lockere Klasse , Kindermädchen. Geben Sie ihnen einen Punch and Judy oder das Militär und es gibt nichts, was sie nicht für Sie tun würden. Ich kenne mich mit Kindermädchen ziemlich gut aus."

„Ich nehme an, du reist umher?" sagte Maradick ; „Oder bleiben Sie mehr oder weniger in einem Teil des Landes?"

"Bleiben! Herr segne Sie, Sir! Ich bleibe nie irgendwo; Ich bin die ganze Zeit auf und ab. Es ist einfach genug zu reisen. Die Show lässt sich klein zusammenpacken, und dann sind da nur noch ich und Toby. Im Winter bin ich eine ganze Weile in London. Weihnachten und etwas danach. London liebt Punch und wird es immer tun. Man könnte meinen, dass diese Varietés und Pantomimen es umhauen würden, aber nicht das Geringste davon. In London herrscht ein wirklich warmes Gefühl dafür. Und sie sind nicht die Art von Menschenmenge, die dasteht und zuschaut, lacht und sich auf die Schenkel schlägt und dann, wenn die Mütze aufgeht, anfängt, herunterzurutschen und so zu tun , als hätten sie ein Geschäft zu erledigen, nicht ein bisschen davon. Sie würden sich schämen, ihren kleinen Teil nicht zu bezahlen."

„Und dann im Sommer?" sagte Maradick .

"Oh! Eine Weile Cumberland, dann Yorkshire und dann hier unten in Cornwall. Alles in allem, wissen Sie. Es gibt überall Babys und einige sind besser als andere. Jetzt schlagen die Cumberland-Babys alle anderen. Schenk mir ein Cumberland-Baby für einen echten Lacher. Sie haben hier unten recht, aber sie sind ein wenig in ihrer Würde und haben Angst, das Falsche zu tun. Aber ich habe überall gute und böse Babys. Ich glaube, ich weiß mehr über Babys als jeder andere im Land. Und Sie sehen, ich sehe sie immer von ihrer besten Seite – lächeln und krähen – was gut für die Gesundheit eines Mannes ist ."

Die Sonne sank dem Meer entgegen und es herrschte vollkommene Stille, bis auf das sanfte Plätschern der Wellen. Es war so still, dass ein kleiner, leicht zerzauster Spatz an den Rand des Wassers hüpfte und sich umschaute. Toby sah ihn, wedelte aber nur träge mit dem Ohr. Der Spatz beobachtete den Hund einen Moment lang besorgt, dann kam er zu dem Schluss, dass keine Gefahr bestand, und widmete sich wieder dem Meer.

Die Wellen waren so träge, dass sie sich kaum durch den Sand schleppen konnten. Sie klammerten sich an die winzigen gelben Körner, als wollten sie bleiben und nie wieder zurückkehren; dann zogen sie sich widerstrebend zurück und sangen ein kleines Lied über ihren Kummer darüber, gehen zu müssen.

Ein großer Frieden herrschte in Maradicks Herzen. Das war die Welt von ihrer absolut besten Seite. Als die Dinge so lagen, gab es überhaupt keine Probleme oder Fragen; Epsom war ein unmöglicher Mythos und ein Spiel zum Geldverdienen für Narren.

Tony brach das Schweigen:

„Ich sage, Punch, hast du eine Nachricht für mich?"

„Nun, Sir, nicht gerade eine Nachricht, aber ich habe etwas herausgefunden. Nicht von der jungen Dame selbst, verstehen Sie? Sie war nicht wieder unten – nicht, als ich dort war. Aber ich habe von ihrem Vater erfahren."

"Ihr Vater?" sagte Tony aufgeregt; und auch Toby richtete sich stramm auf, als wäre er interessiert.

"Ja; Er ist der kleine Mann in Braun, von dem Sie gesprochen haben. Hier scheint es wohl bekannt zu sein. Man sagt, er sei schon seit Menschengedenken hier und immer derselbe. Niemand kennt ihn – er bleibt für sich selbst ; ein bisschen einsam für das Mädchen."

„Dieser Mann!" rief Tony. „Und er hat mich gebeten, anzurufen! Es ist Schicksal!"

Er ergriff aufgeregt Maradicks Arm.

„ Er ist ihr Vater! ihr Vater!" er weinte. „Und er hat uns gebeten anzurufen! *Ihr* Vater, und wir sollen anrufen!"

„Du sollst anrufen!" korrigierte Maradick . „Er hat nie etwas über mich gesagt; er will mich nicht."

„Oh, natürlich kommst du. „ Mein Wort, Punch, du bist ein Volltreffer. Gibt es noch etwas?"

„Na ja", sagte Punch langsam. „Er kam gestern nach der Show zu mir und sprach mit mir. Sagte, es gefiel ihm und er war sehr angenehm. Aber ich mag es nicht, ich bin egal. Ich stimme diesem Herrn zu; Da ist etwas Seltsames, und das sagen alle."

„Oh, das ist alles in Ordnung", sagte Tony. „Kümmere dich nicht um den Mann. Er ist ihr Vater, das ist der Punkt. Mein Wort, was für ein Glück!"

Aber Punch schüttelte zweifelnd den Kopf.

„Was sagen sie dann gegen ihn?" sagte Tony. „Welche Gründe haben sie?"

"Ah! das ist es einfach", sagte Punch; „Sie haben keine Gründe. Der Mann ist überhaupt keine Geschichte , was immer ein unschönes Zeichen ist. Niemand weiß, woher er kommt oder was er hier macht. „E ist nicht kornisch, *das ist* sicher. 'E hat scharfe Lippen und spitze Ohren. Ich mag ihn nicht und Toby auch nicht, und er ist ein wissender Hund, wenn es jemals einen gab."

„Nun, ich lasse mich nicht einschüchtern", sagte Tony; „Die Sache ist eindeutig von der Vorsehung arrangiert."

Aber als Maradick Punch ansah, dachte er, dass er mehr wusste, als er zugab. Es herrschte wieder Stille, und sie sahen, wie ein hauchdünner Nebel, perlgrau, durch den das Blau des Meeres und des Himmels schimmerte, auf sie zuschlich. Der Himmel war rot im Licht der untergehenden Sonne, und ein ganz schwaches Rosa mit goldenen Akzenten glitt über die Kämme der winzigen Wellen, die von einer leichten Brise aufgeweckt worden waren.

Die Wellen, die den Strand hinaufliefen, lösten sich beim Aufsteigen in weißen Schaum auf.

„Nun, ich muss klarkommen, Mr. Tony", sagte Punch und erhob sich. „Ich bin heute Abend bei Mutter Shipton. „Auf Wiedersehen, Sir", er schüttelte Maradick die Hand , „ich freue mich, Sie kennengelernt zu haben ."

Tony ging mit ihm Arm in Arm ein Stück den Strand entlang. Sie blieben stehen, und Punch legte seine Hand auf die Schulter des Jungen und sagte etwas, das Maradick nicht verstand; aber er sprach sehr ernst. Dann verschwand er mit dem Hund auf den Fersen über der Felsbiegung.

„Wir sollten auch besser miteinander auskommen", sagte Tony. „Lass uns zurück zum Strand gehen. Es wird eine herrliche Aussicht geben!"

„Er scheint ein netter Kerl zu sein", sagte Maradick .

„Oh, Punch! Er ist einfach der Hammer! Er ist einer der Menschen, deren Einfachheit so einfach erscheint, bis man sie ausprobiert, und dann ist es das Schwierigste auf der Welt. Ich traf ihn letzten Winter in der Stadt, wo er irgendwo in der Nähe des Leicester Square eine Show gab, und er war ziemlich verärgert, weil Toby, der Hund, krank war. Ich weiß nicht, was er tun würde, wenn dieser Hund sterben würde. Er hat niemanden, der wirklich an ihn gebunden ist. Natürlich gibt es im ganzen Land viele Menschen, die ihn sehr mögen, und Babys, einfach jede Menge, und Kinder und Hunde – alles Junge –, aber sie gehören ihm nicht wirklich."

Aber Maradick hatte ehrlich gesagt das Gefühl, dass er sich nicht besonders angezogen fühlte. Der Mann war schließlich ein Vagabund und würde seinen Lebensunterhalt viel besser mit einem anständigen Gewerbe verdienen; Ein starker, gesunder Mann wie dieser sollte eine Frau und eine Familie ernähren und seinem Land einen Dienst erweisen, anstatt mit einem Hund durch das Land zu wandern; es war malerisch, aber unpassend. Aber er sagte Tony nichts über seine Meinung – er wusste auch, dass der Mann ihn nicht so nervte, wie er es noch vor einer Woche getan hätte.

Als sie um die Biegung der Klippen bogen, erhob sich der Turm plötzlich wie eine dunkle Wolke vor ihnen. Es zeichnete sich deutlich ab, erhob sich zu einem Gipfel, der in den blassblauen Himmel hineinragte und vage auf Gebäude und Giebeldächer hindeutete; Davor erstreckte sich der Sand, blassgolden.

Tony schob seinen Arm durch Maradicks .

Zuerst waren sie sich nicht sicher; es könnte Einbildung sein. Im nebligen und unsicheren Licht schienen Gestalten aus dem blassgelben Sand aufzusteigen und im düsteren Blau des Meeres zu verschwinden. Aber im selben Moment merkten sie , dass jemand da war und auf sie wartete; sie erkannten die braune Jacke, die Stoffmütze, die quadratische, wohlhabende Figur. Das wirklich Merkwürdige war, dass Maradick seinen Blick auf den Sand vor sich gerichtet hatte, aber niemanden kommen sah. Die Gestalt war sozusagen plötzlich aus der gelben Abenddämmerung aufgetaucht. Es war zweifellos Herr Andreas Morelli.

Er war derselbe wie vor einer Woche. Es gab keinen Grund, warum er sich hätte ändern sollen, aber Maradick hatte das Gefühl, dass er von Anfang an immer derselbe gewesen war. Es war nicht verwunderlich, dass er sich seit letzter Woche nicht verändert hatte, aber es war seltsam, dass er sich seit Anbeginn der Zeit nicht verändert hatte, wie es Maradick empfand; er war schon immer so gewesen.

Er begrüßte Tony nun mit diesem wunderschönen Lächeln, das Maradick zuvor bemerkt hatte; Es hatte etwas merkwürdig Intimes, als ob er sich auf Dinge bezog, die sie beide gewusst und vielleicht getan hatten. Tonys Begrüßung war eifrig und, wie bei ihm üblich, enthusiastisch.

Morelli wandte sich an Maradick und schüttelte ihm ernst die Hand. „Ich freue mich sehr, Sie wiederzusehen, Sir“, sagte er. „Es ist ein wunderbarer Abend zum Spazierengehen. Es war ein wunderbarer Tag.“

„Es war zu schön, um wahr zu sein“, sagte Tony; „Ich glaube nicht, dass man bei diesem Wetter jemals ins Haus gehen sollte. Kommen Sie zurück in die Stadt, Herr Morelli, oder sind Sie weiter am Strand entlang gegangen?“

„Wenn ich darf, würde ich sehr gerne mit Ihnen umkehren“, sagte er. „Ich habe versprochen, um halb acht zurück zu sein, und jetzt ist es fast soweit. „Du hast dein Versprechen, zu mir zu kommen, nie erfüllt“, sagte er vorwurfsvoll.

„Nun“, sagte Tony, „um ehrlich zu sein, ich war ein bisschen schüchtern; So viele Leute sind so freundlich und laden einen ein, zu kommen, aber es ist etwas ganz anderes, sie beim Wort zu nehmen und in ihre Häuser einzudringen, wissen Sie.“

„Ich kann Ihnen versichern, dass ich es ernst gemeint habe“, sagte Morelli ernst. „Es gibt verschiedene Dinge, die Sie interessieren würden. Ich habe eine ziemlich gute Sammlung alter Rüstungen und jede Menge Krimskrams, die ich zu unterschiedlichen Zeiten aufgesammelt habe.“ Dann fügte er hinzu: „Es gibt keine Zeit wie die Gegenwart; Warum kommen Sie nicht jetzt wieder und essen mit uns zu Abend? Vorausgesetzt, es macht Ihnen nichts aus, Pot-Luck mitzunehmen.“

Tony errötete vor Vergnügen. „Ich denke, wir sollten uns freuen, nicht wahr, Maradick ? Sie sind es ziemlich gewohnt, dass wir nicht ins Hotel zurückkommen."

„Vielen Dank", sagte Maradick . „Das ist auf jeden Fall gut von dir."

Er bemerkte, dass das, was Punch gesagt hatte, wahr war; Die Ohren waren spitz und die Lippen scharf und dünn.

Die Dämmerung war über sie hereingebrochen. Die Lichter der Stadt stiegen in glitzernden Linien übereinander vor ihnen auf; Für einen Augustabend war es früh dämmernd, aber in Treliss kam es schnell dunkel .

Das Meer war ein zitternder Schatten, der hin und wieder vom weißen Schimmer einer Welle erhellt wurde. Am Horizont war noch das letzte blasse Rosa der untergehenden Sonne zu sehen, und über dem Himmel verschwanden zitternde Streifen aus schwachem Gold schnell vor den herannahenden Sternen.

Morelli redete wunderbar. Anscheinend war er überall gewesen und erzählte vertraulich von kleinen, obskuren Orten in Deutschland und Italien, die Tony in früheren Jahren entdeckt hatte. Maradick schwieg; sie schienen ihn vergessen zu haben.

Sie betraten die Stadt und gingen über den Marktplatz. Maradick blickte einen Moment lang auf den alten Turm, der schwarz, trostlos und sehr einsam dastand.

Im Hotel würde die Dämmerung in das kleine Zimmer der Minnesänger schleichen. Dort würde es keine Lichter geben, nur den Staub und die alten Stühle und den grünen Tisch; Durch das offene Fenster konnte man das letzte Licht der untergehenden Sonne sehen, und aus dem darunterliegenden Garten duftete es nach Blumen, Rosen und Nelken.

Sie waren vor dem alten dunklen Haus mit der seltsamen Schnitzerei stehen geblieben. Morelli tastete nach dem Schlüssel.

„Ich weiß nicht, was meine Tochter vorbereitet haben wird", sagte er entschuldigend, „ich habe sie nicht gewarnt."

KAPITEL VI

Abendessen mit Janet Morelli

Der kleine Saal wurde von einer einzigen Lampe beleuchtet, die im Hintergrund rot schimmerte. So klein die Halle auch war, ihre Dunkelheit verlieh ihr Raum und Tiefe. Es schien mit vielen seltsamen und kuriosen Gegenständen behängt zu sein – Waffen verschiedener Art, ausgestopfte Köpfe wilder Tiere, farbige Seiden und Tücher fremder Länder und Völker. Die Wände selbst bestanden aus Eichenholz, und vor diesem dunklen Hintergrund schimmerten und leuchteten und verzogen sich diese Dinge im roten Licht der Lampe auf alarmierende Weise. Eine alte Standuhr tickte feierlich in der Dunkelheit.

Morelli führte sie die Treppe hinauf und machte ab und zu eine Pause, um sie auf interessante Dinge hinzuweisen.

„Das Haus ist, wissen Sie", sagte er fast entschuldigend, „so etwas wie ein Museum. Ich habe auf die eine oder andere Weise ein gutes Geschäft gemacht. Alles hat seine Geschichte."

Maradick , dass er eine Menge Geschichten kennen müsse, von denen einige vielleicht kaum glaubwürdig seien. Die Dinge, die er sah, hatten in seinen Augen eine unheimliche Wirkung. An diesen grinsenden Tieren und den raschelnden, flüsternden Fellen konnte nichts sehr Angenehmes sein; Es verlieh dem Haus auch eine stickige, erstickte Atmosphäre, etwas zu Vollständiges und auch voll von nicht ganz den angenehmsten Dingen.

Die Treppe war bezaubernd. Ein breites Fenster mit rautenförmigen Scheiben blickte ihnen entgegen, als sie die Treppe hinuntergingen, und spendete ein angenehmes, fröhliches Licht auf die Wände und das Dach. Eine silberne Mondsichel mit glitzernden Sternen schien am Fenster vor einem Abendhimmel von schwachem Blau; ein Leuchten, das zur verschwundenen Sonne gehörte und so ungreifbar war, dass es keine eindeutige Form von Farbe hatte , hing in der Luft und drang durch das Fenster die Treppe hinunter in die dunklen Nischen der Halle. Die Wände waren in einem dunklen Rot gestrichen, das etwas sehr Fröhliches und Heimeliges hatte.

Plötzlich kamen vom Treppenabsatz über ihnen Stimmen.

„Nein, Miss Minns , ich werde warten. Es ist mir egal; Vater sagte, er würde zurückkommen. Oh! Ich höre ihn."

Eine Gestalt näherte sich dem Treppenabsatz.

„Vater, beeil dich; Miss Minns ist so ungeduldig, weil sie warten muss, und ich sagte, ich würde nicht anfangen, bis Sie kommen, und die Kartoffeln sind schwarz, schwarz, schwarz."

Maradick blickte auf und sah ein Mädchen am oberen Ende der Treppe stehen. In ihrer Hand hielt sie eine kleine silberne Lampe, die einen blassen gelben Kreis hinter sich und um sie herum warf; Sie hielt es ein wenig über ihren Kopf, um zu sehen, wer die Treppe hinaufstieg.

Er hielt sie für das schönste Mädchen, das er je gesehen hatte; Ihr Gesicht war das eines Kindes, und darin lag immer noch ein schwacher Ausdruck von Verwunderung und Überraschung, als hätte sie erst kürzlich einen anderen goldenen Traum verlassen und mit einem Schrei die Welt entdeckt.

Ihr Mund war klein und zart geschwungen wie die Blütenblätter einer sehr jungen Rose, die sich bei der ersten Berührung des Sonnenlichts drehten und öffneten. Ihre Augen waren so blau, dass die Tiefe kein Ende zu nehmen schien, und man blickte in sie hinein wie in einen Brunnen in einer Sternennacht; In ihnen befanden sich Zeichen und Visionen von so vielen Dingen, dass ein Mann ein Jahr lang darauf blicken und dort immer noch verborgene Geheimnisse finden könnte. Ihr Haar war dunkelgolden und zu einer großen Krone hochgesteckt, aber nicht so fest, dass nicht ein paar Locken herausfielen und ihr um die Ohren und über die Augen fielen. Sie trug ein sehr blassblaues Kleid, das in einem Stück von ihren Schultern bis zu ihren Füßen reichte; Ihre Arme bis zu den Ellenbogen und ihrem Hals waren nackt, und ihr Kleid war in der Taille mit einem breiten Stück altgoldbesticktem Stoff zusammengebunden.

Ihr Teint war so perfekt, dass er vielleicht fade gewirkt hätte, wenn nicht der Charakter in ihrem Mund, ihren Augen und ihrer Stirn gewesen wäre. Sie lächelte jetzt, aber in einem Moment könnte sich ihr Gesicht verändern, der Mund würde steif werden, ihre Augen würden blitzen; In jedem Teil von ihr steckte Charakter.

Sie war groß und sehr gerade, und ihr Kopf war perfekt positioniert. Da waren Würde und Stolz, aber Humor und Zärtlichkeit in den Augen und im Mund; Vor allem war sie sehr, sehr jung. Dieser überraschte Gesichtsausdruck und ein wenig vielleicht der Ausdruck, als ob sie sich vor einer Welt hüten würde, die sie nicht ganz verstand, zeigte das. Da war keine Angst, sondern etwas Wildes und Undiszipliniertes, als würde sie bis zum Letzten für ihre vollkommene, uneingeschränkte Freiheit kämpfen: Das war Janet Morelli.

Sie hatte geglaubt, ihr Vater sei allein, aber jetzt wurde ihr klar, dass jemand bei ihm war.

Sie trat zurück und errötete.

"Wie bitte. Ich wusste nicht –“

„Darf ich Sie vorstellen“, sagte Morelli. „Janet, das sind Mr. Maradick und dieser Mr. Gale. Sie sind gekommen, um mit uns zu Abend zu essen.“

Sie stellte die Lampe auf den kleinen runden Tisch hinter sich und schüttelte ihnen die Hand. "Wie geht es dir?" Sie sagte. „Ich hoffe, du bist nicht im Geringsten hungrig, denn außer schwarzen Kartoffeln gibt es überhaupt nichts zu essen, und die sind überhaupt nicht lecker.“

Sie war völlig ohne Verlegenheit und lächelte Maradick an . Zur Begrüßung legte sie für einen Moment ihren Arm auf die Schulter ihres Vaters, dann gingen sie in das Zimmer gegenüber der Treppe. Dies stand in starkem Kontrast zur Halle, die breit und geräumig war und nur wenig Möbel enthielt. An einem Ende befand sich ein Erkerfenster mit altmodischen rautenförmigen Scheiben; Darin war ein für drei Personen gedeckter Tisch aufgestellt. Die Wände waren in einem sehr blassen Blau gestrichen, und auf halber Höhe verlief rundherum ein schmales Eichenregal, auf dem große blaue und weiße Teller aus altem Porzellan standen , auf denen eine fantastische Menge seltsam verdrehter Mandarinen herumwuselte Burgen und zitternde Brücken, die reißende Ströme überspannen. Es gab keine Bilder, aber einen offenen, blau gekachelten Kamin, dessen Kaminsims aus dunkler Eiche mit seltsamen Schnitzereien bestand. Es gab ein paar Stühle, zwei kleine runde Tische und ein Sofa voller blauer Kissen. Auf den Tischen standen Lampen, aber sie waren dunkel und die Vorhänge waren nicht zugezogen, so dass durch die nebligen Scheiben die Lichter der Stadt in wütender Rivalität mit den Lichtern der tanzenden Sterne funkelten.

Am Tisch wartete eine kleine Frau in einem steifen schwarzen Kleid. An ihr war überhaupt nichts Bemerkenswertes. Es gab ein wenig Anmaßung, ein wenig Pathos, sogar ein wenig Schönheit; Es war die Figur von jemandem , der vor sehr langer Zeit verlassen worden war und der sich endlich an die Wahrheit gewöhnte – es gab nicht mehr viel Hoffnung oder Erwartung auf irgendetwas, sondern einfach eine Art märchenhaftes Wunder über die Möglichkeit, dass der Kürbis doch eine goldene Kutsche und die Ratten einige der elegantesten Kutscher sind.

„Miss Minns “, sagte Morelli, „ich möchte Sie vorstellen. Das sind zwei Herren, die mit uns zu Abend essen werden. Mr. Maradick und Mr. Gale.“

„Ich freue mich sehr, Sie kennenzulernen“, sagte Miss Minns ein wenig düster.

Es gab eine Dienerin namens Lucy, die ungeschickt und mit einigem Lärm zwei weitere Plätze verlegte. Janet war in der Küche verschwunden und Morelli setzte das Gespräch fort.

Allerdings herrschte ein Gefühl der Zwänge. Maradick hatte Tony noch nie so still erlebt. Er stand am Kamin, wechselte unbeholfen von einem Bein auf das andere und blickte ständig zur Tür. Er war offenbar in höchster Aufregung und schien niemandem im Raum Aufmerksamkeit zu schenken. Miss Minns schwieg vollkommen und stand ernst und wartend da. Morelli sprach höflich und intelligent, aber Maradick hatte das Gefühl, dass er selbst lediglich als Hintergrund für den Rest des Stücks missbraucht wurde. Sein erster Eindruck, als er Janet sah, war, dass Tony in seiner ganzen Begeisterung tatsächlich berechtigt war; sein zweiter, dass ihm selbst eine ziemlich schreckliche Zeit bevorstand.

Er hatte nicht im Geringsten damit gerechnet, dass sie so erstaunlich jung sein würde. Er hatte völlig ohne Grund und Rechtfertigung erwartet, dass sie älter sein würde, sehr viel älter als Tony, und das lag vielleicht hauptsächlich daran, dass er beim besten Willen nicht glauben konnte, dass sie jünger war. Tony war in jeder Hinsicht so jung – in seiner Glaubwürdigkeit, seinem Enthusiasmus, seiner Ungeduld, seiner erstaunlichen Einfachheit. Da er dies vor sich hatte, betrachtete Maradick die Dame als Komplizin; Sie würde dabei helfen, Tony Diskretion beizubringen, hatte er gedacht.

Und jetzt, als er sie auf der Treppe sah, erkannte er, dass sie sozusagen „jünger als je zuvor“ war, so jung, wie irgendjemand nur sein konnte. Das schien dem ganzen Geschäft eine völlig neue Wendung zu geben; Es brachte ihn, James Maradick , einen einfallslosen und nüchternen Menschen mittleren Alters, plötzlich in die romantische und schwierige Position des Vormunds für ein paar Babys, und darüber hinaus für Babys, die voller Aufregung und Liebe zu eiligen Abenteuern sind. Warum, dachte er verzweifelt, während er Morellis Gespräch höflich zuhörte, war er zum Mittelpunkt all dieser Angelegenheit gemacht worden? Was wusste oder konnte er über junge Menschen und ihre Liebesbeziehungen wissen?

„Ich fürchte“, sagte er höflich, „ich weiß überhaupt nichts über Schwerter.“

„Ah“, sagte Morelli herzlich, „ich muss dir nach dem Abendessen etwas zeigen.“

Janet kam mit Koteletts und Kartoffeln herein, gefolgt von Lucy mit dem Kaffee. Tony ging nach vorne, um ihr zu helfen. „Nein, danke“, sagte sie lachend. „Du sollst die Kartoffeln nicht tragen, denn dann siehst du, wie schwarz sie sind. Ich hoffe, Ihnen macht Kaffee am Anfang nichts aus; und es gibt nur Schwarzbrot." Sie stellte die Sachen auf den Tisch und half beim Kotelettieren. Tony schaute auf seinen Teller und schwieg.

Es war zunächst eine schwierige Mahlzeit, und alle waren sehr deprimiert; Dann war plötzlich das Eis gebrochen. Maradick hatte gesagt, dass er in London lebe. Miss Minns setzte sich etwas aufrechter in ihren Stuhl, strich nervös ihre Manschetten glatt und sagte mit ziemlicher Aufregung:

„Ich habe ein Jahr mit meinem Bruder Charles in London gelebt. Wir wohnten in der Little Worsted Street, Nr. 95, in der Nähe des Aquariums: ein kleines Haus mit grünen Jalousien; Vielleicht, mein Herr, wissen Sie es. Ich glaube, es steht noch; Ich liebte London. Charles war Pfarrer in St. Michael, der grauen Kirche an der Ecke Merritt Street; Herr Roper war damals Rektor. Ich erinnere mich, wie unsere verstorbene geliebte Königin in ihrer Kutsche vorbeifuhr. Ich habe eine deutliche Erinnerung an ihre schwarze Haube und die anmutige Schleife. Ich war sehr bewegt."

Maradick hatte glücklicherweise das einzige Thema angesprochen, von dem man sagen konnte, dass es Miss Minns geschwätzig machte. Alle waren interessiert und angeregt.

"Oh! Ich sollte London so lieben!" Sagte Janet und blickte durch das Fenster auf die Sterne draußen. "Menschen! Prozessionen! Omnibusse! Vater hat mir manchmal davon erzählt – Dick Whittington, wissen Sie, und die Katze. Ich nehme an, du heißt nicht Dick?" sagte sie und sah Tony besorgt an.

„Nein", sagte Tony, „ich fürchte, das ist nicht der Fall. Aber ich werde es sein, wenn du willst."

„Es ist kaum höflich, Janet", sagte Morelli, „einen Herrn nach seinem Namen zu fragen, wenn man ihn erst seit fünf Minuten kennt."

„Das war ich nicht", antwortete sie. „Nur ich möchte unbedingt einen Schwanz kennenlernen, und hier unten gibt es keinen; aber ich gehe davon aus, dass London voll davon ist."

„Es ist voll von allem", sagte Tony, „und deshalb mag ich diesen Ort so schrecklich." London erstickt dich, da ist so viel los; Du musst aufhören, weißt du. Hier können Sie Vollgas geben. Könnte ich bitte noch ein Kotelett haben? Sie sind schrecklich gut."

Tony entwickelte sich schnell zu seinem gewohnten Ich. Er war immer noch ein wenig nervös, redete aber so fließend Unsinn wie immer.

„Aber Sie müssen wirklich nach London kommen, Miss Morelli. Es gibt Pantomimen, Zirkusse, Polizisten und viele lustige Dinge. Und du kannst tun, was du willst, weil niemand zu sehen ist."

"Oh! Theater!" Sie klatschte in die Hände. „Ich sollte einfach ein Theater lieben. Vater hat mich einmal hierher gebracht; es hieß „Der ermordete Erbe" und war furchtbar aufregend; Aber das ist das einzige, das ich je gesehen habe, und ich glaube nicht, dass es hier in Ewigkeiten noch ein weiteres geben wird. Es gibt sie in Truro, aber ich war noch nie in Truro. Ich freue mich, dass dir die Koteletts gefallen , ich hatte Angst, dass sie eher trocken sind."

„Das sind sie", sagte Morelli. „Es ist nur Mr. Gales Höflichkeit, die ihn sagen lässt, dass es ihnen gut geht. Sie sind furchtbar trocken."

„Nun, du bist zu spät gekommen", antwortete sie; "es war deine Schuld."

Sie war aufgeregt. Ihre Augen leuchteten, ihre Hände zitterten ein wenig und ihre Wangen waren gerötet. Maradick bildete sich ein, dass ihr Blick auf ihren Vater überrascht war. Auch Miss Minns war über etwas ein wenig erstaunt. Es war möglicherweise ungewöhnlich, dass Morelli jemanden ins Haus einlud, und sie fragten sich, warum er das getan hatte.

Morelli war ein tolles Rätsel. Er schien verändert zu sein, seit sie sich an den Tisch gesetzt hatten. Zum einen schien er wesentlich jünger zu sein. Außerhalb des Hauses war er mittleren Alters gewesen; Jetzt schienen die Falten auf seiner Stirn zu verschwinden, die Falten unter seinen Augen waren nicht mehr da. Er lachte ständig.

Tatsächlich entwickelte sich daraus sehr schnell ein fröhliches Mahl. Die Koteletts waren verschwunden und es gab Käse und Obst. Sie waren alle ziemlich aufgeregt, und eine Welle dessen, was Maradick als „geistvolle Kindlichkeit" bezeichnen würde, erfasste die Party. Er selbst und Miss Minns waren völlig daneben.

Es war bezeichnend für die Veränderung, dass Morelli Tony nun viel mehr Aufmerksamkeit schenkte. Die drei brachen über nichts in schallendes Gelächter aus; Tony imitierte verschiedene Tiere, das Zeichnen eines Korkens und einen Motor-Omnibus, der einen Polizisten anfährt, mit großem Erfolg. Miss Minns machte keinen Versuch, an der Heiterkeit teilzunehmen; aber saß im Schatten und war ernst und stumm. Maradick versuchte es und war eine Zeit lang ein kläglicher Misserfolg, aber danach wurde auch er beeinflusst. Morelli erzählte eine Geschichte, die ihm außerordentlich komisch vorkam. Es ging um einen alten Junggesellen, der immer allein lebte, und jemand kletterte auf einen Schornstein und blieb dort stecken. Er konnte sich später nicht mehr an den Sinn der Geschichte erinnern, aber er wusste, dass sie ihm damals wunderbar amüsant vorkam.

Er fing an zu lachen und verlor dann jegliche Kontrolle über sich; Er lachte und lachte, bis ihm die Tränen über die Wangen liefen. Er hielt einen Moment inne und fing dann wieder an; sein Gesicht wurde rot und violett – er holte sein Taschentuch heraus und wischte sich die Augen. "Oh je!" „Das ist eine lustige Geschichte", sagte er keuchend. Ich weiß nicht, wann ich jemals so gelacht habe. Es ist furchtbar lustig." Er zitterte immer noch bei dem Gedanken daran. Es war in der Tat eine sehr fröhliche Mahlzeit.

„Sie waren wohl an der Universität, Mr. Gale?" sagte Morelli.

„Ja, Oxford", sagte Tony. „Aber bitte nennen Sie mich nicht Mr.; Niemand nennt mich Mr., wissen Sie? Man muss ein Haus, eine Frau und einen Beruf haben, wenn man irgendjemand sein will, und ich habe nichts – überhaupt nichts."

„Oh, ich frage mich", sagte Janet, „ob es Ihnen etwas ausmachen würde, mir die Tür zu öffnen. Wir räumen den Tisch ab und räumen ihn aus dem Weg. Samstag ist Lucys Abend, also werde ich es tun."

„Oh, lass mich helfen", sagte Tony, sprang auf und warf vor Eifer fast den Tisch um. „Ich bin furchtbar gut im Abwaschen."

„Du musst nichts abwaschen", antwortete sie. „Das überlassen wir Lucy, wenn sie zurückkommt; aber wenn es Ihnen nichts ausmachen würde, mir zu helfen, die Teller und andere Dinge in das andere Zimmer zu tragen , wäre ich Ihnen sehr dankbar."

Sie sah sehr bezaubernd aus, dachte Maradick , als sie die Teller übereinander stapelte und äußerst darauf achtete, dass sie nicht kaputtgingen. Mehrere Locken hatten sich gelöst und fielen ihr über die Augen, und sie hob die Hand, um sie zurückzuschieben; Die Teller wären fast verrutscht. Maradick , der sie beobachtete, bemerkte plötzlich etwas, das in ihren Augen wie Entsetzen aussah; Sie blickte über den Tisch zu ihrem Vater. Er folgte ihrem Blick, doch Morelli schien nichts bemerkt zu haben. Maradick vergaß den Vorfall damals, aber hinterher fragte er sich, ob es Einbildung gewesen war.

„Seien Sie vorsichtig und lassen Sie keine Dinge fallen", sagte sie fröhlich lachend zu Tony. „Sie scheinen dort sehr viele zu haben; Es gibt jede Menge Zeit, wissen Sie."

Es war herrlich, ihr zuzusehen, sie war sich keiner Pose oder Geste bewusst. Sie ging singend in die Küche und Tony folgte ihr, beladen mit Tellern.

„Rauchen Sie, Mr. Maradick ?" sagte Morelli. "Zigarre? Zigarette? Pfeife? – Pfeife! Gut! viel das Beste. Komm und setz dich hierher."

Sie stellten ihre Stühle ans Fenster und beobachteten die Sterne; Miss Minns saß unter der Lampe und nähte.

Maradick schämte sich ein wenig für seine Fröhlichkeit beim Abendessen; Er kannte den Mann wirklich nicht gut genug und ein wenig von seinem ersten Eindruck vorsichtiger Abneigung kehrte zurück. Aber Morelli war sehr unterhaltsam und ein ausgezeichneter Redner, und Maradick machte sich Vorwürfe, unnötig misstrauisch zu sein.

„Wissen Sie", sagte Morelli, „es ist eine tolle Sache, so ein Zuhause zu haben." Ich bin mein ganzes Leben lang ein Wanderer gewesen – ich war überall, könnte man sagen –, aber jetzt kann ich immer wieder darauf zurückkommen, und es ist großartig zu spüren, dass es da ist. Ich bin väterlicherseits Italiener, und daher mein Name; Und deshalb kommt es mir vielleicht ein bisschen komisch vor, mich hier niederzulassen. Aber für mich ist ein Land dasselbe wie das andere, und meine Frau war Engländerin."

Er hielt einen Moment inne und schaute aus dem Fenster; dann fuhr er fort:

„Wir sehen hier nicht viele Leute; Wenn man ein Mädchen erziehen muss, muss man vorsichtig sein, und sie mögen mich hier nicht, das ist die Wahrheit."

Er hielt erneut inne, als erwartete er, dass Maradick es abstreiten würde. Er hatte es fast wie ein Verhör gesprochen, als ob er wissen wollte, ob Maradick etwas gehört hatte, aber Maradick schwieg. Er hatte erneut das starke Gefühl, dass sie einander feindselig gegenüberstanden, genau wie bei ihrem ersten Treffen. Obwohl Morelli höflich war, wusste Maradick , dass es an Tony lag und nicht im Geringsten an ihm selbst. Wahrscheinlich empfand Morelli ihn als unnötige Langeweile und ärgerte sich über seine Anwesenheit. Es war Tony, der ihm am Herzen lag.

„Das ist ein sehr entzückender Junge", sagte Morelli und nickte in Richtung Küche. „Kennen Sie ihn schon lange? Ganz einer der entzückendsten Menschen – –"

„Oh nein", sagte Maradick etwas steif. „Wir sind ziemlich neue Bekannte. Wir kennen uns erst seit etwa einer Woche. Ja, er ist eine enorm beliebte Person. Jeder scheint ihn zu mögen, wohin er auch geht. Er weckt die Leute."

Morelli lachte.

„Ja, da ist eine wunderbare Vitalität. Ich hoffe, dass er es behält. Ich hoffe, dass ich etwas von ihm sehen werde, während er hier ist. Wir können Ihnen nicht viel bieten, aber Sie werden sowohl meiner Tochter als auch mir eine echte Gefälligkeit erweisen, wenn Sie uns ab und zu besuchen kommen."

„Danke", sagte Maradick .

"Oh! Ich habe versprochen, dir meine Schwerter zu zeigen. Kommen Sie und sehen Sie sie sich jetzt an. Ich denke, es gibt wirklich einige, die Sie interessieren könnten."

Sie standen auf und verließen den Raum. Einen Augenblick später wurde die Tür wieder geöffnet und Janet und Tony kamen zurück.

„Lass uns vor dem Fenster sitzen", sagte Janet, „und reden. Ich gehe davon aus, dass Vater deinem Freund seine Schwerter und andere Dinge zeigt, und er nimmt sich dabei immer enorm viel Zeit, und ich möchte schrecklich reden."

Sie saß vornüber, die Hände um die Knie geschlungen, und blickte aus dem Fenster zu den Sternen. Tony wird sich immer so an sie erinnern; und während er da saß und sie beobachtete, musste er sich an der Seite seines Stuhls festhalten, um zu verhindern, dass er sich nach vorne beugte und ihr Kleid berührte.

„Ich möchte auch reden", antwortete er; „Es ist ein ‚Erlebnis'-Abend, wissen Sie, einer dieser Momente, in denen man plötzlich mit jemandem Vertraulichkeiten austauschen und herausfinden möchte, was er die ganze Zeit getan und gedacht hat."

"Oh! Ich kenne dieses Gefühl", antwortete sie eifrig, „aber ich hatte noch nie jemanden, mit dem ich sie austauschen konnte. Manchmal hatte ich das Gefühl, dass ich nicht wusste, was ich tun sollte; Aber es hat nichts genützt, es war niemand außer Vater und Miss Minns da . Es ist sehr lustig, nicht wahr? Aber du bist der erste Mensch in meinem Alter, den ich je getroffen habe. Natürlich bist du wirklich älter, aber du bist nah genug dran, und ich gehe davon aus, dass wir zum Teil das Gleiche denken; und oh! es ist so aufregend!"

Sie sagte „Mensch" wie ein fünfzigjähriges Wesen, und er lächelte, aber dann schlug ihr „aufregend" sein Herz bis zum Mund. Sie war offensichtlich so erfreut, ihn zu haben, sie akzeptierte ihn so bereitwillig und ohne jegliche Einschränkungen, und es war wunderbar für ihn. Jedes Mädchen, das er jemals getroffen hatte, hatte ein Spiel entweder der Verteidigung oder der Provokation gespielt, aber hier herrschte vollkommene Einfachheit.

„Lasst uns beginnen", sagte er, „und herausfinden, ob wir das Gleiche hatten. Aber zuerst muss ich dir etwas sagen. Das ist nicht das einzige Mal, dass ich dich gesehen habe."

"Es ist nicht!" Sie weinte.

"NEIN; Da war neulich am Strand; Du warst bei deinem Vater. Ich habe dich hinter einem Felsen angeschaut und bin dann weggelaufen. Und das andere Mal war eines Abends vor ungefähr einer Woche, ziemlich spät, und Sie lehnten sich aus einem Fenster und sagten etwas zu Miss Minns . Da war eine Lampe und ich sah dein Gesicht.

"Oh! Welche Nacht?" sagte sie ganz eifrig.

„Nun, mal sehen, ich glaube, es war Donnerstagabend – nein, ich kann mich nicht erinnern –, aber in der Stadt war ein Jahrmarkt; Sie tanzten durch die Straßen. Wir waren dort gewesen, Maradick und ich, und kamen zurück."

"Oh! Ich erinnere mich genau", sagte sie, drehte sich um und sah ihn an. „Aber wissen Sie, das ist höchst merkwürdig! Ich war an diesem Abend unheimlich aufgeregt, ich weiß nicht genau warum. Es gab keinen wirklichen Grund. Aber ich sagte Miss Minns immer wieder , dass ich wusste, dass etwas passieren würde, und sie lachte mich aus und sagte: „Was könnte?" oder so, und dann öffnete ich plötzlich das Fenster und zwei Leute kamen die Straße herauf. Es war ziemlich dunkel. Da war nur die Lampe!"

Sie sprach ziemlich dramatisch, als wäre es etwas von großer Bedeutung.

„Und stellen Sie sich vor, Sie waren es!" Sie hat hinzugefügt.

„Aber bitte", sagte sie, „fangen wir mit der Vertraulichkeit an." Sie werden zurückkommen und wir müssen aufhören."

"Oh! „Meine sind ziemlich gewöhnlich", sagte er, „genau wie die aller anderen." Ich wurde auf dem Land geboren; eines dieser alten weitläufigen Landhäuser mit dunklen Gängen und kleinen Treppen, die ins Nirgendwo führen, und dicken Mauern mit einem wunderschönen alten Garten. So ein Garten mit Terrassen und riesigen alten Bäumen und einem Brunnen und einer Sonnenuhr und Pfauen. Aber ich war noch ein ziemliches Kind, als wir das verließen und in die Stadt kamen. Es ist jedoch lustig, die frühen Jahre scheinen bei einem zu bleiben, nachdem die anderen Dinge vergangen sind. Es war schon immer ein Hintergrund für mich, dieses hohe alte Haus mit dem Gurren der Tauben an einem heißen Sommernachmittag und dem kalten Bach, der am Fuße des Rasens fließt!"

"Oh! wie schön", sagte sie. „So etwas habe ich noch nie erlebt. Vater hat von Italien gesprochen; eine kleine Stadt, Montiviero , in der wir einst lebten, und ein alter grauer Turm und eine lange, harte weiße Straße mit Bäumen wie Säulen. Ich habe es oft in meinen Träumen gesehen. Aber ich selbst habe nie etwas anderes als das gewusst. Vater ist hier geblieben, teilweise, glaube ich, weil der alte graue Turm auf dem Marktplatz hier dem Turm von

Montiviero ähnelt . Aber erzähl mir von London", fuhr sie fort. "Wie ist es? Welche Leute gibt es?"

„London", sagte er, „ist für mich gewachsen, je mehr ich es kennengelernt habe." Wir haben immer im selben Haus gewohnt. Ich war sechs Jahre alt, als ich zum ersten Mal dort war, ein alter, dunkler Ort mit großen, feierlichen Räumen und hohen Steinkaminen. Es war auf einem Platz und wir wurden morgens oft auf die Wiese geführt, um mit anderen Kindern zu spielen. London bestand zunächst nur aus dem Platz – den dunklen Räumen, meiner Krankenschwester, meinem Vater und meiner Mutter, einigen anderen Kindern und dem Gras, auf dem wir spielten. Dann tauchten eines Tages plötzlich die Straßen auf mich auf – die Geschäfte, die Kutschen, einige Soldaten. Dann wuchs es schnell; Da waren die Parks, der See, der Turm und, was am magischsten war, der Fluss. Als ich ein ganz kleiner Junge war, faszinierte mich der Fluss und ich flüchtete dorthin, wann immer ich konnte; Und wenn ich jetzt allein in London leben würde, würde ich unten in Chelsea ein paar alte dunkle Zimmer nehmen und den ganzen Tag auf den Fluss schauen."

„Chelsea!" Sie sagte. "Ich mag den Klang davon. Gibt es denn dort, wo London liegt, einen ganz wunderbaren Fluss?"

„Ja", antwortete er, „es ist schmutzig und neblig, und die Gebäude an den Ufern sind manchmal alt und zerfallen." Aber jeder, der es kennt, wird Ihnen dasselbe sagen. Dann ging ich mit meiner Krankenschwester zu einer Pantomime."

"Oh! Ich weiß, was eine Pantomime ist", sagte sie. „Miss Minns hat einmal einen gesehen, aber da war ein Mann mit einer roten Nase und der gefiel ihr nicht. Nur gab es auch Feen, und wenn ich dort gewesen wäre , hätte ich nur die Feen gesehen."

„Nun, das war ,Dick Whittington'. Es gab eine herrliche Katze. An den Rest kann ich mich nicht erinnern; Aber ich ging in einem goldenen Traum nach Hause und dachte den nächsten Monat an nichts anderes. London wurde für mich zu einem dunklen Ort mit einem herrlichen Lichtkreis in seiner Mitte!"

"Oh! Es muss wunderschön gewesen sein!" Sie seufzte.

„Dann", fuhr er fort, „übertrug sich das auf andere Dinge, und ich ging zur Schule." Eine Zeit lang verschlang sich alles darin, andere Leute zu schlagen, die Nase vorn zu haben und wegen Nachlässigkeit geleckt zu werden. London hat an den Feiertagen Spaß gemacht, aber es war nicht das Wichtigste. So war ich bis zu meinem siebzehnten Lebensjahr."

„Du hattest großes Glück", sagte Janet, „zur Schule gehen zu können. Ich habe Vater einmal gefragt, aber er war sehr wütend; Und, wissen Sie, er ist manchmal monatelang weg, und dann ist es furchtbar einsam. Bis du gekommen bist, hatte ich überhaupt niemanden zum Reden, und jetzt werden sie dich gleich mitnehmen, also beeil dich. Es gibt einfach keine Minute!"

Miss Minns sagen:

„Ist dir am Fenster nicht kalt, Janet? Ich denke, du solltest besser näher an den Tisch kommen."

"Oh! Bitte unterbrechen Sie nicht, Miss Minns !" Sie wedelte mit der Hand. „Eigentlich ist es so warm wie Toast. Jetzt machen Sie bitte weiter, es ist ein furchtbar aufregendes Abenteuer."

„Nun", sagte er mit gesenkter Stimme und sprach in einem dramatischen Flüstern, „der nächste Teil des gewaltigen Abenteuers waren Bücher und andere Dinge." Wissen Sie, ich entdeckte plötzlich, was sie waren. Ich hatte die Dinge natürlich schon früher gelesen, aber immer nur, um die Zeit zu überbrücken, während ich auf etwas anderes wartete, und jetzt sah ich sie plötzlich anders, in Reihen und Reihen und Reihen, jede mit einem Geheimnis in sich wie ein Nuss, und ich habe sie geknackt und gegessen und hatte den größten Spaß. Dann begann ich zu glauben, dass ich unglaublich klug sei und dass ich selbst großartige Bücher schreiben würde, und ich war sehr ernst und ernst. Ich schätze, ich war einfach hasserfüllt."

„Und hast du etwas geschrieben?" sagte sie mit ehrfürchtiger Stimme.

„Ja", antwortete er feierlich, „eine sehr lange Geschichte mit vielen Leuten und vielen Kapiteln." Ich habe es zu Hause. Es gefiel ihnen unten in der Küche, aber es nahm nie ein Ende."

"Warum nicht?" Fragte Janet.

„Weil ich wie die Alte im Schuh so viele Kinder hatte, dass ich nicht wusste, was ich tun sollte. Ich hatte so viele Leute, dass ich einfach nicht wusste, was ich mit allen machen sollte. Und dann bin ich daraus herausgewachsen. Ich ging nach Oxford und dann kam der letzte Teil des Abenteuers."

„Wo ist Oxford?" Sie hat ihn gefragt.

"Oh! Es ist eine Universität. Männer gehen dorthin, nachdem sie die Schule verlassen haben. Es ist ein Ort, an dem ein Mann viele nutzlose und ein oder zwei schöne Gewohnheiten lernt. Nur die Schönen wollen gesucht werden. Das, was ich gefunden habe, war Gehen."

Er sah sie an und lachte vor Freude, ihr so nahe zu sein. Im Dämmerlicht
, das die Lampe auf sie warf, verfing sich das Gold ihres Haares und fiel wie
eine Wolke um ihr Gesicht, das Hellblau ihres Kleides war der Nachthimmel
und ihre Augen waren die Sterne. Oh! Es war ein schönes Abenteuer, diese
Liebe! Bevor dies kam, hatte es keinen Schlüssel zur Welt gegeben, und nun
wurde die Schatulle geöffnet und wertvolle Dinge, Juwelen und die
goldbestickten Tücher aus Gottes Werkstatt wurden vor ihm ausgebreitet.
Und dann überfiel ihn eine große Ehrfurcht. Sie war so jung und so rein, dass
er plötzlich spürte, dass alle groben Gedanken und Taten der Welt in einem
dunklen Nebel zwischen ihnen aufstiegen und ihn aus einem so weißen Land
sandten, wie der Engel mit dem flammenden Schwert Adam sandte.

Doch plötzlich beugte sie sich vor und berührte seinen Arm. "Oh!
Schauen Sie sich Miss Minns an !" Sie sagte. Miss Minns schlief ein und
kämpfte tapfer gegen die Versuchung. Ihre Hände klickten mechanisch mit
den Nadeln und umklammerten das Stück Stoff, an dem sie arbeitete, aber
ihr Kopf nickte heftig in Richtung des Tisches, als würde dieser eine
Geschichte erzählen und wütend Fakten hervorheben . Der Schatten an der
Wand war gigantisch, eine riesige, fantastische Miss Minns , die an der Decke
hin und her schwankte und wie ein Vorhang im Wind an- und abschwoll.
Der Kampf dauerte nur sehr kurze Zeit. Bald hörte das Klicken der Nadeln
auf, es gab einen wütenden Versuch, das Tuch festzuhalten, und schließlich
fiel es mit einem leisen Geräusch zu Boden. Miss Minns schlief, den Kopf
an die Brust gelegt.

„Das ist besser", sagte Janet und setzte sich wieder in ihren Stuhl. „Jetzt
zum Gehen!"

"Ah! es gefällt dir auch", sagte er. "Ich kann sehen, dass. Und es ist das
Einzige, wissen Sie. Es ist das Einzige, was sich nicht ändert und eintönig
wird. Man kommt der Erde ganz nah. Sie reden über ihre Natur, ihre Kultur
und den Rest, aber sie wissen nicht, was das Leben ist, bis sie den Rücken
eines hohen braunen Hügels und die Kuppe einer harten, weißen Straße
gespürt haben. Das hat mich gerettet! Ich war vorher verwirrt. Ich wusste
nicht, wofür die Dinge standen, und ich war unglücklich. Mein eigenes Set
war überhaupt nutzlos, es zielte auf nichts. Nicht, dass ich mich überlegen
gefühlt hätte, aber so etwas war einfach nicht gut für mich. Man konnte die
Dinge vor lauter Staub, den jeder machte, nicht klar sehen. Also habe ich den
Staub verlassen und jetzt bin ich hier."

"Und das ist alles?" Sie sagte.

„Absolut alles", antwortete er. „Ich fürchte, der Inhalt ist enttäuschend,
aber auf jeden Fall ist es wahr."

„Oh, aber es ist abenteuerlich", sagte sie, „neben mir. Es gibt für mich überhaupt nichts zu erzählen. Ich habe hier einfach immer mit meinem Vater gelebt. Es gab keine Bücher, keine Kinder, überhaupt nichts außer Vater."

Dann hielt sie ziemlich neugierig inne. Er sah zu ihr auf.

"Also?" er sagte.

"Oh! Vater ist so anders – man weiß nie. Manchmal ist er genau wie ich, spielt und singt und erzählt Geschichten. Und dann, oh! Er macht so viel Spaß. Es gab nie jemanden wie ihn. Und manchmal ist er ganz still und sagt nichts, und dann geht er immer weg, vielleicht sind es nur ein oder zwei Tage, und dann ist es eine Woche oder sogar ein Monat. Und manchmal", sie hielt erneut einen Moment inne, „ist er wütend, furchtbar wütend, so dass ich schreckliche Angst habe."

"Was! mit dir?" fragte Tony empört.

"NEIN; mit niemandem genau, aber es ist schrecklich. Ich gehe und verstecke mich." Und dann brach sie in Gelächter aus. „Oh, und einmal hat er Miss Minns so erwischt und an ihren Haaren gezogen, und sie fielen ihr über die Schultern. Oh! es war so lustig. Und vieles davon kam insgesamt heraus; Es war falsch, wissen Sie. Ich denke, dieser Vater ist wie ein Kind. Er ist um einiges jünger, als ich wirklich bin. Ich werde furchtbar alt und er ist so jung wie nur möglich. Er erzählt Geschichten – wunderschöne Geschichten! und dann ist er sauer und schmollt, und manchmal ist er tagelang draußen, und alle Tiere lieben ihn einfach."

All diese Tatsachen brachte sie sozusagen gebündelt zum Vorschein, ohne dass irgendein offensichtlicher Zusammenhang bestand , aber er hatte das Gefühl, dass die Schnur, die sie zusammenhielt, da war und dass er sie eines Tages finden könnte. Aber was ihn am meisten überraschte, war ihre seltsame Zurückhaltung gegenüber allem, als wäre er ein Freund, vielleicht ein Kumpel, manchmal ein Ärgernis und manchmal eine Gefahr, aber niemals ein Vater.

„Aber erzähl mir von dir", sagte er, „was du magst und was du tust."

„Nein, da ist wirklich nichts. Ich habe einfach immer hier gelebt, das ist alles. Du bist der erste Mann, mit dem ich gesprochen habe, außer Vater, und du machst Spaß. Ich hoffe, dass wir Sie während Ihres Aufenthalts hier manchmal sehen werden", fügte sie ganz offen hinzu.

„Jemand hat dir gesagt, dass du das sagen sollst", sagte er lachend.

„Ja, es ist Miss Minns . Sie bringt mir manchmal bei, was man sagen soll, und ich bin furchtbar dumm. Es gibt so viele davon. Es gibt „bei einer Hochzeit" und „bei einer Beerdigung" und es gibt „die Dinnerparty", ein

nettes und ein langweiliges und ein lustiges, und es gibt „im Theater" und
vieles mehr. Manchmal erinnere ich mich, aber ich hatte nie jemanden, an
dem ich sie üben konnte. Du bist ganz der Erste, also denke ich, dass ich dir
alle geben sollte."

Die Tür öffnete sich und Maradick und Morelli kamen herein. Das Paar
am Fenster sah sie nicht und die beiden Männer blieben einen Moment an
der Tür stehen. Morelli lächelte, und Maradick verspürte sofort wieder dieses
seltsame, unbegründete Gefühl des Misstrauens. Der Mann überraschte ihn.
Er hatte über seine „Dinge", seine Rüstung , einige Wandteppiche, einige
Bilder, mit einem Wissen und einer Begeisterung gesprochen, die ihn
faszinierten. Er schien jedes Thema so weit wie möglich im Griff zu haben;
Es gab nichts, was er nicht wusste. Und es hatte auch eine Leichtigkeit im
Umgang gegeben, eine humorvolle Einstellung zu Menschen und Dingen,
auf die er völlig unvorbereitet gewesen war.

Und dann war plötzlich wieder dieses seltsame Misstrauen da; ein rascher
Blick unter seinen Augenlidern, ein misstrauisches Anheben der Stimme, als
wäre er auf der Hut vor einer erwarteten Entdeckung. Und dann, was am
rätselhaftesten war, war da plötzlich eine Einfachheit, eine *Naivität* , die zur
Kindheit gehörte, eine Wut oder Freude, die nur ein Kind empfinden konnte.
Oh! er war ein Rätsel.

Beim Anblick dieser beiden im Fenster verspürte er plötzlich ein
scharfes, schmerzliches Bedauern! Was für ein alter Idiot er doch war, sich
in etwas einzumischen, an dem er schon lange, lange zuvor vorbeigegangen
war. Mit vierzig konnte man nicht anpassungsfähig sein, und er würde ihnen
nur das Spiel verderben. In der Tat ein Totenkopf auf dem Fest, mit seinem
eigenen glücklichen Zuhause, an das er denken konnte, und seinem eigenen
Zeugnis, das er ihnen vorlegen konnte. Aber das Bedauern war trotzdem da;
Bedauern, dass er es so viele Jahre lang nicht gekannt hatte, und ein Gefühl
der Einsamkeit, das etwas völlig Neues war.

Er wusste jetzt, dass Tony in den letzten Tagen sein Bild ausgefüllt hatte,
jemand, der ihn aus sich selbst herausholen und ihn ein wenig weniger
egoistisch und vielleicht sogar ein wenig jünger machen würde; Aber was
wollte Tony – verliebter Tony, Tony mit einem neuen Himmel und einer
neuen Erde – von einem stämmigen Zyniker von vierzig Jahren? Es wäre
schließlich besser gewesen, wenn sie sich nie begegnet wären.

Plötzlich erwachte Miss Minns und war äußerst aufgebracht. Eine halb
vergessene Geschichte von Herren, die unter solchen Umständen ein Paar
Handschuhe gewonnen hatten, kam ihr in den Sinn; Auf jeden Fall war es
unwürdig mit zwei neuen Personen im Raum.

„Ich wirklich--", sagte sie. „Du warst ziemlich lange her. Ich habe genäht."

Beim Klang ihrer Stimme wandte sich Tony vom Fenster ab. Er war so glücklich, dass er Miss Minns um den Hals gelegt und sie geküsst hätte , wenn es eine Provokation gegeben hätte. Die Lampe warf einen Halbkreis aus Licht und ließ die Ecken in völliger Dunkelheit zurück, so dass der Raum wie eine Muschel gekrümmt war; Die glänzenden Kacheln des Kamins funkelten unter der lodernden Flamme des Feuers.

„Das ist schon sehr lange her", sagte Janet.

„Das ist kaum ein Kompliment an Mr. Gale", sagte Morelli.

„Oh, aber ich habe es nicht so gefunden", antwortete sie schnell. „Es war enorm interessant. Wir haben Dinge entdeckt. Und jetzt, Vater, spiel. Mr. Gale liebt Musik, das weiß ich."

Dass Morelli spielte, war ein wenig überraschend. Es gab kein Klavier im Raum und Maradick fragte sich, welches Instrument das sein würde. Sie setzten sich alle im Kreis um den Kamin, und hinter ihnen, in der Dämmerung des Raumes, holte Morelli eine Flöte aus seiner Tasche. Er hatte nichts gesagt, und plötzlich waren sie alle still.

Maradick schien der Vorfall ein Schlüssel zu sein – ein Schlüssel zum Haus, zum Mann und vor allem zur Situation. Dies war ein Gefühl, das er nicht im Geringsten verstehen konnte. Erst im Nachhinein erkannte er, dass sein Instinkt richtig gewesen war.

Aber die Vorstellung, die er hatte, dass sie alle gemeinsame Kinder wären – Tony, Janet, Morelli –, wurde durch die Flöte genau repräsentiert. Es lag etwas völlig Unverantwortliches in dem fröhlichen kleinen Lied, das geheimnisvoll in der Dunkelheit erklang, einem kleinen Lied, das überhaupt nichts enthielt außer einer dringenden Aufforderung zum Tanzen, und Maradick konnte sehen, wie Tonys Füße auf den Boden gingen. Er hatte das Gefühl, dass es überhaupt nicht unmöglich sei, dass sie plötzlich einen Ring bildeten und wild durch den Raum tanzten; es lag in der Luft.

Er war ein Mensch mit sehr geringer Vorstellungskraft, aber die Melodie gab ihm den langen Hügel, die weißen Segel der fliegenden Wolken, das schrille Pfeifen des Windes durch einen wogenden Kiefernwald, weiße Brecher an einer schwarzen Klippe, alles Offene und Unbegrenzte; und wieder kam er auf dasselbe Wort zurück: unverantwortlich. Die kleine Melodie wurde immer wieder wiederholt, und andere kleine Melodien schlichen sich für einen Moment schüchtern hinein und verstummten dann wieder. Der Zauber nahm zu, während die Melodie weiterging.

Für Tony war es unbeschreiblich magisch. Nichts hätte diesen wundervollen Abend so wunderbar besiegeln können wie diese Musik. Sein Puls raste wie wild und seine Wangen brannten; Er wollte sich jetzt auf die Knie werfen, dort auf den Boden, und zu ihr sagen: „Ich liebe dich! Ich liebe dich!" wie jeder dumme Held in einem Theaterstück. Er bewegte seinen Stuhl ganz leicht, damit er näher an ihrem Platz war, und dann hörte sein Herz plötzlich auf zu schlagen, erstaunt über seinen Wagemut; sie muss es bemerkt haben. Aber sie blickte vor sich hin, die Hände im Schoß gefaltet, den Blick ernst zum Boden gerichtet.

Und diese melancholische kleine Melodie, die geheimnisvoll aus unbekannter Entfernung erklang, schien ihm die Erlaubnis zu geben, zu tun, was er wollte. „Ja, Liebling", befahl es. „Tu, was natürlich ist. Komm raus auf die Ebene, wo alle Freiheit ist und es Winde und den klaren Himmel und alles gibt, was jung und lebendig ist."

Er konnte sich fast einbilden, dass Morelli selbst ihm die Erlaubnis gab, aber bei einem so wilden Gedanken riss er sich zusammen. Natürlich wusste Morelli es nicht; er fuhr zu schnell.

Maradick begann ein wenig irritiert und schließlich verärgert zu sein. Es lag etwas Unangenehmes in dieser monotonen kleinen Melodie, die aus dem Nichts aus der Dunkelheit kam; sein freiheitlicher Ton schien schnell zu etwas Gesetzlosem und Disziplinlosem zu werden. Hätte er es in Bildern ausgedrückt, hätte er gesagt, dass die offene Ebene, die er zuvor gesehen hatte, plötzlich dunkler wurde und durch die Dunkelheit seltsame Tiere vorbeizogen und wilde, wilde Gesichter ihn bedrohten. Später, im hellen Tageslicht, kämen solche Gedanken unsinnig vor, aber jetzt, im abgedunkelten Raum, war alles möglich. Er glaubte nicht an Erscheinungen – Geister gab es in Epsom nicht –, aber plötzlich wurde ihm unangenehm bewusst, dass er alles dafür geben würde, einen Blick über die Schulter werfen zu können.

Dann war der Zauber plötzlich gebrochen. Die Melodie verstummte, erwachte für einen Moment wieder zum Leben und endete dann abrupt.

Morelli schloss sich dem Kreis an.

„Vielen Dank", sagte Maradick . „Das war herrlich." Aber er war sich bewusst, dass die kleine Melodie, obwohl sie immer wieder gespielt worden war, bereits völlig aus seiner Erinnerung verschwunden war. Er konnte sich nicht daran erinnern.

„Wie hieß es?" er hat gefragt.

„Es hat keinen Namen“, antwortete Morelli lächelnd. „Es ist eine alte Melodie, die von einem zum anderen weitergegeben wurde. Es hat etwas ziemlich Kurioses, und es hat viele Jahrhunderte hinter sich.“

Dann stand Tony auf und sagte zu Maradicks großem Erstaunen: „Ich sage, Maradick , es ist Zeit, dass wir gehen, es wird furchtbar spät.“

Er war bereit gewesen, dem Jungen ein so langes Seil zu geben, wie er wollte, und jetzt – aber dann verstand er. Es war der perfekte Moment, der durch keine Verlängerung verdorben werden durfte. Wenn sie warteten, könnte etwas passieren. Soweit jedenfalls verstand er den Jungen.

Morelli drängte sie zu bleiben, aber Tony blieb standhaft. Er ging vorwärts und wünschte Miss Minns eine gute Nacht , dann wandte er sich an Janet.

„Gute Nacht, Miss Morelli“, sagte er.

„Gute Nacht“, antwortete sie lächelnd. „Bitte kommen Sie noch einmal und erzählen Sie mir mehr.“

„Das werde ich“, sagte er.

Morellis Abschied war sehr herzlich. „Wann immer Sie möchten“, sagte er, „kommen Sie jederzeit vorbei, wir werden uns freuen.“

Sie gingen in völliger Stille zurück zum Hotel. Tonys Augen waren auf den Hügel vor ihm gerichtet.

Als sie unter der dunklen Baumreihe hindurchgingen, die zum Hotel führte, ergriff er ganz fest Maradicks Hand.

„Ich sage“, sagte er, „hilf mir!“

Kapitel VII

Maradick erfährt, dass „sich einen Überblick verschaffen" könnte

GEFAHREN SOWIE SEINE BELOHNUNGEN

Zwei Tage nach der Ankunft der Lesters veranstaltete Lady Gale ein Picknick; ein umfassendes, demokratisches Picknick, das alle einbeziehen sollte. Ihre Beweggründe lassen sich, wenn man so will, sogar auf Geselligkeit zurückführen, und wenn man einen größeren Horizont einbezieht, auf Philanthropie. „Alle" waren in Wirklichkeit natürlich nur ein paar, aber dazu gehörten die Lesters , die Maradicks und Mrs. Lawrence. Es sollte ein herrliches Picknick werden; Sie sollten zum Gipfel des Pender Callon fahren , von wo aus sie eine wunderbare Aussicht hatten, dann sollten sie Tee trinken und dann im Mondlicht zurückfahren.

SEHR GEEHRTE FRAU MARADICK (der Brief ging) –

morgen Nachmittag zu einem kleinen Picknick bei Pender Callon mitkommen könnten , natürlich bei schönem Wetter. Der Wagon wird gegen halb zwei kommen.

Ich hoffe, dass Sie kommen können.

Dein,

BEATRICE GALE .

Mrs. Maradick betrachtete es ein wenig hochmütig. Sie saß im Garten. Plötzlich, als sie die Einladung in Gedanken durchging, sah sie, wie ihr Mann auf sie zukam.

"Oh!" Als er auf sie zukam, sagte sie: „Ich wollte mit dir reden."

Er sah aus wie immer – groß, kräftig, rot und braun. Oh! so gesund und dumm!

Sicherlich hat sie heute Morgen ein neues Interesse an ihm gespürt. Dass er ihr während der Woche so konsequent aus dem Weg ging, war ungewöhnlich für ihn und war ungewöhnlich stark. Plötzlich hatte sie sogar das Gefühl, dass sie es gern hätte, wenn er ihr gegenüber wieder so unhöflich und gewalttätig wäre, wie er es an jenem anderen Abend getan hatte. Tolles Geschöpf! Es war sicherlich sein Metier, unhöflich und gewalttätig zu sein. Vielleicht wäre er es.

Sie hielt Lady Gales Einladung an ihn entgegen.

"Ein Picknick." sagte sie kalt. "Morgen; Möchtest du gehen?"

"Werden Sie?" sagte er und sah sie an.

„Ich denke, dass das kaum eine Rolle spielt", antwortete sie verächtlich, „nach dem großen Interesse zu urteilen, das Sie in der letzten Woche an mir und meinen Taten gezeigt haben."

„Ich weiß", sagte er und blickte auf den Boden, „ich war die ganze Zeit über ein Unmensch, ein Schurke, der dich so behandelt hat." Ich bin gekommen, um mich zu entschuldigen ."

Oh! der Dummkopf! Sie hätte ihn mit der Hand schlagen können! Dann sollte es doch dasselbe sein. Das eintönige Wiederaufstehen, die alte Routine der Liebe und Unterwerfung, die momentane Hoffnung auf Stärke und Widerspruch, die sofort erstickt wird, wenn sie geboren wird.

Sie lachte ein wenig. „Oh, du brauchst dich nicht zu entschuldigen ", sagte sie, „und auf jeden Fall ist es ein bisschen spät, nicht wahr? Nicht, dass du dich um mich kümmern müsstest. Ich hatte eine sehr angenehme Woche und die Mädchen auch, auch wenn ihr Vater *nicht* in ihrer Nähe war."

Aber er drang schnell in sie ein. "Oh! Ich schäme mich", sagte er, „Sie wissen nicht, wie sehr ich mich schäme. Ich denke, der Ort hatte etwas damit zu tun, und dann war man wohl etwas müde und nervös; „Nicht", fügte er hastig hinzu, „dass ich Ausreden vorbringen möchte, denn es gibt wirklich keine." Ich lasse es einfach bei dir. Ich war ein Biest. Ich verspreche, nie wieder auszubrechen."

Wie könnte ein Mann! dachte sie, als sie ihn ansah, und dann, wie blind Männer waren. Warum konnten sie nicht erkennen, dass es nicht der Zucker und Honig war, den sich Frauen ständig wünschten, oder zumindest die richtige Art von Frau?

Sie warf ihm einen wütenden Blick zu. „Wir lassen das Ding besser dort", sagte sie. „Um Himmels Willen, ersparen Sie uns noch weitere Szenen. Du warst unhöflich – abscheulich – ich bin froh, dass du endlich die Gnade hattest, zu mir zu kommen und es mir zu sagen."

Sie bewegte sich, als wollte sie aufstehen, aber er streckte seine Hand aus und hielt sie auf.

„Nein, Emmy, bitte", sagte er, „lass uns einen Moment reden." Ich habe Dinge, die ich sagen möchte." Er räusperte sich und starrte auf den weiß leuchtenden Pfad. Mrs. Lawrence kam auf sie zu, dann sah sie sie zusammen und drehte sich hastig um. „Ich habe die ganzen Tage über das Durcheinander nachgedacht, das wir angerichtet haben. Ich weiß, dass es zum großen Teil meine Schuld ist, aber ich wollte es unbedingt wieder in Ordnung bringen. Und ich dachte, wenn wir reden würden –"

„Was nützt es, zu reden?" sie brach hastig ein; "Es gibt nichts zu sagen; Es ist alles so abgestanden, wie es nur sein kann. Du bist so außerordentlich langweilig, wenn du in der Stimmung bist, alles zusammenzusuchen; Du begnügst dich nicht damit, dich wie ein zweitklassiger Maurer zu benehmen und dann eine Woche lang zu schmollen, du fügst noch eine lange Aufzählung hinzu: „Die Tugenden einer gehorsamen Ehefrau" – ein bisschen ermüdend, finden Sie nicht?"

Ihre Nerven waren am Ende, es ging ihr wirklich nicht gut und die Hitze war schrecklich; Der Anblick, wie er mit diesem erbärmlichen, misshandelten Gesichtsausdruck da saß, trieb sie fast in den Wahnsinn. Zu denken, dass sie ein Leben lang an ein so schwaches Geschöpf gebunden war.

„Nein, bitte", sagte er, „ich weiß, dass ich langweilig und dumm bin. Aber eigentlich habe ich die Dinge in den letzten Tagen anders gesehen. Vielleicht verstehen wir uns besser. Ich werde es versuchen; Ich weiß, dass es größtenteils meine Schuld war, dass ich die Dinge nicht gesehen und es nicht versucht habe –"

"Oh!" unterbrach sie wütend: „Um Gottes willen, hör auf damit. Ist es für mich ohne all das nicht schon schlimm genug und ermüdend genug? Ich habe es satt, ich habe es satt, sage ich dir. Ich habe die ganze Sache satt. Du hast neulich Abend deine Meinung gesagt, ich werde jetzt meine sagen. Du kannst es nehmen oder es lassen." Sie erhob sich von ihrem Stuhl und blickte auf das Meer hinaus, die Hände an den Seiten geballt. "Oh! diese Jahre! diese Jahre! Immer die gleiche Sache. Du hast dich nie gegen etwas durchgesetzt, nie gegen etwas gekämpft und es war alles so zahm. Und jetzt wollen Sie, dass wir den gleichen alten Weg noch einmal durchgehen, ihn in Ordnung bringen und weitermachen, als hätten wir keine zwanzig langen, trostlosen Jahre hinter uns und würden viel dafür geben, keinen weiteren zu haben." Sie blieb stehen, sah ihn an und lächelte neugierig. "Oh! James! Mein armer Schatz, du bist so langweilig. Versuchen Sie, nicht so schmerzhaft gut zu sein; Vielleicht bist du sogar ein bisschen amüsant!"

Sie ging langsam auf die Mädchen zu. Sie ging mit ihnen den Weg hinunter.

Er sammelte die Bruchstücke seiner Gedanken auf und versuchte, sie langsam zusammenzufügen. Sein erster Gedanke an sie und die ganze Situation war, dass sie hoffnungslos war, völlig hoffnungslos. Er hatte sich dumm und blind eingebildet, dass zu seinem Umzug auch ihr Umzug gehörte, ganz ohne Grund, wie er nun völlig erkannte. Sie war genau dort, wo sie beide vor einer Woche gewesen waren, sie war sogar, weil er sie in diesen letzten Tagen vernachlässigt hatte, etwas weiter zurück; es fiel ihr schwerer als je zuvor, in der Schlange zu sehen. Seine Entdeckung berührte ihn kaum. Die Dinge, die sie zu ihm gesagt hatte, verletzten ihn ein wenig, und ihre so endgültige und völlige Ablehnung seiner Annäherungsversuche beunruhigte ihn kaum. Als er dasaß und zusah, wie die Farben sich neblig über das Meer schlichen, wusste er, dass er über all die Entdeckungen, die er machte, zu glücklich war, als dass er sich um alles andere gekümmert hätte. Er machte sich auf den Weg zu einem Abenteuer, und wenn sie nicht mitkam, war es einfach nicht zu ändern; An der Spannung des Abenteuers änderte es nichts.

Mit einem neuen Gefühl der Freiheit machte er sich am späten Nachmittag auf den Weg in die Stadt; Er war wie ein Junge, der gerade die Schule verlassen hatte. Er hatte nicht die lebhafte Absicht, irgendwohin zu gehen; Aber in letzter Zeit war die Stadt vor ihm so groß geworden, dass er es liebte, sie zu beobachten, ihr Leben und ihre Bewegung, ihre Farbe und Romantik.

Er liebte vor allem den Marktplatz mit seinen Kopfsteinpflastersteinen, über die unzählige kleine Karren klapperten, seine Buden, sein uriges und entzückendes Geschwätz, seinen alten grauen Turm. Es war eines der großartigen Merkmale seiner neuen Sichtweise, dass Orte wichtig waren, dass sie tatsächlich Symbole von großer und sichtbarer Bedeutung waren; Stöcke und Steine schienen ihm jetzt eine solche Kraft zu verleihen, dass sie ihn fast erschreckten, sie wussten so viel und hatten schon so lange gelebt.

Das Abendlicht lag über dem Marktplatz; Die Sonne blickte durch eine Säule aus wolkenlosem Blau, die sich scharf zwischen den geraden Mauern des Rathauses und einem benachbarten Schornstein befand, und warf sich voll auf den Turm.

Es fing die Steine ein und beschoss sie mit unzähligen Lichtern; Es spielte mit den Früchten am Stand am Fuße des Turms, bis die Äpfel rot wie Rubine waren und die Orangen wie Gold leuchteten. Es badete es, streichelte es, umhüllte es und zeigte den modernen Dingen von allen Seiten, dass alte Freunde schließlich die besten waren und dass feine Federn nicht immer die schönsten Vögel abgeben.

Der Rest des Marktplatzes lag im Schatten, violett in den Ecken und Spalten, ein schwaches Blau in der höheren Luft, ein goldgrauer Dunst auf dem zentralen Platz. Es war voller Leute, die größtenteils dastanden und über die Ereignisse des Tages diskutierten; In der Ecke neben dem Turm gab es eine Kasper- und Judy-Show, und Maradick konnte die schrillen Schreie von Mr. Punch hören, die das allgemeine Geschwätz übertönten. Über allem lag ein köstlicher Duft der besten Dinge der Welt – reife Obstgärten, blühende Alleen und der scharfe, stechende Atem des Meeres; Im goldenen Dunst des Abends schien alles atemlos, trotz des Stimmenlärms, auf einen großen Moment zu warten.

Maradick hatte sich noch nie so vollkommen im Einklang mit der Welt gefühlt.

Er ging zur Kasperlshow hinüber, stellte sich in eine Ecke beim Obststand unter dem Turm und schaute Mr. Kasperl zu. Dieser Herr war heute Abend sehr schlecht gelaunt und schlug mit seinem Stock auf alles ein, was er sehen konnte; Der armen Judy stand eine schlimme Zeit bevor, und sie sank wiederholt unter den Schlägen, die einen Ochsen hätten töten sollen. Toby schaute sehr gleichgültig zu, bis er an der Reihe war, dann biss er wütend in Mr. Punchs Hose, zeigte seine Zähne, verschluckte sich in seiner Halskrause und benahm sich wie ein äußerst wildes Tier. Dann kam der Polizist, und Mr. Punch wurde fluchend und fluchend ins Gefängnis getragen, aber einen Augenblick später war er wieder zurück, so munter wie zuvor und beging zwei Morde pro Minute.

Da war ein dickes Baby, das in den Armen seiner Mutter hochgehalten wurde und das Geschehen mit größter Aufmerksamkeit beobachtete; Es war äußerst ernst, der Daumen im Mund, das Doppelkinn vor Aufregung gerunzelt. Dann kroch ein Lächeln aus seinen Ohren und über seine Wangen; Sein Mund öffnete sich und plötzlich ertönte ein gurgelndes Gelächter. Es krähte vor Freude, sein Kopf fiel zurück auf die Schulter seiner Amme und seine Augen schlossen sich vor Ekstase; Dann, mit der Ankunft von Jack Ketch und seinem schrecklichen Galgen, wurde es noch einmal feierlich, und man sah dem elenden Ende des Bösewichts mit strenger Zustimmung zu. Es waren noch andere Babys in der Menge und es mussten schnell Flaschen hervorgeholt werden, um die Schreie zu unterdrücken, die nach einem so plötzlichen Ende kamen. Die untergehende Sonne tanzte auf Punchs Hinrichtung; er baumelte hektisch in der Luft, Toby bellte wütend und der Vorhang fiel herunter.

Die alte Dame am Obststand hatte die Aufführung mit großer Spannung verfolgt. Sie war bemerkenswert anzusehen und befand sich seit so vielen Jahren an derselben Stelle hinter demselben Stand, dass die Leute sie für einen Teil des Turms hielten. Sie trug einen roten Schirmhut, einen roten Rock, einen Herrenmantel aus schwarzem Samt und schwarze Fäustlinge; ihr riesiges Kinn zeigte auf ihre Nase, die wie ein Adler gebogen war; Nase und Kinn trafen sich so nah, dass es einem Wunder grenzte, dass sie überhaupt den Mund öffnete. Sie nickte Maradick zu und lächelte, während ihre Hände ihre Nadeln zusammenklickten und ein Stück grauer Strumpf sichtbar vor seinen Augen wuchs.

„Es ist eine tolle Show", sagte sie, „eine tolle Show und sehr naturgetreu." Dann blickte sie plötzlich an ihm vorbei und schrie mit einer Stimme wie das Pfeifen eines Zuges: „Äpfel und O-Ranges – schöne reife Trauben!"

Ihre Stimme war so nah an seinem Ohr, dass es ihn erschreckte, aber er antwortete ihr.

„Es ist gut für die Kinder", sagte er und beschattete seine Augen mit der Hand, denn die Sonne brannte ihm ins Gesicht.

Sie beugte sich zu ihm und wedelte mit einem dürren Finger. „Ich sollte es wissen", sagte sie, „ich habe zehn beerdigt, aber sie haben den Punch immer geliebt." . . und das ist schon viele Jahre her."

Wie alt war sie, fragte er sich? Er schien in dieser Stadt ständig Menschen zu treffen, die diese Art von Jugend besaßen; Tony, Morelli, Punch, diese alte Frau, sie erweckten den Eindruck, als würden sie für immer fröhlich weitermachen .

„Hier leben die Menschen bis ins hohe Alter", sagte er.

"Ah! „Es ist eine wundervolle Stadt", sagte sie. „Es gibt nichts Vergleichbares . . . . Viele Dinge habe ich gesehen, den Turm und ich."

"Der Turm!" sagte Maradick und blickte zu seiner grauen Feierlichkeit auf, die jetzt im roten Licht der Sonne errötete.

„Ich war schon in der Nähe davon, seit ich ein kleines Kind war", sagte sie und beugte sich zu ihm, sodass ihre Schnabelnase fast seine Wange berührte und ihr roter Hut ihn überragte. „Wir haben einmal daran gelebt, und dann bin ich darunter gezogen. Wir waren Freunde, gute Freunde, aber es bedarf einiger Überlegung."

„Was will Mutter?" sagte eine Stimme und Maradick drehte sich um; Punch war an seiner Seite. Seine Show war eingepackt und an die Wand gelehnt; An seiner Seite war Toby, offensichtlich zufrieden mit der Welt im Allgemeinen, denn jeder Teil seines Körpers wedelte.

„Guten Abend, Sir", sagte Punch und lächelte über beide Ohren. „Es ist ein wunderschöner Abend – das Meer ist wie ein Kernobst – was will Mutter? und ich denke, wenn es Ihnen nichts ausmacht, nehme ich einen Apfel – einen Ihrer rosigsten."

Sie wählte für ihn ein riesiges rotes Exemplar, das er mit einem Handgriff in zwei Hälften zerbrach. Toby legte das Ohr spitz und blickte auf; er kaute schon bald um sein Leben. „Was will Mutter?" sagte er noch einmal.

„Viele Dinge", antwortete sie ihm kurz, „und es wird bitte ein Tuppence sein ." Ihre Stimme steigerte sich zu einem schrillen Schrei – „ Äpfel und O-Ranges und feine reife Trauben." Sie lehnte sich in ihrem Stuhl zurück und beugte sich über ihre Strickarbeit, sie hatte nichts mehr zu sagen.

„Ich habe Ihre Show gesehen", sagte Maradick , „und sie hat mir mehr gefallen als so manches Theaterstück, das ich in der Stadt gesehen habe."

„Ja, heute Abend ist es gut gelaufen", sagte Punch, „und es gab ein neues Baby. Es ist überraschend , welchen Unterschied ein neues Baby macht, sogar Toby merkt es."

„Ein neues Baby?" fragte Maradick .

"Ja. Ein Baby, wissen Sie, das man in der Serie noch nie zuvor gesehen hat, schon gar nicht auf dieser Welt. Man erkennt es immer daran, wie sie es einnehmen." Dann fügte er höflich hinzu: „Und ich hoffe, Ihnen gefällt diese Stadt, Sir."

„Enorm", antwortete Maradick . „Ich denke, es hat eine gewisse Qualität, etwas, das es völlig anders macht als alles andere, was ich kenne. Es gibt ein Gefühl –"

Er blickte über den Marktplatz, und durch die Spalte zwischen dem Ebenholzschwarz der hoch aufragenden Mauern leuchtete der bläulichste Abendhimmel, und über dem Raum schwebte ein rosafarbenes Wolkenkissen; In Richtung der Biegung des grünen Hügels am Horizont war der Himmel, wo die Sonne unterging, ein Bett aus Primeln. „Es ist ein wunderbarer Ort."

„Ah, ich sage Ihnen, Sir", sagte Punch und streichelte eines von Tobys Ohren, „es gibt keinen vergleichbaren Ort . . . . Ich war in jeder Stadt dieses Königreichs und einige davon sind gut genug. Aber dieses!"

Er sah Maradick einen Moment lang an und sagte dann: „Verzeihen Sie, dass ich das erwähne, Sir, aber Sie haben das Gefühl für den Ort; Sie haben den Geist gefangen, so könnte man sagen. Wir schauen zu, Leute hier unten, ihr Fremden da oben beim „Man at Arms". Meistens vermissen sie es überhaupt. Sie kommen für den Sommer mit ihren Kisten und Taschen, sie baden im Meer, sie fahren den Hügel hinauf und sind weg. Herr , ich liebe dich, warum haben sie vielleicht geschlafen ?" Er spuckte verächtlich.

„Aber du denkst, dass ich es habe?" sagte Maradick .

„Du hast es richtig verstanden", sagte Punch. „Aber Sie sind ja ein Freund des jungen Mr. Gale, und deshalb konnten Sie nicht anders, als es zu haben; Er hat es mehr als jeder andere, den ich je kannte."

„Und was genau ist – es?" fragte Maradick .

„Nun, Sir", sagte Punch, „es ist nicht gerade einfach, es in Worte zu fassen, da ich kein Gelehrter bin. " Er sah die alte Frau an, aber sie war mit dem Stricken beschäftigt. Das Licht der Sonne war vom Turm verblasst und ließ ihn kalt und grau vor dem Primelhimmel erscheinen. „Es ist eine Art

Jugend; Dinge zu sehen, wissen Sie, alles frisch und in einer neuen Farbe ,
sich immer um die Dinge zu kümmern, als ob man sie zum ersten Mal
getroffen hätte . Es entsteht nicht durch Nachfragen, und es gibt Orte und
Menschen, die es haben . Aber wenn ein Ort oder eine Person es hat, ist es
wie ein Streichholz, mit dem sie herumgehen und die Kerzen anderer Leute
anzünden." Er wedelte mit dem Arm in einer umfassenden Bewegung. „Es
ist alles hier, wissen Sie, Sir, und Mr. Gale hat es so verstanden. . . „Er hat
sozusagen Ihre Kerze angezündet, Sir, falls es Ihnen nicht bekannt
vorkommt, und jetzt müssen Sie die Konsequenzen tragen."

"Die Folgen?" sagte Maradick .

„Oh, es birgt seine Gefahren", sagte Punch, „ vor allem , wenn man es
plötzlich nimmt; Es ist wie Fieber, wissen Sie. Und wenn es um einen
Gentleman in Ihrem Alter und mit Ihren festen Gewohnheiten geht, dann
muss man ihn im Auge behalten . Oh, es gibt das Schlechte und das Gute
daran."

Maradick starrte vor sich hin.

„Nun, Sir, ich muss gehen", sagte Punch. „Entschuldigung, aber ich
muss immer reden. Gute Nacht, Sir."

„Gute Nacht", sagte Maradick . Er sah zu, wie die vierschrötige,
stämmige Gestalt, gefolgt vom Hund, durch das neblige Zwielicht des
Marktplatzes ging. Violette Schatten verweilten und huschten wie
geheimnisvolle schleichende Gestalten über den Platz. Er wünschte der alten
Frau eine gute Nacht und ging den Hügel hinauf zum Hotel.

"Folge? Gut und schlecht?" Der Mann hatte es jedenfalls nicht schlecht
ausgedrückt. Das war seine neue Sicht, diese seltsame neue Leichtigkeit des
Sehens, als ob sein Rucksack plötzlich von seinem Rücken gerollt worden
wäre. Er genoss plötzlich jede Minute seines Lebens, seine Kerze war
angezündet. Für einen Moment schwebte ihm das Gespräch mit seiner Frau
an diesem Nachmittag durch den Kopf. Nun ja, es war nicht zu ändern.
Wenn sie sich ihm nicht anschließen wollte , musste er seinen Spaß allein
haben.

Oben auf dem Hügel traf er Frau Lester. Er hatte in den letzten zwei
Tagen etwas von ihr gesehen und mochte sie. Sie war amüsant und lebhaft;
sie hatte etwas von Tonys Qualität.

„Hallo, Mr. Maradick ", rief sie, „eilen Sie wie ich zum Abendessen
zurück? Ist es nicht böse, dass wir das Schönste für unser Essen
zurücklassen?"

„Nun, ich muss gestehen“, antwortete er lachend, „dass ich überhaupt nicht ans Abendessen gedacht habe.“ Ich bin einfach umgedreht, weil die Dinge sozusagen zu Ende waren. Die Sonne ist untergegangen, wissen Sie.“

„Ich hörte, wie es sieben schlug“, antwortete sie ihm, „und ich sagte Abendessen.“ Obwohl ich unten am Strand war und das wunderbarste Meer beobachtete, das man je gesehen hat, konnte mich nichts aufhalten, und so kam ich zurück.“

„Waren Sie schon einmal hier unten?“ er fragte sie. „Um zu bleiben, meine ich.“

"Oh ja. Fred gefällt es genauso gut wie anderswo, und mir gefällt es um einiges besser als den meisten anderen. Es macht ihm nicht so viel aus, wissen Sie, wo er ist. Er lebt immer in seinen Büchern, und deshalb zählen echte Orte nicht.“ Sie seufzte leicht. „Aber sie zählen mit mir.“

„Ich genieße es enorm“, sagte er, „es vertreibt mir die Jahre.“

„Oh, ich weiß“, antwortete sie, „aber genau aus diesem Grund habe ich fast Angst davor. Es schmeckt so sehr – was soll ich sagen – nach Champagner , dass man gar nicht weiß, was man als nächstes tun wird. Manchmal ist die Stimmung so gut, dass man sich förmlich danach sehnt, deprimiert zu sein. Sie werden erstaunt sein, was die Leute, ganz gewöhnliche, respektable Leute, tun, wenn sie hier unten sind.“

Als sie am Tor einbogen, blieb sie stehen und lachte.

„Passen Sie auf sich auf, Mr. Maradick “, sagte sie, „ich kann sehen, dass Sie in der Mühsal stecken; Es ist sehr gefährlich für uns, wissen Sie, in unserer Lebenszeit.“

Und sie verließ ihn lachend.

KAPITEL VIII

Sie alle essen Hühnchen im Ginster und

FLIEGE VOR DEM STURM

„Das ist der zerreißendste Lappen", sagte Tony, als er zusah, wie die Leute in den Waggon stiegen. „Dinge", fügte er hinzu, „werden wahrscheinlich passieren." Lady Gale selbst hatte ihre Zweifel, als sie zusah, wie sie sich arrangierten; Sie wusste, wie nur sehr wenige Frauen in England es wussten, wie man die Dinge zum Laufen brachte, und noch nie war ihr eine Situation zu viel gewesen, aber der Tag war furchtbar heiß und es gab, wie sie sich vage ausdrückte, „Dinge in der Luft." Was das für Dinge waren, konnte sie noch nicht entscheiden; aber sie hoffte, dass der Nachmittag sie ihr offenbaren würde, dass es tatsächlich viel zeigen würde, worüber sie sich in der letzten Woche Gedanken gemacht hatte.

Die Hauptgründe für die Beunruhigung waren die Maradicks und Mrs. Lawrence, ohne sie wäre es ein ziemliches Familienfest gewesen; Alice, Rupert, Tony und sie selbst. Sie fragte sich ein wenig, warum sie die anderen gefragt hatte. Sie hatte Maradick einladen wollen , teils weil sie den Mann um seiner selbst willen mochte, teils um Tonys willen; Auch damals hielt er jetzt den Schlüssel zu Tony in der Hand. Er wusste besser als alle anderen, was der Junge tat; er stand Wache.

Und dann musste sie natürlich Frau Maradick fragen . Sie mochte die kleine Frau nicht, daran bestand kein Zweifel, aber man konnte das eine nicht ohne das andere fragen. Und dann musste sie ihr jemanden geben , mit dem sie sich zusammentun konnte, und so hatte sie Mrs. Lawrence gefragt; und da warst du.

Aber es lag nicht nur an den Maradicks , dass die Luft gewitterte; Die Lesters hatten sich erneut gestritten . Er saß im Wagen, die Lippen fest geschlossen, und seine Augen starrten direkt vor sich hin, durch Mrs. Maradick hindurch , als ob sie nicht existierte. Und Mrs. Lester hielt ihren Kopf sehr hoch und ihre Wangen waren gerötet. Oh! beides wäre schwierig.

Sie verließ sich im Wesentlichen darauf, dass Tony die Dinge durchziehen würde. Sie hatte noch nie erlebt, dass eine Party brannte, als er dort war; Man konnte einfach nicht die Beherrschung verlieren und mit Tony über den Ort schmollen, aber schließlich war auch er in der letzten Woche anders gewesen, und zum ersten Mal in seinem Leben war sie sich seiner nicht sicher. Und dann war da wieder Alice. Das machte ihr wirklich große Sorgen. Sie war ganz offensichtlich mitgekommen, um Tony zu heiraten; Jeder hatte das verstanden, auch Tony selbst. Und doch hatten sich die Dinge seit dem ersten Abend ihrer Ankunft verändert, sehr subtil, fast unmerklich, so dass es ihr sehr schwer fiel, zu erkennen , dass sie erst im Rückblick erkennen konnte, wie groß der Unterschied gewesen war. Sie konnte sehen, dass er sich nicht nur in sich selbst verändert hatte, sondern auch in Bezug auf Alice. Er kam ihr so vor, als wäre er sogar auf der Hut, als fürchtete er, armer Junge, dass sie ihn in eine Position treiben würden, die er nicht ehrenhaft aushalten konnte. Da war sie sich ganz sicher, dass er, als er nach Treliss kam, fest vorgehabt hatte, Alice innerhalb von zwei Wochen einen Heiratsantrag zu machen, nun, weniger als eine Woche nach seiner Ankunft, überhaupt nicht vorhatte, überhaupt einen Heiratsantrag zu machen, sondern fest entschlossen war, in der Tat, so schnell wie möglich aus der ganzen Situation herauszukommen. Nun konnte es für eine solche Veränderung nur eine mögliche Erklärung geben: dass er nämlich jemand anderen gefunden hatte. Wer war es? Wann war es? Maradick wusste es und sie würde ihm vertrauen.

Und was sie an der ganzen Angelegenheit am meisten überraschte, war ihr Gefühl, dass es ihr ziemlich gefiel. Das war höchst erstaunlich, denn natürlich war Tonys Ehe mit Alice in jeder Hinsicht ein höchst passendes und bewundernswertes Geschäft; es war genau das Richtige. Aber sie hatte es gegen ihren Willen als eine Art Truhe betrachtet, in die Tonys Jugend und Vitalität unweigerlich eintauchen würden; eine prächtige Truhe mit wunderschönen Schnitzereien und mit goldenen Nägeln besetzt, aber dennoch eine Truhe. Alice hatte für jeden so vollkommen recht, dass sie für Tony völlig falsch lag; Lady Gale musste vor aller Welt die Affäre genehmigen und noch weiter vorantreiben, aber Lady Gale, die Mutter von Tony, hatte ihre Zweifel gehabt, und vielleicht war dieses Neue, was auch immer es sein mochte, romantisch, aufregend, jung und abenteuerlich. Herr Maradick wusste es.

Aber es ist Mrs. Maradicks Sicht auf die Fahrt, die aufgezeichnet werden muss, denn tatsächlich drehte sich alles um sie. Der Grund für ihre Prominenz war Rupert, und er war es, der ganz unbewusst und ohne nachträgliche Kenntnis davon, überhaupt etwas getan zu haben, den Nachmittag rettete.

Er sah sehr cool und ziemlich gutaussehend aus; so war Frau Maradick . Sie war in der Tat bei weitem die coolste von allen in sehr blassem Lila, mit einem Strauß Nelken an der Brust und einem breiten grauen Hut, der ihre Augen beschattete. Er hatte sie von Anfang an bewundert, und heute wirkten alle anderen im Vergleich dazu heiß und nervös. Weder Alice noch Mrs. Lester waren in Bestform, und Mrs. Lawrence fühlte sich offensichtlich unwohl, aber Mrs. Maradick lehnte sich in den Kissen zurück und sprach mit ihm mit dem bezauberndsten kleinen Lächeln und tiefblauen Augen. Er hatte erwartet, dass der Nachmittag extrem langweilig werden würde, aber jetzt versprach er, amüsant zu werden, sehr amüsant.

Mrs. Maradick war im Geiste der Eroberung herausgekommen. Sie würde diesen Menschen, allen, zeigen, was sie in den letzten zwei Wochen verpasst hatten. Sie sollten ihren Mann und sich selbst vergleichen, und sie hatte keine Angst vor dem Ergebnis; Das war ihre Chance, und sie wollte sie nutzen. Sie sah ihn nie an, und sie hatten noch nicht gesprochen, aber sie war sich seiner Anwesenheit deutlich bewusst. Er saß in einem grauen Flanellanzug, eher rot und heiß, neben Mrs. Lester. Er würde wahrscheinlich versuchen, den Nachmittag als Anlass für eine weitere erbärmliche Entschuldigung zu nutzen.

Dennoch ärgerte sie sich darüber, dass sie überhaupt an ihn gedacht hatte; sie hatte noch nie zuvor an ihn gedacht. Warum sollte sie das jetzt tun? Sie blickte kurz zu ihm herüber. Wie sie diese Frau Lester hasste! Es gab eine Katze für dich, falls es jemals eine gab!

Sie hatten den Hügel erklommen, und jetzt tanzte eine Brise um sie herum; und über ihren Köpfen waren Bäume, hohe und glänzende Birken. Zu ihrer Rechten lag das Meer, so intensiv blau, dass es den Duft einer Wildnis aus blauen Blumen in die Luft verbreitete, einen Duft nach all den blauen Dingen, die die Welt jemals gekannt hat. Keine Brise bewegte es, keine Segel kreuzten seine Oberfläche; Es war so regungslos, dass man erwartet hätte, wenn man einen Kieselstein geworfen hätte, es wie Eis zerbrechen zu sehen. Hinter ihnen verlief die Straße, eine weiße, sich windende Schlange, hinunter zur Stadt.

Die Stadt selbst leuchtete wie ein Juwel in einem goldenen Kornring; seine Türme und Mauern glänzten und blitzten und funkelten. Die Welt lag atemlos da, mit dem harten, glasigen Aussehen, das sie hat, wenn die Sonne sehr heiß ist. Die Farbe war so intensiv, dass das Auge mit Erleichterung auf einem schwarzen Tannenbüschel am Horizont ruhte. Außer der Kutsche bewegte sich nichts; Die Pferde krochen über die Kuppe des Hügels.

„Nun, das ist furchtbar lustig", sagte Mrs. Maradick , beugte sich vor und lächelte Rupert an. „Weil es mir genauso geht wie dir. Wir können natürlich nicht oft herkommen, und der letzte Zug nach Epsom ist so furchtbar spät, dass es, wenn es nicht etwas *wirklich* Gutes ist, wissen Sie –"

„Es ist sowieso furchtbar langweilig", sagte Rupert, „nachts draußen zu sein und dieser ganze Mist, und im Allgemeinen das gleiche alte Stück, wissen Sie? " . . . Gib mir musikalische Komödie – Tanz und so."

"Oh! ihr jungen Männer!" „Wir wissen, dass Sie alle gleich sind", sagte Frau Maradick . Und ich muss sagen, dass mir „*The Girl and the Cheese* " neulich gefallen hat, definitiv das Einzige, was ich seit Ewigkeiten gesehen habe."

Von der anderen Seite konnte man hören, wie Frau Lawrence Herrn Lester angriff. „Es war wirklich schrecklich nett von Ihnen, es so auszudrücken, Mr. Lester. Es war genau das, was ich gefühlt hatte, aber nicht in Worte fassen konnte; und als ich es in Ihrem Buch entdeckte, sagte ich mir: „Das ist genau das, was ich die ganze Zeit gefühlt habe.“ Ich liebe Ihr Buch einfach, Herr Lester. Ich habe das Gefühl, als wäre es speziell für mich geschrieben worden, wissen Sie.“

Mr. Lester errötete vor Verärgerung. Er hasste es über alles, dass Leute mit ihm über seine Bücher redeten, und jetzt über diese dumme Frau! Es war so ein heißer Tag und er hatte sich mit seiner Frau gestritten .

„Aber was ich Sie wirklich schon immer so oft fragen wollte“, fuhr Mrs. Lawrence fort, „ist, ob Sie Mrs. Abbey in ‚To Paradise‘ irgendjemandem weggenommen haben? Ich denke, das müssen Sie getan haben; und ich kenne jemanden, der so genau wie sie ist, dass ich nicht umhin konnte, mich zu fragen – Mrs. Roland Temmett – sie wohnt in der Hankin Street, Nr. 3, glaube ich. Kennst du sie? Wenn nicht, müssen Sie sie unbedingt kennenlernen, denn sie ist genau das, was Sie sehen. Sie wissen, in diesem Kapitel, als sie zum armen Mr. Elliot geht –“

Aber das war zu viel für Herrn Lester.

„Ich habe sie noch nie getroffen“, sagte er schroff und seine Lippen schlossen sich, als ob er sie nie wieder öffnen wollte. Frau Lester beobachtete sie und war amüsiert. Sie wusste, wie sehr ihr Mann es hasste; sie könnte sogar Mitleid mit ihm haben, aber es würde ihn dafür bestrafen, dass er so schrecklich zu ihr gewesen war.

Sie selbst erholte sich rasch wieder. Es war ein so schöner Tag, dass es unmöglich war, lange böse zu sein, und außerdem war ihr Mann schon oft böse und unangenehm gewesen, es war ja nichts Neues. Was für eine schreckliche Frau diese Frau Maradick war! Warum hatte Lady Gale sie eingeladen? Armer Herr Maradick ! Sie mochte ihn sehr, seine Größe, seine Stärke und seine Solidität, aber wie schrecklich, ein Leben lang an eine solche Frau gebunden zu sein! Noch schlimmer, überlegte sie, als ein Leben lang an einen Mann wie ihren ganz besonderen Schatz gebunden zu sein! Oh! Unser Ehesystem.

Sie drehte sich zu Maradick um .

„Es ist besser, danke“, sagte sie.

"Was ist?" er fragte sie.

„Mein Temperament“, antwortete sie. „Als wir anfingen, war es nur der Teufel. Ich war geradezu wütend. Du musst es bemerkt haben –“

„Du warst absolut charmant", sagte er.

„Nun, es ist sehr nett von dir, das zu sagen, aber ich versichere dir, es geschah durch meine zusammengebissenen Zähne. Bevor wir angefangen haben, hatten mein Mann und ich einen Streit, es war heiß und mein Dienstmädchen hat alles falsch gemacht. Oh! kleine Dinge! aber alles genug, um mich zu verärgern. Aber es ist einfach unmöglich, bei dieser Aussicht und einem Tag wie diesem sauer zu bleiben. Ich glaube nicht, dass du weißt", sagte sie und sah zu ihm auf, „was es heißt, schlecht gelaunt zu sein."

"ICH?" Er lachte. „Nicht wahr? Ich bin das ganze Jahr über immer schlecht gelaunt. Man muss im Geschäft sein, es beeindruckt die Leute; Es ist die einzige Art von Autorität, die der Bürojunge versteht."

„Wird dir das Ganze nicht furchtbar langweilig?" Sie hat ihn gefragt. „Löschpapier, meine ich, und Stifte und Siegellack?"

"NEIN. Ich habe nie darüber nachgedacht. Man lebte also nach der Regel. Es gab feste Zeiten, zu denen man Dinge erledigte, und jeden Tag immer die gleichen regelmäßigen Dinge. Aber jetzt, nach diesen vierzehn Tagen, wird es meiner Meinung nach schwierig werden. Ich werde mich an Dinge und Orte erinnern, und es wird schwierig sein, mich niederzulassen."

Sie sah ihn kritisch an. „Ja, Sie sind nicht der Typ Mann, dem Geschäfte ausreichen würden. Manche Männer können weitermachen und wollen überhaupt nichts anderes. Ich kenne viele solcher Männer, aber du gehörst nicht dazu." Sie hielt einen Moment inne und sagte dann plötzlich: „Aber oh, Mr. Maradick , warum sind Sie nach Treliss gekommen ?"

"Warum?" sagte er und wiederholte sie vage.

„Ja, ausgerechnet an jedem Ort der Welt. Es gab nie einen Ort, der beunruhigender war; Was auch immer Sie vor Treliss waren, es wird Sie jetzt zu etwas anderem machen, und wenn Ihnen jemals etwas passieren wird, dann wird es hier passieren. Genießen Sie jedoch Ihren Urlaub, Herr Maradick , in vollen Zügen. Ich werde meins haben."

Sie waren angekommen. Der Wagen hatte vor einem kleinen Gasthaus am Wegesrand, „The Hearty Cow", gehalten, dessen Hintergrund ein weitläufiges Moor aus goldenem Ginster war; Das kleine braune Haus stand wie ein bescheidener Büßer am Rande einer königlichen Schar.

Alle gingen hinunter und schaufelten Teppiche, Körbe und Kessel; Alle protestierten und lachten und rannten zurück, um zu sehen, ob noch etwas zurückgeblieben war, und liefen voraus, um die Aussicht zu genießen. Als Maradick die Kuppe des Hügels erreichte , holte er tief Luft. Er glaubte nicht, jemals zuvor etwas so Schönes gesehen zu haben. Auf beiden Seiten und hinter ihm flammte der Ginster; Vor ihm erstreckte sich das Meer kilometerweit in leuchtendem Blau; Vor den schwarzen Klippen in der Ferne brach es in kleinen Wellen aus hartem, gekräuseltem Weiß. Sie hatten ein Zelt mitgebracht, das nun über ihren Köpfen ausgebreitet war, um sie vor der Sonne zu schützen, und sie drängten sich um das Auspacken der Körbe. Das Gespräch war allgemein gehalten.

„Oh, Paté de Foie Gras, Hühnchen, Hummersalat, das stimmt. Nein, Tony, warte einen Moment. Öffnen Sie sie noch nicht, sie sind Marmelade und so. Oh! Da ist der Champagner. Bitte, Mr. Lester, würde es Ihnen etwas ausmachen?"

„Also sagte ich zu ihm, wenn er sich bei einem Tanz nicht benehmen könne, solle er besser gar nicht kommen – ja, sehen Sie sich die Aussicht an, ist das nicht schön? – besser gar nicht kommen; Glauben Sie nicht, dass ich völlig recht hatte, Mr. Gale? Zu grausam, wissen Sie, um zu sprechen –"

„Der Grenzer! Ich kann Leute nicht ausstehen, die zu vertraut sind, Mrs. Maradick . Ich kannte einmal einen Kerl –"

"Oh Gott! Achtung! Es kommt! Mein Wort, Lester, du hättest es uns fast überlassen. Schon gut, Mutter, die Situation ist gerettet, aber es war ein Hin und Her. Ich sage, was für ein Zeug! Pass auf, Milly, du steckst deinen Stiefel in die Torte. Nein, es ist alles in Ordnung. Es ging mir nur um dein Kleid, Milly, und nicht um den Kuchen; aber steck deinen Fuß nicht hinein. Hallo, Alice, altes Mädchen, wo warst du die ganze Zeit?"

Letzteres war Tony, sein Gesicht war gerötet von der Anstrengung, sein Kragen war abgenommen und sein Hemd am Hals offen. Als er jedoch Alice sah, hörte er auf, die Körbe auszupacken und kam zu ihr. „Ich sage", sagte er und beugte sich zu ihr, „komm mal einen kleinen Spaziergang, während sie die Fleischtöpfe auspacken." Gleich um die Ecke gibt es eine Aussicht, die einem die Augen öffnen wird."

Sie gingen zusammen aus. Er legte seinen Arm durch ihren. „Was ist los, Miss Alice Du Cane?" er sagte. Als sie dann keine Antwort gab, sagte er: „Was ist los, altes Mädchen?"

"Oh! „Nichts ist oben", sagte sie, schaute nach unten und grub ihren Sonnenschirm in den Boden. „Nur ist es heiß und ich bin wohl nicht ganz der Richtige. Ich glaube nicht, dass Treliss zu mir passt."

"Oh! Ich sage, es tut mir so leid", sagte er. „Mir ist in den letzten Tagen aufgefallen, dass du etwas unauffällig bist . Ich habe mich darüber gewundert."

„Oh, es ist nichts", sagte sie und schob ihren Sonnenschirm noch wütender auf den Weg. „Nur – ich hasse Treliss . Ich hasse es. Ihr seid natürlich alle furchtbar gut zu mir, aber ich denke, ich sollte besser gehen."

"Gehen?" sagte er ausdruckslos.

„Ja, bis nach Schottland oder irgendwohin. Ich bin für niemanden geeignet, der so ist wie ich."

"Oh! Ich sage, es tut mir leid." Er sah sie bestürzt an. „ Du hast vorher etwas darüber gesagt, aber ich dachte, es wäre nur für den Moment. Ich war selbst so fröhlich, dass ich nicht an andere Menschen gedacht habe. Aber warum gefällt dir der Ort nicht?"

„Ich weiß es nicht, ich konnte es dir nicht sagen. Ich weiß, dass es furchtbar undankbar von mir ist, mich zu beschweren, wenn Lady Gale mir so viel Spaß bereitet hat . . . . Ich habe überhaupt keine Erklärung . . . . Es ist albern von mir.

Sie starrte aufs Meer hinaus und wusste ganz genau, dass die Erklärung ganz einfach war: Sie war in Tony verliebt.

sie gekommen war, wusste sie nicht. Sie war sicherlich nicht in ihn verliebt gewesen, als sie zum ersten Mal nach Treliss gekommen war . Die Idee, ihn zu heiraten, war angenehm angenommen worden und schien eine ebenso angenehme Lösung zu sein wie jede andere. Einer musste repariert und irgendwann untergebracht werden, und Tony war eine sehr sichere und ehrenhafte Person, bei der man ihn unterbringen konnte. Es gab natürlich Dinge, die sie geändert hätte; Gerade seine Vitalität führte ihn zu einer Art wahlloser Wertschätzung gegenüber Menschen und Dingen, die Veränderung und die Unfähigkeit bedeutete, sich an Dinge zu halten, aber sie hatte die ganze Aussicht recht bereitwillig und mit einer guten Portion Toleranz gemeistert.

Dann, innerhalb einer Woche, hatte sich alles verändert. Sie fragte sich, obwohl sie sich selbst für diesen Gedanken hasste, ob das daran lag, dass er sich weniger eifrig gezeigt hatte; Er hatte sie nicht mehr so aufgesucht wie früher, er hatte sie tagelang allein gelassen. Aber das konnte nicht alles gewesen sein; Da war etwas anderes verantwortlich. Es gab eine weitere Veränderung in ihm, etwas ganz anderes als seine Beziehung zu ihr, die sie als eine der Ersten erkannt hatte . Er hatte immer eine entzückende Jugend und Vitalität gehabt, die die Menschen bezaubert hatte, aber jetzt, in der letzten Woche, war da noch etwas mehr gewesen. Es war, als hätte er endlich das gefunden, wonach er so lange gesucht hatte. Außerhalb von ihnen allen, ihrem Ensemble, war etwas oder jemand gewesen , das er die ganze Zeit gesehen und beobachtet hatte; Sie hatte gesehen, wie seine Augen funkelten und sein Mund lächelte, als er einen Gedanken oder eine Vision hatte, die sie ihm mit Sicherheit nicht gegeben hatten. Und diese neue Entdeckung gab ihm eine Kraft, die ihm zuvor gefehlt hatte; Er schien in ihren Augen eine neue Größe zu haben, und vielleicht war es das, was sie dazu brachte, ihn zu lieben. Aber nein, es war etwas mehr, etwas, das sie nur sehr vage und vage dem Ort zuordnen konnte. Es lag in der Luft, und sie hatte das Gefühl, wenn sie nur von Treliss mit seinem Meer, seiner Aussicht und seiner verwinkelten Stadt wegkommen könnte , würde sie wieder auf die Beine kommen und all diese verächtlichen Gefühle loswerden.

Sie war immer stolz auf ihre Zurückhaltung, auf die Beherrschung ihrer Gefühle, auf ihre Verachtung gegenüber tierischer Leidenschaft, und jetzt hätte sie ihre Arme um Tonys Hals legen und seine Augen, sein Haar, seinen Mund küssen können. Sie beobachtete ihn, seinen runden Lockenkopf, seinen braunen Hals, den Schwung seiner Schultern, seinen prächtigen Schritt.

„Setzen wir uns hier hin", sagte er; „Sie können uns jetzt nicht sehen. Ich werde ihnen nicht mehr helfen. Sie werden uns anrufen, wenn sie bereit sind."

Sie setzte sich auf einen Felsen und blickte auf das Meer, gebogen wie ein lila Bogen in den Händen eines mächtigen Bogenschützen. Er warf sich auf die Brust und sah zu ihr auf, das Gesicht auf die Hände gestützt.

„Ich sage, Alice, altes Mädchen", sagte er, „das ist das erste anständige Gespräch, das wir seit Tagen führen." Ich nehme an, es war meine Schuld. Es tut mir furchtbar leid, und ich weiß wirklich nicht, wie die Zeit vergangen ist; Irgendwie gab es viel zu tun, und doch ist es schwer, genau zu sagen, was man getan hat."

„Sie waren bei Mr. Maradick ", sagte sie fast grimmig.

Er sah zu ihr auf und war überrascht über ihren Ton. „Ja, das glaube ich. Er ist ein guter Kerl, Maradick . Ich war eine ganze Weile mit ihm zusammen."

„Ich kann nicht ganz erkennen", sagte sie langsam und blickte auf den Boden, „was die Anziehungskraft ist." Er ist natürlich ganz nett; ein netter alter Mann, aber ziemlich langweilig."

„Oh, ich weiß nicht, was alt ist, Alice. Er ist viel jünger als man denkt und alles andere als langweilig. Das liegt nur daran, dass du ihn nicht kennst. Er ist ruhig, wenn andere Leute da sind; aber er ist furchtbar wahr und ehrlich. Und wissen Sie, wenn man älter wird, wählt man seine Freunde, ohne dabei überheblich zu sein, für solche Dinge aus, nicht ein bisschen für oberflächliche Dinge. Früher dachte ich, es sei wichtig, ob ihnen die gleichen Ideen am Herzen liegen und sie – nun ja, künstlerisch, wissen Sie. Aber das ist alles Quatsch; Was wirklich zählt, ist, ob sie einem haften und durchhalten."

„Eines habe ich immer über dich gesagt, Tony", antwortete sie, „dass du nicht, wie du sagst, bleibst. Es ist besser, sich mit den alten Freunden zu treffen, bevor man sich mit den neuen beschäftigt."

"Oh! Ich sage!" Er konnte vor Erstaunen kaum sprechen. „Alice! Was ist los? Du denkst doch nicht, dass ich mich an dir verändert habe, oder? Ich weiß – in den letzten Tagen –"

entschuldige dich nicht , Tony", sagte sie und sprach sehr schnell. „Ich beschwere mich nicht. Wenn Sie lieber mit Mr. Maradick zusammen sein möchten , tun Sie es. Finde die Freunde, die du magst; Nur wenn man herunterkommt, um zu bleiben, erwartet man, etwas von dir zu sehen, nur beim Essen, weißt du."

So hatte er sie noch nie gesehen. Alice, das zurückhaltendste aller Mädchen, reservierte ihre Gefühle für große und abstrakte Anliegen und Bewegungen und offenbarte niemals auch nur einen Moment lang die Andeutung persönlicher Vorlieben oder Abneigungen. Soweit er es gesehen hatte, zeigte sie niemals Freude über seine Anwesenheit oder sich über seine Abwesenheit beschweren; und jetzt das!

"Oh! Ich sage!" Er weinte erneut: „Es tut mir schrecklich leid. Es ist erst ein paar Tage her – ich weiß, es war ziemlich unhöflich. Aber der Ort war so aufregend, so schön, dass ich wohl nicht viel an die Menschen gedacht habe. Ich war furchtbar glücklich, und das macht einen vermutlich egoistisch. Aber ich sage", er legte eine Hand auf ihr Kleid, „bitte sei mir nicht böse, Alice, altes Mädchen." Wir sind jetzt schon seit Ewigkeiten befreundet, und wenn man jemanden schon lange kennt, ist es nicht unbedingt notwendig, ihn jeden Tag zu sehen, man verzichtet darauf, vertraut darauf, wissen Sie. Ich wusste, dass du da warst und dass ich da war und dass nichts einen Unterschied macht."

Die Berührung seiner Hand ließ ihre Wangen glühen. „Es tut mir leid", sagte sie fast flüsternd, „ich weiß nicht, warum ich so gesprochen habe; Natürlich sind wir Freunde, nur ich war ein bisschen einsam; Die letzten paar Tage waren so mies, ich weiß sicher nicht, warum." Sie hielt einen Moment inne und fuhr dann fort: „In Wirklichkeit muss man sich plötzlich ändern. Oh, Tony, ich bin so ein Mistkerl! Du weißt, wie ich darüber gesprochen habe, was ich tun würde, wenn ich ein Mann wäre, wie ich helfen könnte und wie du helfen solltest und alles andere; Also; das ist alles plötzlich weg – ich weiß nicht warum oder wann – und es ist einfach nichts anderes mehr da. Du lässt mich den Rest der Zeit nicht ganz allein, Tony, bitte? Es ist nicht so, dass ich dich so sehr will, weißt du, aber es gibt sonst niemanden."

"Oh! Wir werden eine tolle Zeit haben", sagte er. „Du musst Maradick kennenlernen , Alice. Er ist großartig. Er redet nicht viel, aber er ist so furchtbar aufrichtig."

Sie ist aufgestanden. „Du beschreibst ihn nicht sehr gut, Tony; Trotzdem sind echte Menschen schrecklich langweilig, man weiß nie, wo man ist. Nun, verzeihen Sie meine kleine Wut. Wir sollten zurückkommen. Sie werden sich fragen, wo wir sind."

Aber als sie zurückschlenderten, war sie sehr still. Sie hatte herausgefunden, was sie wissen wollte. Es *gab* jemand anderes. Sie hatte sein Gesicht beobachtet, als er auf das Meer blickte; Natürlich war das der Grund für die Veränderung. Wer war sie? Ein Fischermädchen in der Stadt, vielleicht ein Mädchen in einem Laden. Nun, sie würde niemandem Konkurrenz machen. Sie würde nicht um Tonys Körper streiten; Sie hatte ihren Stolz. Es würde eine schwere Zeit für sie werden; es wäre besser für sie, wegzugehen, aber das wäre schwierig. Die Leute würden reden; Sie sollte es besser durchschauen.

„Es ist einfach zu schrecklich heiß in der Sonne", war sich Tony bewusst, dass Mrs. Lawrence sagte, als er sich zu ihnen gesellte. Für ihn war es eine Metapher, dass sie mit dem Rücken zum Meer saß und den Blick auf das Huhn richtete. Er wollte schreien: „Schau dir den Ginster an, du Narr!" aber stattdessen nahm er einen Teller und warf sich neben Mrs. Maradick .

Sie nickte ihm fröhlich zu. „Du ungezogener Junge! Du hast uns verlassen, um auszupacken; Du hast es nicht verdient, etwas zu haben."

„In der Tat, Frau Maradick , ich blieb, bis ich im Weg war. Zu viele Köche, wissen Sie."

Er beobachtete alle und bemerkte eine Ausstrahlung der Fröhlichkeit, die es zuvor sicherlich nicht gegeben hatte. Vielleicht war es das Mittagessen; jedenfalls hatte er Hunger.

Er redete und schwenkte ein Stück Brot und Butter. „Ihr habt nichts verdient. Bevor Sie essen, sollten Sie sich die Aussicht ansehen. Gnade vor Fleisch. Alice und ich haben unsere Pflicht getan und werden unser Essen nun doppelt so sehr genießen wie der Rest von euch."

„Nun, ich finde es schade, dieser Ginster", sagte Mrs. Maradick mit einem kleinen Schmollmund und einem Blick in Richtung Rupert Gale. „Es bringt alle Farben zum Vorschein." Sie tätschelte ihr Lila selbstzufrieden.

"Oh! Emmy, Schatz! Du siehst absolut süß aus!" begeistert von Frau Lawrence.

Plötzlich sprach Mr. Lester, beugte sich nach vorne und sah Mrs. Maradick sehr ernst an. „Haben Sie darüber nachgedacht, Frau Maradick , ob Sie den Ginster vielleicht nicht auslöschen?"

"Oh! Herr Lester! Wie gemein! Armes kleines Ich! Und jetzt, Mr. Gale, setzen Sie sich für mich ein."

Rupert blickte den Ginster mit träger Miene an. „Es hat einfach keine Chance", sagte er.

„Ich spreche gerade von Ginster", begann Mrs. Lawrence. Sie erzählte immer lange Geschichten, an deren Erfolg sie große Zweifel hatte. Diesen Zweifel vermittelte sie ihrem Publikum, mit der Folge, dass ihre Geschichten stets scheiterten.

Dies scheiterte völlig, aber niemand schien etwas dagegen zu haben. Es herrschte beste Stimmung, und alle hatten ein gutes Verhältnis zueinander. Lady Gale war begeistert. Sie hatte gedacht, dass es gut ausgehen würde, aber nicht ganz so gut.

Natürlich war es größtenteils Tony zu verdanken. Sie beobachtete ihn, wie er die Menschen um sich versammelte, sie zum Lachen brachte und das Beste aus ihnen herausholte. Es war eine Art „Sesam öffne dich", das er allen zuflüsterte, ein Geheimnis, das er mit ihnen teilte.

Aber was Lady Gale nicht erkannte, war, dass alles sehr oberflächlich war; Niemand hatte sich wirklich verändert. Wenn sie darüber nachgedacht hätte, hätte sie diese Tatsache vielleicht aus eigener Erfahrung herausgefunden. Zum Beispiel mochte sie Mrs. Maradick nicht mehr als zuvor; Sie mochte sie zwar eher weniger, aber sie lächelte und lachte und sagte: „ *Liebe* Frau Maradick ." Allen ging es gleich. Sie hätten ihre liebsten Feinde umarmt; es lag in der Luft.

Frau Lester sprach sogar ihren Mann an:

„Nein, lieber Ted, keine Baisers mehr. Du weißt, dass es schlecht für dich ist, und heute Abend wird es dir leid tun."

Er sah sie eher düster an, dann drehte er sich um und beobachtete den Ginster. Maradick beugte sich plötzlich vor und sprach mit seiner Frau.

„Emmy, Schatz, erinnerst du dich an den Tag in Cragholt ? Es war einfach so."

„ Natürlich tue ich das", sagte sie und nickte ihm fröhlich zu. „Da war dieser lustige Captain Bassett . . . . So ein netter Mann, liebe Lady Gale. Ich frage mich, ob Sie ihn kennen. Kapitän Godfrey Bassett . . . . Was für ein Spaß."

„Ich frage mich", sagte Lady Gale, „ob das einer der Bassetts von Hindhurst ist . " Es gab einen Captain Bassett –"

Maradick beobachtete den goldenen Ginstervorhang. Der Duft kam zu ihm; Bienen summten in der Luft.

„Nun, ich bin gerne am Meer, wissen Sie? Aber *dabei* zu sein ; Ich habe den Atlantik sieben Mal überquert und war jedes Mal krank. Es gibt ein Zeug namens „Oh!" Ich vergesse – Yansfs . Ja, man kann es nicht aussprechen – Du bist jetzt vor der Seekrankheit geschützt – für mich war es nicht gut, aber ich denke, du solltest es vorher nehmen – –"

Das war seine Frau.

Mrs. Lester sprach plötzlich mit ihm. „Sie sind sehr still, Mr. Maradick . Gehen Sie doch mal mit mir spazieren, nicht wahr? Nein nicht jetzt. Ich bin faul, aber später."

Sie wandte sich von ihm ab, bevor er antworten konnte, und beugte sich zu ihrem Mann hinüber. Dann sah er, dass Tony neben ihm stand.

„Komm runter und bade", sagte der Junge, „jetzt. Nein, es ist wirklich nicht schlecht für dich. Das ist alles Blödsinn. Außerdem können wir später vielleicht nicht mehr entkommen." Gemeinsam verließen sie das Zelt.

„Ist es Champagner?" er hat gefragt.

"Was?" fragte Tony.

„All diese Liebenswürdigkeit. Ich war so schroff wie ein gewöhnlicher Mensch, und dann hätte ich plötzlich eine Pfennigpfeife spielen können; Warum?"

"Oh! Ich weiß nicht!" sagte Tony und warf seine Arme herum. „Ich bin viel zu glücklich, um mich darum zu kümmern. Maradick , ich habe sie hier im Ginster gesehen – wunderbar – göttlich. Wir werden morgen wiederkommen; Ja, das müssen wir. Natürlich musst du kommen. Was die gute Laune aller angeht, hat das nichts zu bedeuten. Die Geister des Ortes haben ihre Spiele, wissen Sie, und da sind wir. Beim Tee werden alle furchtbar böse sein. Und Sie wissen, dass es Frechheit *ist* ! Damit wir alle unser Zelt aufbauen und inmitten einer solchen Aussicht unser Huhn essen können. Und sie werden Papiertüten herumliegen lassen und Ingwerbier platzen lassen. Es macht mir nichts aus, darauf zu wetten, dass die Götter ein paar Spiele spielen, bevor sie mit uns fertig sind."

Sie kletterten die Felsen hinunter zu einer kleinen Bucht, die unter der Kuppe des Hügels lag. Der Sand war weiß, mit kleinen Glitzern darin, wo die Sonne die Kieselsteine reflektierte; alles war von einer Intensität gefärbt , die dem Auge wehtat. Die Bucht war von braunen Felsen umgeben; Ein kleiner

Vogel hüpfte über den Sand, erhob sich dann mit einem kleinen Freudenwirbel über ihren Köpfen und verschwand.

Sie warfen ihre Kleidung ab, ohne auf mögliche Beobachter Rücksicht zu nehmen. Vor einer Woche Maradick wäre lieber gestorben, als so etwas zu tun; Eine Bademaschine und ein kompletter Badeanzug waren für ihn absolut unverzichtbar gewesen, jetzt kamen sie ihm wirklich nicht mehr in den Sinn. Wenn er überhaupt daran gedacht hätte, wären sie ihm eindeutig unanständig vorgekommen, eine Art verstohlenes Augenzwinkern, eine eifrige Ablehnung einer Unmoral, die es überhaupt nicht gab.

Als Maradick das Wasser um seinen Körper spürte, fielen seine Jahre von ihm ab wie der Rucksack eines Pilgers. Er ließ sich niedersinken, während sein Blick für einen Moment auf den brennenden Himmel gerichtet war und dann durch die Tiefen grünen Wassers blickte. Als er es mit seinem Arm spaltete, teilte es sich und schlang sich wie eine Umarmung um seinen Körper; Einen Moment lang ging er immer tiefer und tiefer, kleine Diamantblasen flogen über ihm, dann war er wieder oben, und für einen Moment war das blendende Weiß der Bucht, das Braun der Felsen, das Blau des Himmels zu sehen. umkreiste ihn. Dann legte er sich auf den Rücken und schwebte. Sein Körper schien ihn zu verlassen, und er war etwas völlig Unbehindertes und Freies; Es gab keine Gesetze, keine Glaubensbekenntnisse, keine Argumente, nichts als wunderbaren Frieden und Zufriedenheit, eine absolute Vereinigung mit etwas, nach dem er sein ganzes Leben lang gesucht und bis jetzt nie gefunden hatte.

„Gehorcht uns, Mutter Erde. . . Mutter Erde." Er lag lächelnd auf ihrer Brust. Kleine Wellen kamen und tanzten unter ihm und berührten seinen Körper mit einer Liebkosung, als sie an ihm vorbeizogen; er hob und senkte sich, ein sehr sanftes Schaukeln, wie von einer Mutter mit ihrem Kind. Er konnte nicht denken, er konnte sich an nichts erinnern; er wusste nur, dass er ein Rätsel gelöst hatte.

Dann machte er sich auf den Weg zur See. Vor ihm schien es sich ohne Ende und ohne Grenzen auszubreiten; es war in der weitesten Entfernung von einem dünnen purpurnen Dunst verschleiert, und aus diesem Vorhang tanzten die blauen, weißbedeckten Wellen in schneller Folge auf ihn zu. Er schlug immer weiter, und als er spürte, wie sein Körper durch das Wasser schnitt, stieg ein großer Jubel in ihm auf, weil er immer noch so stark und kraftvoll war. Jeder Teil von ihm, vom Scheitel bis zu den Fußsohlen, schien sauber, gesund und gesund zu sein. Oh! Leben! mit seinen Sorgen und seinen schmutzigen kleinen Geheimnissen und seinen kleinlichen Moralvorstellungen! und das elende pessimistische Schlendern in der melancholischen Dämmerung durch ewige Friedhöfe! Lass sie schwimmen, lass sie schwimmen!

Er rief Tony zu: „Es ist großartig. Man könnte ewig so weitermachen !" Er tauchte für einen Moment nach unten und sah die große weiße Kurve seines Körpers vom Fuß bis zur Hüfte, die harte, glatte Kraft des Fleisches.

Dann drehte er sich langsam um. Der weiße Strand, die braunen Felsen und der blaue Himmel streckten ihm die Hände entgegen.

„All diese Leute", rief er Tony zu, „da oben, beim Essen und Schlafen, wenn sie vielleicht hier drin sind!" Er wusste, dass es Mrs. Lester gefallen hätte. Er dachte einen Moment lang an seine Frau, die Kleider, die sie brauchen würde, und die Rüschen. Er konnte sehen, wie sie vorsichtig aus der Bademaschine stieg; ihr kleiner Schrei, als ihre Füße das Wasser berührten: „Oh Jim! Es ist kalt!" Er lachte, als er zurück zum Strand watete. Die Kieselsteine brannten heiß unter seinen Füßen und der Sand klebte an seinen Zehen; er steckte seine Beine tief hinein. Die Sonne umhüllte seinen Körper und hüllte ihn sozusagen in ein Gewand ihrer eigenen herrlichen Farbe . Er konnte fühlen, wie es auf seinem Rücken brannte.

Tony gesellte sich keuchend zu ihm. "Oh! mein Wort! Ich habe noch nie so ein Bad gehabt, noch nie! Ich hätte für immer bleiben können ! Aber sie würden kommen, um nach uns zu suchen, und das würde nicht genügen. Ich sage: Lauf mit mir herum! Ich werde dich fünfmal schlagen."

Sie rasten um den Strand herum. Die Sonne, der Wind und die Wellen schienen mit ihnen zu gehen; Beim Laufen tropfte das Wasser von ihnen, und schließlich warfen sie sich trocken und atemlos auf den heißen Sand.

Während sie sich anzogen, ging Tony praktischer und detaillierter mit der Situation um.

„Ich fürchte, es wird eine Menge Schwierigkeiten geben", sagte er, während sein Hemd um seine Beine flatterte und seine Hände mit seinem Kragen kämpften. „An erster Stelle steht die Mutter. Wie ich Ihnen bereits sagte, erfährt sie nichts davon, denn sobald sie offiziell etwas hört, muss sie natürlich eingreifen und nachfragen, und dann wird es mit dem Gouverneur endlosen Ärger geben und alle. Es ist nicht so, dass sie es wirklich missbilligt, wissen Sie – Ihre Anwesenheit macht das in Ordnung; Aber sie muss es erst merken, wenn es fertig ist. Sie wird nichts danach fragen, aber natürlich kommt sie nicht umhin, sich zu wundern."

„Nun, ich hoffe, es ist alles in Ordnung", sagte Maradick besorgt. „Dass ich eine Art moralisches Gefahrensignal bin, macht nervös."

"Oh! „Sie vertraut dir", sagte Tony selbstbewusst. „Deshalb ist es so großartig, dass Sie dort sind. Und dann", fuhr Tony fort, „fragen sie sich alle, was wir eigentlich wollen." Sehen Sie, Treliss hat diese Wirkung auf die Menschen, oder zumindest hat es hier und jetzt eine solche Wirkung auf uns.

Jeder fühlt sich wegen etwas unwohl, und die meisten von ihnen schieben es mir zu. Es passieren immer Dinge, wenn man viele Leute in einem Hotel zusammenbringt, die Götter können einem Spiel nicht widerstehen; und wenn Sie es verkomplizieren, indem Sie sie in Treliss einsetzen ! Mein Wort!"

„Nun, was ist die unmittelbare Komplikation?" fragte Maradick . Das Wasser hatte ihm die Haare auf dem ganzen Kopf kräuseln lassen, sein Hemd war am Hals offen und die Ärmel waren über die Arme hochgekrempelt.

„Nun, die unmittelbarste", sagte Tony langsam, „ist Alice, Miss Du Cane. Sie redete vor dem Mittagessen mit mir. Es ist etwas übertrieben, etwas darüber zu sagen, aber ich erzähle Ihnen alles, wissen Sie. Nun, sie schien zu denken, dass ich sie vernachlässigt hätte, und es war ihr ziemlich übel. Ihr wird nie schlecht, weil sie viel zu solide ist, und deshalb weiß ich nicht, was sie dieses Mal aus der Fassung bringt. Sie vermutet viel."

Maradick sagte nichts.

„Aber das Lustige ist, dass sie sich überhaupt Sorgen machen sollten. Früher, wenn ich etwas getan habe , haben sie immer gesagt: „Oh! Tony schon wieder!' und beließ es dabei. Wenn ich jetzt nichts getan habe, schnüffeln sie alle herum."

„Ja", sagte Maradick , „das ist das wirklich Lustige; dass bisher noch nichts unternommen wurde, was sie erkennen könnten. Ich nehme an, dass die Leute in einem Hotel tatsächlich so wenig zu tun haben, dass sie sich um nichts kümmern, nur um Zeit zu haben."

Er streckte die Arme aus und gähnte.

„Nein", sagte Tony, „es ist der Ort. Wen die Götter in den Wahnsinn treiben wollen, den schicken sie zunächst nach Treliss . Es liegt in der Luft. Fragen Sie diesen alten Kerl, Morelli."

„Warum Morelli?" fragte Maradick schnell.

„Nun, das ist absurd von mir", sagte Tony. „Aber es macht mir nichts aus, darauf zu wetten, dass er alles darüber weiß. Er ist unheimlich; er weiß alles über alles. Es ist, als würde er uns alle nach seiner Pfeife tanzen lassen wie der Rattenfänger." Er lachte. „Denk einfach nach! wir alle tanzen; Du und ich, Mutter, Vater, Alice, Rupert, die Lesters , Mrs. Maradick , Mrs. Lawrence – und Janet!" fügte er plötzlich hinzu.

„Janet", sagte er, packte Maradick am Arm und ging den Strand hinauf. „Kannst du sie nicht tanzen sehen? diese Haare und diese Augen! Janet!"

„Ich bin müde", sagte Maradick teilnahmslos. „Ich werde mit dem Kopf im Ginster liegen und schnarchen."

Er fühlte sich in jedem Teil seines Körpers absolut wohl; sein Blut floss wie eine Flamme durch seine Adern. Er summte eine kleine Melodie, während er den Weg hinaufstieg.

"Warum! „Das ist Morellis Melodie", sagte Tony. „Ich habe versucht, mich daran zu erinnern; die Melodie, die er an diesem Abend gespielt hat", und dann sahen sie plötzlich Mrs. Lester.

Sie saß auf einem Stein, der in eine Sitzfläche am Hang des Hügels gehauen worden war. Sie konnte den Strand direkt darunter nicht sehen, weil die Klippe in einer sich ausbreitenden Ginsterwolke hervorragte, aber das Meer lag kilometerweit vor ihr, und das Gold des Hügels hob sich scharf vom Blau ab. Sie selbst saß auf dem Stein und der leichte Wind wehte ihr die Haare ins Gesicht. Sie starrte aufs Meer hinaus und sah sie erst, als sie direkt vor ihr waren.

Tony rief „Hallo, Milly" und sie drehte sich um.

„Wir haben gebadet", sagte er. „Es war das großartigste Bad, das es je gegeben hat." Dann fügte er hinzu: „Warum bist du allein?"

„Der Rest wollte sich eine Kirche auf einem Hügel oder so etwas ansehen, aber ich wollte nichts außer der Aussicht; aber Lady Gale ist immer noch da, im Zelt. Sie sagte mir, ich solle es dir sagen, wenn ich dich sehe, damit du zu ihr kommst."

"Du hast Recht." Er ging singend den Hügel hinauf. Maradick stand vor ihr, seine Mütze in der Hand, dann machte sie ihm auf ihrem Sitz Platz und er setzte sich neben sie.

„Eine solche Aussicht", sagte sie, „weckt in einem den Wunsch, gut zu sein." Ich glaube nicht, dass du jemals etwas anderes sein willst."

„Es gibt einen Unterschied zwischen Wollen und Sein", antwortete er sentimental. „Außerdem glaube ich nicht, dass ich etwas Reales bin, weder gut noch böse, sondern nur gleichgültig wie drei Viertel der Menschheit."

Er sprach ziemlich bitter und sie sah ihn an. „Ich denke, du bist alles andere als gleichgültig", sagte sie und nickte mit dem Kopf. „Ich finde dich entzückend. Sie sind nur einer der großen, starken, stillen Männer, von denen es in den Romanen viele gibt; und ich habe noch nie einen getroffen. Ich gehe davon aus, dass du mich mit einem Finger hochheben und ins Meer schleudern könntest. Frauen mögen das, wissen Sie."

„Du brauchst keine Angst zu haben, dass ich es tue", sagte er lachend. „Ich habe gebadet und bin so schwach wie ein Kätzchen; und das erklärt auch meine Unordnung", fügte er hinzu. Er hatte seinen Mantel über der

Schulter getragen, sein Hemd war am Hals offen und die Ärmel waren über die Arme hochgekrempelt.

Mehrere Minuten lang sprachen sie nicht mehr. Sie betrachtete die Aussicht mit weit geöffneten, aufgeregten Augen.

Dann drehte sie sich um und legte ihre Hand auf seinen Arm. "Oh! „Ich gehe nicht davon aus, dass Sie es so gebraucht haben wie ich", sagte sie, „diese ganze Farbe ; Ich trinke es und bewahre es auf, damit ich alle kommenden tristen Tage damit füllen kann. Eintönige, langweilige, dumme Tage; umhergehen und Menschen treffen, die man nicht sehen will, Dinge tun, die man nicht tun möchte, Dinge sagen, die man nicht sagen möchte."

"Warum tun Sie?" er sagte.

"Oh! einer muss. Man kann nicht erwarten, in Treliss zu sein für immer . Es ist wirklich schlimm für einen, hierher zu kommen, weil es einen immer unzufrieden macht und verunsichert. Das letzte Jahr", lächelte sie bei der Erinnerung, „war höchst beunruhigend."

„Nun", antwortete er, „ich muss zurück ins Büro, wissen Sie? Es wird mir gut tun, diese unvergesslichen Tage zu haben."

Sie schwieg wieder; dann wurde der Griff um seinen Arm fester und sie sagte:

"Oh! Herr Maradick , ich bin so unglücklich."

Er entfernte sich ein wenig von ihr. Es kommen noch mehr Vertraulichkeiten! Warum war die ganze Welt plötzlich auf die unvorsichtige Idee gekommen, ihm ihre Geheimnisse anzuvertrauen? Er! Maradick ! Wem hätte noch nie jemand davon geträumt, irgendetwas anzuvertrauen?

„Nein, ich möchte dich nicht stören. Es wird dich nicht stören, oder? Nur ist es so eine Ruhe und ein Trost, es jemandem erzählen zu können ." Sie sprach mit etwas stockender Stimme, aber sie dachte an das Jahr zuvor, als sie Kapitän Stanton, dem „lieben alten Reggie", ähnliche Vertrauensvorstellungen anvertraut hatte; und davor hatte es Freddie Stapylton gegeben . Nun, sie waren alle sehr nett gewesen, und sie war sich sicher, dass dieser große Mann mit dem braunen Hals und den lockigen Haaren genauso nett sein würde.

„Nein, aber du wirst ein Freund von mir sein, nicht wahr?" Sie sagte. „Eine Frau möchte eine Freundin, eine gute, vernünftige, starke Freundin, der sie Dinge erzählen kann, und ich habe niemanden. Es wäre ein großer Trost, wenn ich manchmal mit dir reden könnte."

„Bitte", sagte er.

Die Vorsehung schien ihn als eine Art allgemeines Kindermädchen für viele verantwortungslose Kinder geschaffen zu haben.

"Ah! Das ist gut von dir." Sie seufzte leicht und blickte aufs Meer hinaus. „Natürlich beschwere ich mich nicht, andere Frauen hatten weitaus schlimmere Zeiten, das weiß ich; Aber es ist die Einsamkeit, die so weh tut. Wenn es nur eine Person gibt, die alles versteht, wird das einen großen Unterschied machen."

Frau Lester war keineswegs unaufrichtig. Sie mochte Maradick sehr, und dass sie Captain Stanton und Mr. Stapylton vor ihm gemocht hatte, machte überhaupt keinen Unterschied. Bei den anderen handelte es sich um sehr unschuldige Flirts, bei denen keinerlei Schaden entstanden war, und außerdem war Treliss ein so aufregender Ort, dass immer etwas passierte. Es muss auch daran erinnert werden, dass sie sich an diesem Morgen mit ihrem Mann gestritten hatte.

„Sehen Sie", sagte sie, „ich glaube, ich war schon immer ein eher romantisches Mädchen. Ich liebte Farben , Prozessionen, Blumen und die römisch-katholische Kirche. Ich ging immer ins Brompton Oratory und beobachtete die nebligen Kerzen, hörte ihrem Gesang hinter den Altären zu und schnupperte am Weihrauch. Und dann habe ich Gautier und Merimée und alles über Spanien gelesen. Und dann ging ich nach Italien und dachte, ich könnte es nie mit den lieben Eseln und Venedig und dem Karneval verlassen, aber wir mussten nach Ascot zurückkehren. Oh! Ich schätze, es war alles sehr albern und wie bei vielen anderen Mädchen, aber es war alles sehr aufrichtig, Mr. Maradick ."

Er nickte mit dem Kopf.

„Es ist so nett von dir, das zu verstehen", sagte sie. „Nun, wie die meisten Mädchen habe ich all diese Träume in die Ehe gedrängt. Das würde alles für mich tun. Oh! Er sollte so ein Held sein, und ich sollte so eine Ehefrau für ihn sein. Liebe mich! Wie alt fühlt man sich, wenn man an diese Mädchenzeit denkt!"

Aber Maradick fand nur, dass sie tatsächlich sehr jung aussah, in Tonys Alter.

„Dann las ich einige von Freds Aufsätzen; Mr. Lester, wissen Sie. Sie kamen früher im *Cornhill heraus* und ich fand sie einfach wunderbar. Sie sagten alles, was ich gedacht hatte, und sie waren voller Farben , die ich so liebte. Je mehr ich sie las, desto mehr hatte ich das Gefühl, dass hier mein Held war, der Mann, den ich mein ganzes Leben lang verehren konnte. Armer alter Fred, ich kann mir vorstellen, dass ich das über ihn denke."

Maradick dachte an Mr. Lester, der mit gebeugtem Rücken und trägem Blick über den Ginster schweifte, und wunderte sich ebenfalls.

„Nun, dann habe ich ihn auf einer Party kennengelernt; eine dieser literarischen Partys, auf denen ich immer war. Er war an diesem Abend in Höchstform und hat wunderbar geredet. Wir wurden vorgestellt und – nun, da war alles. Es geschah alles in einem Moment. Ich konnte Ihnen nicht im Geringsten sagen, wie; Aber eines Morgens wachte ich auf und war wie Mr. Irgendjemand, ein Dichter, glaube ich, verheiratet.“

Hier kam es zu einer dramatischen Pause. Maradick wusste nicht, was er sagen sollte. Er hatte vage das Gefühl, dass Mitgefühl nötig sei, aber es fiel ihm schwer, die richtigen Worte zu finden.

„Das hat mich verändert“, fuhr Mrs. Lester leise und voller Erregung fort, „von einem unschuldigen, warmherzigen Mädchen zu einer Frau – einer leidenden, erfahrenen Frau.“ Oh! Herr Maradick , Sie wissen, was die Ehe ist, der Käfig, der sie sein kann; Wenn Sie es noch nicht erlebt haben, und ich hoffe aufrichtig, dass Sie es nicht erlebt haben, können Sie sich zumindest vorstellen, was es ist. Ein Jahr davon reichte aus, um mir zu zeigen, wie grausam das Leben war.“

Maradick fühlte sich ein wenig unwohl. Seine Bekanntschaft mit Mrs. Lester war nur von kurzer Dauer gewesen, und bald würde er zurückgehen, um mit Mr. Lester Tee zu trinken; er schien ein harmloser Mann zu sein.

„Es tut mir sehr leid –“, begann er.

„Oh, bitte“, fuhr sie schnell fort, „glauben Sie nicht, dass ich unglücklich bin. Ich verfluche das Schicksal nicht und mache auch nicht so etwas Dummes. Ich vermute, dass es nur sehr wenige Menschen gibt, die die Ehe genau so finden, wie sie es sich vorstellen. Ich beschwere mich nicht. Aber oh! Herr Maradick , heiraten Sie niemals einen Autor. Natürlich kannst du das nicht – wie dumm von mir! – , aber ich möchte, dass du ein wenig verstehst, was ich dabei empfunden habe.“

Er versuchte ungeschickt, Worte zu finden.

„Wir alle“, sagte er, „müssen im Laufe der Zeit feststellen, dass die Dinge nicht ganz so sind, wie wir es uns vorgestellt haben.“ Und vor allem von der Ehe. Man muss sich einfach dazu entschließen. Und dann denke ich, dass es viel gibt, wofür man dankbar sein kann, wenn es nur eine Person gibt, Mann oder Frau, für die man etwas bedeutet; wer, nun ja, bleibt bei einem und –“

"Oh! Ich weiß“, seufzte sie in Erinnerungen.

„Was ich meine, ist, dass es nicht so sehr darauf ankommt, was diese Person ist, ob dumm oder hässlich oder so, wenn sie sich wirklich darum kümmert. Von dieser stetigen Zuneigung gibt es auf der Welt nicht so viel, dass wir es uns leisten können, sie zu ignorieren, wenn sie kommt. Liebe mich!" Er fügte lachend hinzu: „Wie sentimental ich bin!"

„Ich weiß", sagte sie eifrig. „Das ist es einfach; Wenn Fred sich so darum kümmern würde, oh je, wie wunderbar wäre es! Aber das tut er nicht. Ich existiere für ihn überhaupt nicht wirklich. Er denkt so viel über seine Bücher und die Menschen darin nach, dass es keine echten Menschen gibt. Zuerst dachte ich, ich könnte ihm bei seiner Arbeit helfen, ihm vorlesen und es mit ihm besprechen ; und ich weiß, dass es viele grammatikalische Fehler gab, aber er ließ mich nichts machen. Er hat mich ausgeschlossen. Ich war für ihn überhaupt nicht von Nutzen."

Sie ballte die Hände und runzelte die Stirn. Tatsächlich verstand sie sich sehr gut mit ihm, aber sie hatten sich an diesem Morgen gestritten , natürlich wegen gar nichts. Und dann wurde es noch spannender, wenn man dachte, man hasse seinen Mann, und Mr. Maradick sei ein gutaussehender Mann.

Und er dachte daran, wie jung sie war und was für trostlose Jahre vor ihr lagen. Er wusste, wie sein eigenes Eheleben verlaufen war: fünfzehn Jahre voller Desillusionierung, Missverständnissen und mürrischem Schweigen.

„Es tut mir so leid", sagte er und sah sie sehr mitfühlend an. „Ich kann ein wenig verstehen, wie schwer es ist. Wir haben nicht alle Glückstreffer, aber dann müssen wir einfach grinsen und es ertragen; Ich weiß, das ist ein kalter Trost, und wenn es dich wirklich tröstet, das Gefühl zu haben, einen Freund zu haben, kannst du auf mich zählen."

Sie mochte sein Mitgefühl, das liebe alte starke Ding! und auf jeden Fall würde sie Fred einmal ziemlich scharf aus seinen Büchern reißen. Kapitän Stanton und Mr. Stapylton hatten genau diesen Effekt gehabt; Sie hatte Fred noch nie so charmant erlebt wie nach ihrem endgültigen Ausstieg.

Er sah mit einem väterlichen Lächeln auf sie herab. „Wir werden Freunde sein", sagte er.

„Das ist wirklich süß von dir", sagte sie mit leicht zitternder Stimme. „Ich hatte das Gefühl, dass du es verstehen würdest. Ich kann Ihnen nicht sagen, wie es mir geholfen hat, dieses kleine Gespräch von uns. Jetzt sollten wir wohl umkehren, sonst fragen sie sich, wo wir sind."

Und er stand da und dankte Gott für eine wundervolle Welt. Endlich gab es Leute, die ihn wollten, Tony und Mrs. Lester ; und gleichzeitig hatte er begonnen, alles mit neuen Augen zu sehen. Es war seine Ansicht! Sie sprachen davon, dass das Leben mit vierzig vorbei sei; warum, es hatte für ihn bis jetzt noch nie begonnen!

Sie gingen zurück zum Zelt und er sprach ernst mit ihr darüber, wie man anderen hilft und was der wahre Sinn des Lebens ist. „Er kann", dachte sie, „furchtbar langweilig sein, aber er ist ein liebes altes Ding."

Die Expedition auf der Suche nach einer Kirche war kaum ein Erfolg gewesen, und wenn man die Mitglieder der Kirche bedenkt, gibt es kaum Anlass zur Verwunderung. Tony hatte recht gehabt, was die Götter anging. Sie hatten es für angebracht gehalten, ihre Spiele rund um das Zelt auf dem Ginster zu spielen, und das Lächeln, mit dem sie die Mittagsgesellschaft betrachtet hatten, verwandelte sich schnell in ein boshaftes Funkeln. Alle waren zu freundlich, um wahr zu sein, und nach dem Essen wurde die Atmosphäre schnell bedrohlich. Zum einen war Tony mit Maradick zum Baden gegangen, und seine Abwesenheit war spürbar. Lady Gale verspürte plötzlich ein Verlangen nach Schlaf, und ihr Kampf dagegen machte jeden Versuch, ihre Gäste bei Laune zu halten, völlig unmöglich . Mrs. Maradick war nach dem Essen nie in Bestform, und jetzt kehrte ihre frühere Verärgerung mit doppelter Wucht zurück. Sie war diesen Menschen gegenüber viel zu freundlich und umgänglich gewesen; Sie konnte sich nicht vorstellen, was sie dazu gebracht hatte, beim Mittagessen so zu plaudern und zu lachen, sie musste auf ihre Würde achten. Auch Mr. Lesters Bemerkung über ihre Kleidung und den Ginster ärgerte sie. Was für eine Unverschämtheit! Aber diese schreibenden Leute dachten immer, sie könnten jedem etwas sagen! Romanautor, wahrlich! Heutzutage war jeder ein Romanautor. Mrs. Lawrence hat die Dinge nicht besser gemacht, indem sie endlos eine ihrer ergebnislosen Geschichten erzählt hat. Mrs. Maradick sträubte sich vor Verärgerung, während sie zuhörte. „. . . Da war also die arme Lady Parminter – schrecklich beleibt und konnte kaum laufen – mit ihrem schwarzen Pudel und ihrer Magd, ohne Motor und strömenden Katzen und Hunden. Es war irgendwo in der Nähe von Sevenoaks , glaube ich; oder war es Canterbury? Ich glaube, es war vielleicht Canterbury, denn ich weiß, dass Mr. Pomfret etwas von einer Kathedrale gesagt hat; obwohl es Sevenoaks gewesen sein könnte , weil darin eine Zahl stand, und ich erinnere mich, dass ich damals gesagt habe: „. ."

Mrs. Maradick versteifte sich vor Verärgerung.

Mr. Lester blickte düster auf das Meer und Mrs. Lester unterhielt sich ziemlich hysterisch mit Lady Gale, die nicht verstehen konnte, was sie sagte, weil sie so schläfrig war. Mr. Lester hasste Streit, weil er seine Arbeit so störte; Er wusste, dass es später zu einer Versöhnung kommen würde, aber man wusste nie, wie lange sie dauern würde.

Es war schließlich Rupert, der die Kirche vorschlug. Er hatte Mrs. Maradick beim Mittagessen sehr amüsant gefunden und dachte, ein Spaziergang mit der kleinen Frau würde keinen schlechten Spaß machen.

Also unterbrach er Mrs. Lawrences Geschichte mit „Ich sage, irgendwo steht eine heruntergekommene alte Kirche herum ." Was sagst du dazu, es zur Erde zu bringen , was?"

Alle sprangen voller Eifer auf. Frau Lester schüttelte den Kopf. „Ich werde bleiben und das Zelt bewachen", sagte sie.

„Nein, liebe Milly, du gehst", sagte Lady Gale, „ich bin viel zu müde, um mich zu bewegen."

„Nun, dann werde ich auch hier bleiben, um auf Sie aufzupassen", sagte Frau Lester lachend; "Ich bin faul."

Also machten sich Rupert, Alice Du Cane, Mr. Lester, Mrs. Maradick und Mrs. Lawrence auf den Weg. Die Expedition war ein Fehlschlag. Die Kirche wurde nicht gefunden, und bei der Suche danach verloren alle Beteiligten die Fassung. Es war furchtbar heiß, die Sonne brannte auf den Ginster und es wehte kaum eine Brise. Der Ginster zog vorbei und sie kamen zu Sanddünen, in denen ihre Füße schwer einsanken und ihre Schuhe davon verstopft waren. Niemand sprach viel. Es war zu heiß und jeder hatte seine eigenen Gedanken; Frau Lawrence versuchte, ihre Geschichte fortzusetzen, erhielt jedoch keine Ermutigung.

„Ich bin dafür, dass wir die Kirche aufgeben", sagte Rupert, und alle trotteten trostlos wieder zurück.

Mrs. Maradick fragte sich, warum Mrs. Lester nicht mitgekommen war. Sie wunderte sich nicht weniger, als sie bei ihrer Ankunft im Zelt Lady Gale und Tony allein im Besitz sah. Wo war die Frau? Wo war ihr Mann? Sie kam zu dem Schluss, dass Rupert Gale ein Ärgernis war. Er hatte nichts Sinnvolles zu sagen, und was Mr. Lester betrifft … . .!

Tee war daher eine Art krampfhafte Mahlzeit. Alle stürmten wütend ins Gespräch und flohen dann eilig wieder hinaus; Ein Hauch von Zurückhaltung und falscher Freundlichkeit hing über den Teetassen. Sogar Tony schwieg, und Lady Gale hatte ausnahmsweise das Gefühl, dass die Angelegenheit über sie hinausging; alle waren sauer.

Dann erschienen Mrs. Lester und Maradick und es entstand eine kurze Pause. Sie sahen sehr fröhlich und zufrieden aus, was den Rest der Gruppe nur noch gereizter und unzufriedener machte. Warum waren sie so glücklich? Welches Recht hatten sie, so glücklich zu sein? Sie hatten keinen Sand in ihren Schuhen und keine vage Suche nach einer unmöglichen Kirche unter sengender Sonne in ihren Gemütern.

Mrs. Lester war alles andere als verlegen.

"Oh! da seid ihr alle! Wie nett ihr alle seht, und ich hoffe, ihr habt etwas hinterlassen! Nein, machen Sie sich nicht die Mühe, umzuziehen, Rupert. Hier ist jede Menge Platz! Hier sind Sie, Herr Maradick ! Hier ist ein Ort; Ja, wir hatten so einen schönen Spaziergang, Mr. Maradick und ich. Es war ziemlich kühl unten am Strand . . . . Danke, mein Lieber, ein Klumpen und Sahne. Oh! Mach dir keine Sorgen, Tony, ich kann es erreichen. . . ja, und hast du deine Kirche gesehen? Oh! Wie schade, und du hattest den ganzen Ärger umsonst . . . . "

„Es wird einen Sturm geben!" sagte Mr. Lester düster.

Ein leichter Wind wehte auf und ab über dem Ginster. Die Sonne schien so strahlend wie immer, aber am Horizont zogen schwarze, schwere Wolken auf. Dann kam plötzlich eine leichte Brise und es herrschte vollkommene Stille. Die Luft war schwer vom Duft des Ginsters. Es war sehr heiß. Dann erklang ganz schwach Donnergrollen über das Meer.

„Die Götter sind wütend", sagte Tony.

"Oh! Mein Schatz!" sagte Lady Gale. „Und es gibt keine Tarnung für die Wagonette-Sache! Was sollen wir tun? Wir werden bis auf die Haut durchnässt. Ich habe nie davon geträumt, dass es regnet."

„Vielleicht", sagte Maradick , „wenn wir sofort anfangen würden, könnten wir es schaffen, bevor es kaputt geht."

Die Sachen wurden eilig gepackt und alle eilten über den Ginster. Sie kletterten in den Waggon. Über den Himmel zogen große Flotten schwarzer Wolken und das Geräusch des Donners war näher. Alles war still, so unbeweglich, als würde etwas von einer unsichtbaren Hand gehalten, und die Bäume schienen schwarze Zeigefinger in den schwarzen, düsteren Himmel zu werfen.

Eine Meile lang kämpften sie gegen den Sturm, doch dann brach er über sie herein. Der Donner krachte und die Blitze zuckten über ihren Weg, und dann kam der Regen in dichten Fluten. Was für ein Spaß für die Götter! Sie kauerten in ihren Sitzen zurück und niemand sagte ein Wort; Der Kutscher peitschte seine Pferde über die glänzende Straße.

Während ihrer Reise stellte sich jeder Reisende eine Frage. Diese Fragen müssen aufgezeichnet werden, da sie alle im Laufe dieser Geschichte beantwortet werden.

Lady Gales Frage. Warum ist alles schief gelaufen?

Frau Maradick . Warum hatte eine böswillige Vorsehung Mrs. Lester erfunden, und was konnte James, nachdem er sie erfunden hatte, in ihr sehen?

Frage von Frau Lester. Zu welcher Stunde an diesem Abend sollte sie ihre Versöhnungsszene mit ihrem Mann haben und wie lange konnte sie es schaffen, sie hinauszuzögern?

Alice Du Canes Frage. Was hielt Tony zurück?

Tonys Frage. Hatte Janet Angst vor Donner?

Maradicks Frage. Was hatte das alles zu bedeuten?

Die Frage von Herrn Lester. Was hatte es überhaupt für einen Sinn, am Leben zu sein?

Ruperts Frage. Warum einen neuen Anzug zum Picknick mitnehmen, wenn es immer regnet?

Frage von Frau Lawrence. Würden die Pferde weglaufen?

Die einzige Frage, die sofort beantwortet wurde, war die von Frau Lawrence, weil sie keine Antwort bekam.

An diesem Abend ging Maradick für einen Moment in das Zimmer der Minnesänger. Der Sturm zog vorüber. Am Horizont zeichnete sich ein ganz schwacher goldener Streifen ab. Aus der schwarzen Wolkenbank leuchtete ein Stern, und plötzlich brach aus den dunklen Schatten des fliehenden Sturms eine silberne Mondsichel hervor. Sein Licht fiel auf die Dielen des Bodens und berührte dann schwach das grinsende Gesicht des geschnitzten Löwen.

DER PROLOG IST ABGESCHLOSSEN

TEIL II
SCHLAG

KAPITEL IX

MORELLI zerbricht etwas Geschirr und spielt

EIN WENIG MUSIK

Punch lag im Bett und schlief, die Decke bis zu den Ohren hochgezogen. Es hatte gerade sechs geschlagen, und um die Ecke des offenen Fensters kroch die Sonne und warf einen Lichtstrahl über den Boden. Bald würde es das Bett erreichen und Punchs Nase treffen; Toby, wach und zusammengerollt auf einer Matte neben der Tür, beobachtete, wie das Licht durch den Raum wanderte und wartete auf den unvermeidlichen Moment.

Das Zimmer war vom einfachsten. An der Wand lehnte die „Punch and Judy"-Show, auf dem Kaminsims stand ein Glas, das einst Pflaumenmarmelade enthielt und jetzt ein riesiges Bündel wilder Blumen enthielt. Zwei Stühle, ein Bett, eine Kommode und ein Waschtisch komplettierten die Möblierung. An der Wand hing eine riesige Übersichtskarte von England. Dieser Stempel hatte sich selbst ausgefüllt und Straßen, Gasthöfe, Häuser und sogar Bäume markiert; hier und da waren die Namen von Menschen mit winziger Handschrift geschrieben. Diese Karte zeigte seine gesamte Geschichte der letzten zwanzig Jahre; nichts Bedeutendes, das ihm widerfahren war, blieb unaufgezeichnet. Manchmal war es nur ein Kreuz oder eine Linie, aber er erinnerte sich, wofür das Zeichen stand.

Die Sonne traf seine Nase und ruhte auf seinem Haar, und er erwachte. Er sagte mehrmals sehr laut „Ugh" und „Ah", rieb sich die Augen mit den Fingerknöcheln, hob die Arme über den Kopf und gähnte und setzte sich dann auf. Seine Augen ruhten einen Moment lang liebevoll auf der Karte. Teile davon waren aus Gründen, die ihm selbst am besten bekannt waren, mit Kreide, Rot, Gelb und Blau bemalt . Sein Anblick öffnete endlose Horizonte: scharfe weiße Straßen, die sich durch das Grün und Braun in eine blaue, neblige Ferne schlängelten, die runde wogende Schulter eines windgepeitschten Abgrunds, über den er gestapft war, als die Dämmerung hereinbrach und die Sterne langsam hervorgingen ihre Verstecke, um ihn zu beobachten, die grauen Nebel, die aus einem tiefen Tal aufstiegen, während die Sonne rot und wütend aufging – sie erstreckten sich, diese Straßen und Hügel und Täler, für immer und ewig jenseits seines Zimmers und des Meeres. Und es gab auch Menschen, in London, in Landstädten, auf einsamen Bauernhöfen und in winzigen Dörfern; Die Linien und Kreuze auf der Karte erinnerten ihn an tausend Geschichten, in denen er eine Rolle gespielt hatte.

Er sah Toby an. „Ein Bad, alter Mann", sagte er; „Zeit zum Schwimmen – raus geht's!" Toby rollte sich aus, rieb seine Nase zweimal auf der Matte wie ein östlicher Mohammedaner, der seine Andacht abstattet, und schlenderte zum Bett. Sein morgendlicher Gruß an seinen Herrn war immer derselbe, er verdrehte die Augen, leckte sich zufrieden die Lippen und wedelte mit dem Ohr; dann blickte er einen Moment lang ganz feierlich in das Gesicht seines Herrn mit einem Blick tiefster Hingabe, dann sprang er schließlich auf das Bett und rollte sich an der Seite seines Herrn zusammen.

Punch (dessen richtiger Name übrigens David Garrick war – ich weiß nicht, warum ich das vorher nicht gesagt habe) hatte nicht die geringste Verbindung zu dem Schauspieler, weil seine Familie nicht über seinen Großvater hinausging) streichelte eine Pfote und kratzte sich am Kopf. „Es ist Zeit, aufzustehen und schwimmen zu gehen, alter Mann. Die Sonne hat es schon vor Stunden gesagt." Er warf sich einen Mantel über und ging hinaus.

Das Häuschen, in dem er wohnte, lag fast am Strand. Darüber erhob sich die Stadt, ein Haufen roter Dächer und rauchender Schornsteine, eine neblige Wolke aus blassblauem Rauch, die sich in der Luft drehte und drehte. Die Welt war voller köstlicher Düfte, die der spätere Tag vernichtete, und alles verhielt sich, als würde es zum ersten Mal Leben sehen; Der blaue Rauch hatte noch nie zuvor den Himmel entdeckt, die Wellen hatten noch nie zuvor den Sand entdeckt, die Brise hatte noch nie zuvor die Bäume entdeckt. Sehr bald würden sie diese Überraschung verlieren und feststellen, dass sie alles erst gestern gemacht hatten, aber zunächst war alles noch ganz neu.

Punch und Toby badeten; Als sie aus dem Wasser kamen , sahen sie Morelli auf einem Felsen sitzen. Punch setzte sich ganz unbekümmert in den Sand und beobachtete das Meer. Er hatte kein Handtuch und so musste stattdessen die Sonne genügen. Nachdem Toby einmal gebellt hatte, setzte er sich ebenfalls.

„Guten Morgen, Mr. Garrick", sagte Morelli.

Punch blickte für einen Moment auf. „Ein schöner Tag", sagte er.

Morelli kam zu ihm. Er trug einen Anzug aus grünem Stoff, so dass er vor dem Hintergrund der grünen Zweige, die die andere Seite der kleinen Bucht säumten, völlig zu verschwinden schien.

„Guten Morgen, Mr. Garrick", sagte er noch einmal. „Ein herrlicher Tag zum Baden. Ich wäre in mich hineingegangen, aber ich weiß, dass ich es hinterher hätte bereuen sollen."

„Ja, Sir", sagte Punch. „Hier kann man das ganze Jahr über baden. Tatsächlich ist es zu Weihnachten noch schlimmer als jetzt. Es dauert eine Weile, bis das Meer warm wird."

„Dieses schöne Wetter", sagte Morelli mit Blick auf das Meer, „lockt viele Leute hierher."

„Ja", sagte Punch, „der ‚Man at Arms' ist voll und alle Unterkünfte. Es ist eine gute Saison."

Leute gibt oder nicht?"

„Oh ja", sagte Punch, „wenn hier niemand ist, ziehe ich um. Diesmal bleibe ich."

„Finden Sie, dass sich der Ort ändert?" sagte Morelli.

„Nein", sagte Punch, „es ändert sich überhaupt nicht. Nun gibt es Orte, zum Beispiel Pendragon, die man wegen des Unterschieds nicht kennen würde. Sie haben die Bucht abgerissen und Wohnungen gebaut, und es gibt Nigger und was nicht. Für den Handel ist es natürlich besser, aber mir gefällt der Ort nicht."

„Oh ja, ich erinnere mich an Pendragon", sagte Morelli. „Da war ein Haus, die Flöten – Trojan war der Name des Volkes – ein schöner Ort."

„Und es ist ein netter Mann, der jetzt da ist", sagte Punch, „Sir ' Enry ; was ich einen Mann nenne, aber der Ort ist verrottet."

Toby sah seinem Meister ins Gesicht und wusste, dass er sich unwohl fühlte. Er kannte seinen Meister so gut, dass er seine Gefühle gegenüber Menschen erkannte, ohne ihn zweimal anzusehen. Seine eigenen Gefühle gegenüber anderen Hunden waren ebenso klar definiert; Wenn er einem Hund gegenüber misstrauisch war, war er auf der Hut, natürlich sehr höflich, aber innerlich schnüffelnd; sein Meister tat dasselbe.

„Ich kann mich erinnern, als es in Pendragon nur zwei oder drei Häuser gab", sagte Morelli; dann plötzlich: „Sie treffen sehr viele Leute, Mr. Garrick. Jeder hier scheint dich zu kennen. Haben Sie zufällig einen jungen Burschen getroffen , Gale ist sein Name? Er wohnt im ‚Man at Arms'."

„Ja", sagte Punch. „Ich kenne Mr. Gale." Warum wollte Morelli das wissen?

„Ein netter Junge", sagte Morelli. „Ich mag die Leute, die im Sommer hierher kommen, nicht oft, sie interessieren mich in der Regel nicht. Aber dieser Junge –"

Er brach ab und beobachtete Toby. Er begann ganz leise zu pfeifen, als ob er für sich selbst pfeifen würde. Der Hund spitzte die Ohren, bewegte sich, als würde er auf ihn zugehen, und blickte dann in das Gesicht seines Herrchens.

„Es gibt noch einen anderen Mann", fuhr Morelli fort, „der mit dem jungen Gale zusammen ist. Ich glaube, er heißt ein älterer Mann, Maradick . Kein Verwandter, so scheint es, nur ein Freund."

Punch sagte nichts. Es ging ihn nichts an. Morelli konnte selbst herausfinden, was er wollte. Er stand auf. „Nun", sagte er und wickelte seinen Mantel um sich, „ich muss zurückgehen."

Morelli trat näher an ihn heran und legte eine Hand auf seinen Arm. "Herr. Garrick", sagte er, „du magst mich nicht. Warum?"

Punch drehte sich um und sah ihn an. „Das tue ich, Sir", sagte er, „das ist die Wahrheit. Eines Abends kam ich die Hauptstraße von Perrota herunter und pfiff vor mich hin, der Hund war mir auf den Fersen . Es war Sonnenuntergang und ein breites rotes Licht über dem Meer. Ich habe dich plötzlich an der Straße sitzend getroffen, aber du hast mich im Staub nicht gesehen. Du hast gelacht und in deinen Händen war ein Kaninchen, das du erwürgt hast; Es war Abenddämmerung, aber ich hörte das Biest schreien und ich hörte dich lachen. Ich habe deine Augen gesehen."

Morelli lächelte. „Es gibt Schlimmeres, als ein Kaninchen zu töten, Mr. Garrick", sagte er.

„Es kommt darauf an, wie man tötet " , sagte Punch und ging den Strand hinauf.

Mittlerweile gibt es Janet Morelli.

Miss Minns war die allerletzte Person auf der Welt, die in der Lage war, irgendjemandem eine fundierte Ausbildung zu ermöglichen; In ihren frühen Tagen hatte sie jungen Damen Unterricht in Französisch und Musik gegeben, aber im Laufe der Jahre hatte sich das eine auf drei oder vier Konversationsbegriffe und das andere auf einige elementare Melodien reduziert, deren mechanische Präzision alles andere als musikalisch war . Früher galt ihr Verhaltensunterricht als etwas ganz Besonderes, doch inzwischen waren sie ein wenig veraltet und verloren ebenso wie ihre Musik durch die vielen Wiederholungen an Frische.

Ihre Vorstellungen vom Leben beschränkten sich auf die drei oder vier Familien, mit denen sie ihre Tage verbracht hatte, und Janet hatte bei keinem ihrer Vorgänger etwas Interessantes entdeckt; Alice Crate (ihr Vater war Domherr Crate der Kathedrale von Winchester), Mary Devonshire (ihr Vater war Kaufmann in Liverpool) und Eleanor Simpson (ihr Vater war

Börsenmakler und lebte in London). Außerdem waren all diese Dinge schon vor langer Zeit passiert; Miss Minns war seit zwölf Jahren mit Janet zusammen, und in dieser Zeit waren Tatsachen zu Erinnerungen und Erinnerungen zur Tradition geworden. Miss Minns von der Zeit, mit der wir es zu tun haben, war für ein sehr junges Wesen keine sehr lebhafte Person, an die man sich binden konnte; Sie war immer in Alarmbereitschaft, vom Scheitel ihrer kleinen schwarzen Haube bis zur Spitze ihrer winzigen schwarzen Schuhe. Wenn sie redete, litt ihr Gespräch unter vielen Wiederholungen und war mit bekannten Sprichwörtern wie „Ende gut, alles gut" und „Machen Sie Heu, solange die Sonne scheint" übersät. Für Janet erfüllte sie überhaupt keinen Zweck, außer als gelegentliches Publikum sehr negativer Art.

Die einzige andere Person, mit der Janet in Kontakt gebracht worden war, ihr Vater, war weitaus verwirrender.

Sie hatte ihn in ihren frühen Jahren als jemanden akzeptiert, an dem es keinen Zweifel gab. Wenn er sich amüsierte und mit ihr spielte, gab es niemanden auf der Welt, der so entzückend war. Er hatte sie manchmal in den Wald getragen und sie hatten den ganzen Tag dort verbracht. Sie erinnerte sich, als er gepfiffen und gesungen hatte und die Tiere aus dem ganzen Wald angekrochen kamen . Die Vögel waren auf seine Schultern und Hände geklettert, Kaninchen und Hasen hatten sich von ihm in die Hände nehmen lassen und hatten überhaupt keine Angst gezeigt. Sie erinnerte sich einmal, dass eine Schlange um seinen Arm gekrochen war. Er hatte mit ihr gespielt, als wäre er ein Kind wie sie selbst, und sie hatte mit ihm getan, was sie wollte, und er hatte ihr wunderbare Geschichten erzählt. Und dann plötzlich, ohne dass sie es verstehen konnte, hatte ihn diese Stimmung verlassen und er war plötzlich wütend gewesen, furchtbar wütend. Sie hatte gesehen, wie er einmal ein Kätzchen nahm, das sie in seinen Händen gehalten hatten, und während es ihm ins Gesicht schnurrte, hatte er ihm den Hals verdreht und es getötet. Das war passiert, als sie noch ganz klein war, aber sie würde es nie vergessen. Dann hatte sie sich allmählich an diese Wut gewöhnt und war geflohen und hatte sich versteckt. Aber zweimal hatte er sie geschlagen, und dann, nach einem Moment, war es vorbei, und er hatte geweint, sie geküsst und ihr Geschenke gemacht.

Sie hatte keinen anderen Mann gekannt und konnte daher nicht sagen, dass sie nicht alle so waren. Aber im Laufe der Jahre begann sie sich zu wundern. Sie hatte Miss Minns gefragt , ob jeder Tiere zum Kommen bringen könne, wenn sie pfiffen, und Miss Minns hatte zugegeben, dass das Geschenk ungewöhnlich sei und dass sie tatsächlich niemanden kenne, der das könnte. Aber Janet wurde jetzt alt genug, um zu erkennen , dass Miss Minns Erfahrung begrenzt war und dass sie nicht alles wusste. Sie selbst hatte versucht, die Vögel anzulocken, aber sie waren nie zu ihr gekommen.

Die Wut ihres Vaters war ihr wie Wind oder Regen vorgekommen; etwas, das plötzlich zu ihm kam, von keinem bestimmten Ort her wehte, und auch etwas, für das er nicht verantwortlich war. Sie erfuhr, dass sie nur kurze Zeit anhielten und versteckte sich, bis sie vorüber waren.

Trotz alledem liebte sie ihn nicht. Er gab ihr dazu nur sehr wenig Gelegenheit. Seine Zuneigung war ebenso seltsam heftig wie sein Temperament und machte ihr fast ebenso große Angst. Sie hatte das Gefühl, dass auch das außerhalb seiner selbst lag, dass er sie persönlich nicht liebte, aber genauso empfand wie er für die Tiere, für alles Junge und Wilde. Es war diese letzte Eigenschaft, die ihr am merkwürdigsten war. Es war sehr schwer, es in Worte zu fassen, aber sie hatte gesehen, dass ihn nichts so wütend machte wie die konventionellen Menschen der Stadt. Sie war zu jung, um zu erkennen , was ihn an ihnen so wütend machte, aber sie hatte gesehen, wie er vor Wut über etwas Unbedeutendes, das jemand gesagt oder getan hatte, blass wurde. Andererseits mochte er die wildesten Menschen des Ortes, die Fischer und Landstreicher, die in den unteren Vierteln der Stadt ihr Unwesen trieben. All dies begriff sie nur sehr vage, weil sie keinen Vergleichsmaßstab hatte; sie kannte niemanden sonst. Aber die Angst hatte die Liebe unmöglich gemacht; Sie hatte Angst, wenn er sie liebte, sie hatte Angst, wenn er wütend auf sie war. Auch Miss Minns war eine schwierige Person, der man Liebe schenken konnte. Sie wollte es nicht und wies es sogar entschieden mit der Bemerkung zurück, dass Emotionen schlecht für heranwachsende Mädchen seien und ihre Bildung beeinträchtigten. Wenn sie überhaupt lebte, lebte sie in der Vergangenheit, und Janet war nur ein sehr vages Abbild der Misses Crate, Devonshire und Simpson, die sie in früheren Jahren verherrlicht hatten.

Janet hatte daher eine sehr einsame und isolierte Kindheit verbracht, und je älter sie wurde, desto größer wurde auch die Zuneigung, die sie empfand, und sie hatte niemanden gehabt, dem sie sie schenken konnte. Zuerst waren es Puppen gewesen, und obwohl sie hässlich und unförmig waren, hatten sie sie zufrieden gestellt. Doch als das Schweigen und die Unbeweglichkeit sie irgendwann wahnsinnig machten, wollte sie etwas, das auf ihre Liebkosungen reagierte und all ihre Gedanken und Ideen mit ihr teilte. Dann kam Miss Minns , und Janet widmete sich ihr mit einer Begeisterung , die für die gute Dame völlig neu war; Aber Miss Minns misstraute dem Enthusiasmus und hatte bei der Erziehung von Miss Simpson gelernt, alle Emotionen zu unterdrücken, und so gab sie Janet alles noch einmal zurück, sorgfältig eingewickelt in Seidenpapier. Als Janet feststellte, dass Miss Minns sie nicht wollte und dass sie sie nur als Lebensunterhalt nutzte, widmete sie sich den Tieren und fand in einem Welpen, einem Kanarienvogel und einem schwarzen Kätzchen, was sie wollte. Doch dann kam der schreckliche Tag, an dem ihr Vater das Kätzchen tötete, und sie beschloss, nie wieder ein Haustier zu haben.

Mittlerweile war sie etwa fünfzehn Jahre alt und hatte kaum etwas gelesen. Ihr Vater sprach nie mit ihr über Bücher, und Miss Minns hielt die meisten Romane für unangemessen und beschränkte sich auf Mrs. Hemans und die „Fairchild Family". Janets Vorstellungen von der Welt waren zu dieser Zeit eigenartig. Ihr Vater hatte manchmal seltsam mit ihr über Orte gesprochen, die er gesehen hatte, aber sie hatten sie nie angezogen: Berghöhen, weite, endlose Meere, verworrene Wälder, sonnenverbrannte Wüsten; immer Dinge ohne Menschen, still, kalt, unerbittlich. Sie hatte ihn nach Städten gefragt und er hatte manchmal über London gesprochen, und das hatte sie durch und durch begeistert. Was sie sich sehnte, waren Menschen; Menschen um sie herum, Freunde, die sie lieben würden, Menschen, denen sie selbst helfen konnte. Und dann hatte sie plötzlich auf einem alten Bücherregal, das viele Jahre lang unberührt geblieben war, „Kenilworth" gefunden. Es gab ein Bild, das sie anzog, und sie hatte begonnen zu lesen, und dann öffnete sich vor ihr eine neue Welt. Im Regal standen mehrere: Lyttons „Rienzi" und „The Last of the Barons", George Eliots „Middlemarch", Trollopes „Barchester Towers" und Miss Braddons „Lady Audley's Secret". Es gab noch einige andere Dinge; jemandes „Geschichte Englands", eine Geographie Europas, ein zerrissener Shakespeare-Band und die „Pickwick Papers". Das Leben, bis dahin eine eintönige und unbefriedigende Angelegenheit, wurde zu einem romantischen, aufregenden Geschäft, in dem alles passieren konnte, ein riesiger Kleiekuchen, in den man sich ständig nach Pflaumen stürzte. Sie hatte überhaupt keinen Zweifel daran, dass es in der Zukunft Abenteuer für sie geben würde. Jeder, sogar die Leute in „Middlemarch", erlebten Abenteuer, und es war absurd anzunehmen, dass sie diese nicht auch erleben würde. Sie bemerkte auch, dass alle Abenteuer, die diese Menschen erlebten, derselben Quelle entsprangen, nämlich der Liebe. Sie erkannte nicht ganz genau, was diese Liebe war, außer dass es bedeutete, jemanden zu finden, der einem mehr am Herzen lag als irgendjemand sonst auf der Welt, und bei dem man für den Rest seines Lebens und vielleicht auch danach bleiben musste. Sie bewunderte nicht alle Menschen, in die die Heldinnen verliebt waren , aber sie erkannte , dass jeder anders über solche Dinge dachte und dass es leicht Ärger geben konnte, wenn zwei Damen sich um denselben Herrn kümmerten oder *umgekehrt* .

Nur Sie müssen sozusagen Ihre Chance haben, und das schien ihr zu fehlen. Es war schön und gut, von seinem hohen Fenster aus Liebesromane zu beobachten und über ihre Möglichkeiten zu spekulieren, während sie die Straße entlangzogen, aber wenn man etwas unternehmen wollte, sollte man mittendrin sein. Es schien alles lächerlich einfach und leicht, und sie wartete mit ruhiger und sicherer Gewissheit darauf, dass ihr Ritter kam.

Zuerst hatte sie Miss Minns auf diese Frage angegriffen , aber kaum eine Antwort erhalten . Miss Minns war der Meinung, dass Ritter absurd seien und dass man auf dieser Welt nichts erwarten dürfe und dass junge Mädchen auf keinen Fall über solche Dinge nachdenken sollten und dass es darum ginge, Liebesromane und dergleichen zu lesen. mit einem' abschließenden Zugeständnis, dass es „die Liebe war, die die Welt regierte" und dass „es besser war, geliebt und verloren zu haben, als nie geliebt zu haben."

Das alles hatte keinen Sinn, war aber von trivialer Bedeutung, denn Janet war mit der ganzen Angelegenheit völlig zufrieden. Sie hatte keinen idealen Ritter; er war ziemlich vage, verborgen in einer Wolke der Herrlichkeit, und sie wollte sein Gesicht nicht sehen; aber dass er kommen würde, da war sie sich sicher.

Aber danach schenkte sie ihren Rittern Königreiche und Paläste und ein wunderschönes Leben, an dem sie einen vagen Anteil hatte, wie eine Anbeterin vor einem nebligen Schrein. Und tatsächlich ließ er lange auf sich warten. Sie traf von einem Jahr zum anderen niemanden, und ein wehmütiger Blick aus ihrem Fenster nützte überhaupt nichts. Sie wünschte, sie hätte andere Mädchen als Gesellschaft. Sie sah sie manchmal Arm in Arm durch die Stadt gehen; Fischermädchen vielleicht oder sogar Damen aus dem Hotel, und sie sehnte sich mit schmerzlicher Sehnsucht danach, sich ihnen anzuschließen und ihnen alles zu erzählen, was sie dachte.

Ihr Vater schien nie daran gedacht zu haben, dass sie einsam sein könnte. Er dachte überhaupt nicht viel an sie, und er hatte kein gutes Verhältnis zu den Menschen vor Ort, um sie zu sich nach Hause einzuladen; Er hätte nicht gewusst, was er mit ihnen anfangen sollte, wenn er sie dort gehabt hätte, und hätte wahrscheinlich zu ihrem größten Unbehagen Streiche gespielt.

Und dann kam Tony. Sie sah ihn nicht überrascht. Sie hatte gewusst, dass es nur darum ging, zu warten, und sie hatte überhaupt keinen Zweifel daran, dass er der Ritter war, um den es ging. Da sie die Welt nicht kannte, konnte sie nicht erkennen , dass es noch viele andere junge Männer gab, die genauso gekleidet waren und die gleichen charmanten Manieren hatten. Vom ersten Moment an, als sie ihn sah, war es für sie selbstverständlich, dass sie heiraten und in ein wunderschönes Land gehen würden, wo sie für immer in der Sonne leben würden . Und dabei war sie in gewisser Weise praktisch veranlagt. Sie wusste, dass es ein Geheimnis bleiben musste, dass Miss Minns und ihr Vater nichts davon wissen durften und dass es Verschwörungen und vielleicht eine Flucht geben musste. Das war alles Teil des Spiels, und wenn es keine Schwierigkeiten gäbe, gäbe es keinen Spaß. Sie hatte keine Bedenken hinsichtlich der Moral, vor Miss Minns und ihrem Vater zu fliehen . Keiner von ihnen liebte sie, oder wenn sie es taten, war es ihnen nicht gelungen, sie dazu zu bringen, sie zu lieben, und sie glaubte nicht, dass sie sie sehr vermissen würden.

Sie war auch der Vorsehung sehr dankbar, dass sie ihr einen so bezaubernden Ritter geschickt hatte. Sie liebte jeden Teil von ihm, vom Scheitel bis zur Fußsohle, sein lockiges Haar, seine Augen, sein Lächeln, seinen Mund, seine Hände. Oh! er würde sehr gut in ihren Hintergrund passen. Und so charmant er auch war, es kam ihr keinen Moment in den Sinn, dass er nicht in sie verliebt war. Natürlich war er das! Sie hatte es von der ersten Minute an in seinen Augen gesehen.

Und so fehlten alle Skrupel, die mädchenhafte Bescheidenheit und die schüchterne Überraschung, die die Liebesbeziehungen der meisten ihres Geschlechts umgeben, völlig. Es kam ihr vor wie der Gesang einer Lerche am Himmel oder das Rauschen der Wellen im Sand; etwas Unvermeidliches und vollkommen, leicht Natürliches. Es mag Schwierigkeiten und Probleme geben, denn es gab Menschen wie Miss Minns auf der Welt, aber sie würden mit der Zeit vergehen, und es wäre, als hätte es sie nie gegeben.

Das Einzige, was sie ein wenig verwirrte, war Maradick . Sie verstand nicht, was er dort tat. Kam er immer, wenn Tony kam? Er war alt wie ihr Vater, aber sie fand, dass er nett aussah. Sicherlich kein Mensch, vor dem man Angst haben muss, und vielleicht sogar jemand , dem man etwas erzählen kann. Sie mochte seine Größe, sein Lächeln und seine ruhige Art zu reden. Dennoch war es ein Ärgernis, überhaupt dort zu sein. Es gab schon genug Komplikationen mit Miss Minns und seinem Vater ohne eine andere ältere Person. Und warum war Tony überhaupt bei ihm? Er war ein alter Mann, einer dieser langweiligen, älteren Menschen, die vielleicht nett und freundlich waren, aber als Freund unmöglich von Nutzen sein konnten. Sie versuchte, Miss Minns dazu zu bringen , das Problem zu lösen, aber diese Dame murmelte etwas von „Vögel aus einer Feder“ und dass es immer angemessen sei, Besuche zu zweit zu tätigen, was überhaupt keinen Zweck habe.

Also gab Janet mit einem Seufzer und einem Kopfschütteln vorerst Maradick auf . Aber sie war überglücklich. Das Land, das so lange ohne Bewohner geblieben war, war nicht mehr einsam, ihre Träume und Bilder bewegten sich jetzt mit Leben und Glanz vor ihr . Sie ging ihrem Tag mit einem Leuchten in den Augen nach, summte ein kleines Lied, zärtlich und mitfühlend mit Miss Minns , denn sie, das arme Ding, konnte nicht wissen, wie herrlich diese Liebe war!

Ich weiß nicht, ob Miss Minns einen Verdacht hatte. Sie muss Janets angenehmes Temperament und ihre Fröhlichkeit bemerkt haben, aber sie sagte nichts. Was Morelli betrifft, konnte man nicht sagen, was ihm aufgefallen war.

Humor ins Haus zurück . Janet war seit sehr früher Stunde wach; Sie konnte nie schlafen, wenn die Sonne schien, und sie war sehr glücklich. Sie hatte den Verdacht, dass Tony heute kommen würde. Es basierte auf nichts ganz Gewissem, aber sie hatte geträumt, dass er es tun würde; Und es war genau der richtige Tag für ihn, wenn die Sonne so hell schien und ein Schmetterling durch das Fenster gefegt war wie das Blütenblatt einer weißen Rose, die vom Wind verweht wurde.

Und so begrüßte sie ihren Vater lachend, als er hereinkam, und ging fröhlich zum Frühstück voran. Doch plötzlich merkte sie, dass etwas nicht stimmte, und bei dem Gedanken, dass ihn eine seiner Wutanfälle überkam und sie nicht entkommen konnte, wurde ihr Gesicht ganz weiß und ihre Lippen begannen zu zittern.

Sie kannte die Symptome. Er saß ganz ruhig da und zerkrümelte mit den Händen das Brot an seiner Seite. er runzelte die Stirn, wenn auch ganz leicht, und sprach freundlich über gewöhnliche Dinge. Wenn er so war , kroch sie normalerweise in ihr Zimmer und schloss die Tür ab, aber jetzt schien es keine Chance mehr zu entkommen.

Aber sie redete fröhlich und lachte, obwohl ihr Herz so laut schlug, dass sie glaubte, er würde es hören.

„Miss Minns und ich werden heute Nachmittag nach Tregotha Point gehen , Vater", sagte sie; „Dort sind Blumen und wir werden Bücher mitnehmen. Nur ich werde zum Tee zurückkommen, und deshalb werden wir früh anfangen."

Er sagte nichts, sondern blickte auf die Tischdecke. Sie blickte sich im Raum um, als suchte sie nach einem Fluchtweg. Alles war so fröhlich, dass es sie zu verspotten schien, der rotgekachelte Kamin, die goldene Kugel der Lampe, der leuchtende Streifen blauen Himmels hinter dem Fenster.

„Tee, Vater?" Die Teekanne zitterte ein wenig in ihrer Hand. Sie konnte nicht sprechen; Als sich der Sturm näherte, schien eine tatsächliche Präsenz aus den Wolken zu kommen und ihr einen eisernen Griff aufzuerlegen. Es war schon eine Weile her seit dem letzten Mal, und sie begann zu hoffen, dass es nicht noch einmal passieren würde, und jetzt – Sie hatte Angst zu sprechen, damit ihre Stimme nicht zitterte. Das Lächeln auf ihren Lippen erstarrte.

„Nun", sagte er und sah sie über den Tisch hinweg an, „rede mit mir." Der Ausdruck, den sie so gut kannte, erschien auf seinem Gesicht; In seinen

Mundwinkeln lag ein kleines Lächeln, und seine Augen starrten direkt vor sich hin, als würde er an ihr vorbei in unendliche Weiten blicken.

„Nun", sagte er noch einmal, „warum redest du nicht?"

„Ich – habe nichts zu sagen", stammelte sie, „wir haben nichts getan."

Und dann brach plötzlich der Sturm los. Er stieß einen kleinen Schrei aus wie ein wildes Tier, und mit einer Handbewegung kippte der Tisch um und fiel zu Boden. Das Geschirr lag in Scherben auf dem blauen Teppich. Janet duckte sich mit dem Rücken zur Wand, aber er kam langsam um den Tisch herum auf sie zu. Sein Rücken war leicht gebeugt und sein Kopf nach vorne gestreckt wie ein Tier, das kurz vor dem Sprung steht.

Sie weinte bitterlich und hatte die Hände vors Gesicht gepreßt.

„Bitte, Vater", sagte sie, „ich habe nichts getan – ich wusste es nicht – ich habe nichts getan."

Sie sagte es immer wieder unter Tränen. Morelli kam zu ihr. „Da war ein Mann", sagte er zwischen den Zähnen, „ein Mann, den ich heute Morgen gesehen habe, und er hat Dinge gesagt. Oh! wenn ich ihn hier hätte!" Er lachte. „Ich würde ihn hier mit meinen Händen töten. Aber siehst du, du sollst nie wieder mit ihm reden, du gehst nicht in seine Nähe." Er sprach mit Leidenschaft.

Sie antwortete nicht. Er schüttelte ihre Schulter. „Nun, sprechen Sie, nicht wahr?" Er nahm ihren Arm, drehte ihn und schlug ihr dann, offenbar wahnsinnig über ihre Unbeweglichkeit und ihre Tränen, mit der Hand ins Gesicht.

Er ließ sie auf den Boden sinken und blickte dann einen Moment lang auf sie herab. Im Raum herrschte absolute Stille, ein Lichtstrahl fiel durch das Fenster, erwischte eine glänzende, zerbrochene Untertasse auf dem Boden, beleuchtete die roten Fliesen und funkelte an der gegenüberliegenden Wand. Janet schluchzte ganz leise und hockte mit dem Kopf in den Händen auf dem Boden. Er sah sie einen Moment lang an und schlich dann schweigend aus dem Zimmer.

Die Stille und der Frieden und das Zwitschern eines Vogels am Fenster brachten sie zur Besinnung. Das war schon so oft vorgekommen, dass es nicht lange dauerte, bis sie sich erholte. Sie stand von ihren Knien auf und wischte sich die Augen; Sie strich ihr Haar zurück und steckte die Nadeln vorsichtig hinein. Dann fühlte sie ihre Wange, wo er sie geschlagen hatte. Es passierte immer so, plötzlich, ohne jeglichen Grund. Sie wusste, dass es nicht an einem bitteren Gefühl gegen sie selbst lag. Alles, was ihm damals in den Weg kam, würde leiden, wie Miss Minns gelernt hatte. Zweifellos war sie jetzt mit verschlossener Tür in ihrem Zimmer.

Aber dieser Anlass war anders als alle anderen. Als es schon einmal passiert war, war die Einsamkeit das Schlimmste daran gewesen. Es kam ihr wie eine furchtbar trostlose Welt vor, und sie hatte endlose, trostlose Jahre vor sich liegen sehen, in denen sie schutzlos und ohne Freund seinem Temperament ausgeliefert war. Aber jetzt, da ihr Ritter gekommen war , machte es ihr überhaupt nichts mehr. Es würde nicht lange dauern, bis sie ganz entkommen konnte, und auf jeden Fall war er da, um Mitleid mit ihr zu haben und sie zu trösten. Sie würde ihm natürlich alles darüber erzählen, denn sie würde ihm alles erzählen. Sie empfand keine Wut gegen ihren Vater. Er war so; Sie wusste, wie es sich anfühlte, wütend zu sein, sie hatte als kleines Mädchen auf genau diese Weise geschrien, getrampelt und gebissen. Er tat ihr ziemlich leid, denn sie wusste, dass es ihm hinterher immer leid tat. Und dann war ich so erleichtert, dass es vorbei war. Das Schlimmste daran war zunächst dieser widerliche Schrecken, als sie nicht wusste, was er tun würde.

Sie stellte den Tisch wieder auf, sammelte die Geschirrteile vom Boden auf und trug sie in die Küche. Dann wischte sie die Teepfütze auf, die auf den Teppich getropft war. Danach merkte sie , dass sie hungrig war, dass sie überhaupt nichts gegessen hatte, und sie setzte sich und bereitete ein Picknick- Essen zu. Am Ende summte sie vor sich hin, als wäre nichts passiert.

Später nahm sie ihre Arbeit und setzte sich ans Fenster. Ihre Gedanken waren, wie es jetzt tatsächlich immer der Fall war, bei Tony. Sie erfand Geschichten für ihn, stellte sich vor, was er gerade tat und wie die Menschen waren, mit denen er sprach. Sie war sich immer noch sicher, dass er sie noch am Nachmittag besuchen würde. Dann öffnete sich die Tür und sie wusste, dass ihr Vater zurückgekehrt war. Sie drehte sich nicht um, sondern setzte sich mit dem Rücken zur Tür und blickte zum Fenster. Sie konnte eine Ecke der Straße mit ihrem glänzenden Kopfsteinpflaster, eine dunkle Ansammlung von Häusern und einen Streifen Himmel sehen. Der Lärm des Marktes drang aus der Ferne an sie heran, und ein Karren klapperte ganz, ganz leise um die Ecke; Das Geräusch des Bergbaustempels schwang wie ein Hammer durch die Luft.

Sie hörte, wie er durch den Raum ging und hinter ihr wartete. Sie hatte jetzt keine Angst vor ihm; Sie wusste, dass er zurückgekommen war, um sich zu entschuldigen . Sie hasste das genauso sehr wie die Wut, es schien genauso weh zu tun. Sie beugte ihren Kopf etwas tiefer über ihre Arbeit.

„Janet", sagte er flehend hinter ihr.

"Vater!" Sie drehte sich um und lächelte zu ihm hoch.

Er bückte sich und küsste sie. „Janet! Liebes, es tut mir so leid. Ich kann mir wirklich nicht vorstellen, warum ich wütend war. Du weißt, dass ich manchmal ungeduldig werde, und dieser Mann hat mich durch die Dinge, die er gesagt hat, wütend gemacht."

Er stand mit hängendem Kopf von ihr ab wie ein Kind, das darauf wartete, bestraft zu werden.

„Nein, Vater, bitte nicht." Sie stand auf und sah ihn an. „Du weißt, dass es sehr ungezogen von dir ist, und nachdem du letztes Mal so treu versprochen hast, dass du nicht noch einmal so wütend werden würdest. Es nützt nichts zu versprechen, wenn man es nie hält, wissen Sie. Und dann denken Sie an all das Porzellan, das Sie zerbrochen haben."

"Ja, ich weiß." Er schüttelte traurig den Kopf. „Ich weiß nicht, was es ist, meine Liebe. Es scheint mir nie besser zu gehen. Und ich meine nichts, wissen Sie. Ich meine wirklich nichts."

Aber sie zweifelte ein wenig daran, als sie ihn ansah. Sie wusste, dass er es nicht vergaß, obwohl seine Wut vielleicht verging. Sie hatte gewusst, dass er Dinge in seinem Kopf hegte, lange nachdem sie aus der Erinnerung des anderen Mannes verschwunden waren, und sie hatte gesehen, wie er sich rächte. Wer war dieser Mann, der ihn beleidigt hatte? Eine plötzliche Angst erfasste sie. Angenommen. . .

„Vater", sagte sie und sah zu ihm auf, „wer hat dir heute Morgen Dinge gesagt, die dich wütend gemacht haben?"

„Ach, das ist jetzt egal, Liebes", sagte er und verzog leicht die Lippen. „Wir werden es vergessen. Sehen Sie, es tut mir leid; Du hast mir vergeben?" Er setzte sich und zog sie zu sich. "Sehen! Ich bin einfach wie ein Kind. Ich bin wütend, und dann ist plötzlich alles vorbei." Er strich ihr mit der Hand übers Haar, beugte sich nieder und küsste ihren Hals. „Wo habe ich sie geschlagen? Armer Liebling! Da, auf der Wange? Arme kleine Frechheit! Aber schau! Schlag mich jetzt hart mit deiner Faust. Hier auf der Wange. Ich bin ein Rohling, ein Biest."

„Nein, Vater", lachte sie und löste sich von ihm, „es ist nichts! Ich habe es bereits vergessen. Nur, mein Lieber! All das zerbrochene Porzellan ! Was für ein Aufwand!"

„Nun, mein Lieber, egal, was die Kosten sind. Ich habe einen Plan und wir werden einen schönen Tag haben. Wir werden mit unserem Mittagessen in den Wald gehen und das Meer beobachten, und ich werde dir Geschichten erzählen und mit dir spielen. Was! Na, wird das nicht viel Spaß machen?"

Sein kleines gelbes Gesicht war voller Lächeln; Er summte eine kleine Melodie und seine Füße tanzten auf dem Boden. Er fuhr sich mit der Hand durchs Haar, sodass alles zu Berge stand. „Wir werden so ein Spiel haben", sagte er.

Sie lächelte. „Ja, lieber Vater, das wird schön sein. Nur werden wir heute Nachmittag zurück sein, weil vielleicht –"

"Oh! Ich weiß!" Er lachte sie aus. „Anrufer! Ja, natürlich. Wir werden hier sein, wenn sie kommen." Er lachte vor sich hin. „Ich fürchte, meine Liebe, du warst all die Jahre einsam. Ich hätte darüber nachdenken sollen, Ihnen Gefährten zu geben." Dann fügte er nach einer kleinen Pause hinzu: „Aber er ist ein netter junger Kerl, Mr. Gale."

Sie seufzte leicht erleichtert; dann war es nicht er, der sich an diesem Morgen mit ihrem Vater gestritten hatte. „Das wird großartig sein. Ich gehe sofort zum Mittagessen gehen." Sie bückte sich, küsste ihn und verließ dann singend den Raum.

Er konnte, wann immer er wollte, vollkommen entzückend sein, und dieser Nachmittag würde ihm gefallen, das wusste sie. Er war der größte Spaß der Welt. Armes Ding! Er würde hungrig sein! Er hatte kein Frühstück. Und er saß vor dem Fenster, lächelte und summte eine kleine Melodie vor sich hin. Die Sonne umhüllte seinen Körper mit ihrer Hitze, alle Lebewesen der Welt riefen nach ihm. Er sah vor sich endlose Landstriche, die lebendig und in der Sonne glänzten. Er starrte vor sich hin.

Es war Markttag und der Marktplatz war überfüllt. Janet liebte es und ihre Wangen waren gerötet, als sie durch die Reihe der Kabinen ging. Als sie den Turm überquerten, sah sie, dass sich jemand über den Stand beugte und mit der alten Obstfrau redete. Ihr Herz begann heftig zu schlagen; er trug keine Mütze, und sie hörte sein Lachen.

Er drehte sich plötzlich um, als wüsste er, wer es war. Das Licht flammte plötzlich in seinen Augen auf und er trat vor:

„Guten Morgen, Herr Morelli", sagte er.

Auf dem überfüllten Marktplatz war sie das Einzige, was er sah. Sie trug ein weißes Musselinkleid mit roten Rosen darauf und über ihrem Arm hing der Korb mit dem Mittagessen; Ihr Haar kam in kleinen goldenen Locken unter ihrem breiten Hut hervor.

Aber sie stellte fest, dass sie nicht wusste, was sie sagen sollte. Das war eine große Überraschung für sie, denn wenn sie allein in ihrem Zimmer an ihn gedacht hatte, hatte sie immer viel zu sagen und viele Fragen zu stellen.

Aber jetzt stand sie in der Sonne und ließ den Kopf hängen. Morelli beobachtete sie beide.

stammelte Tony. „Guten Morgen, Miss Morelli. Ich – ich kann meine Mütze nicht abnehmen, weil ich keine habe. Ist das nicht ein toller Tag?" Er streckte seine Hand aus und sie nahm sie, und dann lachten beide. Die alte

Frau hinter ihnen mit ihrem roten Schirmhut schrie: „Äpfel und O-Ranges! Feine reife Trauben!"

„Wir machen ein Picknick, Vater und ich", sagte Janet schließlich. „Wir haben Mittagessen in diesem Korb. Es ist ein Tag, an dem man einfach nicht drinnen sein darf!"

"Oh! Ich weiß", er blickte hungrig auf den Korb, als hätte er ihm am liebsten vorgeschlagen, auch mitzukommen. „Ja, es ist ein toller Tag." Dann sah er sie an und zuckte zusammen. Sie hatte geweint. Sie lächelte und lachte, aber er konnte sehen, dass sie geweint hatte. Der bloße Gedanke daran brachte sein Blut zum Kochen; Wer hatte sie zum Weinen gebracht? Er blickte Morelli schnell an; War er es? Vielleicht war es Miss Minns ? oder vielleicht ging es ihr nicht gut, aber er musste wissen, ob sie unglücklich war; er würde es herausfinden.

„Ich wollte heute Nachmittag vorbeikommen, Mr. Morelli", sagte er, „ Maradick und ich …" . . aber wenn du den Tag im Wald verbringst, einen anderen Tag …"

„Oh nein", sagte Morelli lächelnd, „wir werden um vier wieder zurück sein. Wir werden nur zu Mittag essen. Wir würden uns freuen, Sie und Ihren Freund zu sehen." Dann verabschiedeten sie sich und Tony sah ihnen nach, als sie den Marktplatz verließen. Während sie durch die Stadt gingen, redeten sie nicht viel, jeder von ihnen hatte seine eigenen Gedanken. Janet war sehr glücklich; Er kam zum Tee, und sie würden reden können. Aber wie albern sie war, ihr fielen plötzlich hundert Dinge ein, die sie ihm am liebsten gesagt hätte. Sie bogen von der harten, weißen Straße ab, die über dem Meer verlief, und folgten einer schmalen Gasse. Es war tief von Karrenspuren durchzogen und die Bäume hingen so dicht darüber, dass es ziemlich dunkel war. Es schlängelte sich an den Hängen eines grünen Hügels entlang und tauchte dann plötzlich in das Herz eines Waldes ein. Hier gab es Kiefern und eine breite Allee, über die sie gingen und die Nadeln unter ihren Füßen zerquetschten. Die Bäume trafen sich in einem grünen Farbteppich über ihren Köpfen, und durch ihn funkelte die Sonne in goldenen Sternen und breiten Lichtflecken. Die Allee wurde zu einem schmalen Pfad und endete dann plötzlich in einem runden grünen Hügel, der bucklig war wie der Rücken eines Kamels. Das Gras war von einem sanften, samtigen Grün, und die Bäume standen wie Wächter auf allen Seiten, aber vorne teilten sie sich und es bot sich eine wundervolle Aussicht. Der Hügel befand sich oben auf dem Hügel, und man konnte über die Bäume des Waldes direkt nach unten auf das Meer sehen. Rechts war eine weitere Lichtung und eine kleine Bucht aus weißem Sand und braunen Felsen glänzte in der Sonne. Es herrschte vollkommene Stille, abgesehen von einer leichten Brise, die die Bäume so hin und her bewegte, dass sie sich bewegten wie der Atem eines Schläfers.

Janet und ihr Vater kamen immer hierher. Danach sollte sie sehr viele Städte und Länder sehen, aber dieser grüne Wald blieb für sie immer das Vollkommenste auf der Welt. Es war so still, dass man, wenn man den Atem anhielt, das leise Flüstern der Wellen über dem Kies und das Rauschen des Bergbaustempels hören konnte. Es war ein wunderbarer Ort zum Flüstern; Die Bäume, das Meer, die Vögel und sogar die Blumen schienen Geheimnisse zu erzählen, und Janet hatte immer geglaubt, dass sie, wenn sie lange genug schweigend dalag, wie der Mann im Märchen hören würde, was sie sagten. Sie bemerkte, dass sie immer mehr zu hören schien, wenn sie mit ihrem Vater zusammen war. Sie war manchmal mit Miss Minns dorthin gegangen und hatte sich gefragt, wie sie so fantasievoll sein konnte. Es hatte überhaupt nichts geflüstert, und Miss Minns hatte Kopfschmerzen gehabt. Aber heute schien alles eine neue Bedeutung zu haben; Ihr Treffen mit Tony hatte ihm eine Farbe verliehen , eine Intensität, die es zuvor nicht gehabt hatte. Es war, als wüssten sie alle – das Meer, der Himmel, die Bäume, die Tiere –, dass sie einen Ritter bekommen hatte und würden ihr gerne sagen, wie froh sie waren.

Morelli saß mit untereinander gekreuzten Beinen auf dem höchsten Gipfel des Hügels. Er war in Bestform; fröhlich, lachend, wie ein Kind die Tannennadeln in die Luft werfend, ein kleines Lied singend.

„Komm her, meine Liebe, und rede mit mir." Er machte ihr neben sich Platz. „Alles singt heute. Auf einem Baum über uns sitzt ein Vogel, der mir gerade erzählt hat, wie glücklich er ist. Ich hoffe, du bist glücklich, meine Liebe."

„Ja, Vater, sehr." Sie stieß einen kleinen, zufriedenen Seufzer aus und legte sich neben ihn ins Gras.

„Nun, schämen Sie sich nicht, es zu zeigen. Habe deine Gefühle und zeige sie. Egal was sie sind, aber decken Sie sie nicht ab, als hätten Sie Angst, dass sie sich erkälten könnten. Es macht Ihnen nichts aus, intensiv zu fühlen, intensiv zu verletzen, intensiv zu lieben. Es ist eine Welt der Emotionen, nicht der Täuschung."

Sie schenkte ihm nie große Aufmerksamkeit, wenn er über Lebensregeln sprach. Das Leben schien ihr im Moment eine so einfache Angelegenheit zu sein, dass Regeln nicht nötig waren; Die Leute haben sich so viel Mühe gemacht.

Sie lehnte sich zurück und starrte direkt in das Herz des Himmels. Zwei kleine Wölkchen wölbten sich wie Kissen vor dem Blau; Die harte, scharfe Linie der Kiefern schnitt in den Raum, und sie bewegten sich langsam zusammen, wie das sanfte Öffnen und Schließen eines Ventilators.

„Ich kannte einmal einen Ort wie diesen", sagte Morelli. „Es war in Griechenland. Ein grüner Hügel mit Blick auf das Meer und darauf eine weiße Statue; Sie kamen, um dort ihren Gott anzubeten."

„Was ist das für ein Gerede von Gott?" fragte sie ihn, stützte sich auf einen Ellbogen und sah zu ihm auf. „Du hast es mir nie erzählt, Vater, aber natürlich habe ich gelesen und die Leute reden hören. Wer ist Gott?"

Sie fragte es mit nur sehr trägem Interesse. Sie hatte nie über die Zukunft spekuliert. Die Welt war so wunderbar, und es gab überall um sie herum so viele Dinge, über die sie nachdenken musste, dass es ihr so vorkam, als würde sie über etwas diskutieren, das sie am Ende ihres Lebens betreffen würde, wenn die ganze Welt dunkel und sie alt und hilflos war absurd. Sie wollte, dass das Ende dann kam, wenn sie taub, blind und kalt war; Sie würde die junge Farbe und Intensität ihres Lebens nicht dadurch verderben , dass sie darüber nachdachte. Aber als Tony plötzlich eintrat, kam die Frage erneut in den Vordergrund. Sie würden nicht ewig leben ; Das Leben kam ihr sehr lang vor, aber die Zeit musste kommen, in der sie sterben würden. Und dann? Wer war dieser Gott? Würde Er dafür sorgen, dass sie und Tony danach zusammen waren? Wenn ja, würde sie Ihn anbeten; Sie brachte ihm Blumen und zündete Kerzen an, wie Miss Minns es tat. Als sie dort saß und die Wälder und das Meer hörte , dachte sie, dass die Antwort irgendwo darin liegen musste. Er muss diese Farbe und diesen Klang erzeugt haben , und wenn das so wäre, könnte Er nicht unfreundlich sein. Sie beobachtete die beiden Wolken; Sie waren zu Schalen angeschwollen, ihre Farbe war blass cremefarben und die Sonne ließ ihre Außenränder in ein sehr schwaches Gold übergehen.

"Wer ist Gott?" sagte sie noch einmal.

Morelli sah sie an. „Es waren einmal Götter", sagte er. „Damals waren die Menschen treu und sahen klar. Jetzt ist die Welt düster, wegen der Sünde, die sie zu begehen glaubt, oder weil das Vergnügen sauer geworden ist. Dann kamen sie mit ihren Liedern und Blumen auf den Hügel, und mit dem Himmel an ihrer Spitze und dem Meer zu ihren Füßen priesen sie den Gott, den sie kannten. Jetzt –" Er starrte grimmig vor sich hin. "Oh! diese Leute!" er sagte.

Sie fragte ihn nicht mehr . Sie konnte nicht verstehen, was er gesagt hatte, und sie fürchtete, ihre Fragen könnten seine Wut erneut hervorrufen. Aber die Frage war da; Es gab viele neue Fragen, und sie sollte ihr Leben damit verbringen, sie zu beantworten.

So aßen sie zu Mittag, während sich die beiden Wolken in drei teilten und mit weißen Schleppen vor der Sonne tanzten; Andererseits waren sie Schwäne und verschwanden mit stolz gebogenen Hälsen im Weltraum.

„Vater", sagte Janet mit zerstreuter Miene, als würde sie an jemand anderen denken, „Finden Sie, dass Mr. Gale gutaussehend ist?"

„Ja, Schatz", antwortete er. „Er ist jung, sehr jung, und das ist alle Blicke der Welt wert."

„Ich finde, er sieht sehr gut aus", sagte sie und starrte vor sich hin.

„Ja, Liebes, das weiß ich."

„Magst du ihn, Vater?"

"Natürlich." Morelli lächelte. „Ich sehe euch gerne zusammen."

„Und Mr. Maradick , Vater? Was denkst du über ihn?"

„Armer Herr Maradick !" Morelli lachte. „Er wird eine schlechte Zeit haben; Für manche Menschen kommt das Leben zu spät."

„Ja, ich mag ihn", sagte Janet nachdenklich, „ich weiß, er ist nett, aber er ist alt; er ist älter als du, Vater."

„Er wird jünger sein, bevor er Treliss verlässt ", sagte Morelli.

Nach dem Mittagessen holte er seine Flöte aus der Tasche.

Sie lag regungslos da, die Arme hinter dem Kopf verschränkt; sie wurde Teil der Landschaft; Ihr weißes Kleid umgab sie wie eine Wolke, ihr Haar breitete sich wie Sonnenlicht über das Gras aus, und ihre Augen starrten strahlend in den Himmel. Er saß mit gekreuzten Beinen auf dem schwellenden Gras und starrte auf die Baumwipfel und die Wellen des Meeres. Kein Teil von ihm bewegte sich außer seinen Fingern, die auf der Flöte funkelten; Die Melodie war ein kleiner fröhlicher Tanz, der in der Luft glitzerte und alle Bäume in Bewegung zu setzen schien, sogar die drei kleinen Wolken kamen wieder zurück und lagen wie monströse weiße Vögel am Himmel.

Die beiden Figuren wurden in das umliegende Land aufgenommen. Sein braunes Gesicht und seine spitze Nase schienen zum Boden zu gehören, auf dem er saß; Die Rosen auf ihrem Kleid schienen um sie herum zu wachsen, und ihre Haare lagen um sie herum wie Narzissen und Primeln. Die fröhliche Melodie tanzte weiter, und die Sonne ging hoch über ihren Köpfen auf; Wie ein Schleier erhob sich ein Nebel aus dem Meer und hüllte, von Farbe durchzogen von Blau und Grün, den Wald ein.

Dann gab es heimliche Bewegungen der beiden Gestalten. Vögel, Drosseln, Buchfinken, Spatzen hüpften über das Gras. Eine Taube gurrte leise über seinem Kopf; Zwei Kaninchen lugten aus dem Unterholz hervor. Sie wurden mutiger, und ein Spatz hüpfte mit schief liegendem Kopf auf Janets Kleid.

Weitere Kaninchen kamen, und die Taube flog mit einem sanften Flügelschlag zu Morellis Füßen herab. Das Gras war bald mit Vögeln übersät, ein Eichhörnchen rannte einen Baumstamm hinunter und blieb mit dem Schwanz in der Luft stehen, um zu lauschen. Die Vögel wurden mutiger und hüpften auf Morellis Knie; Ein Spatz stand einen Moment lang auf Morellis Kopf und flog dann davon.

Janet zeigte sich über diese Dinge nicht erstaunt. Sie hatte ihren Vater schon oft mit den Tieren spielen sehen, und sie waren gekommen. Plötzlich stieß er einen schrillen, misstönenden Ton aus, und mit einem Surren ihrer Flügel waren die Vögel und die Kaninchen verschwunden.

Er steckte seine Flöte in die Tasche.

„Es ist fast vier Uhr“, sagte er.

„Vater“, sagte sie, als sie den Hügel hinuntergingen, „können andere das tun?“ Lass die Vögel und Tiere kommen?“

„Nein“, sagte er.

"Warum nicht? Was machst du?“

„Das ist nichts, was ich tue“, sagte er. „Das ist es, was ich bin. Mach dir darüber keine Sorgen, meine Liebe. Sagen Sie nur nicht, dass alles unmöglich ist. „Es gibt mehr im Himmel und auf Erden, als man sich in der Philosophie erträumt“ jener Leute, die glauben, so viel zu wissen. Glauben Sie niemals etwas, meine Liebe. Es stimmt alles und noch viel mehr.“

Währenddessen schleppte Tony einen widerstrebenden Maradick zum Tee. „Sie wollen mich nicht“, sagte er, „du machst mich furchtbar unbeliebt, Tony, wenn du mich weiterhin dorthin schleppst.“

„Ich habe ihnen gesagt, dass du kommst“, sagte Tony entschlossen. „Und natürlich bist du das. Es gibt einfach jede Menge Gründe. Die Handlung verdichtet sich wie alles andere, und es ist absurd, so zu tun, als wäre man nicht dabei, denn das ist bis zum Hals der Fall. Und jetzt werde ich Ihnen meine Gründe nennen. An erster Stelle steht die Mutter. Beim Picknick gestern bemerkte Alice, dass da noch jemand anderes war; Natürlich wird sie mit der Mutter sprechen, wahrscheinlich hat sie schon gesprochen. Wie ich dir bereits gesagt habe, hat sie vollkommenes Vertrauen zu dir, und solange du da bist, ist es vollkommen richtig, aber wenn du mich verlässt , wird sie anfangen, sich den Kopf zu zerbrechen. Andererseits ist da noch Janet selbst. Ich möchte, dass sie dich kennenlernt und dir vertraut. Sie wird sich genauso sehr wie ich jemanden wünschen, der älter ist, wahrscheinlich sogar noch mehr, weil sie ein Mädchen und ein schreckliches Kind ist. Oh! verrotten! Ich bin nicht in der Lage, es zu erklären, und die Situation ist äußerst schwierig. Nur wie kann sie dir und dem Rest überhaupt vertrauen, wenn sie dich nie sieht? Und zu guter Letzt bin ich da. Ich möchte, dass Sie sehen, wie die Sache läuft, damit wir darüber reden können. Da ist etwas nicht stimmt, ich weiß, ich konnte heute Morgen sehen, dass sie geweint hatte. Ich glaube, Morelli ist ihr gegenüber scheußlich oder so. Wie auch immer, du bist gebunden und verpflichtet und alles, und du bist ein verdammter alter Ziegelstein, so anständig damit umzugehen", am Ende packte Tony, atemlos vor Streit und Aufregung, Maradick am Arm und zerrte ihn weg.

Aber Maradick hatte viel zu bedenken, und nicht nur aus diesem Grund zögerte er, weil er wirklich nicht bereit war, die Morellis zu besuchen.

Und die Teeparty war ein voller Erfolg. Alle waren in bester Laune und die Zurückhaltung, die beim ersten Mal noch ein wenig da gewesen war, war nun ganz verschwunden. Die Sonne strömte in den Raum und schien so, dass alles in Farbe brannte . Maradick spürte erneut, wie perfekt es für die beiden war, die sein Zentrum bildeten : Der blau gekachelte Kamin, das fantastische blau-weiße Porzellan an den Wänden und das tiefe Blau des Teppichs gaben dem Hintergrund die richtige Note. Auf dem Tisch gaben das Teegeschirr, die alte silberne Teekanne und das Milchkännchen, alte rote und weiße Teller und eine riesige Schüssel mit brennenden Mohnblumen die Farbe . Dann sah man vor dem blauen Himmel und den dunkelbraunen Dächern hinter dem Fenster Janet mit ihren goldenen Haaren und dem weißen Kleid mit den rosa Rosen. Miss Minns war die einzige dunkle Gestalt im Raum und schien kaum eine Rolle zu spielen. Die einzigen Worte, die sie sprach, richteten sich an Maradick : „Einen Penny für ein Pfund", schleuderte sie ihm plötzlich eine Geschichte über die Ausgaben von Epsom zu und hatte dann offenbar das Gefühl, dass sie zu viel gesagt hatte, und schwieg die ganze Zeit Rest des Nachmittags.

Morelli zeigte sich von seiner allerliebsten Seite und zeigte, wie angenehm er als Begleiter sein konnte. Maradick empfand immer noch das gleiche Misstrauen ihm gegenüber, aber er musste gestehen, dass er noch nie zuvor jemanden getroffen hatte, der so unterhaltsam war. Sein Wissen über andere Länder schien unerschöpflich; Er war überall gewesen und hatte eine Art, Dinge und Orte zu beschreiben, die sie direkt in den Raum brachten, so lebendig waren sie.

Seine Lebensphilosophie im Allgemeinen erschien an diesem Nachmittag angenehm und freundlich. Er sprach von Männern, die mit Mitleid und großer Nächstenliebe versagt hatten; Er schien seine Zuneigung auf alle auszudehnen und sagte mit einem Lächeln: „Es ging nur darum, die Leute zu kennen; im Herzen waren sie alle gute Kerle."

Maradick während all dieser Zeit das Gefühl, auf unerklärliche Weise ein Spiel zu spielen. Der Mann glich eher einem Kind, das sich als Erwachsener ausgab und redete, wie er es von seinen Älteren gehört hatte. Er verspürte den Impuls zu sagen: „Schau her, Morelli, es ist langweilig, dass du furchtbar so redest, du bist überhaupt nicht interessiert, wirklich und wahrhaftig, und wir spielen dieses Spiel nur als Hintergrund für die anderen beiden."

Und tatsächlich kam es dazu; Das war Maradicks unmittelbares Problem, das vor allen anderen gelöst werden musste. Was hielt Morelli von seiner Tochter und Tony? Morelli wusste natürlich genau, was los war. Man konnte es in ihren Augen sehen. Und soweit Maradick sehen konnte, gefiel es ihm offenbar und er wollte, dass es so weiterging. Warum? Wollte er, dass sie heirateten? Nein, das glaubte Maradick nicht. Er beobachtete sie mit einem neugierigen Lächeln; Was wollte er?

Und sie, das unglaubliche Paar mit ihrer unglaublichen Jugend, schwiegen derweil. Es geschah nicht aus Zwang, sondern vielleicht eher aus ihrem überströmenden Glück. Tony lächelte die ganze Welt breit an, und hin und wieder hefteten sich seine Augen mit einem Ausdruck sicherer Besessenheit auf ihr Gesicht, in dem Blick, mit dem sie ihn begrüßt hatte, hatte er alles gesehen, was er wissen wollte.

Dann drehte sie sich zu ihm um. „Oh, Mr. Gale, Sie haben den Garten, unseren Garten, nicht gesehen. Das musst du wirklich. Es ist klein, aber süß. Kommen Sie, Herr Maradick ?"

Ihr Vater sah lächelnd zu ihr auf. „Du nimmst Mr. Gale, Liebes. Wir folgen gleich." Und so gingen sie zusammen aus. Er dachte, dass er noch nie einen so süßen Ort gesehen hatte. Die hohen Mauern bestanden aus alten roten Ziegelsteinen, der Rasen erstreckte sich über die gesamte Länge und um ihn herum verlief ein brauner Kiesweg . In einer Ecke stand ein riesiger Maulbeerbaum, der schwer zur Seite geneigt war und von alten Holzpfählen getragen und von Metallbändern zusammengehalten wurde. Unmittelbar unter der Mauer und entlang der gesamten Länge des Gartens befand sich ein Blumenbeet voller Stiefmütterchen, Stockrosen und Kapuzinerkresse; es war ein Farbenfeuer vor dem alten Rot der Mauer und hinter dem Grün des Rasens.

Unter dem Maulbeerbaum befand sich ein Sitzplatz, und sie setzten sich nahe genug hin, dass Tonys Herz tatsächlich heftig schlagen ließ.

„Oh, es ist perfekt!" sagte er mit einem Seufzer.

„Ja, es ist sehr schön, nicht wahr? Ich habe noch nie einen anderen Garten gekannt, und jetzt wissen Sie nicht, wie schön es ist, jemanden zu haben , dem man ihn zeigen kann. Ich hatte noch nie jemanden, dem ich es zeigen konnte . "

Vom Garten aus sah das alte Haus wunderschön aus. Seine Wände wölbten sich ihnen in seltsamen Kurven und Winkeln entgegen, es schien wie eine schützende Gottheit über dem Rasen zu hängen. Das Licht der Sonne fiel auf die Fenster und sie leuchteten rot und golden.

„Gefällt es dir, wenn ich es dir zeige?" er sagte.

„Natürlich", antwortete sie.

Beide fühlten sich plötzlich unwohl. Alles um sie herum schien von höchster Bedeutung erfüllt zu sein. Sie begannen, sich gegenseitig immer unsicherer zu fühlen. Vielleicht hatten sie die Schilder doch falsch gelesen. Janet dachte plötzlich, dass sie keine anderen jungen Männer gekannt hatte und dass sie schließlich alle die Angewohnheit hatten, zu lächeln und freundlich auszusehen. Vielleicht war es nur Höflichkeit und bedeutete wahrscheinlich überhaupt nichts. Sie war viel zu voreilig gewesen; Sie warf einen verstohlenen Blick auf ihn und stellte sich vor, dass er ein wenig gelangweilt aussah.

„Es ist viel schöner", sagte sie etwas kühl, „im Sommer als im Winter."

Er sah sie einen Moment lang an und brach dann in Gelächter aus. „Ich sage", sagte er, „lasst uns nicht anfangen, höflich zueinander zu sein, wir sind Freunde." Weißt du, wir haben neulich einen Vertrag gemacht. Wir haben so viel zu besprechen, dass wir keine Zeit verlieren dürfen."

"Oh! Ich bin so froh", seufzte sie erleichtert; „Sehen Sie, ich kenne so wenige Leute, dass ich überhaupt nicht wusste, ob ich das Richtige tat. Du sahst ein bisschen so aus, als ob du gelangweilt wärst."

"Von Jove!" er sagte. „Ich sollte nicht denken. Weißt du, es ist das Aufregendste auf der Welt, zu dir zu kommen und mit dir zu reden, und ich habe mich seit dem letzten Mal gefragt, wie schnell es dauern würde, bis ich wieder zu dir kommen und mit dir reden könnte. Und wenn Ihnen mein Kommen gefällt, ist es einfach großartig."

„Nun, bitte kommen Sie öfter", sagte sie lächelnd. „Ich habe nicht viele Freunde und wir scheinen über so viele Dinge das Gleiche zu denken."

„Nun, ich liebe diesen Ort und diesen Garten und alles, und ich gehe davon aus, dass ich oft kommen werde."

"Oh! Ich finde dich wunderbar!" Sie sagte.

„Nein, bitte nicht." Er beugte sich zu ihr und berührte ihre Hand. „Das liegt nur daran, dass du nicht viel andere Leute gesehen hast. Ich bin ein schrecklich gewöhnlicher, ganz gewöhnlicher Kerl. Ich würde wirklich furchtbar krank werden, wenn ich Zeit hätte, darüber nachzudenken, aber es passiert so viel, dass man sich einfach nicht darum kümmern kann. Aber du wirst mir viel Gutes tun, wenn du mich kommen lässt."

" ICH! „Sie öffnete ihre Augen weit. „Wie lustig du bist! Ich bin für niemanden von Nutzen."

„Wir sind beide äußerst bescheiden", sagte er lächelnd, „und wenn die Leute sagen, wie mies sie sind, meinen sie im Allgemeinen genau das Gegenteil. Aber das tue ich nicht wirklich. Das meine ich absolut." Dann senkte er seine Stimme. „Wir sind Freunde, nicht wahr?"

„Ja", sagte sie sehr leise.

"Stets?"

"Ja immer."

Seine Hand nahm ihre sehr sanft. Bei der Berührung ihrer Finger begann sein Herz plötzlich so heftig gegen seine Brust zu hämmern, dass er es nicht mehr hören konnte, ein Zittern erschütterte seinen Körper, er senkte den Kopf.

„Ich bin ein furchtbar armer Kerl", sagte er flüsternd.

Der Maulbeerbaum, der Rasen, die leuchtenden Fenster, die Blumen fingen den Ton ein und senkten sich für einen Moment wie eine brennende Wolke über die beiden, dann erlosch das Licht.

Im grünen Wald, auf der Anhöhe, spielte eine leichte Brise mit den Baumwipfeln; Unten, weit unten, glänzte der weiße Strand in der Sonne und die Wellen kräuselten sich in tanzenden Reihen über das Blau.

Zwei Kaninchen bildeten sich für einen Moment ein, sie hörten die Melodie, die sie früher am Tag bezaubert hatte. Sie krochen hinaus, um nachzusehen, aber auf dem Hügel war niemand.

KAPITEL X

IN DEM JEDER DIE NACHWIRKUNG SPÜRT

DAS PICKNICK

In der Zwischenzeit blieb das Picknick für andere außer Maradick eine Interpretation. Lady Gale saß am Abend des folgenden Tages und sah zu, wie die Sonne hinter der Hängebirke versank. Sie hatte sich früher als sonst für das Abendessen angezogen, und jetzt war es Viertel vor acht und sie war immer noch allein in dem allmählich dunkler werdenden Raum.

Mrs. Lester kam herein. Sie war in Hellblau gekleidet und bewegte sich mit der sicheren Selbstsicherheit, die eine Frau immer hat, wenn sie weiß, dass sie perfekt gekleidet ist.

„Meine Liebe", sagte sie, beugte sich herab und küsste Lady Gale, „ich bin heute Abend absolut reizend, und es hat keinen Zweck, mir zu sagen, dass es nur Eitelkeit ist, weil ich ganz genau weiß, dass ich die Echte bin." richtig, wie Henry James sagen würde, wenn er mich sehen würde."

„Ich kann es nicht sehen, Liebes", sagte Lady Gale, „aber so wie ich es sehen kann, gefällt mir das Kleid."

„Oh, es ist Perfektion! Das Einzige ist, dass es hier unten so eine Verschwendung zu sein scheint! Es gibt niemanden, den es im Geringsten interessiert, ob du ein Schrecken bist oder nicht."

„Das gibt es jedenfalls, Fred", sagte Lady Gale.

„Oh, Fred!" sagte Frau Lester verächtlich. „Er würde es nie sehen, wenn man es ihm direkt vor die Nase halten würde. Er kann seine Leute in seine Romane hineinziehen, aber er hat nie die geringste Ahnung, was seine Frau vorhat."

„Er weiß mehr als Sie denken", sagte Lady Gale.

„Oh, ich kenne Fred ziemlich gut; „Außerdem", fügte Mrs. Lester hinzu und lächelte ein wenig, „hat er es im Moment nicht verdient, dass etwas für ihn getan wird." Er war in den letzten Tagen sehr böse und böse."

Sie saß auf einem Hocker zu Lady Gales Füßen, die Hände um die Knie geschlungen, den Kopf zurückgeworfen und ihre Augen leuchteten; Sie sah eher aus wie ein verärgertes, mürrisches Kind, dem etwas verweigert wurde, was es wollte.

Lady Gale seufzte einen Moment und blickte in die Dämmerung hinaus; Im dunkelblauen Himmel funkelten zwei Sterne. „Kümmere dich darum, Liebes", sagte sie.

"Von was?" sagte Frau Lester und blickte auf.

„Liebe, wenn du sie hast." Lady Gale streckte ihre Hand aus und berührte Mrs. Lesters Arm. „Du weißt ganz genau, dass du Fred hast. Spiel nicht damit."

„Fred liegen seine Bücher am Herzen", sagte Mrs. Lester langsam. „Ich glaube nicht, dass er sich im Geringsten um mich kümmert."

„Oh, du weißt, das ist nicht wahr. Du bist gerade sauer und er auch, und ihr stellt euch beide Dinge vor. Aber tief in deinem Herzen bist du dir dessen absolut sicher."

Frau Lester zuckte mit den Schultern.

„Ich fürchte, dass ich ermüdend sein könnte", sagte Lady Gale sanft, „aber, meine Liebe, ich lebe schon so lange und ich weiß, dass es selten genug ist, den richtigen Mann zu treffen." Du hast ihn, und du bist so sicher, dass er Recht hat, dass du denkst, dass du damit spielen kannst, und es ist gefährlich."

„Ich bin mir nicht ganz sicher", sagte Mrs. Lester.

„Oh, das bist du, natürlich bist du das. Du weißt, dass Fred dir ergeben ist und dass du Fred ergeben bist. Nur ist es ziemlich langweilig, dass alles so nüchtern und stabil verläuft, und man meint, es würde Spaß machen, sich mit ihm zu streiten und ihm Sorgen zu machen. Manchmal bist du verärgert, weil du denkst, dass er dir nicht genug Aufmerksamkeit schenkt, und bildest dir ein, dass andere Männer dir mehr schenken würden, und er ist sehr geduldig."

„Oh, Sie wissen nicht, wie nervig er manchmal sein kann", sagte Mrs. Lester kopfschüttelnd. „Wenn er sich in seinen dummen Büchern verschließt und nicht merkt, dass ich überhaupt da bin."

„ Natürlich weiß ich es", sagte Lady Gale. „Alle Männer sind nervig und das gilt auch für alle Frauen. Jeder, mit dem wir leben müssen, wird es zwangsläufig tun; Das ist der Sinn des Miteinanderreibens. Die Ehe erscheint dumm genug und langweilig genug und nervig genug, aber tatsächlich wäre es noch viel schlimmer, wenn der Mann überhaupt nicht da wäre; ja, so unrecht der Mann auch haben mag. Wir müssen lernen, durchzuhalten; Egal, ob *es* sich um einen Pickel auf der Nase oder um einen Ehemann handelt."

„Oh, es ist so einfach zu reden." Mrs. Lester schüttelte ungeduldig die Schultern. „Man hat Theorien und es ist sehr schön, sie zu verbreiten, aber in der Praxis sieht es ganz anders aus. Fred war in den letzten Tagen absolut scheußlich."

„Nun", sagte Lady Gale, „laufen Sie nicht Gefahr, ihn zu verlieren. Das meine ich ganz ernst. Man denkt, dass man einen Mann so sicher hat, dass man jedes beliebige Spiel spielen kann, und dann ist der Mann plötzlich weg; und dann, meine Liebe, tut es dir leid."

„Du meinst es heute Abend furchtbar ernst. Ich wollte mich amüsieren, und stattdessen sprichst du, als stünde ich kurz vor etwas Schrecklichem. Ich bin kein bisschen. Nur Fred ist sauer."

„ Natürlich glaube ich nicht, dass dir etwas Schreckliches bevorsteht." Lady Gale bückte sich und küsste sie. „Es ist nur so, dass Treliss ein lustiger Ort ist. Es hat seine Wirkung – na ja, das ist ziemlich schwer zu sagen –, aber es geht wohl auf unsere Nerven. Wir sind alle aufgeregt und würden hier vielleicht Dinge tun, von denen wir nirgendwo anders träumen würden. Hier sieht es anders aus." Sie hielt einen Moment inne und fügte dann hinzu: „Das ist alles ziemlich besorgniserregend."

„Liebes, ich bin ein Schwein", sagte Mrs. Lester, beugte sich vor und küsste sie. „Kümmere dich nicht um mich und meine kleinen Dinge. Aber warum machst du dir Sorgen? Ist es Tony?"

„Nun, ich nehme an, das ist es", sagte Lady Gale langsam; „Es ist ziemlich albern von mir, aber wir tappen alle eher im Dunkeln. Niemand weiß, was die anderen tun. Und dann ist da noch Alice."

„Was genau hat sie damit zu tun?" fragte Frau Lester.

„Meine Liebe, sie hat alles." Lady Gale seufzte. Als Sie in der Stadt waren, haben Sie sicher gehört, dass sie mehr oder weniger Tony „zugeteilt" wurde. Natürlich hatte es sich nicht wirklich um konkrete Worte gekümmert, aber es war sehr allgemein verständlich. Ich selbst hatte keinerlei Zweifel an der Sache. Sie sollten hierher kommen, um alles in Ordnung zu bringen. Tatsächlich hat die Tatsache, dass ich hierher gekommen bin, die ganze Sache zunichte gemacht."

„Ja, natürlich hatte ich etwas gehört", sagte Frau Lester. „Tatsächlich hatte ich mich eher gefragt . Natürlich konnte ich sehen, dass es sozusagen nicht abging."

"NEIN. Etwas ist mit Tony passiert, seit er heruntergekommen ist, und auch mit Alice. Aber zunächst machte ich mir keine Sorgen; Tatsächlich war ich, ganz unter uns, ziemlich froh. In der Stadt war keiner von ihnen besonders begeistert davon; Man hielt es für eine geeignete Sache, und sie wollten sich darauf einlassen, und sie waren beide so nett, dass sie es hinterher gleich weitergeführt haben. Aber das war nicht die Art von Ehe, die ich mir für Tony gewünscht hatte. Er ist ein zu großartiger Kerl, um sich in so etwas zu verlieren und unterzugehen; es ist zu gewöhnlich, zu eintönig.

Und als er hierher kam, sah ich sofort, dass etwas passiert war, und ich war froh."

„Ich! verstehe", sagte Mrs. Lester mit leuchtenden Augen.

„Aber ich habe ihn nichts gefragt. Das war schon immer unser Plan, dass er es mir sagt, wenn er will, aber ansonsten lasse ich es sein. Und es hat hervorragend funktioniert. Er hat es mir immer gesagt. Aber dieses Mal ist es etwas anders. Sobald er mir etwas sagte, sollte ich handeln müssen. Wenn er mir sagen würde, wer das Mädchen ist , müsste ich sie sehen, und dann muss ich es meinem Mann sagen. Sobald ich davon erfahre, werde ich zur Familie, und ich *hasse* die Familie."

Mrs. Lester konnte fühlen, wie Lady Gales Hand auf ihrem Arm zitterte. „Oh mein Lieber, du weißt nicht, was es schon immer war. Bevor Tony kam, war das Leben eine Lüge, eine Lüge von Anfang an. Ich war gezwungen zu essen, zu schlafen, zu heiraten und Kinder zu gebären, so wie es die Familie verlangte. Alles sollte mit einem Blick auf die Welt und einem anderen auf Anstand geschehen. Ich war damals heiß und ungestüm, jetzt werde ich alt und ruhig genug, Gott weiß; Ich habe meine Lektion gelernt, aber oh! es erforderte einiges Lernen. Rupert war wie die anderen; Ich sah bald, dass es dort keine Steckdose gab. Aber dann kam Tony und es gab etwas, wofür es sich zu leben lohnte. Ich habe geschworen, dass er sein Leben so leben sollte, wie es für ihn bestimmt war, keine quadratischen Pflöcke in runden Löchern für ihn, und so habe ich zugeschaut, gewartet und gehofft. Und jetzt ist endlich die Romantik zu ihm gekommen. Ich weiß nicht, wer sie ist; Aber Sie haben gesehen, wir alle haben die Veränderung in ihm gesehen, und er wird es ergreifen und mit beiden Händen festhalten, nur, sehen Sie, ich darf es nicht wissen. Sobald ich es weiß, wird die Sache offiziell, und dann gibt es Ärger. Außerdem vertraue ich ihm. Ich weiß, dass er nichts Schlimmes tun wird, weil er Tony ist. Ich hatte nur ein bisschen Angst, dass er etwas Dummes tun könnte, aber ich habe Mr. Maradick als Wächter dorthin geschickt, und das Ding ist in Sicherheit."

"Herr. Maradick ?" fragte Frau Lester.

"Ja. Tony ist ihm ergeben und hat genau diesen festen, sachlichen Verstand, der den Jungen davon abhält, etwas Dummes zu tun. Außerdem mag ich ihn. Er ist bei weitem nicht so dumm, wie er scheint."

„Ich glaube nicht, dass er überhaupt dumm wirkt", sagte Frau Lester, „ich finde ihn entzückend." Aber sagen Sie mir, wenn keiner von beiden besonders begeistert war und das Ding nicht stimmt, warum machen Sie sich dann Sorgen? Sicherlich ist es das Allerbeste, was passieren konnte."

"Ah! das war, bevor sie herunterkamen." Lady Gale schüttelte den Kopf. „Etwas ist mit Alice passiert. Seitdem sie hier unten ist , hat sie sich in Tony verliebt. Ja, wild. Ich hatte mich letzte Woche ein wenig davor gefürchtet, und dann kam sie letzte Nacht zu mir und sprach zusammenhangslos davon, wegzugehen und Treliss zu hassen und alles Mögliche durcheinander, und dann habe ich es natürlich sofort verstanden. Es ist wirklich sehr seltsam bei einem Mädchen wie Alice. Früher dachte ich, ich hätte nie jemanden gekannt, der selbstbeherrschter und vernünftiger wäre, aber jetzt fürchte ich, dass ihr eine schlimme Zeit bevorsteht.“

„Wenn man nur wüsste“, sagte Mrs. Lester, „was genau Tony *tut* ; wir tappen alle im Dunkeln. Natürlich könnte Mr. Maradick es uns sagen.“ Sie hielt einen Moment inne und sagte dann plötzlich: „Haben Sie überhaupt darüber nachgedacht, welche Auswirkungen es auf Mr. Maradick haben könnte ?“ Dieses ganze Geschäft.“

„Mit Tony zusammen sein, meinst du?“ sagte Lady Gale.

„Ja, die ganze Angelegenheit. Er ist natürlich mittleren Alters und kräftig, aber er scheint mir – wie soll man es ausdrücken? – erhebliche Neigungen zu haben, wieder jung zu sein. Du weißt, man kann nicht mit Tony zusammen sein, ohne beeinflusst zu werden, und er *ist* beeinflusst, denke ich.“

Lady Gale legte ihre Hand auf den Ärmel des anderen. „Millie“, sagte sie sehr ernst, „schau mal. Lass ihn in Ruhe. Das meine ich ernst, Liebes. Er ist kein Mann, mit dem man spielen kann, und es ist auch nicht wirklich die Mühe wert. Du liebst Fred und Fred liebt dich; Bleiben Sie einfach dabei und kümmern Sie sich um nichts anderes.“

Frau Lester lachte. „Wie vollkommen absurd! Als ob mir Mr. Maradick auf diese Weise am Herzen liegen würde! Ich kenne ihn erst seit ein paar Tagen und es ist sowieso lächerlich!“

„Ich weiß es nicht“, sagte Lady Gale, „dieser Ort scheint uns allen einen Streich gespielt zu haben. Ich habe fast Angst davor; Ich wünschte, wir würden weggehen.“

Dann sagten sie nichts mehr, aber das Gespräch gab Lady Gale noch mehr Anlass zum Nachdenken.

Rupert, sein Vater und Alice kamen zusammen herein. Es war halb acht und es war schon Zeit zum Abstieg. Sir Richard war wie immer ungeduldig über jede Verzögerung, und so gingen sie hinunter, ohne auf Tony und Mr. Lester zu warten. Der Raum war nicht sehr voll, als sie eintraten; Die meisten Leute hatten zu Abend gegessen, aber die Maradicks saßen an ihrem üblichen Tisch am Fenster. Die beiden kleinen Mädchen saßen aufrecht in ihren Stühlen und hatten den Blick auf ihre Teller gerichtet.

Frau Lester fand, dass Alice Du Cane sehr ruhig und selbstbeherrscht aussah, und fragte sich, ob Lady Gale nicht einen Fehler gemacht hatte. Allerdings würde Tony bald hereinkommen und dann würde sie es sehen.

„Sie können sich vorstellen, wie es zu Hause ist", sagte sie, während sie sich in ihrem Stuhl niederließ und sich im Raum umsah. „Dick, bitte" (dies an den Kellner). „Fred weiß nie, wann eine Mahlzeit beginnen sollte, niemals. Er muss immer eine Seite oder einen Satz oder so etwas beenden, und der Rest der Welt bleibt stehen. Alice, meine Liebe" (sie lächelte sie über den Tisch hinweg an), „heirate niemals einen Autor."

Ihr blaues Kleid war genauso schön, wie sie dachte, und es stand ihr außerordentlich gut. Mrs. Lesters Kleider wirkten immer völlig natürlich und sogar unvermeidlich, als ob es in diesem bestimmten Moment niemals etwas gegeben hätte, das ihr besser gepasst hätte. Sie gab nicht viel Geld für Kleidung aus und ließ oft das Gleiche für viele verschiedene Anlässe zu, aber sie war eine der am besten gekleideten Frauen in London.

Der kleine Mr. Bannister, der Wirt, wälzte sich im Zimmer umher und sprach mit seinen Gästen. Dies war eine Funktion, die er ganz wunderbar erfüllte, mit einer Miene und Anmut, die in ihrer Kombination aus Wirt und Gastgeber meisterhaft war.

Er schmeichelte Sir Richard, hörte sich Beschwerden an, spekulierte über das Wetter und ging weiter.

"Oh je! es ist so heiß!" „Lasst uns schnell durchgehen und nach draußen gehen", sagte Lady Gale. Ich werde hier drinnen ersticken."

Aber Sir Richard war entsetzt über die Vorstellung, durchzueilen. Wenn Ihre Mahlzeiten das wichtigste Ereignis des Tages sind, haben Sie nicht die Absicht, sie für irgendjemanden zu überstürzen.

Dann kam Tony herein. Er blieb einen Moment am Tisch der Maradicks stehen und sagte etwas zu Maradick . Als er auf sein Volk zukam, bemerkte jeder seinen Gesichtsausdruck. Er sah immer so aus, als fände er das Leben etwas Gutes, aber heute Abend schien er vor Glück zu leben. Sie hatten Tony schon früher zufrieden gesehen, aber noch nie so etwas.

„Du siehst aus, als hättest du etwas gefunden", sagte Rupert.

„Tut mir leid, dass ich zu spät komme", sagte Tony. „Keine Suppe, danke, viel zu heiß für Suppe. Was, Vater? Ja, ich weiß, aber ich habe mich wie alles andere beeilt, nur ein Bolzen ist geplatzt, und dann konnte ich keine Socke finden, und dann – Oh! Ja, übrigens, Fred sagt, es tut ihm furchtbar leid, aber er wird in einer Minute unten sein. Er hat nie gemerkt, wie spät es war."

„Das tut er nie", sagte Mrs. Lester und bewegte sich ungeduldig.

„Man kann einem Mann alles verzeihen, wenn er ‚To Paradise' schreibt", sagte Tony. „Hallo Alice, wo um alles in der Welt warst du den ganzen Tag? Ich habe heute Morgen nach dir gesucht und du warst einfach nicht zu finden; Ich schätze, ich schleiche in deinem Zelt herum. Aber warum sollten Frauen immer den schönsten Teil des Tages verpassen, indem sie bis zum Mittagessen in ihren Zimmern bleiben –"

„Ich habe verschlafen", sagte sie lachend. „Es war nach dem Picknick und dem Donner und allem." Sie lächelte ihn ganz gelassen über den Tisch hinweg an, und Mrs. Lester wunderte sich über ihre Selbstbeherrschung. Sie hatte ihr Gesicht beobachtet, als er hereinkam, und sie wusste es jetzt ohne jeden Zweifel.

„Armes Ding", sagte sie zu sich selbst, „ihr steht eine schlimme Zeit bevor!"

Die Maradicks hatten den Raum verlassen, die Gales waren fast allein; Der silberne Mond spielte mit den Zweigen der Birken, die Lichter aus dem Zimmer warfen Pfützen und Ströme aus Gold über die Wege, die Blumen schliefen. Sir Richard beendete sein „ Poire Melba" und grunzte.

„Lass uns draußen unseren Kaffee trinken", sagte Lady Gale. Draußen an der alten Stelle an der Mauer fand Tony Maradick .

„Ich sage", flüsterte er, „ist es wohl ungefährlich, so glücklich zu sein?"

„Nimm es, solange du kannst", sagte Maradick . „Aber es wird nicht alles glatt laufen, damit darf man nicht rechnen. Und schau mal, Tony, die Dinge gehen sehr schnell voran. Ich bin in gewisser Weise verantwortlich. Ich möchte genau wissen, was Sie vorhaben."

"Machen?" sagte Tony.

"Ja. Ich möchte, dass es praktisch in so vielen Worten dargelegt wird. Ich bin hier, um auf dich aufzupassen. Lady Gale vertraut mir und beobachtet mich. Ich *muss* es wissen!"

"Warum! Ich werde sie natürlich heiraten. Du liebes altes Ding, was zum Teufel meinst du? Natürlich weiß ich nicht genau, ob es sie interessiert – in dieser Art, meine ich. Sie hat heute Nachmittag im Garten nichts gesagt, so viele Worte. Aber ich glaube, dass ich es verstanden habe, auch wenn sich jemand natürlich irren kann; Aber wie auch immer, wenn es ihr jetzt egal ist, wird sie es in sehr kurzer Zeit tun. Aber ich sage, ich habe Ihnen nicht das Beste von allem erzählt. Ich glaube, der alte Morelli ist sehr daran interessiert. Wie auch immer, als wir heute mit Miss Minns sprachen , sprach er zu mir und sagte, dass er sehr froh sei, dass ich gekommen sei, dass es so gut für

Janet sei, eine junge Freundin zu haben, und dass er hoffe, dass ich sie besuchen würde so oft ich konnte. Und dann hat er tatsächlich gesagt, dass ich sie vielleicht eines Nachmittags zum Krachen mitnehmen würde, dass es ihr gefallen würde und es ihr guttun würde."

„Ich verstehe ihn nicht", sagte Maradick kopfschüttelnd. „Ich weiß nicht, was er will."

„Oh, es ist offensichtlich", sagte Tony, „er denkt, dass es ein gutes Spiel sein wird." Und ich glaube, er will sie loswerden."

„Ich glaube nicht, dass es ganz so einfach ist", sagte Maradick ; "Ich wünschte, ich hätte. Aber um auf die Hauptfrage zurückzukommen: Was wollen Sie tun?"

„Nun", sagte Tony und tastete in seine Tasche, „schau mal, ich habe einen Brief geschrieben. Ich sah nicht ein, warum man Zeit verschwenden sollte. Ich werde es dir vorlesen." Er trat aus dem Schatten ins Licht, das durch eines der Fenster fiel, und las :

Sehr geehrte Frau Morelli ,

Dein Vater hat heute Nachmittag vorgeschlagen, dass du vielleicht eines Tages wegen einer Schlägerei vorbeikommst. Es gibt keine bessere Zeit als jetzt. Könnten Sie vielleicht morgen Nachmittag (Donnerstag) vorbeikommen? Ich würde eher spät vorschlagen, sagen wir um vier, weil es früher so furchtbar heiß ist. Ich bringe Tee mit. Wenn Miss Minns und Ihr Vater auch mitkommen würden, wäre es furchtbar lustig.

Dein

Anthony Gale .

PS: Wirst du gegen vier Uhr am Strand am Morna Pool sein?

„So", sagte er und legte es zurück, „ich denke, das reicht." Natürlich werden sie nicht kommen. Es wäre absolut schrecklich, wenn sie es täten. Aber das werden sie nicht. Das konnte ich in seinem Gesicht sehen."

„Na, und dann?"

"Oh dann! Nun, ich denke, eines Tages werde ich sie fragen."

"Und danach?"

„Oh, dann werde ich Morelli fragen."

„Und wenn er nein sagt."

„Aber er wird es nicht tun."

"Ich weiß nicht. Ich würde es für mehr als wahrscheinlich halten. Du wirst nicht sagen können, dass deine Eltern eingewilligt haben."

"NEIN. Ich glaube nicht, dass ihn das stören würde."

„Nun, es ist seine einzige Tochter." Maradick legte seine Hand auf Tonys Schulter. „Schau her, Tony, wir müssen geradeaus gehen. Schauen wir uns die Sache fair und ehrlich an. Wenn Ihre Leute und ihre Leute zustimmen würden, gäbe es keinen Zweifel daran. Aber das werden sie nicht. Ihr Volk wird es niemals tun, und Morelli wird es wahrscheinlich auch nicht tun. Dann müssen Sie entweder das Ganze aufgeben oder es heimlich tun. Ich sage: Gib es auf."

"Es aufgeben?" sagte Tony.

„Ja, sonst wird es jede Menge Ärger geben. Geh weg, geh morgen irgendwohin . Dir fallen viele Erklärungen ein. Ich glaube, dass dieser Ort ebenso wie alles andere für das gesamte Geschäft verantwortlich ist. Sobald Sie davon befreit sind, werden Sie die ganze Sache deutlich erkennen und Gott für Ihre Flucht danken. Aber wenn du, nachdem du eine Woche lang ein Mädchen kennengelernt hast, sie trotz aller klügeren und besseren Menschen als du heiratest, wirst du den Tag bereuen und ein Leben lang an jemanden gebunden sein , von dem du wirklich nichts weißt."

„Armer alter Maradick !" Tony lachte. „So muss man reden, das weiß ich; Es ist deine Pflicht, das zu tun. Aber ich habe noch nie erlebt, dass es jemand so widerstrebend sagt; Du bist wirklich genauso begeistert davon wie ich, und es würde Dir furchtbar schlecht werden, wenn ich morgen weggehen würde. Außerdem ist daran einfach nicht zu denken. Ich würde sie viel lieber heiraten und feststellen, dass es ein schrecklicher Fehler war, als durchs Leben zu gehen und das Gefühl zu haben, ich hätte etwas verpasst, das Beste, was es zu haben gab. Es kommt im Leben darauf an, Dinge zu verpassen und sie nicht falsch zu machen."

„Dann gehst du dann trotzdem weiter?" sagte Maradick .

„Jedenfalls", sagte Tony, „ich bin volljährig. Ich habe meine eigenen Mittel, und wenn sie mich liebt, wird mich nichts aufhalten. Wenn nötig, werden wir durchbrennen."

„Meine Güte", sagte Maradick und schüttelte den Kopf, „ich sollte eigentlich überhaupt nicht dabei sein. Das habe ich dir von Anfang an gesagt. Aber egal, ob ich da bin oder nicht, ich schätze, ich muss bleiben."

Die Nacht hatte Mrs. Lester beeinflusst. Sie saß unter den Birken im Schatten, ihr blaues Kleid umhüllte sie wie eine Wolke. Sie fühlte sich sehr romantisch. Das Leuchten in Tonys Augen beim Abendessen war sehr schön gewesen. Oh je! Wie schön wäre es, wieder etwas von dieser Romantik zurückzubekommen! Die meiste Zeit des Jahres war sie eine äußerst gesunde und besonnene Person. In London galten die Lesters als ein ideales Paar, das sich so sehr liebte wie eh und je, aber nichts von diesem albernen Gefühl hatte. Und so war es auch den größten Teil des Jahres; Und dann kam plötzlich der Moment, in dem sie die Monotonie des Ganzen hasste und alles dafür geben würde, dieses Feuer, diese Aufregung, diesen schönen Herzschlag wiederzugewinnen. Um ihrer Gerechtigkeit gerecht zu werden, machte ihr der Mann überhaupt nichts aus, tatsächlich wäre es ihr sehr lieber gewesen, wenn es ihr Ehemann gewesen wäre; Sie war viel mehr in Romantik, Gefühle, Leidenschaft und schöne abstrakte Dinge mit großen Großbuchstaben verliebt als jeder andere Mensch; Nur, während die Stimmung auf ihr lastete, musste sie jemanden entdecken. Es hatte keinen Sinn, dem Wind, den Sternen oder den Bäumen gegenüber romantisch zu sein.

Es lief wirklich darauf hinaus, ein Spiel zu spielen, und wenn Fred bereit wäre, es mit ihr zu spielen, würde es den größten Spaß machen; aber dann würde er es nicht tun. Er hatte den größten Schrecken vor emotionalen Szenen und war stets äußerst praktisch, wenn es um Ratschläge zu Wärmflaschen und darum ging, nicht im Zug zu sitzen. Er verstand ihre Launen überhaupt nicht, sagte sie sich hundertmal am Tag. Er hatte nie zugelassen, dass sie ihm bei seiner Arbeit im Geringsten half, er schloss sie aus; Sie warf ihren Kopf zu den Sternen, zog ihr blaues Kleid um sich und ging hinauf zu Bett.

Das Schlafzimmer schien riesig zu sein, und das schattige elektrische Licht hinterließ Höhlen und Räume der Dunkelheit; Das riesige Bett in der Mitte des Zimmers schien endlos und grenzenlos zu sein. Sie hörte ihren Mann in der Umkleidekabine und setzte sich seufzend vor ihr Glas.

„Du kannst gehen, Ferris", sagte sie zu ihrer Zofe, „ich komme heute Nacht alleine zurecht."

Sie begann, ihr Haar zu bürsten; Sie war wütend auf die Dinge im Raum, alles war so zivilisiert und respektabel. Das Silber auf dem Frisiertisch, ein blaues Nadelkissen, der Spiegel; Das blaue Kleid, das über einer Stuhllehne hing, schien in seinem Spiegelbild endlos über den Boden zu schleifen. Sie strich sich wütend durchs Haar; Es waren sehr schöne Haare, und sie fragte sich, ob Fred jemals bemerkt hatte, wie schön sie waren. Oh ja! er hatte es in den frühen Tagen bemerkt; sie erinnerte sich, wie er es gestreichelt hatte und was er für nette Dinge gesagt hatte. Ah! Diese frühen Tage hatten sich gelohnt! Wie aufregend waren sie gewesen! Ihr Herz schlug jetzt bei der Erinnerung an sie.

Sie hörte, wie sich die Tür der Umkleidekabine schloss und Fred hereinkam. Er gähnte; Sie blickte auf. Er war sicherlich ein kleiner Kerl von einem Mann, aber in seinem blauen Pyjama sah er ziemlich gut aus . Er war braun und seine grauen Augen waren sehr attraktiv. Obwohl sie es nicht wusste, liebte sie jeden Zentimeter von ihm, vom Kopf bis zur Fußsohle, aber gerade jetzt wollte sie etwas, von dem er vor langer Zeit entschieden hatte, dass es schlecht für sie war. Er hatte, wie er es nennen würde, eine vollständige Untersuchung ihres Nervensystems durchgeführt und ihre Psychologie so behandelt, wie er die Heldin eines seiner eigenen Romane behandelt hätte. Er war an ihre Gefühlsausbrüche gewöhnt und wusste, dass sich die Beschwerde verschlimmerte, wenn er ihr auch nur das geringste nachgab, und dass sie gleichzeitig sehr angespannt und aggressiv emotional war. Seine eigene Liebe zu ihr war so tief und innig, dass ihm dieses „Schreiben und Gurren" wie eine sehr unwichtige und triviale Angelegenheit erschien und er es stets mit fester Hand niederlegte. Sie dürfen keine Kinder mehr sein; Sie hatten so etwas überstanden. Es gab natürlich Szenen, aber es dauerte nur ganz kurze Zeit, und dann ging es ihr wieder ganz gut. Er hätte nie gedacht, dass sie sich jemand anderem anvertrauen würde, weil er ihr nicht geben würde, was sie wollte. Er war sich ihrer Zuneigung zu ihm zu sicher.

Ihm war aufgefallen, dass diese „Nervenanfälle", wie er sie nannte, in Treliss häufig auftraten, und er hatte den Ort daher lieber gemieden, aber er stellte fest, dass sie ihn auf seltsame Weise auch und besonders beeinträchtigten seine Arbeit. Die Kapitel, die er in Treliss schrieb , hatten eine satte, dekorierte Farbe , die er in keinem anderen Teil der Welt einfangen konnte. Vielleicht war es das mittelalterliche „Gefühl" des Ortes, das Gold und Braun der Dächer und Felsen, das Lila und Blau des Meeres und des Himmels; aber es ging, wie er wusste, tiefer. Dieser Geist, der seine Frau beeinflusste und verstörte, beeinflusste auch seine Arbeit.

Sie hatten sich schon seit zwei Tagen gestritten, und er sah erleichtert, wie sie lächelte, als er den Raum betrat. Ihre Streitigkeiten störten seine Arbeit.

„Komm her, Fred. Gähne nicht; Es ist unhöflich. Ich habe dir vergeben, obwohl du in den letzten Tagen absolut hasserfüllt warst. Ich denke, es ist eine Abzocke von mir, etwas mit dir zu tun zu haben. Aber tatsächlich bist du kein schlechter alter Kerl und siehst im blauen Pyjama ziemlich süß aus ."

Sie legte ihre Hand für einen Moment auf seinen Arm und nahm dann seine Hand. Er sah sie eher besorgt an; Es könnte einfach bedeuten, dass der Streit zu Ende war, aber es könnte auch bedeuten, dass sie wieder eine ihrer Launen hatte.

„Ich sage, altes Mädchen“, sagte er und lächelte auf sie herab, „ich bin schrecklich schläfrig. Ich weiß nicht, was es mit diesem Ort auf sich hat, aber ich kann einfach nicht wach bleiben. Es liegt zum Teil am Wetter, nehme ich an. Aber wie auch immer, wenn es Ihnen nichts ausmacht, denke ich, dass ich schlafen gehen werde. Ich bin sehr froh, dass du nicht mehr böse bist. Ich weiß, ich war ziemlich albern, aber das Buch nervt gerade etwas . . . . ”

Er gähnte erneut.

„Nein, du gehst noch *nicht ins Bett, du verschlafenes altes Ding.* Ich habe wirklich nicht das Gefühl, dass ich diese Woche überhaupt etwas von dir gesehen habe. Und ich möchte alles über alles hören, alles über das Buch. Du hast mir nichts erzählt.“

Er bewegte seine Hand. „Ich sage dir, meine Liebe, du wirst dir eine furchtbare Erkältung holen, wenn du in so einem Zug sitzt. Du solltest besser ins Bett kommen und wir reden morgen.“

Aber sie lächelte ihn an. „Nein, Fred, ich werde mit dir reden. Ich werde Ihnen eine Predigt halten. Du warst die ganze Zeit hier kein bisschen nett zu mir. Ich weiß, ich war schrecklich, aber das ist schließlich das Privileg der Frau. Und du weißt, eine Frau ist nur deshalb schrecklich, weil sie möchte, dass ein Mann nett ist, und ich wollte, dass du nett bist. Dieses Sommerwetter und alles lässt es wie diese ersten Tage erscheinen, die Flitterwochen an diesem süßen kleinen Ort in der Schweiz, Sie erinnern sich. Diese Nacht . . .“ Sie seufzte und drückte seine Hand.

Er tätschelte ihre Hand. „Ja, Schatz, natürlich erinnere ich mich. Glaubst du, ich werde es jemals vergessen? Wir werden morgen irgendwohin gehen und einen Nachmittag alleine verbringen. Ohne dass diese Leute herumhängen. Ich sollte das Kapitel morgen früh fertigstellen.“

Er trat vom Stuhl zurück.

„Welches Kapitel, Liebes?“ Sie lehnte sich über den Stuhl zurück und sah ihm ins Gesicht. „Weißt du, ich wünschte, du würdest mich ein wenig an deiner Arbeit teilhaben lassen. Ich weiß nicht, wie viele Jahre wir jetzt nicht verheiratet sind, und du hast mich immer davon abgehalten. Eine Frau sollte davon wissen. Zuerst hast du mir nur ein wenig erzählt, und ich war so furchtbar interessiert. Und ich bin sicher, ich könnte dir helfen, Liebes. Es gibt Dinge, die eine Frau weiß.“

Er lächelte bei dem Gedanken daran, wie sie ihm helfen würde. Er würde ihr nie zeigen können, dass es notwendig war, alles alleine zu tun, sowohl für ihn als auch für sie. Diesen Teil seines Lebens muss er für sich behalten. Er erinnerte sich, dass er vor ihrer Heirat gedacht hatte, dass sie helfen könnte. Sie schien so bereit zu sein, mitzufühlen und zu verstehen. Aber er hatte schnell erkannt, dass es hoffnungslos war. Sie war nicht nur keine Hilfe, sondern behinderte ihn sogar.

Sie nahm die schwachen, schlechten Teile des Buches und lobte; Sie kümmerte sich um sein wunderschönes Feingefühl, die so bewundernswert ausgewogenen Sätze, die kleinen perfekten Ausdrücke, die ihm aus einem reichen Paradies zugeflogen waren, wo sie eine Ewigkeit von Jahren darauf gewartet hatten, dass jemand sie benutzte – sie hatte diese seltenen Schätze von ihm genommen und trampelte auf ihnen herum, warf sie in den Wind und forderte ihre Ablehnung.

Sie hatte seine Arbeit überhaupt nicht gesehen; Die Dinge, die sie gesehen hatte, waren nicht da gewesen, die Dinge, die sie nicht gesehen hatte, waren die einzigen Juwelen, die er besaß. Die Entdeckung hatte ihm keine Schmerzen bereitet; Er hatte sie nicht *dafür* geliebt , dass sie sein Schreiben begreifen und teilen konnte, sondern wegen der anderen Dinge, die für ihn da waren, genauso bezaubernd wie zuvor. Aber er konnte es nicht ertragen, dass sein Werk von den Fingern derjenigen berührt wurde, die es nicht verstanden. Wenn Leute kamen und ihn danach fragten und es lobten, nur weil es das Richtige war, hatte er das Gefühl, als hätte jemand einen Vorhang beiseite geworfen und seinen Körper nackt einer grinsenden Welt ausgesetzt.

Und genau das tat sie, in geringerem Maße. Sie fragte nur, wie die anderen, weil es das Richtige war, weil sie der Welt sagen konnte, dass sie ihm geholfen hatte; Sie kümmerte sich nicht um das Ding, seine Schönheit, seine Feierlichkeit und seine Anmut, sie sah nicht einmal, dass es schön, feierlich oder anmutig *war* .

„Kümmere dich nicht um meine Arbeit, Liebes", sagte er. „Man möchte es wegwerfen, wenn man draußen ist. Sie wollen nichts über das Buch wissen. Ich glaube nicht, dass Sie „To Paradise" jemals vollständig gelesen haben. Nun, hast du?"

„Natürlich hat es mir *gefallen , obwohl es* tatsächlich Dinge *gab , die ich dir über Frauen hätte erzählen können.* Deine Heldin zum Beispiel –"

Er unterbrach ihn hastig. „Nun, Schatz, lass uns jetzt ins Bett gehen. Wir reden morgen über alles, was Sie wollen." Er ging durch den Raum.

Sie blickte wütend in das Glas. Sie konnte das kleine Würgen in ihrer Kehle spüren und ihre Augen brannten. Sie klopfte ungeduldig auf den Tisch.

„Ich denke, es ist ein bisschen schwierig", sagte sie, „dass sich der Ehemann so verhält, als wäre man ein völlig Fremder oder, noch schlimmer, ein gewöhnlicher Bekannter." Vielleicht interessieren Sie sich mehr für einen Fremden. Ich glaube nicht, dass ich viel möchte, ein wenig Mitgefühl und ein Zeichen der Zuneigung."

Er saß auf dem Bett. „Das ist in Ordnung, mein Lieber, nur du musst zugeben, dass du etwas schwer zu verstehen bist. Du warst hier in den letzten zwei Tagen so sauer, wie es nur möglich ist, wenn es um gar nichts geht, und dann möchtest du plötzlich, dass jemand sabbert. Du gehst so schnell auf und ab, dass es für einen gewöhnlichen Sterblichen einfach unmöglich ist, dir zu folgen.“

„Ist das nicht bezaubernd?“ Sie sagte und blickte auf das blaue Nadelkissen: „Was für eine entzückende Art, mit seiner Frau zu sprechen.“ Dann ging sie plötzlich zu ihm hinüber. „Nein, Liebes. Das habe ich nicht so gemeint, es war albern von mir. Nur brauche ich manchmal ein wenig Mitgefühl. Wissen Sie, für uns Frauen sind kleine Dinge wichtig; wir erinnern uns und bemerken es.“

"Das ist in Ordnung." Er legte seinen Arm um ihren Hals und küsste sie, dann sprang er ins Bett. "Wir werden morgen reden." Mit einem kleinen Seufzer der Befriedigung schmiegte er sich an die Kleidung; im nächsten Moment schnarchte er.

Sie saß auf dem Bett und starrte vor sich hin. Ihr Haar war offen und sie sah sehr jung aus. Der größte Teil des Zimmers lag im Schatten, aber ihr Frisiertisch glitzerte im elektrischen Licht; Die silbernen Dinge funkelten wie Juwelen, der Glanz fiel auf das blaue Kleid und wanderte an ihm vorbei zur Wand.

Sie schwang wütend ihre Füße. Wie konnte er es wagen, auf diese lächerliche Weise in einem Moment einzuschlafen? Sein Kuss schien ein Schritt in Richtung Gefühl zu sein, und jetzt, plötzlich, schnarchte er. Oh! Das zeigte, wie sehr er sich um ihn kümmerte! Warum hatte sie ihn jemals geheiratet?

jemand anderem hätte erleben können , mit einem großartigen, starken Mann, der sie in seine Arme nehmen konnte, bis sie kaum noch atmen konnte, mit jemandem , der sie verstehen würde, wenn sie reden und nicht gehen wollte Als sie schnell einschlief, jemand , nun ja, wie zum Beispiel Mr. Maradick , glitzerten ihre Augen.

Sie schaute sich den Raum an, ging über den Boden und schaltete das Licht aus. Sie kroch ins Bett und entfernte sich so weit wie möglich von ihrem Mann. Es war ihm egal – es interessierte niemanden – sie gehörte niemandem auf der Welt. Sie begann zu schluchzen, und dann dachte sie an das Picknick; Nun, er hatte sich um ihn gekümmert und ihn verstanden. Er wäre nicht eingeschlafen. . . bald träumte sie.

Und die andere Person, auf die das Wetter einen gewissen Einfluss hatte, war Frau Maradick . Man konnte nicht sagen, dass das Wetter sie in der Regel überhaupt beeinträchtigte, und vielleicht ließe sich das auch jetzt noch auf das Picknick zurückführen; aber Tatsache bleibt, dass sie zum ersten Mal in ihrem selbstsüchtigen kleinen Leben unglücklich war. Sie war an ihrer empfindlichsten Stelle, ihrer Eitelkeit, verletzt worden. Man musste nicht besonders scharfsinnig sein, um zu erkennen, dass sie bei den Leuten im Hotel nicht beliebt war. Das Picknick hatte es ihr ganz eindeutig gezeigt, und sie war in wütender Leidenschaft zurückgekehrt. Sie waren natürlich sehr nett zu ihr gewesen, aber es brauchte keine sehr subtile Frau, um ihre wahren Gefühle zu entdecken. Fünfzehn Jahre Epsoms Bewunderung hatten sie schlecht auf eine raue und unsympathische Welt vorbereitet, und sie hatte sich noch nie in ihrem Leben so einsam gefühlt. Sie hasste Lady Gale und Mrs. Lester zutiefst aus tiefstem Herzen, aber sie hätte sehr viel dafür gegeben, alle ihre Epsom-Anbeter und noch mehr, für einen echten Fortschritt ihrerseits.

Sie wartete jetzt in ihrem Zimmer auf die Ankunft ihres Mannes. Sie saß aufrecht im Bett und sah wirklich sehr winzig aus, mit ihrer kleinen, scharfen Nase und ihren hell leuchtenden Augen, die durch die Schatten drangen; Sie hatte das Licht ausgeschaltet, außer dem neben dem Bett. Sie wusste nicht im Geringsten, was sie ihm sagen sollte, aber sie war wütend und wund und einsam; Sie war wütend auf die Welt im Allgemeinen und auf James im Besonderen. Sie biss sich auf die Lippen und wartete. Er kam leise herein, als rechnete er damit, sie schlafend vorzufinden, und als er dann ihr Licht sah, zuckte er zusammen. Sein Bett stand am Fenster und er ging darauf zu. Dann blieb er stehen und sah sie im Bett sitzen.

„Emmy! Bist du immer noch wach!"

Er sah riesig aus in seinem Pyjama ; Er konnte sehen, wie sich seine Muskeln unter der Jacke bewegten.

„Ja", sagte sie, „ich möchte mit dir reden."

"Oh! müssen wir? Jetzt?" er sagte. „Es kommt mir sehr spät vor."

„Das ist die einzige Gelegenheit, die man heutzutage bekommt", sagte sie mit leuchtenden Augen, „Sie sind so engagiert." Es machte sie wütend, ihn so sauber und angenehm schläfrig zu sehen.

"Beschäftigt?" er sagte.

"Oh! „Darauf müssen wir nicht näher eingehen", antwortete sie. „Heutzutage erwartet man nicht wirklich, etwas von seinem Mann zu sehen, das ist nicht das Richtige!"

Er erinnerte sie nicht daran, dass es ihr in den letzten fünfzehn Jahren egal gewesen war, ob er einsam war oder nicht. Er sah sie ernst an.

„Lasst uns jetzt nicht noch einmal damit anfangen", sagte er. „Ich hätte die ganze Zeit mit dir verbracht, wenn du mir nicht so deutlich gezeigt hättest, dass du mich nicht willst. Du kannst kaum schon vergessen haben, was du neulich gesagt hast."

„Glauben Sie, dass das ganz richtig ist?" sagte sie und sah zu ihm auf; sie hielt die Bettwäsche in ihren Händen. „Glauben Sie nicht, dass es ein bisschen daran liegt, dass es noch jemanden gibt , der Sie wollte oder vielmehr *will* ?"

"Wie meinst du das?" sagte er und kam auf ihr Bett zu. Sie hatte plötzlich Angst. Dies war der Mann, den sie an diesem ersten Abend beim Abendessen zum ersten Mal gesehen hatte, jemand, den sie noch nie zuvor gekannt hatte.

„Ich meine, was ich sage", antwortete sie. „Was glauben Sie, wie lange ich so etwas aushalten werde? Du lässt mich absichtlich in Ruhe; *Ich* weiß nicht, was du mit deinen Tagen *oder* deinen Abenden machst, und auch sonst niemand. Ich werde im Hotel nicht zum Gespött gemacht; all diese abscheulichen Frauen. . ." Sie konnte vor Wut kaum sprechen.

„Es gibt nichts zu besprechen", antwortete er streng. „Es ist nur deine eigene Vorstellung. Auf jeden Fall werden wir weder jetzt noch jemals wieder eine Szene haben. Ich habe sie satt."

„Nun", antwortete sie wütend, „wenn Sie glauben, ich würde dasitzen und mich zum Narren halten und nichts sagen, dann irren Sie sich gewaltig; Ich habe genug davon."

„Und ich auch", antwortete er leise. „Wenn du diesen Ort satt hast, gehen wir woanders hin, wo immer du willst; vielleicht wäre es eine gute Sache. Dieser Ort scheint Sie völlig verärgert zu haben. Vielleicht wäre es doch das Beste. Es würde alle Knoten durchtrennen und all diesen Sorgen ein Ende bereiten."

Aber sie lachte verächtlich. "Oh! Nein danke. Mir gefällt der Ort recht gut. Nur muss man etwas vorsichtiger sein. Und wenn Sie denken —"

Aber er unterbrach sie. „Ich denke nicht darüber nach", sagte er. „Ich habe es satt zu reden. Dieser Ort *hat* einen Unterschied gemacht, das stimmt. Es hat mir einige der Dinge gezeigt, die ich all die Jahre vermisst habe; Ich habe mitgemacht wie eine Kuh. . . Und jetzt wird es in Zukunft anders sein."

"Oh! Es ist nicht nur der Ort", spottete sie. "Frau. Lester———"

Doch bei diesem Wort bückte er sich plötzlich und hielt sie an den Schultern. Sein Gesicht war weiß; er zitterte vor Wut. Er war so stark, dass sie das Gefühl hatte, er würde sie in Nichts zerquetschen.

„Schau her", flüsterte er, „lass das in Ruhe." Ich werde es nicht haben, hörst du? Ich werde es nicht haben. Du hast mich zu lange geritten, du und deine fiesen, schmutzigen kleinen Gedanken; Jetzt werde ich meinen eigenen Weg gehen. Sie haben Ihres schon lange genug; lass mich in ruhe. Treib mich nicht zu weit . . . . "

Er ließ sie auf die Kissen zurückfallen. Sie lag wortlos da. Er schlich auf nackten Füßen durch den Raum und schaltete das Licht aus. Sie hörte, wie er ins Bett stieg.

KAPITEL XI

DER LIEBE – UND DESHALB VON ALLEN ÜBERSPRINGT WERDEN

DIE DAS THEMA MÜDE HABEN

Über dem Hügel hing die Nachmittagssonne in einem goldenen Nebel. Die Hitze verhüllte es, und das Blau des umgebenden Himmels verblasste in goldenen Schatten in der Nähe seines Kreises und fegte in einem riesigen Bogen in grenzenlose Entfernung. Der Hügel, bucklig wie der Rücken eines Kamels, hob sich in leuchtendem Grün von der dunkleren Baumwand dahinter ab. Weit unten fing der weiße Sand der Bucht die Sonne ein und leuchtete wie eine Perle, und dahinter lag der blaue Teppich des Meeres.

Morelli saß im Schneidersitz auf dem Hügel. In seinen Händen hielt er seine Flöte, aber er starrte direkt unter sich auf die Bucht. Er wartete, die Luft war schwer vor Hitze; Ein purpurroter Schmetterling schwebte einen Moment lang vor ihm und fegte dann davon, eine goldene Biene summte um seinen Kopf und flog dann schwerfällig in die Luft. Es herrschte Stille; die Bäume standen starr in der Hitze.

Plötzlich bewegte sich Morelli. Vor den weißen Schatten des Strandes erschienen zwei schwarze Flecken; er begann zu spielen.

Punch lag schlafend auf der Klippe. Zu seiner Rechten, in Richtung des weißen Sandes gebogen, befand sich ein Meeresbecken, das mit grünem Seegras in dunkelviolette Tiefen abfiel. Die Sonne brannte auf die stille Oberfläche und verwandelte sie in brennendes Gold. Darunter warf das Seegras grüne Schatten über den Felsen. Durch das Gold spiegelten sich die geraden weißen Linien der Straße darüber und der braune Stamm einer schlanken Pappel, scharf wie ein Schwert. Es schien durch die Tiefen des Beckens in endlose Ferne zu gelangen. Neben dem Grün der Algen und dem Gold der Sonne spiegelte sich auch das Blau des Himmels wider, und all diese Lichter und Farben vermischten sich und gingen vorüber und vermischten sich dann wieder wie im geschwungenen Kreis einer Perlenmuschel. Alles war metallisch, mit einer harten Kontur wie Stahl, unter der sengenden Sonne.

Tony bog um die Ecke und kam den Hügel hinunter. Er war in Flanell gekleidet und trug in einer Hand einen großen Teekorb. Sein langer und weißer Körper spiegelte sich im Grün und Blau des Teiches. Es breitete sich in kleinen Wellen aus, die von einem winzigen Wind in weißen Schatten zum Ufer getrieben wurden.

Er pfiff und plötzlich sah er Toby und Punch im Gras schlafen. Er blieb einen Moment auf der Straße stehen und sah sie an. Dann ging er weiter.

Der weiße Sand glänzte und funkelte in der Sonne; Der leichte Wind war von der Oberfläche des Beckens verschwunden, und es gab überhaupt keine Bewegung außer dem sehr sanften und sanften Brechen winziger Wellen am Rand des Sandes. Ein weißer Vogel hing für einen Moment regungslos in der Luft, eine winzige weiße Wolke, der weiße Rand der brechenden Wellen durchbrach das Blau.

Tony setzte sich. Von seinem Platz aus konnte er sehen, wie sich die Stadt stufenweise zu einem Gipfel erhob. Es lag keuchend in der Sonne wie ein erschöpftes Tier.

Das unmittelbare Problem war, ob Morelli oder Miss Minns kommen würden. Am Morgen war eine kleine Notiz in einem winzigen Umschlag im „Man at Arms" angekommen. Es hatte geheißen:

SEHR GEEHRTER HERR GALE ,

Vielen Dank. Es ist reizend von Ihnen, uns zu fragen. Wir kommen gerne.

Dein

JANET MORELLI .

Es sah ihr nicht ähnlich, und obwohl es nur kurz war, war er sich sicher, dass jemand sie dabei beobachtet hatte. Und wir"? Für wen stand das? Er war sich in seinem tiefsten Inneren so sicher gewesen, dass niemand außer Janet kommen würde, dass er zunächst bitter enttäuscht war. Was für eine Farce wäre das Ganze, wenn noch jemand da wäre! Er lachte sarkastisch über das Bild von Miss Minns , die furchtbar schief am Ende des Bootes saß und durch ihre bloße Anwesenheit das Gespräch in eine erbärmliche, strenge Künstlichkeit verwandelte. Und angenommen, es wäre Morelli? Aber das würde nicht der Fall sein, da war er sich sicher; Morelli hatte andere Dinge zu tun.

Er blickte einen Moment lang zu der Klippe hinauf, wo Punch war. Er wollte nicht, dass die ganze Stadt erfuhr, was er vorhatte. Natürlich konnte Punch ein Geheimnis für sich behalten, er hatte seinerzeit schon viele für sich behalten, aber es könnte herausrutschen; nicht, dass es irgendetwas gab, wofür man sich schämen müsste.

Tatsächlich hatte er einige Schwierigkeiten gehabt, aus dem Hotel herauszukommen; Sie waren wie Bienen um ihn herum gewesen und wollten, dass er Dinge tat. Er hatte auch bemerkt, dass seine Mutter besorgt war. Seit dem Tag des Picknicks hatte sie ihn beobachtet, war ihm mit den Augen gefolgt und hatte sich offensichtlich danach gesehnt, ihn zu fragen, was er tun würde. Er wusste, dass das ihr Code war, dass sie ihn nichts fragen und warten sollte; aber er hatte das Gefühl, dass ihr das Warten sehr schwerfiel. Er war sich ganz sicher, dass Alice mit ihr gesprochen hatte, und obwohl er alles in der Welt dafür geben würde, angenehm und locker zu sein, stellte er wider Willen fest, dass es ihm unangenehm war, mit ihr zu reden und angespannt. In ihrer Haltung ihm gegenüber lag etwas Neues und Seltsames, so dass die alte Kameradschaft völlig hoffnungslos verschwunden war und die gewöhnlichste konventionelle Bemerkung über das Wetter mit höchster Intensität aufgeladen wurde Bedeutung. Dies alles führte dazu, dass es im Hotel sehr unangenehm zuging, und alle befanden sich in einem Zustand der Anspannung, der sie zwang, in allem, was geschah oder gesagt wurde, verborgene Geheimnisse zu erkennen. Die Lesters hatten beim Frühstück kaum miteinander gesprochen und Maradick war überhaupt nicht aufgetaucht.

Dann, als der Nachmittag gekommen war, hatte seine Mutter ihn gebeten, mit ihnen herauszukommen. Er hatte ablehnen müssen und konnte nur vage Gründe nennen. Sie wussten, dass er nicht mit Mr. Maradick gehen würde , weil er versprochen hatte, mit Mr. Lester zu gehen. Was würde er tun? Er sprach von Freunden in der Stadt und vom Streit. Es war alles sehr unangenehm gewesen. Tatsächlich wurde das Leben immer komplizierter, und wenn Miss Minns auftauchte, hätte er all diese Sorgen und Probleme umsonst.

Er starrte wütend auf die harte weiße Straße. Der Pool glänzte wie ein Spiegel; Die Straße, die Pappel und der Himmel waren in harten, lebendigen Umrissen auf die Oberfläche gemalt. Plötzlich spiegelte sich darin eine Gestalt. Jemand in einem weißen Kleid mit einem großen weißen Hut, dessen Spiegelbild sich über die gesamte Länge des Beckens erstreckte. Das Wasser erfasste eine Masse goldener Haare und hielt sie für einen Moment fest, dann war sie verschwunden.

Tonys Augen richteten sich auf den Hügel und sahen sie plötzlich; Sie war alleine. Als er sie sah, begann sein Herz so heftig zu schlagen, dass er sich einen Moment lang nicht bewegen konnte. Dann sprang er auf. Er darf sich nicht zu sicher sein. Vielleicht kam Miss Minns zu spät. Er sah zu, wie sie den Weg abbog und auf ihn zukam. Sie sah sehr cool und gefasst aus und lächelte ihn an, als sie über den Sand ging.

„Ist es nicht ein wunderschöner Tag?" sagte sie und schüttelte die Hände. „Ich bin nicht zu spät, oder?"

„Nein, ich war ziemlich früh dran." und dann plötzlich: „Kommt Miss Minns ?"

„Oh nein", lachte Janet, „es war viel zu heiß. Sie schläft mit zugezogenen Vorhängen und geschlossenen Türen und Fenstern. Nur darf ich nicht zu spät kommen. Oh je! Was für ein Spaß! Wo ist das Boot?"

Die Aufregung, als er hörte, dass sie wirklich allein war, war für Tony fast zu groß. Er wollte schreien.

„Oh, ich sage, ich bin so froh. Nein, ich möchte nicht wirklich unhöflich sein; Ich finde Miss Minns furchtbar anständig, einfach nur witzig" (ich befürchte, das liegt eher an der allgemeinen Freude als an der strikten Wahrhaftigkeit), „aber es hätte dem Gerede ein wenig einen Riegel vorgeschoben, nicht wahr? Und Sie wissen, dass es einfach eine Menge Dinge gibt, über die ich sprechen möchte. Das Boot liegt hier, um die Ecke, über diesen Felsen. Ich dachte, wir rudern zur Mullin's Cave, trinken Tee und kommen zurück."

Sie bewegten sich über den Sand.

Punch war durch den Klang von Stimmen aufgewacht und starrte nun vor sich hin. Er erkannte beide. „Die paar Babys", sagte er und seufzte.

Und genau in diesem Moment kam jemand anderes den Weg entlang. Es war Alice du Cane. Sie trug einen rosa Sonnenschirm. Ihre Gestalt lag einen Moment lang auf der Oberfläche des Beckens. Sie sah sehr hübsch aus, war aber sehr unglücklich. Sie hatten sie gebeten, mit ihnen auszugehen, aber sie hatte sich geweigert und auf Kopfschmerzen hingewiesen. Und dann hatte sie die Düsterkeit und Stille ihres Zimmers gehasst. Sie wusste, was sie wollte, obwohl sie sich weigerte, es sich selbst einzugestehen. Sie tat so, als wolle sie das Meer, die Aussicht, die Luft; und so ging sie hinaus. Sie sagte sich hundertmal am Tag, dass sie weggehen, den Ort verlassen und woanders neu anfangen müsse. Das war es, was sie wollte; ein anderer Ort und sie würde es bald vergessen. Und dann kamen heftige Selbstvorwürfe und klägliche Verachtung. Sie, Alice du Cane, die stolz auf ihre Selbstbeherrschung gewesen war? Die Art von Mädchen, die Henley mit Genugtuung zitieren könnte: „Kapitän ihrer Seele?" An der Straßenbiegung sah sie Punch und Toby; dann über den weißen Sand der Bucht zwei Gestalten.

Er sagte „Guten Tag" und sie lächelte ihn an. Dann hielt sie für einen Moment inne. Es war Tony, sie konnte sein Lachen hören; Er reichte dem Mädchen die Hand, um die Felsen zu überqueren.

„Ein wunderschöner Tag, nicht wahr?" sagte sie zu Punch und ging die Straße entlang.

Sie fanden das Boot mit seinen sauberen weißen Brettern und der blauen Farbe um die Ecke der Felsen herumliegen. Es lag mit einer unsicheren

Miene im Sand, als wüsste es, an welcher Zeremonie es teilnehmen würde. Es gurgelte und kicherte vor Vergnügen, als es ins Wasser glitt. Während er sich mit den Rudern beschäftigte, stand sie schweigend da, die Hände vor sich gefaltet, und blickte auf das Meer hinaus. „Ich wollte schon immer wissen", sagte sie, „was da draußen auf der anderen Seite ist." Man stellte sich wie jedes Kind ein Land mit Bergen und Seen vor, manchmal schwarz und schrecklich, wenn man schlechte Laune hatte, und an anderen Tagen dann wunderschön und voller Sonne . . . . "

Sie sagten sehr wenig, als das Boot losfuhr; Die Bucht verschwand schnell zu einem leuchtenden Kreis aus silbernem Sand. Die Felsen dahinter nahmen Formen an, Drachen und Mandarinen und lachende Hunde, die Stadt ragte wie eine Pyramide in den Himmel und einige davon glitzerten im Licht der Sonne wie Diamanten.

Janet versuchte, ihre Gefühle zu erkennen . Erstens war sie noch nie zuvor in einem Boot gewesen; zweitens war sie noch nie wirklich allein mit Tony gewesen; Drittens hatte sie nicht gedacht, dass sie sich so still gefühlt hätte. Es gab Hunderte von Dingen, die sie sagen wollte, und doch saß sie sprachlos da. Sie hatte fast Angst, das Schweigen zu brechen, als wäre es eine kostbare Vase und sie wäre versucht, einen Stein zu werfen.

Auch Tony hatte das Gefühl, in der Kirche zu sein. Er ruderte, den Blick auf das Ufer und Janet gerichtet. Jetzt, da der große Moment tatsächlich gekommen war , fürchtete er sich. Was auch immer geschah, der Nachmittag würde enorme Konsequenzen mit sich bringen. Wenn sie ihn auslachte oder sich darüber wunderte, dass er sie liebte, dann hatte er das Gefühl, dass er die langen, trostlosen Abschnitte des Lebens, die vor ihm lagen, niemals ertragen würde; und wenn sie ihn liebte, dann müsste eine Menge Dinge passieren. Er erkannte auch, dass eine Reihe von Menschen in seine Affäre verwickelt waren; seine Mutter Alice, die Maradicks , sogar die Lesters .

„Es hat ihnen nichts ausgemacht, dass du alleine kommst?" sagte er schließlich.

„Oh nein, warum sollten sie?" sagte sie lachend. „Außerdem hat Vater große Zustimmung zu dir und ich bin so froh! Er hat noch nie zuvor jemanden als Begleiter akzeptiert, und das macht einen großen Unterschied."

„Ist er nett zu dir?"

"Vater! Warum natürlich!"

„Magst du ihn?"

"Warum willst du das wissen?"

"Ich muss es wissen; Ich möchte alles darüber wissen. Ohne absolutes Vertrauen können wir keine echten Freunde sein. Das ist das Beste daran, in dem Alter zu sein, in dem wir sind. So wie die Dinge liegen, können wir nicht viel zu verbergen haben, aber später bekommen die Leute alle möglichen Dinge zu hören, die sie getan haben, und sagen, dass sie sie unter Verschluss halten."

„Nein", sagte Janet lächelnd, „ich habe nichts zu verbergen. Ich werde versuchen, Ihnen alles zu sagen, was Sie wissen wollen. Aber es ist sehr schwierig, was den Vater angeht."

"Warum?" sagte Tony.

„Nun, wissen Sie, ich habe die Väter anderer Leute überhaupt nicht gekannt, und bis vor Kurzem hatte ich nicht das Gefühl, dass an meinem Vater etwas Besonderes sei, aber in letzter Zeit habe ich mich gefragt. Sie sehen, es hat nie eine besondere Zuneigung gegeben, von Zuneigung war keine Rede, und das ist", sie hielt einen Moment inne, „das ist es, was ich mir gewünscht habe. Als ich ganz klein war, habe ich immer Annäherungsversuche gemacht, bin auf sein Knie geklettert, und manchmal hat er gespielt, oh! schön! und dann blieb er plötzlich stehen und stieß mich beiseite oder verhielt sich vielleicht so, als wäre ich überhaupt nicht da."

„Brute!" sagte Tony zwischen den Zähnen und trieb das Ruder wütend durch das Wasser.

„Und dann begann ich allmählich zu erkennen, dass es ihm überhaupt egal war. Selbst für ein so junges Mädchen wie mich war es leicht zu verstehen, und doch war er manchmal so liebevoll." Sie brach ab. „Ich glaube", sagte sie und blickte unverwandt aufs Meer hinaus, „dass er mich manchmal gerne getötet hätte." Er ist manchmal so wütend, dass er überhaupt nicht weiß, was er tut."

„Was hast du gemacht, als er so war?" fragte Tony mit sehr leiser Stimme.

„Oh, man muss warten", sagte sie ganz leise, „die halten nicht lange."

sagen sollte, wenn er Morelli hier im Boot hätte .

„Du musst wegkommen", sagte er.

„Es gibt noch andere Dinge an ihm", fuhr sie fort, „die mir aufgefallen sind, dass die Väter anderer Leute das nicht tun." Er kann wunderbar mit Tieren umgehen, und dennoch scheinen sie sich nicht wirklich um sie zu kümmern, oder zumindest kümmert er sich nur darum, wenn sie in einer bestimmten Stimmung sind. Und obwohl sie so bereitwillig zu ihm kommen , denke ich oft, dass sie genauso viel Angst haben wie ich."

Sie begann nachzudenken, während sie dort saß. Sie hatte noch nie zuvor mit irgendjemandem darüber gesprochen, und so war es sozusagen auch nie zustande gekommen . Bis jetzt war ihr nie klar geworden , wie sehr sie sich gewünscht hatte, mit jemandem darüber zu reden .

„Oh, du hattest großes Glück“, sagte sie ein wenig wehmütig, „so viele Dinge getan und so viele Menschen gesehen zu haben.“ Erzähl mir von anderen Mädchen. Sind sie alle schön? Ziehen sie sich schön an?“

„Nein“, sagte er und sah sie an. „Sie sind sehr ermüdend. Grundsätzlich kann ich es mit Mädchen nicht ernst meinen. Deshalb bin ich gerne bei dir. Es macht dir nichts aus, wenn ein Kerl es ernst meint. Mädchen scheinen zu denken, dass ein Mann niemals dazu bestimmt ist, sein Grinsen aufzugeben, und das wird ziemlich ermüdend. Denn, wissen Sie, das Leben ist furchtbar ernst, wenn man darüber nachdenkt. „ Ich habe erst in den letzten zwei Wochen gemerkt “, er zögerte einen Moment, „wie wunderbar es ist.“ Das ist, wissen Sie“, fuhr er hastig fort, „der Grund, warum ich es wirklich lieber habe, mit Männern zusammen zu sein.“ Jetzt versteht ein Kerl wie Maradick , was man fühlt, er hat es durchgemacht, er ist älter und er weiß es. Aber dann verstehst du es auch; Es ist wirklich lustig, wie gut du einen Kerl verstehst.“

Er ließ für einen Moment die Ruder fallen und das Boot trieb. Sie umrundeten die Landspitze, und der kleine Sandstrand, zu dem sie unterwegs waren, schlich schüchtern in Sicht. Es herrschte vollkommene Stille; Alles war wie aus Stein gemeißelt, die Bäume auf dem fernen Hügel, der hängende Himmelsvorhang, der blaue Spiegel des Meeres, die spitze Stadt. Eine Herde weißer Schafe, winzig wie eine schwebende Babywolke, zog für einen Moment am Horizont am Hügelrücken vorbei. Es gab einen sehr schwachen Glockenklang.

Sie waren beide sehr still. Die Ruder schnitten durch das Wasser, das Boot seufzte leise, während es vorwärts schob, sonst war kein Geräusch zu hören.

Sie saßen am Strand und kochten Tee. Tony hatte an alles gedacht. Es gab eine Spirituslampe, und der Wasserkocher blubberte und zischte und stotterte. Tony beschäftigte sich mit dem Tee, weil er sich nicht traute zu sprechen. Er wusste, dass er jegliche Selbstbeherrschung verlieren würde, wenn er das Allereinfachste sagen würde . Sie saß an einem Felsen und hatte ihr Kleid um sich ausgebreitet.

Sie sah mit großen, weit geöffneten Augen zu ihm auf.

„Dein Name ist Tony, nicht wahr?“ Sie sagte.

„Ja“, antwortete er.

„Ich nehme an, es ist die Abkürzung für Anthony. Ich werde dich Tony nennen. Aber sehen Sie, es gibt etwas, das ich sagen möchte. Du wirst es jetzt, nachdem wir so gute Freunde waren, nie wieder loslassen, oder? Weil es so wunderbar war, Sie kennenzulernen, und weil es für mich einen solchen Unterschied gemacht hat, dass ich es nicht ertragen konnte. Wenn du weggehst und andere Freunde hast und – vergisst.“

„Nein, ich werde es nicht vergessen.“

Er ließ einen Teller in den Sand fallen und kam auf sie zu.

„Janet.“ Er ließ sich neben ihr auf die Knie fallen. "Ich muss dir erzählen. Ich liebe dich, ich liebe dich, Janet. Es ist mir egal, ob du wütend bist oder nicht, und wenn du dich nicht so fühlst, werde ich ein schrecklich anständiger Freund sein und dich nicht mit Liebe belästigen. Ich werde nie darüber reden. Und außerdem sollte ich Ihnen wohl Zeit geben; Ein bisschen, weil du keine anderen Leute gesehen hast, und das ist nicht ganz fair.

Er berührte sie nicht, sondern kniete im Sand und sah ihr ins Gesicht.

Sie sah auf ihn herab und lachte. „Warum, wie albern, lieber Tony, ich habe dich vom ersten Moment an geliebt, als ich dich sah; warum, das musst du natürlich gewusst haben.“

Ihre Hände berührten sich und in diesem Moment erkannte Tony die wunderbare Stille und Schönheit der Welt. Das Meer breitete sich wie ein Teppich vor ihnen aus, doch Gott hielt es zusammen mit den Felsen, dem Sand und dem Himmel für eine unsterbliche Sekunde in atemloser Spannung. Die Natur wartete einen Moment, um die Geschichte zu hören, die sie schon so oft gehört hatte, und als der göttliche Moment vorüber war, nahm die Welt ihren Lauf wieder auf. Aber in diesem Moment waren Dinge passiert. Ein neuer Stern war am Himmel geboren, der erste Abendstern, und er funkelte und glitzerte über der Stadt; Im Minnesängerzimmer schien in diesem Moment die Sonne und tanzte auf den Gesichtern der Löwen, unter dem Turm unterbrach die Apfelfrau ihre Strickarbeit und nickte feierlich bei einem geheimen, angenehmen Gedanken, auf dem Hügel drängten sich die Vögel und schnatterten Aufregung, weit am Horizont erhob sich ein Schiff mit glänzenden Segeln in den Himmel.

„Janet, Liebling.“ Er bückte sich und küsste ihre Hand. Dann hob er sein Gesicht, ihr Gesicht beugte sich zu seinem – sie küssten sich.

Eine halbe Stunde später waren sie wieder im Boot; Sie saß auf dem Boden und legte ihren Kopf an sein Knie. Er ruderte sehr langsam, was natürlich war, weil es schwierig war, die Ruder zu bewegen.

Die Abendlichter begannen über den Himmel zu kriechen und die Sonne sank dem Horizont entgegen; andere Sterne hatten sich in den blassblauen Himmel geschlichen; In der Nähe des Meeres brannte ein blassorangefarbener Schein, wie von einem fernen Feuer. Das Boot glänzte wie eine geschwungene und glänzende Perle.

Tony hatte nun ein schwieriges Geschäft vor sich. Die Situation musste ihr klar gemacht werden, dass man es seinen Leuten nicht sagen durfte. Er war in sich selbst fest entschlossen, wie er die Situation weiterführren würde, aber er konnte sich überhaupt nicht vorstellen, dass sie die Sache im gleichen Licht betrachten würde. Es würde Zeit und erhebliche Mühe erfordern, ihr ein wahres Bild der komplizierten Politik der Gale-Familie zu vermitteln.

„Janet, Liebes", sagte er, „wir müssen jetzt streng praktisch sein. Es gibt mehrere Dinge, denen man sich stellen muss. An erster Stelle steht da dein Vater."

„Ja", sagte sie etwas zweifelnd.

„Na, wie wird er es verkraften?"

"Ich weiß nicht." Sie sah zu ihm auf und legte ihre Hand ganz leicht auf sein Knie. Das gelbe Licht war vom Horizont aufgestiegen und breitete sich in bunten Streifen über den Himmel aus; Das Meer fing die Reflexion nur ganz schwach auf, aber der rote Schein hatte den dunklen Landstreifen hinter ihnen und die weiße Straße berührt, und die noch schwarzen Bäume begannen wie in Feuer zu brennen.

„Nun", sagte Tony, „natürlich werde ich es ihm sofort sagen. Was wird er sagen?"

"Ich weiß nicht. Beim Vater kann man das nie sagen. Aber, mein Lieber, musst du das? Konnten wir nicht warten? Es ist nicht so, dass es mir etwas ausmacht, dass er es weiß, aber irgendwie habe ich Angst."

„Aber er mag mich", sagte Tony; „Du hast es mir selbst gesagt."

„Ja, aber dass er jemanden mag, bedeutet nie viel. Es ist schwer zu erklären; Aber es sind nicht Sie, die er so sehr mag, sondern etwas, das Sie haben. Das ist bei jedem immer so. Ich habe es schon oft gesehen. Er geht umher und holt Leute ab, und wenn sie das Gesuchte nicht haben, lässt er sie sofort fallen und vergisst sie, sobald er kann. Ich weiß nicht genau, wonach er sucht, aber was auch immer es ist, er findet es in den Tieren und sogar an dem Ort; Deshalb lebt er in Treliss .

Janet war in Bezug auf die Welt im Allgemeinen sehr jung, aber in allem, was sie selbst sofort kennengelernt hatte, war sie über ihr Alter hinaus weise.

Sie sah ihn einen Moment lang an und fügte dann hinzu: „Aber natürlich müssen Sie mit ihm sprechen; Es ist das Einzige, was man tun kann."

„Und angenommen", sagte Tony, „dass er sich weigert, seine Zustimmung zu geben?"

„Oh, natürlich", antwortete Janet leise, „dann müssen wir gehen. Ich gehöre jetzt zu dir. Vater kümmert sich überhaupt nicht um mich, und mir liegt niemand auf der Welt außer dir am Herzen."

Ihre ruhige Akzeptanz der Idee, die er selbst ihr nur zögernd unterwerfen wollte, machte ihm tatsächlich Angst. Seine Verantwortung schien sich plötzlich um das Zehnfache zu erhöhen. Dass sie so leise eine Flucht vorschlug und sie sogar entschieden behauptete, als gäbe es keine andere Möglichkeit, zeigte, dass sie nicht im Geringsten wusste, was das alles bedeuten würde.

„Und dann sind da natürlich", fuhr sie leise fort, „Ihre Leute." Was werden sie sagen?"

„Das ist es, Liebes. Das ist die schreckliche Schwierigkeit. Es darf ihnen überhaupt nicht erzählt werden. Die einzige Person in der Familie, die wirklich am wenigsten zählt, ist meine Mutter, und sie zählt über alles. Der Gouverneur und mein Bruder kümmern sich nur um mich als Familie, und sie müssen dafür sorgen, dass das nicht beschädigt wird."

„Und sie würden denken, dass ich es beschädigen würde?" sagte Janet.

„Ja", sagte Tony leise, „das würden sie." Sehen Sie, mein Lieber, bei uns in der Stadt sind die beiden Dinge, die in der Ehe wichtig sind, Familie und Geld. Sie müssen entweder Vorfahren oder Münzen haben. Ich gehe davon aus, dass deine Vorfahren einfach nur toll sind, aber sie müssen in Debrett sein, damit jeder sie nachschlagen kann, wenn die Verlobung bekannt gegeben wird. Sie würden nicht gegen Sie Einwände erheben, sondern gegen die Idee."

"Ich verstehe; Also?"

„Nun, wenn Mutter davon wüsste; Wenn es öffentlich wäre , müsste sie natürlich die Familie unterstützen. Aber im Grunde ihres Herzens wünscht sie sich, dass ich glücklich bin. Das hätte sie viel lieber als alles andere; Wenn wir also verheiratet sind und es für irgendjemanden zu spät ist, etwas zu sagen, und sie sieht, dass wir glücklich sind, dann wird alles in Ordnung sein, aber sie darf es erst hinterher erfahren."

Tony blieb stehen, aber Janet sagte nichts. Dann fuhr er fort: „Bevor wir hierher kamen, hatten die Leute die Idee, dass ich mich mit jemandem verloben sollte . Es war mehr oder weniger eine verständliche Sache."

„Gab es, gibt es jemanden besonders?" fragte Janet.

"Ja; eine Miss Du Cane. Wir waren schon lange befreundet, ohne überhaupt ans Heiraten zu denken; Und dann fingen die Leute an zu sagen, es sei Zeit für mich, mich niederzulassen und so zu verrotten – und sie schien ganz geeignet zu sein, und so wurde sie hierher gebeten."

„War sie dir wichtig?"

"Oh! Natürlich wie ein Freund. Sie ist eine sehr gute Frau und hat früher jede Menge Spaß gemacht, aber sobald diese ganze Angelegenheit ins Spiel kam , hat sie sich verändert und alles wurde anders. Und dann sah ich dich, und von niemand anderem auf der Welt war mehr die Rede."

Tony ließ die Ruder fallen und ließ das Boot treiben. Er nahm ihr goldenes Haar in seine Hände und band es um seinen Arm. Er bückte sich und berührte ihre Lippen. Sie beugte sich zu ihm hoch und sie klammerten sich aneinander. Um sie herum war das Meer eine goldene Flamme, der Himmel war feuerrot, das Land hinter ihnen war eisenschwarz. Das Boot tanzte wie ein Blütenblatt auf dem Meer.

Dann sprach Janet erneut, ihren Arm um seinen Hals gelegt. „Dein Vater möchte, dass du diese Dame heiratest?" Sie fragte.

"Ja. Er denkt, dass ich es tun werde."

"Ah! jetzt verstehe ich alles. Natürlich kann man es ihnen nicht sagen; Ich sehe das. Wir müssen es zuerst tun und es ihnen anschließend sagen. Und Vater wird niemals zustimmen. Ich bin mir sicher. Oh je! was für ein Spaß! wir müssen heimlich weggehen; es wird eine Flucht sein."

„Was für ein zerreißender Lappen!" sagte Tony eifrig. "Oh! Liebling, ich hatte solche Angst, dass dir all diese Dinge etwas ausmachen würden, und ich wollte es dir nicht sagen. Aber jetzt, wo du es so nimmst! Und da kommt Maradick ins Spiel."

"Herr. Maradick ?"

"Ja. Er ist wirklich der Grundstein der ganzen Angelegenheit. Das liegt daran, dass die Mutter ihm so vollkommen vertraut, dass sie sich so sicher fühlt. Er weiß alles darüber und hat es schon immer gewusst. Mutter ist völlig auf ihn angewiesen; wir sind alle auf ihn angewiesen, und er wird uns helfen."

Die Sonne lag wie ein müder Krieger an der Meeresbrust; Die Wolken, rosa, rot und gold, sammelten sich um ihn. Das Boot drehte den Bach um und schlich sich sanft in den weißen Schutz der Bucht. Über den Köpfen der Liebenden glitzerten die Sterne, um sie herum kroch von allen Seiten das Land, purpurn und dunkel mit seinen Schatten. In der Stadt läutete eine

Glocke, man hörte das Murmeln eines Zuges, den schwachen Schrei einiger entfernter Schafe.

Ihre Stimmen erklangen leise in der Dämmerung:

"Ich liebe dich."

„Janet!“

„Tony!“

Die Nacht brach herein.

KAPITEL XII

Unser Held mittleren Alters ist mit Verantwortung belastet

ABER UNTERNIMMT MUT DAS ABENTEUER

Am selben Nachmittag beendete Maradick „To Paradise". Er las es im Raum der Minnesänger, während die Sonne durch die Scheiben in goldenen Pfützen auf den Boden brannte, die Fenster weit geöffnet waren und tausend Düfte und Geräusche die Luft erfüllten. Das Buch hatte sich seltsamerweise mit den Dingen, die ihm widerfuhren, verbunden; Vielleicht hätte er das Buch zu jedem anderen Zeitpunkt, und sicherlich vor einem Jahr, beiseite geworfen, verärgert über die langsame Bewegung und die gedämpfte Handlung. Jetzt gab es ihm genau das richtige Gefühl; Es war die Atmosphäre, die er in den letzten Wochen am deutlichsten wahrgenommen hatte und die ihm plötzlich deutlich zu Papier gebracht wurde. Gegen Ende des Buches gab es diese Passage: „Und tatsächlich setzt die Natur ihre Szene so sorgfältig in Szene wie jeder Manager auf unserer eigenen winzigen Bühne; Wir beklagen uns uneinig über das Schicksal und verfluchen unser Unglück, während wir in Wirklichkeit nur deshalb gelitten haben, weil wir unsere Situation missachtet haben. Vorbeiziehende Lichter, ob von Segelschiffen oder dicht besiedelten Städten, murmelnde Bäche, die man durch die Dunkelheit hört, aber nicht sieht, das Blöken unzähliger Schafe auf einem düsteren Hügel, all das sind zusammen mit tausend anderen formlosen, zusammenhangslosen Dingen nichts weiter als Wegweiser, die uns unser Leben zeigen Straße. Und lasst uns mit drückenden Fingern absichtlich unsere Ohren verschließen und unsere Augen blenden, dann müssen wir leiden. Veränderungen können einem Menschen plötzlich widerfahren, und er wird sich wundern; aber wenn er sich umsieht, wird er sehen, dass er unzähligen anderen Gesetzen und Anordnungen unterliegt und dass er in einer riesigen und bewegenden Szene nur eine winzige Rolle spielt ."

Er stand auf und streckte die Arme aus. Er hatte seit zwanzig Jahren nicht mehr gespürt, wie das Blut durch seine Adern strömte wie heute. Geld? Bürohocker? London? NEIN; Romantik, Abenteuer. Jetzt, da es für ihn gekommen war, würde er seine Zeit haben. Er konnte nicht mit seiner Frau darüber reden; sie würde es nicht verstehen; aber Frau Lester –

Plötzlich öffnete sich die Tür. Er drehte sich um. Dort hatte ihn noch nie jemand unterbrochen; Er hatte nicht gewusst, dass jemand anderes den Ort entdeckt hatte, und dann sah er, dass es Lester selbst war. Er trat mit dem neugierigen Blick hervor, den er oft hatte, wenn er weit über seine unmittelbare Umgebung hinausblickte. Er starrte nun am Zimmer vorbei in das Blau und Gold der kornischen Dämmerung; Die verschwommenen, nebligen Blätter eines Baumes hingen wie eine grüne Wolke am Himmel, zwei winzige glitzernde Sterne leuchteten am Himmel über den Blättern, als hätten die Zweige mit ihnen gespielt und sie in die Luft geschleudert.

Dann sah er Maradick .

„Hallo! Du hast diesen Ort also auch entdeckt? " Er kam mit diesem charmanten, eher schüchternen kleinen Lächeln auf ihn zu, das er hatte. „Ich habe es gestern ganz zufällig gefunden und war total verliebt –"

„Ja", sagte Maradick , „ich weiß es schon lange. Kurioserweise waren wir letztes Jahr hier und ich habe es nie gefunden." Dann fügte er hinzu: „Ich habe gerade Ihr Buch fertiggestellt. Darf ich Ihnen sagen, wie sehr es mir gefallen hat? Es war eine ziemliche Offenbarung für mich; seine Schönheit-- "

„Danke", sagte Lester lächelnd, „es tut einem sehr gut, wenn man merkt, dass sich jemand um die eigene Arbeit kümmert." Ich denke, dass ich eine besondere Vorliebe für dieses habe, es hat mehr von mir selbst in sich. Aber verzeihen Sie, dass ich das sage, ich hätte kaum erwartet, dass Sie, Maradick , sich darum kümmern würden."

"Warum?" fragte Maradick . Lesters Stimme war wunderschön sanft und musikalisch und schien im Einklang mit dem Raum, der Szene, der Stunde zu sein.

„Nun, wir befinden uns gewissermaßen am entgegengesetzten Ende der Pole. Sie sind praktisch veranlagt; ein Geschäftsmann; Es ist Ihre Arbeit, Ihr Platz im Leben, praktisch zu sein. Ich bin durch und durch ein Träumer. Ich wäre praktisch gewesen, wenn ich könnte. Ich habe meine lächerlichen Versuche unternommen, aber ich habe es schon vor langer Zeit aufgegeben. Ich wurde für eine andere Rolle besetzt . Die Visionen, die Theorien, die Geschichte eines solchen Mannes wie mir müssen einem Mann wie Ihnen albern, sogar leicht vage und unzureichend erscheinen. Ich hätte nicht gedacht, dass „To Paradise" für Sie etwas anderes als eine mondsüchtige Fantasie sein könnte. Vielleicht ist es das wirklich."

Er sprach ein wenig traurig und blickte in den Himmel. „Ich fürchte, das ist es", sagte er.

„Ist es nicht möglich", sagte Maradick langsam, „dass ein Mann zu verschiedenen Zeiten in seinem Leben beide Rollen gespielt haben sollte ?" Kann man nicht praktisch sein und dennoch seine Träume haben? Kann man seine Träume nicht haben und dennoch praktisch sein?"

Während er sprach , blickte er den Mann an und versuchte, ihn aus Mrs. Lesters Sicht zu sehen. Er war klein und braun und nervös; Seine Augen waren sanft und schön, aber es waren die Augen eines Sehers.

Herr Lester schüttelte den Kopf. „Ich denke, es ist möglich, praktisch zu sein und dennoch seine Träume zu verwirklichen. Ich werde nicht leugnen, dass Sie Ihres haben; Aber das andere: Nein, ich werde die Welt nie so sehen, wie sie ist. Und doch, wissen Sie", fuhr er fort und lächelte ein wenig, „die Welt wird mich niemals in Ruhe lassen." Ich denke, dass ich endlich das sehen werde, wonach ich gesucht habe, dass ich endlich das hören werde, wonach ich so lange gelauscht habe; Und dann bricht plötzlich die Welt ein und zerschmettert es, und es verschwindet. Man hat seine Ansprüche, man ist nicht allein; aber oh! wenn ich nur eine Stunde hätte, in der es keine Unterbrechung gäbe. Aber ich schäme mich wirklich, Maradick ; Das muss, um es deutlich auszudrücken, für Sie und in der Tat für jeden außer mir so schrecklich erscheinen."

„Nein", sagte Maradick . „Ich glaube, ich verstehe mehr, als Sie erwarten würden. Vor einem Monat wäre es vielleicht anders gewesen, aber jetzt –"

„Ah", sagte Lester lachend, „der Ort hat dich gefangen, wie jeden."

„Nein, nicht nur der Ort", sagte Maradick langsam, „es gibt noch etwas anderes. Ich war letztes Jahr hier, aber ich hatte nicht das Gefühl, ich sah nicht so wie jetzt."

„Ja, es ist auch Tony Gale."

„Tony?"

"Ja. Glauben Sie mir, es gibt nichts, was ein solcher Junge nicht mit seinem Glück und seiner Jugend anfangen könnte. Es geht von ihm aus und breitet sich wie ein Zauberstab aus. Wenn die Leute nur wüssten, wie viel sie dieser Art von Einfluss verdanken …"

„Nun, vielleicht ist es Tony", sagte Maradick lachend. „Ich liebe ihn mehr, als ich sagen kann; aber was auch immer die Ursache sein mag, die Träume sind da."

Lester holte ein Buch unter seinem Arm hervor. Es war lang und dünn und in graues Pergament gebunden.

„Hier", sagte er, „ist ein Buch, das Sie vielleicht kennen. Es ist eine der schönsten Komödien unserer Sprache. Auch dieser Mann war ein Träumer und seine Träume gehören zu den wertvollsten Dingen, die wir haben. Ich schreibe vielleicht bis ans Ende der Zeit, aber diese erlesene Schönheit werde ich nie erreichen."

Maradick nahm das Buch; es war Synges „Playboy der westlichen Welt". Er hatte noch nie von dem Mann oder dem Stück gehört. Er blätterte neugierig darin.

„Ich fürchte", sagte er, „dass ich noch nie davon gehört habe. Es ist irisch, wie ich sehe. Ich glaube, ich erinnere mich noch vage daran, als die Dubliner Spieler letztes Jahr in London etwas hörten. Der Mann ist gestorben, nicht wahr?"

„Ja, und er hat nicht viel hinterlassen, aber was übrig ist, ist aus reinstem Gold. Sehen und hören Sie sich das an, eine der großartigsten Liebesszenen unserer Sprache. Es ist ein Junge und ein Mädchen in einem einsamen Gasthaus in einem irischen Moor."

Er las:-

DAS MÄDCHEN. – „Welchen Grund hast du, so einsam zu sein, wenn arme Mädchen jetzt zu Tausenden durch Mayo gehen?"

DER JUNGE. – „Es ist gut, dass Sie wissen, welchen Anruf ich habe. Es ist gut, dass Sie wissen, dass es einsam ist, wenn man mitten in der Nacht durch Kleinstädte fährt, deren Lichter seitlich scheinen, oder wenn man sich an fremde Orte begibt, während ein Hund vor einem und ein Hund hinter einem lärmt, oder wenn man von den Städten angezogen wird, in denen man sonst wäre Höre eine Stimme, die in jedem Schatten des Grabens küsst und tiefe Liebe spricht, und wie du mit leerem Magen aus deinem Herzen gehst."

Maradick lauschte den schönen Worten und seine Augen strahlten. Die Dämmerung senkte sich in den Raum, und über dem Kamin und der Galerie schwebten goldene und violette Lichter. Die Blätter des Baumes hatten sich von Grün zu Dunkelgrau verändert, und über ihnen, wo zuvor zwei Sterne gewesen waren, befanden sich jetzt eine Million.

„Und noch einmal", sagte Lester, „hör dir das an."

DER JUNGE. – „Wenn die Luft in vier oder fünf Monaten wärmer wird, dann sollten Sie und ich Neifin im Tau der Nacht auf und ab gehen, die Zeit, in der süße Gerüche aufsteigen und Sie vielleicht einen kleinen glänzenden Neumond untergehen sehen auf den Hügeln."

DAS MÄDCHEN. (spielerisch). – „Und es ist diese Art von Wildererliebe, die du an der Seite von Neifin machen würdest, Christy Mahon , wenn die Nacht vorbei ist?"

DER JUNGE. – „Es ist wenig, wenn du denkst, ob meine Liebe die eines Wilderers oder die eines Earls selbst ist, wenn du spürst, wie ich meine beiden Hände um dich lege und wie ich Küsse auf deine gespitzten Lippen drücke, bis ich eine Art Mitleid mit ihr verspüre Herr, Gott, zu allen Zeiten sitzt er einsam in seinem goldenen Stuhl."

DAS MÄDCHEN. – „Das wird richtig Spaß machen, Christy Mahon, und jedes Mädchen würde sich die Seele aus dem Leib reißen, bevor sie einen jungen Mann kennenlernt, der dir in Sachen Beredsamkeit oder Reden ebenbürtig ist."

DER JUNGE (ermutigt): „Lass dich warten, um mich reden zu hören, bis wir uns in Ennis verirrt haben, wenn Karfreitag vorbei ist, wir trinken einen Schluck aus einem Brunnen und machen mächtige Küsse mit unseren nassen Mündern oder spielen in einer Lücke des Sonnenscheins, mit dir selbst an deine Halskette zurückgestreckt, in den Blumen der Erde."

DAS MÄDCHEN (mit leiser Stimme, bewegt von seinem Ton): „Ich wäre doch nett, oder?"

DER JUNGE (mit Entzücken): „Wenn die Bischöfe mit Mitra dich damals sehen würden, würden sie wie die heiligen Propheten, denke ich, die Gitter des Paradieses anstrengen, um die Lady Helena von Troja zu sehen, und sie ging hin und her, mit einem Blumenstrauß in ihrem goldenen Schal."

Er blieb stehen und saß schweigend da, das Buch vor sich. Das Dämmerlicht im Zimmer breitete sich unmittelbar um das Fenster herum in einem blassrosa Kreis aus; Der Nachthimmel war von tiefstem Blau.

Für Maradick war es, als hätte der Ort selbst gesprochen. Die Farbe des Tages hatte die Stimme übernommen und flüsterte ihm zu.

„Danke", sagte er. „Das ist sehr schön. Würdest du es mir irgendwann leihen?"

„Erfreut", sagte Lester. „Sie können es jetzt haben, wenn Sie möchten. Nimm es mit. Das ganze Stück wird Sie nicht länger als eine halbe Stunde fesseln. Ich habe seine anderen Sachen, falls Sie sie sich ansehen möchten."

Maradick ging mit dem Buch unter dem Arm los, um sich anzuziehen.

Als er ins Wohnzimmer kam, fand er Mrs. Lester dort allein vor. Nur eine Lampe brannte und die Vorhänge waren nicht zugezogen, so dass der düstere Himmel in all seinen Farben, Blau, Gold und Rot, hinter den Fenstern leuchtete.

Als er Mrs. Lester sah, blieb er einen Moment an der Tür stehen. Das Lampenlicht fiel auf eine Wange und einige dunkle Haarsträhnen, der Rest ihres Gesichts lag im Schatten. Sie lächelte, als sie ihn sah.

"Ah! Ich bin so froh, dass du vor den anderen heruntergekommen bist. Ich wollte schon den ganzen Tag mit Ihnen sprechen, aber es gab keine Gelegenheit."

„Ihr Mann hat mir ein wunderbares Stück des Iren Synge gezeigt", sagte er. „Ich hatte noch nie von ihm gehört. Ich hatte keine Ahnung--"

Sie lachte. „Du hast eines von Freds Lieblingshobbys entdeckt", sagte sie; „Starten Sie ihn auf Synge und er wird nie aufhören. Eine Zeit lang ist es schön – zunächst einmal, wissen Sie; aber Synge für immer – nun, es ist, als würde man auf Oblaten leben."

Sie seufzte und lehnte sich in ihrem Stuhl zurück. Sie sprach mit leiser Stimme, was ihrem Gespräch eine vertrauliche Note verlieh. Als sie ihn ansah, dachte sie wieder, was für ein toller Mann er war. Die Abendgarderobe passte zu ihm, und die Art, wie er saß, sich ein wenig zu ihr neigte, den Kopf hob und das Lampenlicht auf sein Kinn und seinen Hals fiel, bereitete ihr ein wenig Freude. Er war sehr groß und stark, und sie verglich ihn mit ihrem Ehemann. Das Zusammenleben mit Maradick wäre wahrscheinlich langweilig, während Fred sich tatsächlich sehr gut geschlagen hat. Aber um ein Spiel zu spielen, war dies genau der Mann, wenn er tatsächlich wusste, dass es nur ein Spiel war; es wäre eine furchtbare Plage, wenn er es ernst nehmen würde.

"Wie lange bleibst du hier?" Sie sagte. „Wir werden wohl noch vierzehn Tage bleiben, es sei denn, mein Mann kommt plötzlich auf die Idee, wegzulaufen. Selbst dann werde ich wahrscheinlich bleiben. Ich liebe den Ort; mal sehen – heute ist der vierzehnte – ja, wir werden wahrscheinlich bis zum achtundzwanzigsten hier sein."

„Ich muss zurückkommen, wenn der Monat um ist", sagte Maradick .

„Aber ich denke nur ungern daran, zurückzukehren. Ich genieße jede Minute davon, aber ich glaube nicht, dass es meiner Frau leid tun wird. Die Hitze passt ihr nicht."

„Ich hoffe", sie beugte sich ein wenig vor und legte ihre Hand auf seinen Stuhl, „dass du es nicht für sehr unverschämt von mir hieltest, so zu reden, wie ich es neulich beim Picknick getan habe." Ich dachte hinterher, dass ich vielleicht zu viel gesagt hatte. Aber dann hatte ich das Gefühl, dass du anders bist als die meisten Männer, dass du es verstehen würdest. Ich glaube, ich vertraue zu sehr auf die Intuition."

„Nein, bitte denken Sie das nicht", sagte er eifrig. „Wir haben hier nur noch vierzehn Tage Zeit. Warum sollten wir nicht Freunde sein? Ich fange an zu denken, dass ich zu viel Zeit meines Lebens verschwendet habe, weil ich Angst hatte, zu weit zu gehen und das Falsche zu sagen. Seit ich hier bin, habe ich begonnen, das Leben anders zu verstehen."

Ob er andeutete, dass er begonnen hatte zu verstehen, seit er sie kannte, wusste sie nicht; jedenfalls würde sie es dafür halten. „Es gibt so viele Dinge, die ich dir sagen könnte " , sagte sie. „Ich denke, dir kann man vertrauen. Es kommt nicht oft vor, dass eine Frau das für irgendjemanden empfindet."

„Danke, dass du das gesagt hast", sagte er und sah ihr direkt ins Gesicht; „Ich werde versuchen, es zu verdienen."

Sie berührte seine Hand mit ihrer und verspürte einen köstlichen kleinen Schauer, dann hörte sie Schritte und ging zum Kamin.

Lady Gale und Alice Du Cane kamen ins Zimmer und es war sofort klar, dass sie verärgert waren. Lady Gale sprach mit Maradick , aber es war offensichtlich, dass sie mit ihren Gedanken woanders war.

„War Tony heute Nachmittag bei dir?" Sie sagte. „Alice sagt, sie hätte ihn gegen vier Uhr gesehen, aber seitdem hat ihn niemand mehr gesehen. Er ist offenbar nicht zurückgekommen."

„Nein", sagte Maradick , „ich habe ihn seit dem Frühstück nicht mehr gesehen."

Sie sah ihn einen Moment lang an und er spürte, dass ihr Blick etwas Vorwurfsvolles an sich hatte. Plötzlich wurde ihm bewusst, dass er, zumindest in ihren Augen, für alles verantwortlich war, was Tony tun könnte. Er hätte Wache halten sollen. Und wo war der Junge schließlich gewesen? Er hätte inzwischen zurück sein sollen.

„Es ist wirklich schade", sagte Lady Gale. „Er weiß, dass sein Vater Unpünktlichkeit beim Essen vor allem nicht mag, und er kommt in letzter Zeit immer wieder zu spät. Ich muss mit ihm sprechen. Er ist heute Abend später als je zuvor. Wo hast du ihn gesehen, Alice?"

„Unten im Sand. Aber er hat *mich* nicht gesehen ." Sie sprach unbehaglich und Maradick erkannte sofort, dass sie etwas zurückhielt.

„Er war vor Kurzem mit einem Kasperleutnant unterwegs", sagte Mrs. Lester. „Ich persönlich habe nichts gegen die Punch-and-Judy-Männer zu sagen. Ich möchte immer auf der Straße stehen bleiben und zusehen; sondern als ständiger Begleiter –"

„Dieser hier", sagte Maradick , „ist besonders nett, ein schrecklich anständiger kleiner Kerl." Ich habe mehrmals mit ihm gesprochen. Nein,

Lady Gale, ich fürchte, meiner Frau geht es nicht gut genug, um heute Abend herunterzukommen. Sie hatte den ganzen Tag starke Kopfschmerzen. Es ist diese Hitze, glaube ich." Er sah sie eher an, als würde ein schuldbewusster Schuljunge seinen Meister beobachten. Er machte sich Vorwürfe, weil er den Jungen den ganzen Tag allein gelassen hatte, und begann, sich selbst Sorgen zu machen. Die Situation wurde zu viel für seine Nerven. Zum ersten Mal dachte er über Alice Du Cane nach. Er hatte nicht gedacht, dass sie sehr aktiv an der Angelegenheit beteiligt war, aber jetzt war etwas in ihrem Gesicht, das auf Schwierigkeiten hindeutete. Sie stand neben der Lampe und fingerte nervös an einigen Büchern herum. Der Gedanke, dass sie in Schwierigkeiten steckte, berührte ihn, und er spürte, wie die Last der Situation noch schwerer auf ihm lastete.

Aber er wusste sofort, was Lady Gale beunruhigte. Es war Sir Richard. Er hatte genug von diesem Gentleman gesehen, um zu wissen, dass er keine Fragen stellen würde, solange oberflächliche Dinge in Ordnung waren, solange die Glocken im richtigen Moment läuteten und alle, die sich unmittelbar um ihn kümmerten, respektvoll und anständig gekleidet waren; Aber wenn er einmal den Verdacht hegt, dass ihm selbst und der Familie im Allgemeinen etwas fehlt, kann seine gereizte Neugier durch nichts gebremst werden. Er hatte wahrscheinlich bereits begonnen, Fragen über Tony zu stellen. Hier war ein neues Element der Gefahr.

Die Tür öffnete sich und alle wandten sich eifrig ihr zu; es waren Sir Richard und Rupert.

Rupert schien sich nicht mehr Sorgen zu machen als sonst, aber Sir Richard war offensichtlich verärgert. Er betrat den Raum mit seiner üblichen Art vor dem Abendessen, als würde er ein Kavallerieregiment zum Angriff führen.

„Es ist spät", sagte er; "spät. Wo ist Tony?"

Es war die Frage, mit der jeder gerechnet hatte, aber einen Moment lang beantwortete niemand sie. Dann stand Lady Gale von ihrem Stuhl auf.

„Ich gehe davon aus, dass er in einer Minute da sein wird", sagte sie. „Er wurde behalten. Aber es hat keinen Sinn, auf das Abendessen zu warten. Ich nehme an, Fred wird zu spät kommen, Millie? Egal, wir gehen runter. Sie werden mit uns speisen, Mr. Maradick , nicht wahr?"

Sir Richard ging mit bedrohlichem Schweigen voran.

Der Raum war ziemlich voll, und für einen atemlosen, aufgeregten Moment schien es, als sei ihr eigener Tisch besetzt; Aber der Alarm war falsch und jeder konnte wieder aufatmen. Lady Gale verbrachte ihr Leben damit, zu verhindern, dass ihr Mann einen Missstand entdeckte. Wenn es einmal entdeckt wurde, stand eine schreckliche Zeit vor ihr, denn Sir Richard streichelte es und säugte es, bis es mit einer Geschwindigkeit, die außerhalb der Natur lag, zu einem schrecklichen Monster heranwuchs, dessen jede Bewegung das Haus zum Zittern brachte.

Sie sah sie, diese Beschwerden, um die Ecke schleichen, und sofort war ihre Hand ausgestreckt und sie hielt sie erdrosselt in ihrem Griff, und die Gefahr war abgewendet. Tony war schon oft für diese Aufregungen verantwortlich gewesen, aber sie hatte sie immer rechtzeitig bemerkt; Jetzt, als sie das Esszimmer durchquerte, wurde ihr klar , dass sie zu spät war und jeder Moment von Tonys Abwesenheit die Sache nur noch schlimmer machte. Sir Richard blickte auf die Speisekarte und beschwerte sich dann mehrere Minuten lang einsilbig darüber. Maradick beobachtete die Tür mit nervösen Augen. Dieses Eindringen von Sir Richard in das Geschäft verkomplizierte die Dinge schrecklich. Sollte er einmal vermuten, dass Tony eine Affäre mit einem Mädchen in der Stadt hatte, würde der Junge sofort weggeschickt werden; das würde natürlich das Ende von allem bedeuten, sowohl für ihn als auch für Tony. Die Gales würden gehen, die Lesters würden gehen – alle, alles. Tony selbst würde es nicht dabei belassen, aber was konnte er schließlich tun?

Alice Du Cane redete aufgeregt über nichts Besonderes, Mrs. Lester war sehr still, Rupert war wie immer auf sein Essen konzentriert. Alice plapperte Mrs. Lester an: „Lucy Romanes war da; Weißt du, dieses lächerliche Mädchen mit dem nach hinten gekämmten Haar und dem rosa Teint. Oh! zu absurd für alles! Wissen Sie, Muriel Halliday hat gesagt, dass sie ihre Tage einfach damit verbringt, Captain Fawcetts Runde zu begleiten. Es gefällt ihm eher. . . der Typ Mann, der das tun würde. Ich kann das Mädchen nicht ausstehen.“

Mrs. Lester lächelte über den Tisch hinweg. „Es ist die Schuld der alten Frau Romanes. Sie schickt sie herum, sie wird keines ihrer Mädchen irgendwo los... fünf von ihnen, arme Dinger; Sie würde jedes davon für zwei Pence verkaufen .

Sir Richard hatte seine Suppe aufgegessen und beugte sich über den Tisch zu seiner Frau.

"Was macht der Junge?" er sagte.

„Wirklich, Richard, ich weiß es nicht. Ich schätze, er war beim Segeln, und der Wind oder so etwas hat ihn aufgehalten.“

„Ich werde es nicht haben“; er starrte jeden finster an. „Er weiß, wann Essen ist, er muss hier sein. Ich muss Gehorsam haben; und jetzt denke ich darüber nach“ – er hielt inne und sah sich am Tisch um – „ es ist in letzter Zeit oft passiert.“ Es war mir vorher nicht in den Sinn gekommen, aber jetzt erinnere ich mich; häufig – ja – spät.“

Dann, nach einer Pause, in der niemand ein Wort sagte: „Was hat er gemacht?"

Dies war so genau die Frage, die alle anderen in den letzten Tagen sorgfältig und verstohlen gestellt hatten, dass alle schuldig aussahen, als wären sie bei einem Verbrechen entdeckt worden. Dann wandten sich alle an Maradick .

Er lächelte. „Ich war in letzter Zeit viel mit ihm zusammen, Sir Richard. Ich weiß wirklich nicht, was wir außer dem Gehen gemacht haben. Aber ich glaube, er wollte heute Nachmittag segeln."

Lady Gale sah den Kellner besorgt an. Wenn das Essen in Ordnung wäre, könnte die Gefahr abgewendet werden. Aber natürlich stimmte an diesem Abend ausgerechnet alles nicht: Die Kartoffeln waren hart, die Erbsen härter, das Fleisch war durchgegart. Sir Richard warf dem Kellner einen bösen Blick zu.

„Fragen Sie Mr. Bannister, ob er mir eine Minute Zeit nehmen würde", sagte er. Bannister wirkte kugelförmig und rotwangig wie eh und je.

„Die Dinge sind heute Abend eine Schande", sagte Sir Richard. „Ich muss Sie bitten, Mr. Bannister, sich darum zu kümmern."

Bannister entschuldigte sich sanft. Mit dem Koch sollte man reden, das war abscheulich; Konnte er in der Zwischenzeit irgendetwas für Sir Richard besorgen? NEIN? Es tat ihm leid. Er verneigte sich vor den Damen und zog sich zurück.

„Es ist abscheulich – so etwas. Und Tony? Nun, es ist Viertel vor neun; was meint er? Es passiert immer. Sind das Leute, die er in der Stadt kennt?"

Er sah seine Frau an.

„Ich weiß es wirklich nicht, Liebes. Ich gehe davon aus, dass er dort unten Leute getroffen hat; es ist wahrscheinlich. Aber ich sollte mir keine Sorgen machen, Liebes. Ich werde mit ihm sprechen." Sie sah zu Alice hinüber. „Was hast du über Mrs. Romanes gesagt, Liebes? Ich kannte sie schon vor langer Zeit; Ich glaube nicht, dass sie sich jetzt an mich erinnern würde."

Maradick hatte das elende Gefühl, dass sie ihm die Schuld an all dem gab. Wenn er sich nur um Tony gekümmert hätte und bei ihm geblieben wäre, wäre das nie passiert. Aber es war nicht zu erwarten, dass er immer bei Tony blieb. Schließlich war der Junge alt genug, um für sich selbst zu sorgen; es war absurd. Nur wäre es gerade jetzt vielleicht klüger gewesen. Er sah, dass Frau Lester lächelte. Sie war wahrscheinlich über die ganze Angelegenheit amüsiert.

Plötzlich kam am anderen Ende des Raumes jemand herein. Es war Tony. Maradick hielt den Atem an.

Er sah so bezaubernd aus, als er da stand und mit einer gewissen sicheren Zuversicht die „Berührung" erkannte , die nötig war, um die Situation durchzuhalten. Er konnte natürlich erkennen, dass es sich um eine Situation *handelte* , aber ob er die feineren Nuancen der Gefühle aller Menschen dazu erkannte – die individuelle, individuelle Art und Weise, wie sie es alle auffassten, also den Standpunkt von Alice und den Standpunkt seiner Mutter und Maradicks Standpunkt waren im Grunde alle am entgegengesetzten Ende der Pole, was die Sache anging – das war wirklich die wichtige Frage. Sie alle bedurften äußerst vorsichtiger Handhabung, und tatsächlich lag das „Fett" von diesem Moment an völlig hoffnungslos im Feuer und das ganze Geschäft rollte „bottichweise" viele steile und steile Hügel hinab.

Aber er stand da und blickte strahlend glücklich auf sie herab. Sein Haar war noch nass vom Bad, und seine Krawatte saß ein wenig fehl am Platz, weil er sich in Eile angezogen hatte, und er lächelte sie alle an, nahm sie sozusagen in sein Herz und schalt sie für ihre Dummheit neugierig und ließ sie schließlich nicht weiter in sein Vertrauen.

Er wusste natürlich genau, wie er seinen Vater behandeln sollte; seine Mutter war schwieriger, aber er konnte sie erst später verlassen.

Auf Sir Richards empörtes „Na?" Er antwortete höflich, aber mit einem Lächeln und einer gewissen hastigen Atemlosigkeit, um zu zeigen, dass er sich die Mühe gemacht hatte.

„Wirklich, es tut mir furchtbar leid." Er setzte sich und wandte sich lächelnd der Gesellschaft zu. „Ich fürchte, ich bin furchtbar spät dran, aber es war viel später, als ich gedacht hatte. Ich war furchtbar überrascht, als ich oben die Uhr sah. Ich habe meine eigene Uhr kaputt gemacht. Du erinnerst dich, Mutter, wie ich es fallen ließ, als wir unten in der Stadt waren. Dienstag, nicht wahr? Ja, ich esse bitte Suppe. Ich sage, ich hoffe, es macht euch nichts aus; Ich nehme an, Sie sind fast fertig, aber ich gehe alles noch einmal durch. Ich bin so hungrig, wie ich nur sein kann. Nein, kein Sherry, danke."

Aber Sir Richards Feierlichkeit war unerschütterlich. "Wo bist du gewesen?" sagte er kalt. „Sie wissen, wie sehr ich Unpünktlichkeit beim Essen hasse, ja, Unpünktlichkeit. Und das ist nicht nur Unpünktlichkeit, es fehlt geradezu an ihr; Ich verlange eine Erklärung."

Diese öffentliche Beschimpfung vor der ganzen versammelten Gesellschaft erschien Maradick sehr geschmacklos und er rutschte unruhig auf seinem Stuhl hin und her, aber Tony schien das nicht zu stören.

„Ich weiß", sagte er, blickte von seiner Suppe auf und lächelte seinen Vater an, „ich bin schrecklich nachlässig. Aber das war es in Wirklichkeit nicht. Ich bin um den Point nach Boulter's Cove gerudert, und die Gezeiten sind furchtbar unbeständig und sie haben heute Abend mit uns den alten Harry gespielt, ich kam einfach überhaupt nicht zurecht. Es war, als würde man gegen eine Wand rudern. Ich wusste, dass es furchtbar spät war, aber ich konnte nicht schneller werden."

"Uns?" sagte Sir Richard. „Wer waren deine Begleiter?"

Es gab eine leichte Bewegung um den Tisch herum.

„Oh", sagte Tony leichthin, „da unten gibt es alle möglichen alten Matrosen-Johnnies, die man kennenlernt, und es sind furchtbar gute Typen. Da ist ein Kerl, etwa acht Fuß groß und im Verhältnis breit; die Mädchen sind einfach sauer auf ihn, sie –"

Aber Lady Gale unterbrach ihn. „Du solltest besser mit dem Essen weitermachen, Liebes. Es ist spät. Ich glaube nicht, dass wir warten müssen. Sollen wir draußen Kaffee trinken?"

„Nein, wartet nicht", sagte Tony, „ich komme gleich."

Als Alice sich umdrehte, um zu gehen, blieb sie einen Moment bei seinem Stuhl stehen. „Ich habe dich heute Nachmittag gesehen", sagte sie.

"Oh! *hast* du?" antwortete er und sah zu ihr auf. Für einen Moment wirkte er verstört, dann lachte er.

"Wo und wann?" er hat gefragt.

„Heute Nachmittag, irgendwann nach vier; Du warst am Strand." Sie sah ihn einen Moment lang an, während sie ganz aufrecht stand und den Kopf zurückwarf. „Ich freue mich, dass Ihnen der Streit gefallen hat", sagte sie lachend.

„Ich muss mit Maradick darüber reden", sagte er sich. Er war durchaus auf Komplikationen vorbereitet; Natürlich musste es in einer solchen Situation vorkommen. Aber im Moment umhüllte ihn die Erinnerung an den wunderbaren Nachmittag wie ein Feuer, so dass er an nichts anderes denken konnte, er konnte nichts anderes sehen als ihre Augen und ihr Lächeln und ihr goldenes Haar. Der leere Raum hing vor seinen Augen, die weißen Tücher auf unzähligen Tischen schimmerten wie weiße Teiche in Reihen über den Boden, und dunkle, geheimnisvolle Männer, die zu heller erleuchteten Zeiten vielleicht Kellner sein könnten, bewegten sich schweigend von Ort zu Ort. Aber dahinter, außerhalb des Zimmers, leuchtete die weiße Kurve des Bootes, das wie ein Geist über das Wasser schlich, und dahinter der dunkle

Hügelstreifen, die grüne Baumgruppe, die dunklen, zitternden Gestalten der Schafe. Oh! herrliche Stunde!

Im Hintergrund hing ein kleiner Kellner mit einer für ihn viel zu großen Weste und einer Krawatte, die ihm bis zum rechten Ohr gerutscht war. Tony schob seinen Teller weg und sah sich um.

„Ich sage", sagte er, „bist du in jemanden verliebt?"

Walham Green stammte und trotz seiner zarten Jahre mit fünf Kindern und einer kranken Frau belastet war, hustete entschuldigend.

„Nun, Sir", sagte er, „um ehrlich zu sein, kann ich es nicht so sagen, wie ich bin, nicht nur im Moment." Und vielleicht ist es auch gut so, wenn man bedenkt, dass ich seit fünfzehn Jahren ein verheirateter Mann bin." Er faltete sorgfältig eine Tischdecke zusammen und hustete erneut.

„Nun, ist es nicht möglich, in seine Frau verliebt zu sein?" fragte Tony.

Die Gedanken des Kellners schlichen sich schüchtern zu einem bestimmten Tee mit Garnelen und Brötchen im Strand von Margate vor vielen, sehr vielen Jahren zurück. Er sah eine rote Sonne und einen blauen Himmel und einige Nigger-Minnesänger, weiß und schwarz; Aber das war ein ganz anderes Leben, bevor es Kinder und Arztrechnungen gab.

„Nun, Sir", sagte er, „mit der Zeit wird es irgendwie lässig; Nicht, dass es wirklich jemandes Schuld wäre, nur die Zeiten sind hart und da sind die Kinder und das eine und andere, und es scheint kaum Zeit für Gefühle zu sein."

Er hustete entschuldigend zurück in die Dämmerung am anderen Ende des Raumes.

„Es scheint kaum Zeit für Gefühle zu sein!" Tony lachte vor sich hin über die Absurdität der Sache und trat hinaus in den Garten. Er wollte die Familie im Moment nicht sehen. Sie rieben und schütteten es ein. Er könnte allein sein; später würde er mit Maradick sprechen .

Und Lady Gale ging ihm zum ersten Mal in ihrem Leben aus dem Weg. Sie hatte noch nicht das Gefühl, mit ihm reden zu können; Sie musste warten, bis sie die neuen Entwicklungen durchdacht und sich für eine Vorgehensweise entschieden hatte. Der Tag hatte sie mit Sorge erfüllt, denn plötzlich wurden ihr zwei Dinge gezeigt. Erstens, dass es außer Tony niemanden auf der Welt gab, der ihr wirklich am Herzen lag. Es gab andere Menschen, die sie mochte, Freunde, Bekannte; Für ihren eigenen Mann und Rupert empfand sie eine beschützende Freundlichkeit, die eng mit ihren Gefühlen für die Familie verbunden war, aber Liebe! – nein – sie gehörte nur Tony.

Sie hatte noch nie zuvor gemerkt , wie tief und schrecklich sie sich um
sie kümmerte. Es war etwas fast Wildes und Wildes in ihr, so dass sie, eine
alte Dame mit weißem Haar und einem gütigen Wesen, gekämpft, getötet
und seine Feinde zerrissen hätte, wenn er in Gefahr gewesen wäre. Die
Wildheit, die Wildheit erschreckte sie so sehr, dass sie mit zitternden Händen
im Dunkeln saß, die Lichter der Schiffe auf dem Meer beobachtete und blind,
blind betete.

Sie hatte natürlich schon vorher gewusst, dass er ihr alles bedeutete, dass
das Leben ohne ihn all seinen Sinn, seine Bedeutung und seine Schönheit
verlieren würde, aber es gab auch andere Dinge, die zählten; Jetzt schien es,
dass nichts anderes im Geringsten von Bedeutung war.

Und das zweite, was sie sah, und es war diese zweite Offenbarung, die
ihr die erste gezeigt hatte, war, dass sie in Gefahr war, ihn zu verlieren. Das
vollkommene Vertrauensverhältnis, das, wie sie sich liebevoll vorstellte,
bisher zwischen ihnen bestanden hatte, war nie in Gefahr gewesen, weil es
nichts zu verbergen gegeben hatte. Natürlich hatte er ihr nicht alles erzählt;
In Oxford und schon davor musste es Dinge gegeben haben, die er ihr nicht
erzählt hatte, aber sie hatte sich nicht beunruhigt gefühlt, denn sie war sich
sicher, dass es Dinge gewesen waren, die keine Rolle spielten. Und dann war
er so oft gekommen und hatte es ihr erzählt, hatte es ihr mit seinem
bezaubernden Lächeln und seinen offenen Augen erzählt, so dass kein
Zweifel daran bestand, dass er etwas verheimlichte.

Sie hatte die Beziehung zwischen Mutter und Sohn so perfekt studiert,
dass sie genau die richtige „Berührung" mit ihm hatte, nie etwas verlangte,
was er nicht zu geben bereit war, und immer die Vertrauenswürdigkeiten
empfing, die er ihr gab. Aber jetzt hielt er zum ersten Mal Dinge zurück,
Dinge, die wichtig waren. Als sie vor vierzehn Tagen, an dem Tag, an dem
sie die mögliche Gefahr zum ersten Mal gesehen hatte, so tapfer mit
Maradick gesprochen hatte, hatte sie geglaubt, sie sei stark und weise genug,
um geduldig und mit vollkommenem Vertrauen zu warten. Aber es war nicht
möglich, es war nicht machbar. Sie konnte nicht mit gefalteten Händen da
sitzen, während eine seltsame Frau dort unten in dieser dunklen,
geheimnisvollen Stadt ihren Jungen von sich nahm. Mit jedem Tag wurde
ihre Unruhe größer; Sie hatte auch bemerkt, dass sich ihre Beziehung
verändert hatte. Es war so wundervoll und schön, so zart und zart gewesen,
dass ihr jede Veränderung seiner Farbe sofort auffiel. Er war nicht so
offenherzig gewesen, in seinen Gesprächen mit ihr war sogar ein wenig
Künstlichkeit gewesen. Es war mehr, als sie ertragen konnte.

Aber obwohl die Ungewissheit sie töten könnte, durfte sie es nicht
wissen. Sie sah das so klar und unausweichlich wie eh und je. Lassen Sie sie
einmal durch sein eigenes Geständnis wissen, dass er dort unten in der Stadt

ein Mädchen liebte, und sie würde gezwungen sein, damit aufzuhören. Der Horizont würde sich erweitern und größere, lautere Themen als ihre eigenen persönlichen Gefühle würden betroffen sein. Die Familie würde in die Angelegenheit einbezogen werden, und sie konnte ihren Behauptungen nicht widersprechen. Sie konnte ihrem Mann und allen Traditionen gegenüber nicht untreu sein. Und doch lag ihr nur Tonys Glück am Herzen; Das muss vor allem berücksichtigt werden. Maradick würde wissen, ob es diesem Mädchen sozusagen „in Ordnung" ging. Wenn sie unmöglich wäre, hätte er es sicherlich schon längst gestoppt. Maradick war tatsächlich der einzige Hinweis auf das Geschäft, den sie hatte.

Aber es lag zum Teil daran, dass sie ihr Vertrauen in ihn verlor, weshalb sie jetzt unglücklich war. Seine Wachsamkeit gegenüber Tony war, jedenfalls heute, erbärmlich unzureichend gewesen. Er könnte vielleicht das Gefühl haben, dass er kein Recht hatte, seine Zeit damit zu verbringen, sich an Tonys Rockschößen festzuhalten, das war dem Jungen gegenüber nicht fair, aber er hätte mehr mit ihm zusammen sein sollen.

Sie saß jetzt mit Alice auf dem Sitz am anderen Ende des Gartens mit Blick auf die Stadt. Der Ort kam ihr hasserfüllt vor, und als sie in die Tiefe blickte, bekam er eine eigene Persönlichkeit, eine schrecklich bedrohliche Persönlichkeit. Es lag da mit seinem dunklen, gebogenen Rücken wie ein schreckliches Tier, und die Lichter in den Häfen waren seine Augen, die boshaft funkelten; sie schauderte und lehnte sich zurück.

„Ist dir kalt, Liebes?" Es war das erste Mal, dass Alice sprach, seit sie herausgekommen waren. Sie selbst saß aufrecht mit zurückgelegtem Kopf, eine schlanke weiße Gestalt wie ein Geist.

„Nein, es ist tatsächlich drückend warm. Ich habe nachgedacht, und das ist so ziemlich das Einzige, was eine alte Frau tun kann."

"Du bist besorgt." Alice sprach fast scharf. „Und ich hasse es, wenn du dir Sorgen machst. Mir ist in den letzten Tagen aufgefallen, dass …"

„Ja, ich schätze, ich bin ein bisschen", seufzte Lady Gale. „Aber du hast dir darüber auch Sorgen gemacht, Liebes. Diesmal war es an diesem Ort kein voller Erfolg. Ich weiß nicht genau, was los war, denn das Wetter war wunderschön."

Alice legte ihre Hand auf Lady Gales. „Du wirst mich doch nicht für ein absolutes Schwein halten, oder, mein Lieber, wenn ich am Ende der Woche nach Schottland fahre? Ich glaube, es war wirklich besser. Mir geht es hier unten nicht gut, und für den Rest von euch wird es nur unangenehm, wenn ich böse und absurd bin."

Lady Gale seufzte. „Wenn du wirklich gehen willst, Liebes", sagte sie, „dann musst du das natürlich tun. Machen Sie einfach das, was Ihnen gefällt. Nur, ich werde dich sehr vermissen. Du bist eine große Hilfe für mich, weißt du? Natürlich gibt es Milly, aber sie war in letzter Zeit lustig. Sie ist hier unten immer aufgeregt." Lady Gale legte ihren Arm um das Mädchen. „Bleib noch eine Weile, Liebes. Ich will dich. Wir alle wollen dich."

Alice richtete sich für einen Moment auf, als wollte sie die Liebkosung abwehren ; dann versuchte sie etwas zu sagen, aber es kamen keine Worte. Mit einem kleinen Schrei vergrub sie ihr Gesicht im Kleid der anderen. Für einige Momente herrschte Stille, dann hoben sich ihre Schultern und sie brach in leidenschaftliches Schluchzen aus. Lady Gale sagte nichts – sie strich sich nur mit der Hand übers Haar. Die Nacht war sehr still, so still, dass sie aus der Stadt den fernen Refrain eines Liedes hören konnten.

Endlich hob Alice ihren Kopf. „Bitte", sagte sie, „mach dir keine Sorgen um mich." Aber sie umklammerte Lady Gales Hand. "Oh! Ich schäme mich selbst. Ich bin ein Narr, so nachzugeben." Plötzlich zog sie heftig ihre Hand weg. Aber Lady Gale nahm es in ihre Hand.

„Warum", sagte sie, „ich wollte die ganze Zeit, dass du mit mir sprichst, und du wolltest nicht; Natürlich wusste ich, was los war, das kann man seiner Mutter nicht verheimlichen. Es scheint, als wären wir alle aneinander geraten, wie es in einem Theaterstück der Fall ist, wenn ein einziges Wort alles in Ordnung bringen würde, aber jeder Angst hat, es auszusprechen. Ich möchte mit Ihnen über alles reden. Glaubst du, dass es mir auch nicht schlecht geht?"

Alice beugte sich zu ihr und küsste sie. „Es tut mir leid", sagte sie, „ich war in letzter Zeit so egoistisch. Ich habe an niemand anderen gedacht. Mir war nicht klar , was Sie davon halten müssen. Ich hätte es wissen müssen."

Sie hielt einen Moment inne, dann sprach sie mit kleinen Keuchen weiter, als wäre sie gerannt. „Aber ich hatte überhaupt nicht vor, darüber zu sprechen. Ich hasse mich dafür, dass ich nachgegeben habe. Ich, der ich immer stolz auf meine Zurückhaltung und Selbstbeherrschung war, weinte wie ein Kind um den Mond." Sie zuckte mit den Schultern und lachte bitterlich. „Ich werde nicht noch einmal nachgeben", sagte sie.

Lady Gale legte ihren Arm um sie und zog sie an sich. „Alice, Liebes, lass mich einen Moment mit dir reden. Sie machen gerade eine schlimme Zeit durch, und es könnte eine Krise sein, die Ihr ganzes Leben verändert. Du bist sehr jung, meine Liebe, und ich bin so alt, dass ich das Gefühl habe, alles durchgemacht zu haben und alles von Anfang an zu wissen. Vielleicht kann ich Ihnen also helfen. Ich liebe dich aus tiefstem Herzen und diese Sache hat uns wie nichts anderes auf der Welt zusammengebracht."

Alice drückte sich eng an sie. "Oh! Ich war in den letzten Tagen so einsam, man kann gar nicht wissen, wie schlimm es war."

„Ja, Schatz, natürlich weiß ich es. Als wir hierher kamen, sah ich sofort, dass etwas nicht stimmte. Ich wollte mit Ihnen reden, aber es hat keinen Zweck, das Vertrauen der Menschen zu erzwingen. Ich wusste, dass du mit mir reden würdest, wenn du wolltest. Aber wir sind in dieser Sache einig, wir lieben beide Tony."

"Oh! Ich schäme mich." Alice sprach sehr leise, es war fast ein Flüstern. „Und doch, wissen Sie, bin ich in gewisser Weise froh. Es hat mir gezeigt, dass ich etwas habe, von dem ich fast befürchtete, dass es überhaupt nicht in mir steckt. Trotz meines Stolzes hatte ich manchmal plötzlich Angst und fragte mich, ob es wirklich in mir steckte, mich überhaupt um jemanden zu kümmern. Und dann kam es plötzlich. Ich würde für Tony sterben; Ich würde zulassen, dass er auf mir herumtrampelt, mich tötet, mich schlägt. Manchmal, wenn wir alle so still im Wohnzimmer oder im Garten sitzen und er redet, oh, dann möchte ich aufstehen und mich auf ihn stürzen und ihn dort vor ihnen allen halten. Ich hatte in den letzten Tagen Angst, dass ich plötzlich die Kontrolle verliere. Ich habe mich ein- oder zweimal gefragt, ob ich nicht verrückt werde. Jetzt siehst du, warum ich gehen muss."

Sie vergrub ihr Gesicht in ihren Händen.

Lady Gale beugte sich über sie. „Alice, meine Liebe, ich verstehe, natürlich verstehe ich. Aber lass mich versuchen, dir zu zeigen, Liebling, warum du bleiben musst. Nur für die nächsten ein oder zwei Wochen. Du kannst mir und Tony eine große Hilfe sein. Mir ging es auch ziemlich schlecht. Es ist, als würde man im Dunkeln tappen, mit Dingen auf allen Seiten, die man nicht sehen kann. Und ich will dich, Liebes."

Alice sprach nicht. Die Glocken in der fernen Stadt schlugen zehn, erst eine, dann noch eine und dann fünf oder sechs auf einmal. Fünf Lichter von Booten auf dem Meer leuchteten in einer Reihe wie Sterne, die ins Wasser gefallen waren, und durch den dunklen Nebel der Bäume segelte ein gebogener Mond.

„Siehst du, Liebes, die Dinge sind jetzt so schwierig und es scheint, als würde es von Tag zu Tag schlimmer. Und tatsächlich kommt es dazu. Sie und ich und Mr. Maradick lieben Tony. Die anderen zählen nicht. Natürlich bin ich mir bei Mr. Maradick nicht sicher , aber ich denke, er kümmert sich auf seine Art sehr um ihn, und deshalb sind wir, wie Sie sehen, ein Leibwächter für ihn. Ich möchte tun, was er will. Tony hat die Dinge immer völlig klar gesehen und wusste, was er wollte, aber jetzt gibt es andere Dinge, die es ihm schwerer machen. Als wir hierherkamen, hoffte ich, dass er dich heiraten würde, Liebes, aber vielleicht ist es doch besser, wenn er es nicht tun würde. Das Einzige, was in dieser Welt überhaupt zählt, ist die Liebe, sie zu bekommen und zu behalten; und wenn ein Mann oder eine Frau das gesichert hat, gibt es nichts anderes, was von Bedeutung wäre. Und so habe ich immer beschlossen, dass Tony seine eigene Wahl haben sollte, dass er gehen sollte, wann er wollte."

Sie hielt inne, nahm Alices Hand und streichelte sie. „Dies ist das erste Mal, dass er wirklich verliebt ist. Natürlich weiß ich es – ich wusste es sofort durch das Leuchten in seinen Augen – und ich möchte, dass er es hat und behält und es, was auch immer passiert, nicht verpasst. Aber natürlich darf ich nichts davon erfahren, denn dann müsste man es seinem Vater sagen. Sir Richard hält viel von der Familie. Es ist das Einzige, was ihm sehr wichtig ist. Und natürlich würde es schreckliche Szenen geben und ich müsste mit der Familie gehen. Was auch immer passiert, ich darf nichts davon wissen."

„Ja", sagte Alice, „das sehe ich."

„Und so habe ich Herrn Maradick als Wache dort eingesetzt. Er ist ein würdiges Wesen, ein wenig langweilig, aber sehr vertrauenswürdig, und ich wusste, dass er sein Bestes geben würde. Aber es ist schwieriger, als ich gedacht hatte. Jetzt beginnt Sir Richard sich zu fragen, wohin Tony geht, und ich fürchte, dass es in ein oder zwei Tagen eine schreckliche Szene geben wird und Tony vielleicht für immer verschwinden wird . Deshalb möchte ich, dass du hier bei mir bist. Sie können mit Herrn Maradick sprechen , und wenn ich sehe, dass Sie zufrieden sind, weiß ich, dass alles in Ordnung ist. Es wird den ganzen Unterschied in der Welt machen, wenn ich dich habe."

„Du verlangst ziemlich viel", sagte Alice. „Ich glaube, dir ist nicht ganz klar , was es für mich bedeutet. Es ist wie ein seltsamer Zauber, und wenn ich fantasievoll oder absurd wäre Ich könnte mir vorstellen, dass der Ort etwas damit zu tun hat. Natürlich ist das nicht der Fall, aber ich habe das Gefühl, dass ich wieder mein normaler Mensch sein sollte, wenn ich einmal davonkommen könnte."

"NEIN. Du wirst nie wieder derselbe Mensch sein. Man kann nie zurückkommen. Aber sieh es mal so, mein Lieber. Ist es dir so wichtig, dass Tony ihm wirklich hilft und etwas für ihn tut, was sonst niemand tun kann?"

„Kümmere ich mich um ihn?" Alice lachte. „Ich sorge mich um ihn, wie sich noch nie zuvor jemand um irgendjemanden gekümmert hat."

"Ah! Das denken wir alle, meine Liebe. Das habe ich einmal über Sir Richard gedacht. Aber du kannst jetzt alles für ihn tun, wenn du willst."

Aber Alice zuckte mit den Schultern. „Soweit ich es verstanden habe", sagte sie, „wollen Sie, dass ich Mr. Maradick ausspioniere ."

„Nein, natürlich nicht, um auszuspionieren. Nur um sich Tony gegenüber so zu verhalten, als wäre nichts passiert, und mir wegen Sir Richard zu helfen. Und dann können Sie mit Herrn Maradick sprechen , wenn Sie möchten; frag ihn direkt nach ihr."

„Oh, dann wird er sagen, und das völlig zu Recht, dass es mich nichts angeht."

"Aber es ist. Es ist alles unsere Sache. So etwas kann niemandem passieren, ohne dass es dazwischenkommt, wie ein Stein und ein Teich mit allem drumherum. Natürlich ist es Ihre Sache, Ihre mehr als die von irgendjemandem anderen. Und wirklich, mein Lieber, ich glaube nicht, dass es dir besser geht, wenn du weggehst. Die Dinge scheinen weitaus schlimmer zu sein, wenn man so viele Landkreise überblicken muss, um sie überhaupt zu sehen. Bleib hier bei Tony und lebe es aus. Es wird vergehen, wie die Masern oder alles andere."

Sie hielt inne. Dann legte sie plötzlich ihre Arme um das Mädchen und hielt es fest. „Ich will dich, ich will dich, Liebling. Mir geht es sehr schlecht. Ich habe das Gefühl, dass ich Tony verliere, vielleicht für immer. Er wird nie wieder derselbe sein, und ich kann es nicht ertragen. Er war immer der Mittelpunkt von allem, immer. Ich weiß kaum, wie ich manche Dinge hätte meistern können, wenn er nicht gewesen wäre. Und jetzt muss ich mich ihnen alleine stellen; aber wenn du hier bei mir bist , werde ich doch nicht allein sein."

Und Alice ließ ihr Gesicht in Lady Gales Kleid ruhen und sie versprach es. In ihrem Versprechen steckte zufällig mehr als bloße Zustimmung. Sie war neugierig, wie sich alles entwickeln würde, und vielleicht hegte sie tief in ihrem Herzen die Hoffnung, dass dieses Mädchen unten in der Stadt doch nichts sein würde und dass Tony zurückkommen würde, wenn die beiden oder … Für ihn waren drei Wochen vorbei. Aber die wirkliche Versuchung, die sie überfiel, war furchtbar groß. Es wäre verhängnisvoll einfach, mit Sir Richard zu sprechen und ihn, ohne etwas Bestimmtes oder Indizien zu sagen, unmissverständlich auf die Spur zu bringen. Das unmittelbare Problem wären natürlich sofortige Marschbefehle für alle, und das wäre das Letzte, was Tony von seinem Landhaus sehen würde. Ihre Gedanken kreisten um das Mädchen. Wie war sie, fragte sie sich? Grob, mit einem Gesicht aus Rote-Bete-Rot und flachsfarbenem Haar; Nein, Tony hatte Geschmack, er würde wissen, was er wählen sollte. Sie war wahrscheinlich hübsch. Wild und ungehobelt vielleicht; das würde ihn wahrscheinlich erwischen. Und jetzt muss sie, Alice Du Cane, still danebenstehen und die Rolle einer platonischen Freundin spielen. Was für ein Spaß das Leben für die Götter sein muss, die Zeit hatten, zuzusehen.

Maradick in einer verlassenen Ecke des Gartens gefunden und ihm die Geschichte des Nachmittags in die Ohren gegossen. Es handelte sich um ein vollständiges Handbuch zum Liebesspiel, und es entstand in einem Strom ununterbrochener Beredsamkeit, mit vielen Wiederholungen und einem ständigen Drang, auf den zentralen Vorfall der Geschichte zurückzugreifen.

„Und dann habe ich es ihr endlich gesagt!" Ein kleiner Vogel in einem Nest über ihren Köpfen erwachte für einen Moment und verspürte einen kleinen Schauder des Mitgefühls. „Beim Himmel, Maradick, alter Mann, ich hatte bis dahin noch nie gelebt. Sie und ich wurden zusammen ins Paradies geschwemmt, und für einen Moment war die Erde verschwunden, weggerollt, verschwunden; Ich kann nicht darüber reden, ich kann nicht wirklich. Aber da waren wir im Sand mit dem Meer und dem Himmel! Oh mein Wort! Ich kann es nicht zulassen, dass du es fühlst, aber jetzt gehöre ich immer ihr und sie gehört mir. Ich bin ihr Sklave, ihr Ritter. Früher dachte man immer, dass alles, was Männer und Frauen in Büchern darüber schreiben, faul und furchtbar langweilig sei, aber jetzt scheint alles anders zu sein. Poesie, Musik, all die Dinge, die man liebte, sind jetzt anders. Sie sind neu, wunderbar, göttlich! Und da saßen wir im Boot, wissen Sie, und ließen uns einfach irgendwohin treiben."

Maradick spielte dieser Begeisterung mit einer etwas melancholischen Geduld zu. So hatte er sich einmal gegenüber Mrs. Maradick gefühlt . Wie absurd! Er sah sie, wie er sie zuletzt gesehen hatte, mit der Bettwäsche, die höhnisch um sie geschlungen war, und mit halb geschlossenen Augen, in denen Feuer blitzte. Sie hatte sich geweigert, mit ihm zu sprechen! Und er hatte sie einmal geküsst und sich wie Tony gefühlt.

„Nein, aber ein Kerl kann nicht darüber reden. Nur eines, Maradick , kam mir furchtbar komisch vor: die Art und Weise, wie sie alles akzeptierte. Als ich ihr von meinem Volk erzählte, erwartete ich natürlich, dass sie furchtbar enttäuscht sein würde. Aber sie schien es sofort zu verstehen und akzeptierte es als etwas Natürliches. Wenn es also zur Flucht kommen sollte, ist sie bestens vorbereitet."

„Wenn es darum geht, wegzulaufen!" Die Worte brachten die ganze Situation sofort auf den Punkt, und Maradicks Verantwortung traf ihn wie ein plötzlicher Schlag aus der Dunkelheit. Für einen Moment packte ihn die Angst am Hals; Er wollte unbedingt die ganze Sache hinter sich lassen, den nächsten Zug zurück nach Epsom nehmen, diesem seltsamen Ort entkommen, der ihn sozusagen mit einem geisterhaften Finger in einen Strudel, einen Sumpf zog; alles war tückisch, gefährlich und zerstörerisch. Und dann wusste er im nächsten Augenblick, dass er, auch wenn er nach Epsom und in sein Büro und all die Plackerei zurückkehren würde, nie wieder derselbe Mann sein würde, dass er nie wieder derselbe Mann sein könnte. Er wusste jetzt, dass das Einzige auf der Welt, das es wert war, geliebt zu werden, die Liebe war – diese Stadt hatte ihm das gezeigt – und dass dafür alle anderen Dinge verschwinden mussten. Dieser Junge hatte es gefunden und er musste ihm helfen, es zu behalten. Er, Maradick , hatte es gefunden; Es waren Freunde von ihm hier – Tony, Mrs. Lester – und er konnte mit der Erinnerung an diese Wochen nicht in die Einsamkeit seines alten Lebens zurückkehren.

„Schau mal", er ergriff Tonys Arm, „ich glaube nicht, dass ich etwas damit zu tun haben sollte. Jeder vernünftige Mensch würde es Ihren Leuten sagen, und die ganze Sache wäre erledigt; Aber ich habe dir schon vorher mein Wort gegeben und ich werde damit weitermachen. Außerdem habe ich das Mädchen gesehen. Ich würde mich selbst in sie verlieben, Tony, wenn ich in deinem Alter wäre, und ich möchte nicht, dass du alles verpasst und dein Leben verdammt durcheinander bringst, nur weil du nicht mutig genug wärst oder weil es keine Möglichkeit gab. „Ich habe niemanden, der dir helfen kann."

„Bei Gott, Maradick , du bist ein Stein. Ich kann dir nicht sagen, was ich darüber denke, über sie und dich und alles, einem Kerl fehlen die Worte; nur geht es natürlich voran. Siehst du, du konntest meinen Leuten nach all dem, was du getan hast, nicht sagen – du würdest es nicht tun, weißt du; und wie ich weitermachen würde, ob du mich verlassen hast oder nicht, kannst du mir genauso gut helfen. Und dann mag ich dich schrecklich; Ich mag dich mehr als jemals zuvor einen Mann, du bist so ein verständnisvoller Kerl."

Tony holte kurz Luft. Dann fuhr er fort:

„Die Sache ist wirklich das Einzige, was zählt, und wenn ich nicht so ganz sicher wäre, dass sie Janet wirklich mögen würde und wirklich wollte, dass ich die Sache durchführe, würde ich es überhaupt nicht tun. Aber weil ich Janet so liebe, weiß ich, wie wichtig mir die Sache ist. Weißt du, Maradick , es ist ziemlich seltsam, aber es gibt kleine Dinge an der eigenen Materie, die einem viel mehr im Gedächtnis haften bleiben als alles andere. Kleine Dinge . . . Aber sie war schon immer einfach alles, und ich weiß, es gibt viele Schurken, denen es genauso geht. . . Und deshalb tut es irgendwie weh, dieses Spiel weiterzuspielen und ihr nichts davon zu erzählen. Es ist das erste, was ich ihr nicht gesagt habe. . . aber es wird wieder gut, wenn es vorbei ist."

„Es gibt noch andere Leute", sagte Maradick ; "dein Vater--"

„Oh, der Gouverneur! Ja, er riecht langsam, und sobald er auf der Strecke ist, ist er großartig, und das alles bedeutet, dass es ganz schnell gehen muss. Außerdem gibt es Alice Du Cane; Sie hat uns, Janet und mich, heute Nachmittag am Strand gesehen, und es ist nicht abzusehen, wie lange sie den Mund halten wird. Nein, ich werde morgen Morelli besuchen und ihn gleich fragen. Ich ging heute Abend mit ihr zurück, und er war äußerst freundlich, obwohl er ziemlich kluge Verdächtigungen gehabt haben muss. Er mag mich."

„Seien Sie bei ihm nicht zu sicher", sagte Maradick ; „Mir gefällt es nicht halb. Ich traue ihm keinen Meter. Aber sehen Sie, Tony, kommen Sie morgen sofort zu mir, nachdem Sie mit ihm gesprochen haben, dann werden wir wissen, was zu tun ist."

Tony drehte sich zu ihm um und legte seine Hand auf seine Schulter. "Ich sage. Ich weiß nicht, warum du für mich so ein Stein bist. Ich werde es nie vergessen"; und dann bog er plötzlich den Weg hinauf und war weg.

Maradick stieg die dunkle Treppe zu seinem Zimmer hinauf. Seine Frau lag im Bett und schlief. Er zog sich leise aus; Einen Moment lang sah er sie mit der Kerze in der Hand an. Sie sah sehr jung aus, ihr Haar lag in einer Wolke um das Kissen; Er beugte sich halb vor, als wollte er sie küssen. Dann überprüfte er sich selbst und blies die Kerze aus.

KAPITEL XIII

MEHR VOM REISENDEN OPTIMISTEN; ALICE DU CANE

Bittet Maradick um einen Gefallen

Maradick erwachte am nächsten Morgen sehr früh. Als er in seinem Bett lag, war sein Geist immer noch mit den Spinnweben seiner Träume bedeckt, und er sah das Zimmer in einer fantastischen, grotesken Form, so dass er nicht sicher war, ob es überhaupt sein Zimmer war, aber er glaubte, dass es so war Vielleicht ist es ein Meer mit Tischen und Stühlen anstelle von Steinen oder ein kahles, windiges Moor.

Der Vorhang wehte ganz leicht im Wind aus dem Spalt der Tür, und er sah von seinem Bett aus zu, wie er anschwoll und sich wölbte und zurückschrumpfte, als würde er sich danach sehnen, sich ganz von der Tür zu lösen, hätte aber nicht den Mut dazu. Aber obwohl er immer noch verwirrt und vage war von der trägen Verwirrung des Schlafes, erkannte er ganz deutlich im Hinterkopf, dass da eine Tatsache auf ihn wartete, bis er klar genug sein würde, sie zu erkennen . Diese Gewissheit, dass etwas Bestimmtes vor ihm lag, das erfüllt und bedacht werden musste, weckte ihn. Er wusste nicht im Geringsten, was das für ein Etwas war, das ihn erwartete, aber er versuchte, sich zusammenzureißen. Das Meer zog sich zurück, das Schlagen seiner Wellen war in seinen Ohren nur noch sehr schwach zu hören, und die Felsen lösten sich in dem glänzenden Glas des Frisiertischs und der feierlichen Stühle auf, deren Rückenlehnen fest an die Wand gelehnt waren und deren Gesichtsausdruck selbstbewusst war Tugend.

Er setzte sich im Bett auf und rieb sich die Augen; er wusste mit absoluter Sicherheit, dass er nicht wieder schlafen sollte. Das Licht versuchte, die Blinden zu durchdringen, und kleine farbige Augen zwinkerten ihm vom Fenster aus zu, die silbernen Dinge auf dem Frisiertisch hoben sich wie weiße Pfützen vom dunklen Holz ab.

Er stand auf, und plötzlich wurde ihm die Tatsache klar: Er hatte sich unwiderruflich dazu verpflichtet, Tony zu helfen. Er war in gewisser Weise schon einmal engagiert gewesen, seit Lady Gale ihn um seine Hilfe gebeten hatte; Aber es hatte immer eine Chance gegeben, zu entkommen, ja sogar die Möglichkeit, dass sich das „Ding" überhaupt nicht löste. Aber jetzt ging es los, und zwar sehr bald, und er musste dazu beitragen, dass es kam.

Er hatte die ganze Situation in seinem Kopf so oft umgedreht und sie aus so vielen Blickwinkeln betrachtet, mit ihren Absurditäten, ihren Tragödien und ihren Moralvorstellungen, dass über die eigentliche Sache überhaupt nichts mehr zu sagen war ; das war allen Gewissens nach konkret genug. Als er vor sich auf dem Bett saß und die Füße schwang, sah er darin eine echte Persönlichkeit, mit der er sich verbündet hatte. Er hatte geschworen, zwei Kindern dabei zu helfen, gegen den Willen aller durchzubrennen – er, Maradick , war von allen Menschen der gesetzestreueste. Was war über ihn gekommen? Aber da war es und es gab nichts mehr dazu zu sagen. Es durfte überhaupt nicht noch einmal im Hinblick auf mögliche Schwierigkeiten und Gefahren betrachtet werden, es musste nur durchgeführt werden.

Aber als er darüber nachdachte, wusste er, dass das Problem in Wirklichkeit viel größer war als die eigentliche Flucht. Was wirklich zählte, war die Wirkung auf ihn, die Tatsache, dass er nie wieder nach Epsom zurückkehren konnte, mit der Hoffnung, dort das Leben führen zu können, das er zuvor geführt hatte.

Ihr ganzer Kreis würde sich dadurch verändern; Es war das bedeutsamste Ereignis in ihrem ganzen Leben.

Maradick blickte noch einmal auf den Morgen. Die Nebel stiegen höher in die Luft und alle Farben , der blassgoldene Sand, die roten Dächer, die braunen Biegungen der Felsen, glänzten in der Sonne. Er würde baden gehen und dann Punch aufsuchen.

Es war Viertel nach fünf, als er die Treppe hinunterging; Im Haus herrschte völlige Stille, und nur das Ticken unzähliger Uhren unterbrach die Stille. Plötzlich rief ein Vogel aus dem Garten; ein kleiner Windhauch, der den Duft von Nelken und Rosen mit sich brachte, zitterte durch die Halle.

Als er die Bucht erreichte , war das Meer wie Glas. Er hatte noch nie frühmorgens gebadet und vor ein paar Wochen hätte er über die Idee gelacht. Ein Mann in seinem Alter, der um halb sechs morgens badet! Das Wasser wäre furchtbar kalt. Aber das war es nicht. Er dachte, dass er noch nie etwas so Warmes und Liebkosendes erlebt hatte, als er sich darin zurücklehnte und durch das klare Grün nach oben blickte. Es herrschte vollkommene Stille. Ihm kamen Dinge in den Sinn, einige Opern, die er in diesem Jahr in London eher widerstrebend gehört hatte. Die Eröffnung des dritten Aktes von Puccinis „Tosca" mit Glockenmusik und dem Licht, das über der Stadt bricht. Er erinnerte sich, dass er das damals ganz gut gedacht hatte. Die Liebenden in „Louise" auf Montmartre beobachten, wie die Lichter die Blumen unter ihnen zum Platzen bringen und „Paris!" grüßen. Auch das hatte er zu schätzen gewusst. Eine Szene in „To Paradise", in der ein Mann irgendwo allein in einer fremden Stadt die an ihm vorbeieilenden Menschen beobachtet und die Lampen zählt, die wie eine goldene Kette die Straße entlang schwangen. Ein Bild aus der Akademie dieses Jahres, Sims „Night Piece to Julia". Er hatte es damals weder verstanden noch etwas darin gesehen. „Einer dieser neuen Kerle, die sowieso einfach die Farbe aufkleben", hatte er bemerkt; aber jetzt schien er sich an ein wunderschönes blaues Kleid und einen weißen Pfau im Hintergrund zu erinnern!

Wie komisch es war, dachte er, während er triefend zurück zum Strand stürzte, dass die Dinge, die einem Kerl zu diesem Zeitpunkt kaum auffielen, genau die Dinge sein sollten, die ihm später in den Sinn kamen. Und im Sand sah er Toby, den Hund, der ihn ernst beobachtete. Toby kam höflich auf ihn zu, schnupperte vorsichtig an seinen Socken und setzte sich dann, nachdem er offenbar zu dem Schluss gekommen war, dass es sich um die richtigen Socken handelte und nicht wirklich verbessert werden konnte, mit dem Kopf an Maradicks Bein.

Maradick kitzelte seinen Kopf und kam zu dem Schluss, dass Möpse bei weitem nicht so hässlich waren, wie er gedacht hatte. Aber dann gab es einen himmelweiten Unterschied zwischen Toby und dem gewöhnlichen Mops, dem dicken Mops, der sich in Kissen auf dem Schoß einer alten Dame schmiegte, dem aristokratischen Mops, der hochmütig aus dem weichen Luxus eines herrschaftlichen Brougham starrte, dem Stadtmops, überfüttert, überfüttert -angezogen, überwaschen. Aber Toby kannte den Weg, er hatte die Welt gesehen, er war ein Hund des Dramas, ein Hund der Romantik; Er war auch ein Hund mit Sinn für Humor .

Er leckte Maradicks nacktes Bein mit einer sehr warmen Zunge und legte dann eine Pfote auf seinen Arm. Sie waren Freunde. Er bestätigte den Vertrag, indem er sich mehrmals im Sand umdrehte; Dann legte er sich auf den Rücken, seine vier Pfoten starr in die Luft gereckt, und als er dann seinen Herrn erblickte, drehte er sich schnell um und ging ihm entgegen.

Punch äußerte keine Überraschung darüber, Maradick zu dieser Morgenstunde dort anzutreffen. Es war das Natürlichste auf der Welt. Leute, die nach Treliss kamen , machten ständig solche Dinge und verbrachten im Allgemeinen den Rest ihres Lebens damit, zu vergessen, dass sie es getan hatten.

„Ich wollte Sie schon immer sehen, Mr. Maradick , Sir", sagte er, „und ich bin sehr froh, Sie hier zu finden, wenn es nichts gibt, was unsere Worte fangen kann, außer dem Meer, und das erzählt nie Geschichten."

„Nun, tatsächlich, Garrick", sagte Maradick , „ich bin hinter dir her. Eigentlich hätte ich nach dem Baden in deine Zimmer gehen sollen, aber da du hier bist, ist es umso besser. Ich möchte unbedingt mit dir reden."

Punch setzte sich in den Sand und sah seinem Hund auf absurde Weise ähnlich.

„Ich möchte mit dir über Morelli reden, Garrick." Maradick zögerte einen Moment. Es war sehr schwierig, genau in Worte zu fassen, was er sagen wollte. „Wir haben schon früher über den Mann gesprochen, und ich würde Sie nicht noch einmal damit belästigen, wenn ich den jungen Tony Gale nicht sehr gern hätte und er sich, wie Sie wissen, in Morellis Tochter verliebt hätte. Das ist alles eine lange Geschichte, aber das Wichtigste ist, dass ich so viel wie möglich über den Mann wissen möchte. Außer Ihnen scheint hier niemand viel über ihn zu wissen."

Bei der Erwähnung von Morellis Namen hatte sich Punchs Stirn verzogen.

„Ich weiß es nicht genau", sagte er, „da ich alles sehr Bestimmte sagen kann, und wenn das so ist, sollte man vielleicht überhaupt nichts sagen; Aber wenn der junge Gale das Mädchen mitnimmt, dann bin ich froh. Er ist ein guter Kerl und ich denke an sie."

"Warum?" sagte Maradick .

„Nun, vielleicht ist es doch am besten, zu sagen, was ich weiß." Punch holte eine Pfeife heraus und füllte sie langsam. „Wohlgemerkt, es ist alles verdammt ungewiss, viele kleine Dinge, die für sich genommen keine Bedeutung haben. Ich traf den Mann zum ersten Mal im Jahr 1989, also vor zwanzig Jahren. Ich war ein junger Bursche, etwa einundzwanzig. Ich war damals eine Art reisender Schmied, mit Pendragon an der Küste als einer Art Zentrum . Es war in Pendragon, als ich ihn sah. Er lebte damals dort und lebt heute in Treliss . Damals war es ein ganz anderer Ort als heute – nur eine verschlafene, verträumte kleine Stadt mit schlechten Lichtern, schlechten Straßen und allem Drum und Dran und alten, heruntergekommenen Häusern . Der alte Sir Jeremy Trojan, der Vater des jetzigen Sir Henry, hat es geschafft, und Sie hätten keinen ruhigeren Ort und in gewisser Weise auch keinen wilderen Ort gefunden.

"Wild?" sagte Maradick . „Es ist jetzt alles andere als wild."

„Ja, sie haben es mit ihren Straßenbahnen und so verändert, und sie haben die Bucht abgerissen; Aber die Fischer waren eine wilde Truppe und duldeten niemanden von draußen. Morelli lebte dort mit seiner Frau und seinem kleinen Mädchen. Seine Frau war noch ein junges Ding, aber wunderschön, mit großen Augen wie das Meer an einem blauen Tag und mit etwas fremdem Blut darin, dunkel und blass.

„Er war dort genauso wenig beliebt wie hier. Sie erzählten schon damals lustige Geschichten über ihn und sagten, er hätte seiner Frau Dinge angetan, sie hätten sie immer weinen hören. Und sie sagten, dass er vor Jahren immer dort gewesen sei , genau wie damals, und nie anders ausgesehen habe, und es stimmt, dass er heute genauso aussieht wie damals. Es ist nicht natürlich, dass ein Mann niemals älter wird."

„Nein", sagte Maradick , „das ist es nicht."

mir nicht mochten , und die Frauen hassten mich . Aber wann immer man ihn sah , war er charmant – er war so nett zu mir und allen anderen . Und er war klug, konnte mit seinen Fingern Dinge anstellen und Vögel und Tiere dazu bringen, überhaupt alles zu tun."

„Das ist seltsam", sagte Maradick . „Tony hat neulich etwas Ähnliches gesagt."

„Nun, das ist nicht schlau", sagte David, „vor allem, weil ich andere Tiere gesehen habe, die einfach vor Angst zitterten, wenn er in ihre Nähe kam. Nun, ich habe dir gesagt, dass es ihnen nicht gefiel, dass ich unten in der Bucht war, und sie sagten nichts zu mir und ließen mich in Ruhe. Und dann, eines Nachts" – Punchs Mund wurde hart und hart – „ fanden sie Mrs. Morelli oben im Moor bei den Vier Steinen liegend, tot."

"Tot!" sagte Maradick erschrocken.

"Ja; Es war Winterzeit und der Schnee wehte in großen Schichten über das Moor und wehte um ihr Kleid, während der Mond wie eine gelbe Kerze über ihr hing. Aber das war noch nicht alles. Sie war getötet, ermordet worden. Auf ihrem Gesicht und an ihren Händen waren Spuren zu sehen, als hätten Zähne sie zerrissen. Armes Geschöpf!" Punch hielt inne.

„Nun", sagte Maradick aufgeregt, „was war das Ende von allem?"

"Oh! Sie haben es niemandem nach Hause gebracht. Ich habe meine eigenen Gedanken beigefügt, und die Männer dort haben irgendwie über Morelli gesprochen, aber es war bewiesen, dass er woanders war, als es auftauchte , und er weinte wie ein Kind, als er die Leiche sah."

„Nun", sagte Maradick lachend, „bisher ist es noch nicht ganz sicher. Das hätte jedem Mann passieren können." Aber es stimmte dennoch seltsamerweise mit dem Bild überein, das er im Kopf hatte.

„Ja", sagte Punch, „ich habe dir bereits gesagt, dass ich nichts ganz Bestimmtes habe . Ich sage nicht, ob er es getan hat oder irgendetwas damit zu tun hatte, aber in gewisser Weise ist alles wie aus einem Guss. Danach ging es mir in Pendragon schlecht , und er musste gehen, und er kam mit seinem Mädchen hierher. Aber es heißt, dass er seitdem dort gesehen wurde, und auch an anderen Orten. Und dann habe ich gesehen, dass ich andere Dinge tue. Töte Kaninchen und Vögel wie ein Teufel. Er ist grausam und andererseits freundlich, so wie ein Kind Fliegen in Stücke zerreißt. Er *ist* wie ein Kind, und deshalb ist ihm nicht zu trauen. „E ist wild, wie die Natur." „E mag es, junge Dinge an sich zu haben . " Deshalb hat er sich für den jungen Gale entschieden und er liebt dieses Mädchen auf eine Art, obwohl ich weiß, dass er grausam ist –"

„Grausam zu ihr?" sagte Maradick .

„Ja, er schlägt sie, ich weiß. Ich habe es schon vor langer Zeit beobachtet; und dann wieder küssen wir ihn und geben ihm Dinge und spielen mit ihm, und dann, eines Tages, werden wir ihn töten."

Maradick fing wieder an. "Töte sie?" er sagte.

"Ja. „ Er wird alles tun, wenn er wütend ist." Und eine Minute später werden sie schluchzen und weinen vor Kummer über das, was sie verletzt haben; und sei wie ein Trunkenbold, wenn er wütend ist.

„Was halten Sie dann davon?" sagte Maradick .

"Daraus machen?" sagte Punch. "Ich weiß nicht. Es gibt keinen anderen wie mich im Königreich. Es gibt mehr auf der Welt, als sich die Menschen vorstellen können , vor allem jene, die sich in der Stadt aufhalten. Aber draußen auf der Straße werden Sie Dinge sehen, wenn der Mond aufgeht und die Hecken lila in ihren Schatten fallen. Und er gehört zu all dem. „ E ist in gewisser Weise wie die Natur, grausam, freundlich und wild." Nüchterne Leute, die über Geister lachen, können daran nicht glauben, aber es steckt mehr dahinter, als man auf den ersten Blick sieht."

Und das war alles, was Maradick von ihm bekam; und im Grunde war es nicht viel außer einer vagen Warnung. Aber es gab die eindeutige Tatsache, dass Janet dort, wo sie war, in Gefahr war, und das war natürlich ein zusätzlicher Anstoß, das ganze Abenteuer fortzusetzen. Zu dem anfänglichen Reiz, einem entzückenden Jungen zu helfen, gesellte sich nun das romantische Gefühl der Freilassung einer gefangenen Dame; Maradick , Ritter! Vierzig und ein Leben lang verheiratet; Oh! die absurde Welt.

Dann ging Maradick zum Frühstück hinauf.

Mrs. Maradicks erster Gedanke am Morgen galt ihren Haaren und dann, in einiger Entfernung, den Mädchen. Es kam nie vor, dass beide gleichzeitig „Recht" hatten, und sie wäre in der Tat erheblich überrascht gewesen und hätte einen gewissen Mangel gespürt, wenn es in keinem der Punkte einen Grund zur Beschwerde gegeben hätte.

An diesem Morgen war alles so, wie es sein sollte. Ihre Haare „beruhigten sich" wie von Zauberhand, die Mädchen hatten keinen Grund zur Beanstandung angegeben; Als sie zum Frühstück kam, wirkte sie überrascht und hatte die Art von Verstand, der ziemlich sicher ist, dass etwas Unangenehmes passieren wird, einfach weil bisher nichts Unangenehmes „passiert" *ist* . Als sie die Hoteltreppe hinunterkam, präsentierte sie ein entzückendes Bild von gepflegtem, kompaktem Charme; Ihre Mädchen, die in präziser und mädchenhafter Haltung hinter ihr standen, betonten ihre Kleinwüchsigkeit durch ihre eher grobe, langbeinige Größe, aber sie hatte nichts Lockeres oder Unhöfliches an sich. In ihrer Hautfarbe , in ihrem hellen, nelkenroten Seidenbund und in ihren hochhackigen, glänzenden Schuhen war sie die verkörperte Ordentlichkeit.

In den Augen aller außer Mrs. Lawrence wirkte sie vielleicht etwas zu sehr wie „jemand", denn in Wirklichkeit war sie natürlich überhaupt nichts, einfach nur Mrs. Maradick aus Epsom; Aber als man noch so klein war, musste man etwas tun, um das auszugleichen, und ein „Air" hat zweifellos geholfen. Ihr Mann, der aus dem Garten kam, traf sie am Fuß der Treppe und sie behandelte ihn sehr freundlich. Er küsste die Mädchen mit einem „Na, Lucy!" und „Na, Annie!" und dann ging Mrs. Maradick mit einem letzten Gefühl für ihr Haar und einem letzten Klaps auf das Nelkenband zum Frühstück voran.

Es schien, als wäre sie geneigt, ihn gnädig zu behandeln, aber in Wirklichkeit versuchte sie, sich zu entscheiden; Sie war keine kluge Frau und war noch nie zuvor so verwirrt gewesen.

Tatsächlich war sie nie gezwungen gewesen, über irgendetwas nachzudenken. In ihrem geordneten, kompakten Leben wurden ihr die Dinge stets mit Anstand und Sicherheit präsentiert, die keinen Raum für Fragen oder Argumente ließen. Sie war zu Hause ruhig und gehorsam gewesen, aber sie hatte immer ihren Willen durchgesetzt; Sie hatte den Mann, der ihr vorgestellt worden war, ohne jegliches Zögern geheiratet, es war ein „gutes Paar" und es bedeutete, dass sie für den Rest ihres Lebens nie gezwungen sein würde, Fragen zu irgendetwas und irgendjemandem zu stellen . Ein oder zwei wilde Wochen lang hatte sie zunächst seltsame, undisziplinierte Empfindungen verspürt, die zweifellos gefährlich waren; In der Hochzeitsnacht hatte sie plötzlich den Verdacht geschöpft, dass dort noch eine andere Frau war, deren Existenz Sturm und Unordnung bedeutete. Aber der Morgen war gekommen mit Rechnungen und Anrufen und der Suche nach einem Haus, und die andere Frau Maradick war gestorben. Von diesem Tag an bis heute gab es keinen Grund zur Beunruhigung. James war bald auf Ordnung reduziert und zu einer Art Notwendigkeit geworden, wie die Anrichte; er hat die Rechnungen bezahlt. Die Geburt eines Kindes war für einen Moment beunruhigend gewesen, aber Mrs. Maradick war immer gesund gewesen und sie hatten einen ausgezeichneten Arzt, aber nach Annies Erscheinen hatte sie entschieden, dass es nie wieder einen geben sollte. James bereitete überhaupt keine Schwierigkeiten und ihre einzige wirkliche Sorge im Leben waren ihre „Haare". Es gab nicht sehr viel davon, und sie verbrachte ihre Vormittage und ihre Geduld damit, Pläne zu schmieden, um es „viel" erscheinen zu lassen, aber es war nie zufriedenstellend. Ihre „Haare" wurden zum Mittelpunkt ihres Lebens, zu ihrem Horizont. James passte hinein. Wenn die „Haare" in Ordnung waren, schien er nicht so schlimm zu sein. Ansonsten war er dumm, langweilig, ein Dummkopf.

Und so war sie nach Treliss gekommen und das Leben hatte sich plötzlich verändert. Es hatte sich seit dem ersten Abend ihrer Ankunft, als er so unhöflich zu ihr gewesen war, wirklich verändert, obwohl sie es zu diesem Zeitpunkt noch nicht bemerkt hatte. Aber das Erstaunliche war, dass er durchgehalten hatte. Er hatte noch nie zuvor etwas durchgehalten, und es fing an, ihr Angst zu machen. Zuerst war es ihr nur eingebildet vorgekommen. Diese Leute hatten ihm den Kopf verdreht, und als er nach Epsom zurückkam und feststellte, dass er gar nicht so wunderbar war und dass die Leute dort überhaupt nicht an ihn dachten, außer als ihren Ehemann, dann würde er es finden wieder seinen Platz.

Aber jetzt war sie sich nicht mehr so sicher. Sie hatte letzte Nacht nicht geschlafen, als er zu Bett kam. Sie hatte gesehen, wie er sich mit der Kerze in der Hand vorbeugte, und der Ausdruck in seinen Augen hatte sie erschreckt, schrecklich erschreckt, so dass sie danach stundenlang wach gelegen hatte und zum ersten Mal in ihrem Leben nachgedacht und rätselte. Sie wusste, dass er ihr während all dieser zwanzig Jahre ihres Ehelebens absolut treu gewesen war. Manchmal hatte sie darüber gelacht, weil es ihr so absolut unmöglich vorgekommen war, dass es jemals jemand anderen geben sollte. Er zog die Leute in Epsom überhaupt nicht an; Er hatte es nie versucht, und sie hatte sich vorgestellt, wie er, der arme Kerl, es manchmal versuchte, und was für ein elender Schlamassel er daraus machen würde.

Und nun musste sie sich der Gewissheit stellen, dass da noch jemand anders war. Sie hatte es letzte Nacht in seinen Augen gesehen und wusste, dass er nie die Kraft gehabt hätte, den Streit fast vierzehn Tage lang aufrechtzuerhalten, wenn nicht jemand anders dagewesen wäre. Sie sah jetzt tausend Dinge, die sie schon vorher hätten überzeugen sollen, Kleinigkeiten, die alle in diesem schrecklichen Picknick vor ein paar Tagen gipfelten. Es war, als wäre er, dachte sie, nach Treliss gekommen, entschlossen, jemanden zu finden. Sie erinnerte sich an ihn im Zug, wie freundlich und angenehm er gewesen war! Er hatte Kissen für sie arrangiert, Sachen für sie besorgt, aber in dem Moment waren sie angekommen! Oh! diese hasserfüllte Stadt!

Aber jetzt musste sie handeln. Sie war an diesem Morgen früh aufgewacht und hatte festgestellt, dass er bereits weg war. Das allein reichte völlig aus, um all ihren Verdacht zu wecken.

Vielleicht war er jetzt mit jemandem dort unten in der Stadt! Warum sollte er zu einer unirdischen Stunde aufstehen, wenn es nicht um etwas in der Art ginge? Er hatte schon immer einen sehr tiefen Schlaf gehabt. In Epsom wäre er nie auf die Idee gekommen, vor acht Uhr aufzustehen. Wer war es?

Sie schob für einen Moment ihre eigenen Gefühle ihm gegenüber beiseite, die seltsame Art, mit der sie ihn ansah. Die andere Seite, die er ihr präsentierte, und die Art, wie sie es betrachtete, musste warten, bis sie diese Frau entdeckt hatte, diese Frau! Sie ballte ihre kleinen Hände und ihre Augen blitzten.

Oh! sie würde mit ihr reden, wenn sie sie fand!

Seine frühe Flucht an diesem Morgen schien ihr ein Zeichen dafür zu sein, dass die „Frau" unten in der Stadt war. Sie stellte sich einen offensichtlichen Auftrag vor, aber sonst hätte sie vielleicht vermutet, dass es sich um Mrs. Lester handelte. Das hatte sie natürlich vom Tag des Picknicks an geahnt, aber es schien ihr schwer vorstellbar, dass eine Frau von Welt, wie Mrs. Lester, die ihr gebührte , am offensichtlichsten war, irgendetwas in ihr erkennen konnte Koloss von einem James; Es wäre viel wahrscheinlicher, wenn es eine unhöfliche Fischerin wäre , die es wüsste, das arme Ding, nichts Besseres.

Sie sah ihn jetzt über den Frühstückstisch hinweg an; seine roten Wangen, seine großen Nasenlöcher „wie die eines Pferdes", seine riesigen Hände, aber der Blick, den sie ihm zuwarf, war nicht nur Feindseligkeit. Es dämmerte eine Art dämmerndes Staunen und eine Überraschung.

Sie hatten ihren Tisch am Fenster, und die Sonne schien auf die silberne Teekanne und den Schinken und die Eier. Annie hatte Brei abgelehnt. Nein, sie hatte keinen Hunger.

„Du hättest wie ich vor dem Frühstück baden sollen", sagte Maradick .

Er hatte also vor dem Frühstück gebadet, oder? Sie sah lächelnd zu ihm herüber.

„Du bist sehr früh aufgestanden", sagte sie.

„Ja, ich habe schlecht geschlafen." Sie waren wieder unten, diese Jalousien! Sie sah, wie er sie wie von Zauberhand fallen ließ. Er spielte sein Spiel.

„Na ja, das nächste Mal musst du mich wecken und ich komme auch", sagte sie. Der Gedanke , dass sie um fünf Uhr morgens herunterkommen würde, berührte seinen Sinn für Humor , aber er sagte nichts.

Das Wissen, die zunehmende Gewissheit, dass da etwas dran war, erstickte sie so sehr, dass es ihr außerordentlich schwerfiel, etwas zu essen. Aber dass sie von James verwirrt sein sollte, war eine so unglaubliche Idee, dass sie ihren aufsteigenden Zorn verbarg.

Sie nickte Mrs. Lawrence fröhlich zu, die mit ausgestreckten Händen und einem blauen Schal, der wie Flügel hinter ihr schwebte, auf ihren Tisch zuschwamm.

"Mein Schatz!"

"Mein Schatz!"

„Aber im Allgemeinen hat man es oben, dachte ich. . .“

"Ja, ich weiß; aber *so* einen Tag konnte man eigentlich nicht. . .“

„Ja, ich war wirklich wach. . . Aber James hat gebadet. Nein, Lucy, bleib still, Liebes, bis wir fertig sind. Baden vor dem Frühstück. Ich glaube, ich muss es wirklich morgen tun.

Epsom schloss sich dem Tisch an.

Sie war während des gesamten Essens äußerst nett zu ihm und deutete sogar an, dass sie etwas unternehmen und den Tag verbringen würden, „und *so* einen Tag.“ Es war schade, das Wetter nicht „als Familie“ zu nutzen. In der Tat eine ziemlich neue Idee, aber er akzeptierte sie und begann sogar, mögliche Orte vorzuschlagen. Sie war erneut verblüfft, und als die schreckliche Aussicht, einen ganzen Tag in James’ Gesellschaft zu verbringen, völlig allein, abgesehen von den Mädchen, die sie umgaben, in ihr fast hysterisch wurde, entdeckte sie hastig Gründe, warum es schließlich nie klappen würde. Aber er lächelte sie an und obwohl er durchaus bereit war, alles zu tun, was sie vorschlagen würde, war es eine andere Art von Zustimmung als noch vor ein oder zwei Wochen.

Sie zog sich verblüfft vom Frühstückstisch zurück.

Er hatte die Tür des Frühstücksraums gespannt beobachtet, und als er in den Garten hinausging , suchte er immer noch nach derselben Gestalt. Es gab keine Verschleierung mehr, es konnte keine Verschleierung mehr über die Person geben, es war zweifellos Mrs. Lester; aber er *verschleierte* den Grund. Er wollte mit ihr reden, er redete gern mit ihr, genauso wie er gern mit jeder verständnisvollen Person redete, ganz unabhängig vom Geschlecht. Sie hatte natürlich ihre Atmosphäre; Es hatte viel mit dem Ort und dem Wetter und der erstaunlichen Farbenpracht zu tun, die das Wetter mit sich gebracht hatte. Er sah sie immer so, wie sie am ersten Tag gewesen war, Primel, golden, in diesem dunklen, dämmrigen Wohnzimmer; aber dass er auf diese Weise über sie denken sollte, zeigte ihm nicht, wie es hätte sein sollen, wie der Fall wirklich zu lügen begann.

Er hatte den „Playboy“ auf seinem Knie und das Licht schwang, wie ein großer goldener Zensurstab vor dem Hochaltar geschwungen wird, in Wellen von Düften und Farben vor ihm hin und her. Er sah zu und schaute gespannt den sonnenbeschienenen Weg hinunter, aber sie kam nicht, und der Morgen verging in seiner goldenen Stille und er war immer noch allein.

Tatsächlich kam es erst nach dem Mittagessen wieder in Bewegung, und dann kam Tony zu ihm. Er war in einem Glanz der Freude und Aufregung; sie hatte ihm geschrieben.

„Es war äußerst clever; Sie hat es erst geschrieben, nachdem ich letzte Nacht gegangen war, und sie hatte natürlich keine Zeit, es zu posten, aber sie hat es der alten Apfelfrau gegeben – du weißt schon, unten beim Turm – und direkt vor der Nase ihres Vaters und er Ich hatte nicht die geringste Ahnung, und ich habe zurückgeschrieben, weil ich vielleicht heute Nachmittag nicht mit ihr sprechen kann und der alte Morelli da sein wird.

Er saß am Rand der Steinmauer, blickte auf die Stadt hinunter und schwang die Beine. Die Stadt lag im gleißenden Sonnenlicht und war undeutlich durch einen Dunst aus Goldstaub zu erkennen. Es hing wie eine Lampe vor dem blauen Himmel, weil sich der Nebel dicht um seine Fundamente sammelte und nur seine Dächer und Zinnen vor ihren Augen in der wechselnden, blendenden Sonne zu schwingen schienen.

„Die alte Apfelfrau“, sagte Tony, „ist einfach toll, und ich denke, sie muss ein furchtbar trauriges Leben gehabt haben.“ Ich möchte etwas für sie tun.“ Es gab mindestens zehn Menschen am Tag, für die er etwas tun wollte. „Ich habe Bannister nach ihr gefragt, aber er war nicht sehr interessiert; aber das liegt daran, dass sein kleinstes Baby Keuchhusten hat. Er erzählte mir gestern, dass er die ganze Nacht nur geheult hat, und dass Mrs. Bannister sich damit aufhalten musste, was ihr am nächsten Tag ziemlich die Laune verdorben hat.“ Tony hielt inne mit dem Bewusstsein, dass er vom Punkt abschweifte. „Wie auch immer, hier ist ihr Brief, ich meine den von Janet. Ich weiß, dass es ihr nichts ausmachen würde, wenn du es siehst, denn du steckst fast genauso darin drin wie ich.“ Er hielt ihm den Brief hin.

„Hat Morelli gesehen, wie sie es der Apfelfrau gegeben hat?“ fragte Maradick .

„Ja, das sagt sie dir in dem Brief. Aber er hat nichts entdeckt. Er ist so ein lustiger Bettler; Manchmal scheint er so schlau zu sein, und manchmal sieht er nichts. Jedenfalls macht es nicht viel, denn ich werde ihn jetzt sehen und ihm alles erzählen.“

"Also; und dann?" sagte Maradick .

"Oh! Er wird zustimmen, ich weiß, dass er es tun wird. Und dann, glaube ich, werden wir gleich heiraten; Es hat keinen Sinn zu warten, wissen Sie, und gleich drüben bei Strater Cove, in der Nähe des Meeres, gibt es eine kleine Kirche, ein kleiner heruntergekommener Ort mit einem Pfarrer, der ein schrecklicher Sportler ist. Er hat fünf Kinder und zweihundert pro Jahr und – oh! Wo war ich? – und dann kommen wir einfach zurück und sagen es ihnen. Dann können sie nichts tun, wissen Sie, und Vater wird schon darüber hinwegkommen."

Tony war dabei so gelassen, als er seine Beine in der Sonne baumeln ließ, dass Maradick nichts sagen konnte.

„Und wenn Morelli die Idee nicht annimmt?" er wagte es endlich.

"Oh! Er!" sagte Tony. „Oh, er ist wirklich furchtbar scharfsinnig. Du hast gemerkt, wie wir uns verstanden haben. Ich mochte ihn vom ersten Moment an, er hatte etwas an sich." Aber er drehte sich ziemlich ängstlich zu Maradick um . "Warum! Glaubst du, dass er das nicht tun wird?" er sagte.

„Ich bin mir bei ihm nicht sicher", antwortete Maradick . „Das war ich noch nie. Und dann war ich heute Morgen bei Punch und er hat mir Dinge über ihn erzählt."

"Dinge! Was für Dinge?" fragte Tony ziemlich ungläubig.

„Oh, über die Art und Weise, wie er seine Frau behandelt hat." Schließlich war es, überlegte Maradick , äußerst vage, nichts, was man in die Finger kriegen konnte. „Ich mag den Mann nicht und ich glaube nicht eine Minute, dass er ehrlich zu dir ist."

Aber Tony lächelte, ein ziemlich überlegenes Lächeln. Schließlich war es Maradicks Art, die Dinge pessimistisch zu sehen; es hatte mit seinem Alter zu tun. Menschen mittleren Alters waren immer vorsichtig und misstrauisch. Für einen Moment fühlte er sich ziemlich distanziert von Maradick , und etwas Ähnliches veranlasste ihn, seine Hand nach Janets Brief auszustrecken.

„Schließlich", sagte er etwas verlegen, „vielleicht wäre es ihr lieber, wenn ich es niemandem zeige, nicht einmal dir." Er sprang von der Wand herunter. „Nun, ich muss weg sein. Es ist nach drei. Ich sage, lasst die Familie im Dunkeln, bis ich zurück bin. Sie werden sicher fragen. Jetzt, da Alice und Vater anfangen, darüber nachzudenken, müssen wir mit der Verschwörungsgeschichte beginnen." Er lachte auf seine fröhliche Art und stand mit einem Lächeln im Gesicht vor Maradick . Plötzlich beugte er sich vor, legte seine Hände auf die Schultern des anderen Mannes und schüttelte ihn sanft.

„Du dummer alter Mistkerl, schau nicht so traurig darüber, du weißt ja nicht, was für ein Spaß das alles sein wird. Und du bist sowieso der größte Stein der Welt. Janet und ich werden dich nie vergessen." Er beugte sich tiefer. „Ich sage, du bist nicht krank von mir, oder? Denn schimpfen Sie mit mir, wenn ich etwas getan habe. Ich mache immer Dinge, wissen Sie? Er drehte sich um und blickte auf den leuchtenden Weg und den gläsernen Himmel. "Ich sage! Ist das nicht Top? Aber ich muss weg sein. Ich komme sofort und sage es dir, wenn ich zurückkomme. Aber ich muss heute Abend rechtzeitig zum Abendessen sein, sonst hält mich der Gouverneur für Brot und Wasser auf meinem Zimmer." Er war gegangen.

Maradick im Nachhinein auf alles zurückblickte, betrachtete er diesen Moment immer als den Beginn des zweiten Akts. Der erste Akt hatte natürlich mit der Vision von Janet auf der Treppe mit der Kerze in der Hand begonnen. Das schien schon lange her zu sein. Dann kamen all die anderen Dinge, das Picknick, das Schwimmen, das Gespräch mit Mrs. Lester, Tonys Vorschlag, sein eigenes Gespräch mit Punch an diesem Morgen; Alles Kleinigkeiten, aber alle führen die Situation unweigerlich auf ihren Höhepunkt zu. Aber sie waren alle auf ihre Art unschuldige, harmlose Glieder in der Kette gewesen. Jetzt war etwas Ernsteres dabei, ab diesem Abend mischte sich noch ein anderes Element in die Komik.

Plötzlich ärgerten ihn die Sonne und die Farbe und er begann, den Weg auf und ab zu gehen. Das Unbehagen, das er den ganzen Nachmittag verspürt hatte, verstärkte sich; Er begann sich zu wünschen, dass er Tony nicht allein hinuntergehen ließ. Natürlich konnte dem Jungen nichts passieren; Es war absurd, dass er sich Dinge einbildete, und wahrscheinlich lag es an der Hitze. Hin und wieder ertönte ein Geräusch aus der Stadt – ein Schrei, eine Glocke, das laute Klappern eines Karrens, und es schien wie eine deutliche Stimme; Die Stadt schien eine eindeutige Persönlichkeit zu haben, ein großes Tier sonnte sich dort in der Sonne, und ihr Gesicht war das Gesicht von Morelli.

Er setzte sich auf einen der Sitze im schattigsten Teil des Gartens; Die Bäume hingen in dichten dunklen Schatten darüber, und manchmal strich eine Brise wie ein Vogelflügel durch ihre Äste.

Um ihn herum war der Weg dunkel, dahinter war ein breiter Lichtgürtel. Er musste eingeschlafen sein, denn fast sofort schien er zu träumen. Die Schatten auf dem Weg wichen zurück und rückten vor, während sich eine Tür öffnet und schließt; die Äste der Bäume neigten sich immer tiefer. In seinem Traum schien es, als würde er etwas Bedrohliches in ihrer Bewegung erkennen , und er stand auf, ging durch den Garten und war im nächsten Moment in der Stadt. Auch hier war es dunkel, und auf dem Marktplatz stand der Turm, eine schwarze Masse vor dem grauen Himmel dahinter, und die Straßen wanden sich wie Schlangen auf und ab um den Hügel.

Und dann war er plötzlich bei Morellis Haus und erkannte die seltsamen Schnitzereien und die schiefe, verdrehte Form der Fenster. Die Tür öffnete sich leicht für ihn und er ging die Treppe hinauf. Das Haus war ziemlich dunkel; er musste tappen, um seinen Weg zu finden. Und dann stand ihm eine weitere Tür gegenüber, etwas, das mit Nägeln übersät war – er konnte sie mit seinen Händen fühlen – und schwer vergittert war. Er hörte Stimmen auf der anderen Seite der Tür, leises, leises Flüstern, und dann erkannte er sie, es waren Tony und Morelli. Er wurde von dem Drang getrieben, die Tür zu zerschlagen und an sie heranzukommen; Etwas Angst schnürte ihm die Kehle zu, sodass er das Gefühl hatte, dass Tony in schrecklicher Gefahr schwebte. Gleich wusste er, dass es zu spät sein würde.

Er klopfte, zuerst leise und dann heftig; Für einen Moment verstummten die Stimmen, dann fingen sie wieder an. Niemand achtete auf sein Klopfen. Er wusste mit absoluter Sicherheit, dass sich die Tür in ein paar Minuten öffnen würde, aber zuerst würde etwas passieren. Er fing an, mit den Fäusten gegen die Tür zu schlagen und zu rufen; Im übrigen herrschte im Haus völlige Stille.

Und dann hörte er plötzlich Morellis Lachen. Es herrschte einen Moment Stille, und dann schrie Tony, ein entsetzter, zitternder Schrei; die Tür begann sich zu öffnen.

Maradick erwachte und fand sich auf dem Gartensitz wieder, den Kopf auf die Brust gesenkt und jemand, der ihn ansah; In der dunstigen Ungewissheit seines Erwachens war sein erster Gedanke, dass es Janet war – er hatte sich kaum von seinem Traum erholt. Er erkannte bald, dass es nicht Janet war, und als er verwirrt aufblickte, errötete er, als er feststellte, dass es Alice Du Cane war. Sie war in Weiß gekleidet, in etwas, das sie umhüllte und aus einem Guss zu sein schien. Es sah für ihn sehr schön aus, und der große, geschwungene dunkle Hut, den sie trug, musste herrlich schattig gewesen sein, aber das verwirrte ihn nur noch mehr.

Er kannte Alice Du Cane nur sehr wenig, tatsächlich konnte man nicht sagen, dass er sie überhaupt kannte. Sie sagten „Guten Morgen" und „Guten Abend", und es kam gelegentlich vor, dass sie ab und zu reden mussten, „nur um den Ball am Laufen zu halten", aber sie hatte immer den Eindruck erweckt, dass es ihm gut ginge „andere Welten", von denen sie gelegentlich herabblickte und lächelte, in die er jedoch niemals aufgenommen werden konnte. Er hatte sich mit all dem völlig abgefunden, obwohl er gegenüber dem Rest der Gruppe keine derartigen Gefühle hegte; aber sie gehörte seiner Meinung nach zu dieser kleinen, geheimnisvollen Gruppe von Leuten, die, jedenfalls in seinen Augen, „ganz oben" waren. Er war kein Snob, was sie anging, und er hatte nicht das Gefühl, dass sie die besseren Leute für ihre hohe Position waren, aber er hatte das Gefühl, dass sie anders waren. Dahinter steckten jahrhundertealte Traditionen, das war es vielleicht wirklich, und da waren die alten Häuser mit ihren Rasenflächen und Bildergalerien, und da waren diese wunderbaren Vorfahren, die England seit Anbeginn der Zeit regiert hatten.

Er hatte manchmal gelacht, als seine Frau ihm erklärt hatte, dass bestimmte Leute in Epsom, auf die er mit gedämpfter Stimme und geheimnisvollem Nicken anspielte, wirklich „es" seien. Er wusste so gut, dass

das nicht der Fall war; überhaupt nichts damit zu tun. Aber er erkannte „es"
immer sofort, wenn es da war. Er erkannte „es" bei den Gales nicht ; Es gab
eine gewisse Ruhe, die aus der Gewissheit des Besitzes resultierte, die ihnen
fehlte, aber Alice Du Cane hatte „es" bekommen, ganz gewiss hatte sie „es"
bekommen.

Er beobachtete sie gern. Sie bewegte sich mit so schöner Ruhe und
benahm sich mit so sicherer Würde; er bewunderte sie enorm, war aber
durchaus bereit gewesen, Abstand zu halten.

Und dann hatte er plötzlich gesehen, dass sie in Tony verliebt war, und
sie wurde sofort in den Strudel hineingezogen. Sie wurde mehr als eine
Person, die man ansah, die man wie ein Bild bewunderte; Sie war Teil der
Situation. Sie hatte ihm außerordentlich leidgetan, und es war mehr als alles
andere ihr Unglück gewesen, das ihn über seine Rolle in der Affäre
beunruhigt hatte. Aber jetzt, als er sah, wie sie ihn lächelnd beobachtete und
sich ganz leicht an ihren Sonnenschirm lehnte, der so zartrosa war, geriet er
in rasende Verlegenheit.

Er hatte geschlafen, wahrscheinlich mit offenem Mund, und sie hatte ihn
beobachtet. Er sprang auf.

„Oh, Miss Du Cane", stammelte er, „ich wirklich –"

Aber sie unterbrach ihn lachend.

"Oh! Schade! Wirklich, Mr. Maradick , das hatte ich nicht vor, aber der
Kies knirschte oder so und es hat Sie geweckt. Ich habe das Gleiche getan,
geschlafen, meine ich; Mit dieser Hitze kann man nichts anderes machen."
Dann wurde ihr Gesicht ernst. „Trotzdem bin ich mir nicht sicher, ob es mir
leidtut, denn ich wollte den ganzen Tag unbedingt mit dir reden, und jetzt
scheint es eine Chance zu geben, es sei denn, du *willst* wieder schlafen."

„Natürlich", antwortete er ernst und machte ihr auf dem Sitz Platz. Er
spürte, wie der unheimliche Nachmittag erneut auf ihm lastete. Er war
verstört, besorgt, ängstlich; seine Nerven waren völlig am Ende. Und dann
hat sie ihn mit Sicherheit in Verlegenheit gebracht. Die Art und Weise, wie
sie sich hinsetzte, die vorsichtige Langsamkeit ihrer Bewegungen und die
Anmut, mit der sie sich leicht nach vorne beugte, sodass die Rundung ihres
Halses wie die Rundung einer rosa Muschel auf ihrem weißen Kleid wirkte,
brachten ihn in Verlegenheit. Und er war müde, zweifellos müde; es begann
alles zu viel für ihn zu werden.

Und dann bemerkte er plötzlich einen Blick in ihren Augen, als sie sich
zu ihm umdrehte; etwas Melancholisches und Anziehendes darin berührte
sein Herz und die Verlegenheit verließ ihn.

"Herr. Maradick ", begann sie hastig und wandte ihr Gesicht wieder von ihm ab, „du bist viel älter als ich, und deshalb erwarte ich, dass du verstehst, worauf ich hinaus will. Und außerdem wissen Sie mehr als jeder andere, was diese Woche passiert ist, und es besteht kein Grund, um den heißen Brei herumzureden. Außerdem hasse ich es immer. Ich möchte die Sache immer direkt angehen, nicht wahr?"

„Ja", sagte er. Es war eines der wahren Dinge an beiden.

„Na dann geht es natürlich um Tony. Wir alle wollen etwas über Tony wissen, und niemand außer Ihnen weiß es, und jeder außer mir hat Angst, Sie zu fragen, also da sind Sie. Du darfst mich nicht für unverschämt halten; Das habe ich nicht vor, aber wir *müssen* es wissen – zumindest einige von uns!"

„Was *müssen* Sie wissen?" er sagte. Er hatte plötzlich seinen Mut. Er ärgerte sich über den Befehlsklang in ihrer Stimme. In Bezug auf seine allgemeine Stellung in der Welt war er durchaus bereit, nachzugeben, aber in Tonys Angelegenheiten wollte er niemandem nachgeben; das war eine andere Sache.

„Natürlich", sagte sie und sah ihn an, „was *ich* wissen möchte, was wir alle wissen wollen, ist, was er tut." Natürlich haben wir inzwischen alle eine ziemlich gute Idee. Ich habe ihn mit diesem Mädchen unten am Strand gesehen, und weil er so ständig weg war, war ziemlich offensichtlich, was er vorhat. Nein, es geht nicht so sehr darum, was er tut, sondern darum, ob alles in Ordnung ist."

„Aber dann", sagte Maradick und sah sie an, „warum genau fragst du mich?" Warum fragst du nicht Tony?"

"Oh! „Du weißt, das würde nichts nützen", sagte sie und schüttelte ungeduldig den Kopf. „Tony würde mir nichts sagen. Wenn er uns etwas sagen wollte, hätte er es uns gesagt. Man sieht, wie geheim er alles geheim gehalten hat. Und du bist die einzige andere Person, die es weiß. Außerdem möchte ich nicht, dass du irgendwelche Geheimnisse verrätst, sondern nur, um uns zu sagen, ob alles in Ordnung ist. Wenn Sie sagen, dass es so ist, werden wir es wissen."

„Und wer genau ist ‚wir'?" fragte Maradick .

Alice zögerte einen Moment. Dann sagte sie: „In Wirklichkeit ist es Lady Gale, die es wissen will. Sie leidet die ganze Zeit furchtbar, aber sie hat Angst, dich selbst zu fragen, weil du ihr vielleicht zu viel erzählen würdest, und dann könnte sie Sir Richard gegenüber nicht loyal sein. Aber wissen Sie, sie hat selbst mit Ihnen darüber gesprochen."

„Ja, das hat sie“, sagte Maradick langsam. „Dann nehme ich an, dass das, dass sie dich geschickt hat, bedeutet, dass sie mir jetzt nicht mehr ganz vertraut. Sie sagte vorher, dass sie es in meine Hände legen würde.“

"Ja. Sie vertraut dir natürlich genauso. Nur – nun ja, wissen Sie, Sie haben Tony nicht sein ganzes Leben lang gekannt wie wir, Sie haben sich nicht ganz so sehr um ihn gekümmert wie wir. Und dann bin ich eine Frau, ich sollte wahrscheinlich eine ganze Menge Dinge darin sehen, die man nicht sehen kann. Du solltest mir nur ein wenig darüber erzählen, und wenn Lady Gale dann sieht, dass wir beide denken, dass alles in Ordnung ist, wird sie glücklicher sein. Nur hatte sie in letzter Zeit ein wenig das Gefühl, dass du dich dabei nicht so wohl gefühlt hast.“

„Ist es nur Lady Gale?“ fragte Maradick .

„Natürlich möchte ich es auch wissen. Weißt du, ich kenne Tony, seit wir beide Babys waren, und natürlich mag ich ihn, und ich würde es hassen, wenn er in Schwierigkeiten gerät“; Sie endete ziemlich atemlos.

Er hatte ein starkes Gefühl für das Pathos des Ganzen. Er wusste, dass sie stolz war und dass es ihr wahrscheinlich sehr schwer gefallen war, so zu ihm zu kommen, wie sie es getan hatte.

Er konnte jetzt sehen, dass es ihr schwerfiel, ihren alten Stolz und ihre Zurückhaltung zu bewahren, dass es ihr aber sehr schwer fiel.

Seine Stimme war sehr zärtlich, als er mit ihr sprach.

„Miss Du Cane“, sagte er, „ich verstehe. Das tue ich in der Tat. Ich hätte selbst mit Lady Gale gesprochen, wenn sie mich nicht gebeten hätte, darüber Stillschweigen zu bewahren. Außerdem war ich mir nicht sicher, ich bin mir jetzt nicht sicher, wie die Dinge wirklich liefen, und ich hatte Angst, sie zu beunruhigen.“

„Dann *gibt es* Ärger?“ Alice sagte; „Du *bist* besorgt?“

„Nein, nicht wirklich“, beeilte sich Maradick , ihr zu versichern. „Was die Hauptsache betrifft – das Mädchen selbst, meine ich – ist es das Beste, was Tony passieren konnte. Das Mädchen ist entzückend; besser als das, sie ist großartig. Ich werde Ihnen nicht mehr sagen, nur dass alles in Ordnung *ist* .“

„Und Tony liebt sie?“ Alices Stimme zitterte wider Willen.

„Ja, mit Herz und Seele“, sagte Maradick inbrünstig; „Und ich denke, wenn du sie siehst, wirst du ihr zustimmen. Nur müssen Sie die Schwierigkeiten genauso gut erkennen wie ich; Was wir tun, ist das Einzige, was wir tun können. Ich denke, dass es zu einer schrecklichen Katastrophe führen würde, Tony jetzt wegzunehmen. Er muss es durchziehen. Das

Ganze ist mittlerweile zu weit gegangen, als dass es noch gestoppt werden könnte.“

„Dann sag mir“, sagte Alice langsam, „war sie wohl das Mädchen, das ich unten am Strand mit Tony gesehen habe?“

„Ja“, sagte Maradick , „das muss sie gewesen sein.“

Das Mädchen erhob sich langsam vom Sitz und stand mit dem Rücken zu ihm da, ihre schlanke weiße Figur zu voller Größe gezeichnet; Die Sonne spielte wie Feuer auf ihrem Kleid und Haar, aber die Art und Weise, wie sie mit einer langsamen, hoffnungslosen Geste ihre Arme zur Seite fallen ließ und regungslos den Weg hinunterstarrte, hatte etwas sehr Mitleiderregendes.

Dann drehte sie sich zu ihm um.

„Danke, Herr Maradick “, sagte sie, „das ist alles, was ich wissen wollte. Ich bin darüber glücklicher und Lady Gale wird es auch sein. Du hast völlig recht, was die Mitnahme von Tony angeht. Es würde nur einen hoffnungslosen Bruch mit Sir Richard bedeuten, und dann würde auch seine Mutter darin verwickelt werden, und das muss um jeden Preis verhindert werden. Außerdem ist es vielleicht doch das Beste, was passieren kann, wenn sie so nett ist, wie Sie sagen. Und auf jeden Fall“, fuhr sie nach einer kleinen Pause fort, „sind wir Ihnen alle überaus dankbar.“ Ich weiß nicht, was wir sonst hätten tun sollen.“

Jemand kam den Weg herunter. Beide sahen im selben Moment, dass es Mrs. Lester war.

Alice drehte sich um. „Ich muss gehen“, sagte sie. „Nochmals vielen Dank für das, was Sie mir erzählt haben.“

Er sah zu, wie sie den Weg entlangging, sehr gerade und groß, mit einer Anmut und Leichtigkeit, die ihm Freude bereitete. Die beiden Frauen hielten einen Moment inne und redeten; dann verschwand Alice außer Sichtweite und Mrs. Lester kam auf ihn zu.

Irgendeine Uhr in der Ferne schlug sechs.

KAPITEL XIV

MARADICK IN EINER NEUEN ROLLE – DANACH SIEHT ER DIE VON TONY

GESICHT IM SPIEGEL

Er wusste nicht genau, was seine Gefühle waren; ihm war zu heiß, und die ganze Sache war zu überraschend, als dass er überhaupt darüber nachgedacht hätte; Das Ding, dem er, wenn er Vergleiche gewollt hätte, am nächsten kam, war eine hart umkämpfte Zitadelle, die einen neuen Angriff auf ihre bröckelnden Mauern erfuhr, bevor der letzte wirklich vorbei war.

Aber auch das war kein zutreffender Vergleich, denn er war so froh, so stürmisch und überaus froh, sie zu sehen. Er wollte diesen Moment, diesen Moment, als sie den Weg auf ihn zukam, festhalten, der sich in seiner Schönheit und seinen Farben deutlich von allen anderen Momenten seines Lebens unterschied , und so konzentrierte er sich in seinem Geist auf das tiefe Grün der Bäume und ihre Umgebung violette Schatten auf dem Weg, das Geräusch zweier Vögel und das tiefe Rascheln von fließendem Wasser, das ihr Kleid zu ihm schickte, als sie kam.

Er saß da, eine Hand auf jedem Knie, und blickte regungslos direkt vor sich hin.

Frau Lester hatte an diesem Morgen ihr Möglichstes getan, um ihren Mann davon zu überzeugen, „ein Spiel zu spielen". Sie war voller Gefühle, teils wegen des Wetters, teils, weil Treliss ihr immer solche Gefühle vermittelte, teils, weil es durch Tony irgendwie „in der Luft" lag.

Sie verstand es nicht, aber sie wusste, dass sie einen ihrer „Anfälle" hatte, ein Verlangen nach Aufregung, nach allem, was einem etwas Affäre verschaffen konnte.

Aber ihr Gespräch mit ihrem Mann war teilweise auch aus der Erkenntnis entstanden , dass sie Gefühle für Maradick hatte . Sie war keine sehr ernsthafte Frau, sie nahm das Leben sehr leichtfertig, aber sie wusste, dass ihre Zuneigung zu ihrem Mann bei weitem das Beste und Wichtigste an ihr war.

Sie wusste das trotz all der vorübergehenden und vorübergehenden Stimmungen, die sie haben könnte, und sie hatte gelernt, diese Stimmungen zu fürchten, einfach weil sie nie wusste, wie weit sie gehen würde. Aber dann wäre Fred so provozierend! So wie er zum Beispiel gerade da war, ihr überhaupt keine Beachtung schenkte, in seine dummen Schriften versunken war, von Nervosität redete und Ärzte vorschlug.

Aber sie hatte sich an diesem Morgen sehr bemüht, ihm ein Gefühl dafür zu vermitteln, was mit ihr geschah. Mit einem plötzlichen Gefühl der Panik hatte sie sogar vorgeschlagen, den Ort ganz zu verlassen, und damit angedeutet, dass es ihr nicht passte. Aber er hatte gelacht.

Tatsächlich hatte sie in den letzten Tagen viel an Maradick gedacht. Zum einen hasste sie Mrs. Maradick ; Sie hatte noch nie in ihrem Leben jemanden so sehr gehasst. Normalerweise nahm sie die Menschen locker auf und war in ihrem Urteil barmherzig, aber Mrs. Maradick schien ihr alles Schlechte zu sein. Das Verhalten der kleinen Frau, das ganz offensichtlich niemals zu ihr gehören konnte, ihre selbstgefällige Bevormundung von allem und jedem, ihr Aussehen, alles schien Mrs. Lester das Schlimmste überhaupt zu sein; sie konnte es kaum ertragen, mit ihr im selben Zimmer zu bleiben. Sie empfand daher tiefes Mitleid mit Maradick , das im Laufe der Zeit immer größer wurde. Er schien ihr trotz dieser schrecklichen Krankheit so geduldig vorgekommen zu sein. Und so war „das Spiel" ernster als sonst geworden, ernst genug, dass sie zögerte und zu Fred rannte, ähnlich wie ein verängstigtes Kind zu seiner Amme rennt, um Schutz zu suchen. Aber Fred wollte nicht zuhören, oder, was noch schlimmer war, er hörte nur zu, um zu lachen. Nun, dann sei es auf Freds Kopf!

Allerdings hatte sie sich an diesem Nachmittag nicht auf den Weg gemacht, um ihn zu finden; Sie war tatsächlich überrascht, als sie ihn dort sah.

Sie spürten beide sofort, dass da etwas zwischen ihnen war, was vorher nicht da gewesen war; Sie waren beide nervös und sie sah ihn nicht an, als sie sich setzte.

„Wie faul wir sind!" Sie sagte. „Na ja, in der letzten Woche waren wir nichts weiter als ‚Strickerinnen in der Sonne!' Ich weiß, dass das irgendwo ein nettes Zitat ist, aber ich habe nicht die geringste Ahnung, wo . Aber in Wirklichkeit ist es nur der verantwortungslose Tony, der herumgeeilt ist, und er hat die meisten von uns entschädigt."

Sie trug ihr Lieblingskleid Farbe : Blau, das hellste und blasseste Blau. Sie hatte einen großen Bilderhut, wie im Sommer vor ein oder zwei Jahren, mit einem blauen Band unter dem Kinn gebunden; An ihrem Gürtel trug sie einen Strauß dunkelroter Nelken. Sie nahm eines davon heraus und drehte es in ihren Fingern herum.

Sie sah zu ihm auf und lächelte.

„Du siehst sehr cool und sehr verärgert aus", sagte sie, „und beides nervt die Leute an einem heißen Tag." Oh! die Hitze!" Sie wedelte mit ihrer Nelke in der Luft. „Weißt du, wenn es nach mir ginge, würde ich gerne auf einem aus Eis geschnitzten Stuhl herumgerollt und von kühlen Negern mit eisgekühltem Rosenwasser besprüht werden! Dort! Sind das nicht Théophile Gautier und Théodore de Banville und die anderen? Oh je! was für ein Mist ich rede; Ich bin--"

„Ich wünschte", sagte er und musterte sie ganz langsam, „dass Sie für eine Weile Sie selbst sein würden, Mrs. Lester." Ich hasse all das Zeug; Du weißt, dass du wirklich kein bisschen so bist. Ich will dich so wie du bist, nicht eine Art Nachmittagstee-Dummy!"

„Aber ich bin so", sagte sie und lachte leicht, aber auch ein wenig nervös. „Bei heißem Wetter und in Treliss bin ich immer so . So geht es uns jetzt allen, auf dem Sprung. Da sind Lady Gale und Sir Richard und Alice Du Cane und auch Rupert, wenn er nicht zu egoistisch wäre, die sich alle Sorgen wegen Tony machen, und da ist Tony, der sich wegen einer oder mehreren unbekannten Personen Sorgen macht, und da ist mein Mann, der sich Sorgen macht Seine Augen sind wegen seines nächsten Meisterwerks offen, und du machst dir Sorgen wegen …" Sie hielt inne.

„Ja", sagte Maradick , „ungefähr?"

"Oh! Ich weiß nicht – irgendetwas. Es war leicht zu erkennen, als einer vorbeikam. Ich fragte Alice Du Cane; sie wusste es nicht. Warum hat sie mit dir geredet?"

„Warum sollte sie nicht?"

"Oh! Ich weiß nicht; Nur ist sie wie der Rest von uns auf dem Sprung und hat in letzter Zeit niemanden besonders mit ihrem Gespräch geehrt . Der Ort hat dich erwischt. Das ist es. Was habe ich dir gesagt? Treliss ist voller Hexen und Teufel, wissen Sie, und sie spielen gerne Streiche mit Leuten wie Ihnen, ungläubigen Leuten, die zum Frühstück jede Menge Eier und Speck mögen und sonntags eine halbe Krone auf den Teller legen. Ich weiß."

Er sagte nichts, also fuhr sie fort:

„Aber ich nehme an, Alice wollte wissen, was Tony tat. Das wollen sie alle wissen, und schon bald ist die Katze aus dem Sack. Ich für meinen Teil denke, dass wir besser alle weggehen und es woanders versuchen sollten. Dieser Ort hat uns verärgert." Plötzlich wurde ihre Stimme leiser und sie beugte sich vor und legte für einen Moment ihre Hand auf sein Knie. „Aber bitte, Mr. Maradick – wir sind Freunde – wir haben neulich einen Vertrag geschlossen, dass wir, während wir hier waren, einander von Nutzen sein würden; und jetzt müssen Sie mich bitte von Nutzen sein lassen."

Das hatte seine Wirkung nie verfehlt, dieser plötzliche Übergang von Fröhlichkeit zu Ernst, das kleine emotionale Zittern in der Stimme, die sanfte

Berührung der Hand; aber jetzt, wo sie es ernst meinte, war es ausnahmsweise unkalkuliert.

Und es hatte seine Wirkung auf ihn. Bei ihrer Berührung lief ein Zittern durch seinen Körper; er ballte die Hände.

„Ja", sagte er mit leiser Stimme, „aber ich glaube nicht, dass Sie mir im Moment helfen können, Mrs. Lester. Außerdem glaube ich nicht, dass ich Hilfe brauche. Wie Sie sagen, wir sind im Moment alle etwas angespannt; das Wetter, nehme ich an." Er machte eine Pause und fuhr dann fort: „Nur, du weißt nicht, was es für mich bedeutet, dich als Freund zu haben. Ich habe in den letzten Tagen viel darüber nachgedacht. Ich war kein Mann mit sehr vielen Freunden, Frauen besonders wenig."

„Das Leben", sagte sie, „ist so schwierig." Sie sprach gern abstrakt über das Leben; Sie war keine kluge Frau und gab nie vor, mit ihrem Mann in all seinen Ideen Schritt zu halten, aber schließlich war es eine Sache, überhaupt über das Leben sprechen zu können – wenn man sagen wollte, es sei „queer" oder „ „schwierig" oder „seltsam" herrschte eine Art Atmosphäre.

Sie sagte es noch einmal; „Das Leben ist so schwierig. . . man weiß es wirklich nicht."

Wochen nie gewusst", antwortete er und blickte fest vor sich hin, „ wie schwierig es war." Du hast es geschafft, weißt du."

Nervös unterbrach sie: „Oh, sicherlich, Mr. Maradick ."

Sie hatte plötzlich Angst vor ihm. Sie dachte, sie hätte noch nie jemanden gesehen, der so stark und wild war. Sie konnte sehen, wie die Adern auf seinen Handrücken hervortraten und wie stark sein Arm gebogen war, als er sich nach vorne beugte.

„Ja", fuhr er grob fort, „ich täusche mich nicht. Ich hatte noch nie zuvor gesehen, wie das Leben war. In den letzten Wochen haben Sie und andere Dinge es mir gezeigt. Ich dachte, es wäre das Leben, das man einfach in einem Büro abspielt, Geld verdient, zu Hause isst und schläft. Verrotten! Das ist kein Leben. Aber jetzt! Jetzt! Ich weiß. Ich war vierzig. Ich dachte, das Leben sei vorbei. Verrotten! der Anfang des Lebens. Es ist mir egal, was passiert, ich werde es hinnehmen. Ich werde es nicht noch einmal verpassen. Siehst du? Ich werde es nicht noch einmal verpassen. Ein Mann ist ein Narr, wenn er es zweimal verpasst."

Er sprach wie ein Betrunkener. Er stolperte über seine Worte; er drehte sich um und sah sie an. Er sah, wie sich das Band unter ihrem Kinn mit ihrem Atem hob und senkte. Sie sah verängstigt aus und starrte ihn an wie ein erschrockenes Tier. Er sah, wie sie sich in einen blauen Nebel kleidete, der sich vor dem goldenen Weg und den grünen Bäumen abzeichnete, und daraus erhob sich ihr Gesicht weiß und rosa und ein wenig dunkel unter den Augen und dann Schatten unter dem geschwungenen Hut. Er begann zu atmen wie ein Mann, der gerannt ist.

Sie streckte ihre Hand mit einer Geste aus, als wollte sie sich verteidigen, und stieß einen kleinen Schrei aus, als er sie plötzlich ergriff und in seinen drückte.

Er beugte sich zu ihr und richtete seinen Blick auf sie. „Nein, es ist faul, es fehlt wieder. Meine Frau hat sich nie um mich gekümmert; es hat sie nie gekümmert. Es hat niemanden interessiert, und ich war ein Dummkopf, nicht rauszugehen und Dinge mitzunehmen. Es nützt nichts, nur zu warten, das sehe ich jetzt. Und jetzt sind wir hier, du und ich. Nur du und ich. Ist das nicht lustig? Ich werde nicht mit dir schlafen. Das ist Mist, dafür ist keine Zeit. Aber ich habe dich; Ich bin stark!"

Sie hatte Angst und wich gegen den Sitz zurück, aber gleichzeitig wurde ihr seine Stärke überwältigend und überwältigend bewusst . Er war stark. Seine Hand drückte ihre, sie konnte sehen, wie sich sein ganzer Körper ihr zuwandte wie eine große Welle; Sie hatte noch nie zuvor jemanden gekannt, der so stark war.

"Herr. Maradick ! Bitte! Lass mich gehen!"

Ihre Stimme war dünn und scharf wie die eines Kindes. Doch plötzlich beugte er sich vor und nahm sie in die Arme; Er drückte sie an sich, sodass sie spüren konnte, wie sein Herz wie ein großer Hammer gegen sie schlug. Er drehte ihren Kopf grob mit der Hand, beugte sich hinunter und küsste sie. Sein Mund traf ihren, als würde er ihn niemals trennen.

Sie konnte nicht atmen, sie war erstickt – dann zog er sich plötzlich zurück; Er ließ sie fast zurückfallen. Sie sah, wie er sich bückte und seinen Hut aufhob, und er war um die Ecke des Weges gebogen und verschwunden.

Er wusste nicht, wie er den Garten verließ. Er sah es nicht und merkte es auch nicht, aber plötzlich befand er sich in dem Maisfeld, das sich wie ein gelbes Band von Horizont zu Horizont erstreckte. Das Feld verlief den Hügel hinunter, und der kleine Pfad, über den er stolperte, schlich sich über den Hang hin und her. Unterhalb des Maises verlief in der Ferne die weiße Straße, und nach links bog sich der kleine Haufen weißer Hütten, die dumm, fast schüchtern am Ufer des Wassers standen. Dahinter lag wieder der breite blaue Gürtel des Meeres. Der Mais war oben dunkelbraun wie verbrannter Zucker und wurde goldgelb, als er zitternd zu Boden fiel. Die scharlachroten Mohnblumen waren immer noch in Tümpeln, Seen und Flüssen an der Brust verteilt, und es schien, als hätte es etwas von ihrer Farbe in seinem dunkleren Gold eingefangen .

Immer noch nicht wissend, was er tat, setzte er sich schwerfällig auf einen kleinen grünen Hügel über dem Weg und blickte mit dummen, halb geschlossenen Augen auf die Farbe unter ihm. Er begriff es nicht, sein Herz klopfte immer noch wie wild; Hin und wieder bewegte sich sein Hals krampfhaft, seine Hände fühlten sich weiß an seinem Knie an.

Aber durch seine benommenen Gefühle wusste er, dass er froh war für das, was er getan hatte. Sehr froh! Eine Art seltsamer Triumph darüber, es wirklich geschafft zu haben! Es hämmerte und trommelte etwas Neues durch seine Adern – eine wilde Erregung, die es noch nie zuvor gegeben hatte.

Er empfand weder Scham noch Bedauern oder auch nur Besorgnis über die möglichen Konsequenzen. Er dachte keinen Moment an Mrs. Maradick oder die Mädchen. Sein Körper, die Muskeln und Nerven, die dicken Arme, der Stierhals, die Brust wie ein Stein – das waren die Teile von ihm, die froh waren, furchtbar froh. Er war urzeitlich, riesig, er saß dort auf dem kleinen grünen Hügel, mit dem Mais und dem Meer und der Welt zu seinen Füßen.

Er sah die Welt überhaupt nicht, aber vor seinen Augen zogen wie Bilder auf einem leuchtenden Bildschirm einige frühere Dinge vorüber, die ihm widerfahren waren und die ihm das gleiche Gefühl wütender körperlicher Erregung gegeben hatten. Er sah sich selbst, einen kleinen Jungen, in einem harten, engen schwarzen Anzug an einem Sonntagnachmittag in ihrem alten Zuhause in Rye. Irgendwo läuteten Kirchenglocken, und Grabpaare kletterten über das gewundene Kopfsteinpflaster der Straße. Der Raum, in dem er sich befand, hing dunkel und düster um ihn herum, und er versuchte, nicht von dem glänzenden Rosshaarstuhl zu rutschen, auf dem er saß und dessen kleine, schwarz bestrumpfte Beinchen in der Luft baumelten. In seiner Kehle spürte er das schwere Würgegefühl des Fettes vom Rindfleisch des Mittagsessens. Auf der steifen Anrichte an der Wand standen kleine silberne Schüsseln mit Zuckerkeksen und ziemlich staubigen kleinen Pralinen; Auf der gegenüberliegenden Seite des Raumes war in einem schweren Goldrahmen die strenge Gestalt seiner Großmutter mit großen weißen Armbändern und einer spitzen Nase zu sehen.

Er versuchte, seinen Sunday Collect zu lernen, und es war ihm verboten zu sprechen, bis er es gelernt hatte; Seine Augen brannten, und in seinem Kopf schwamm die Müdigkeit, und hin und wieder rutschte er auf dem glänzenden Stuhl ganz nach vorne. Die Tür öffnete sich und ein Herr trat ein, ein wunderschöner, wundervoller Herr mit einem schwarzen, buschigen Bart und riesigen Gliedmaßen; Der Herr lachte und nahm ihn in die Arme, das Gebetbuch fiel klappernd zu Boden, während er seinen Lockenkopf im Bart vergrub. Er wusste jetzt im Rückblick nicht, wer der Herr gewesen war, aber dieser Moment stach mit all seinen Details vom Rest seines Lebens als etwas Wunderbares, Magisches ab . . . .

Und dann, später – vielleicht war er etwa fünfzehn, ein ziemlich hübscher, schüchterner Junge – und er war in einem Obstgarten. Die Bäume waren voller Blumen, und die Farben Weiß und Rosa schwangen im Wind in nebligen Wolken über seinem Kopf. Über der alten rotbraunen Mauer lugte das Gesicht eines Mädchens hervor. Er kletterte auf einen alten knorrigen Baum, der an der Wand hing, und beugte sich zu ihr hinunter; Ihre Lippen trafen sich, und als er sich zu ihr beugte, erschütterte die Bewegung seines Körpers die Zweige und die Blütenblätter fielen wie ein Schauer um sie herab. Er hatte den Namen des kleinen Mädchens vergessen, es spielte keine Rolle, aber der Moment war da.

Und dann noch einmal, noch später, war der Moment, als er Mrs. Maradick zum ersten Mal gesehen hatte . Es war bei irgendeiner Abendveranstaltung gewesen, und sie hatte mit ihren strahlenden Schultern unter brennenden, strahlenden Lichtern gestanden, die von der Decke schwangen. Ihr Kleid war blau gewesen, ein sehr blasses Blau; Und als er an das blaue Kleid dachte, drehte er plötzlich den Kopf, der Mais schwamm vor ihm her und kam ihm in Wellen entgegen und zog sich dann zurück, zurück zum Himmel.

Aber es war ein anderes blaues Kleid, das er sah, nicht das von Frau Maradick – das blaue Kleid, das blaue Band, die Bäume, den goldenen Weg. Seine Hände schlossen sich langsam auf seinen Knien, als würde er etwas zerdrücken; seine Zähne waren fest.

Bis auf den einen zentralen Vorfall war alles aus seinem Gedächtnis verschwunden, nur das lag vor ihm. Die Minuten flogen an ihm vorbei; in der Stadt läuteten die Glocken und die Sonne sank dem Meer entgegen.

Er gab sich große Mühe und versuchte, vernetzt zu denken. Das, was passiert war, würde eine große Veränderung in seinem Leben bewirken, es würde immer als etwas hervorstechen, das niemals geändert werden konnte. Jeder andere, der möglicherweise etwas dazu sagen könnte – Frau … Maradick , Mr. Lester – zählte überhaupt nicht. Es war einfach zwischen Mrs. Lester und ihm.

Ein ganz schwaches Rosa schlich sich über den Himmel. Es verweilte in kleinen Streifen über der Meereslinie, und in der Luft direkt über dem Mais lagen winzige rosa Kissen in Haufen zusammen; Die Maiskolben fingen das schwache rote Leuchten ein und hielten es im Herzen ihres dunklen Goldes fest.

Der pure physische Triumph begann Maradick zu verlassen . Sein Herz schlug weniger heftig und das Blut floss weniger wild durch seine Adern.

Er begann sich zu fragen, was sie, Mrs. Lester, darüber nachdachte. Sie war natürlich wütend – ja, wahrscheinlich wütend. Vielleicht würde sie nicht noch einmal mit ihm sprechen; Vielleicht würde sie es ihrem Mann erzählen. Was hatte ihn dazu bewogen? Was war mit ihm geschehen? Er wusste nicht; Aber selbst jetzt, mögen die Konsequenzen sein, wie sie auch sein mochten, tat es ihm nicht leid. Er hatte Recht, was auch immer passierte.

Es verging eine lange Zeit. Er war in einer Art Lethargie versunken. Die rosafarbenen Kissen am Himmel streckten ihre Finger entlang des Blaus zu anderen rosafarbenen Kissen aus, und goldene Bänder zogen sich immer wieder hin und her, bis sie sich in einer goldenen Flamme über dem Wasser trafen. Die Sonne ging unter und ein leichter Wind hatte das Meer aufgewühlt, die Wellen hatten goldene Spitzen.

Der Wind wehte um seine Wangen und er zitterte. Es muss spät sein; die Sonne ging unter, das Maisfeld versank in silbernem Nebel, aus dem die Mohnblumen geheimnisvoll schimmerten. Plötzlich dachte er an Tony. Er hatte den Jungen vergessen. Wahrscheinlich war er inzwischen ins Hotel zurückgekehrt; er erinnerte sich, dass er gesagt hatte, dass er rechtzeitig zum Abendessen zurück sein müsse. Aber Tonys Angelegenheiten schienen sehr weit weg zu sein; er hatte nicht das Gefühl, dass er heute Abend über Dinge reden könnte, oder überhaupt, dass er mit irgendjemandem reden könnte. Er konnte noch nicht ins Hotel zurückkehren. Endlich hatte die Sonne das Meer berührt, und aus ihr entsprang über dem sanft bewegten Wasser ein Band aus Gold, das sich wie ein Flügel ausdehnte, bis es die kleinen weißen Häuser berührte , die jetzt in der Dämmerung versanken. Der Himmel war voller Farben und die weiße Straße verlief in der Ferne wie ein Band unter dem Mais.

Wieder läuteten die Glocken aus der Stadt; Er erhob sich und stand als riesige, dunkle Gestalt vor dem flammenden Himmel. Bis auf das ganz sanfte Rascheln des Maises herrschte vollkommene Stille. In der Stille kamen die Sterne einer nach dem anderen hervor, die Farben wurden wie Fäden aus dem blassen Blau zurückgezogen, und auf der anderen Seite des Meeres blieb nur das schwächste Gold übrig; Ein winziger weißer Mond hing über den weißen Häusern und der weißen Straße, der Rest der Welt war grau. Die Lichter begannen aus der Stadt zu leuchten.

Ihm war kalt und seine Glieder schmerzten; das trübe Licht, die geheimnisvolle Stunde begann ihn zu umdrängen. Er hatte einen plötzlichen Wunsch, ein plötzliches Verlangen nach Gesellschaft, Menschen, Licht, Lärm.

Natürlich keine Leute, mit denen man reden kann; Nein, er wollte nicht, dass jemand mit ihm redete, aber hier, in dieser Stille, mit dem geheimnisvollen Rascheln des Mais, war er nervös und unruhig. Er wollte an nichts denken, er wollte jetzt nur noch vergessen. Er konnte nicht denken; sein Gehirn weigerte sich, und es gab keinen Grund, warum er sich darum kümmern sollte. Morgen – morgen würde genügen. Er stolperte den Weg durch das Feld hinunter; er konnte nicht sehr gut sehen und wäre mehrere Male fast über die kleinen Steine auf seinem Weg gestürzt; er fluchte laut. Dann fand er die harte weiße Straße und ging schnell hinunter, vorbei an den kleinen weißen Häusern, über die Brücke, die den Fluss überquerte, hinauf in die Stadt.

Sein Bedürfnis nach Gesellschaft wuchs mit jedem Schritt, den er machte; Die Einsamkeit, das Halblicht , die kalte Brise waren melancholisch. Er drehte mehrmals den Kopf, weil er glaubte, dass ihm jemand folgte, doch hinter ihm schimmerte nur die weiße Straße und auf beiden Seiten die Hecken, dunkle Barrieren.

Die Lichter der Stadt waren für ihn eine freudige Erleichterung. Sie waren nicht sehr brillant; In den ersten Straßen standen die Lampen sehr weit auseinander, und zwischen ihren trüben gelben Spritzern befanden sich Höhlen tintenschwarzer Dunkelheit.

Diese Straßen waren fast menschenleer, und die wenigen Menschen, die vorbeikamen, eilten, als wollten sie unbedingt einen schöneren Ort erreichen. Hinter den Fenstern brannten nur sehr wenige Lampen, aber Maradick hatte das Gefühl, als wären die Häuser so viele Augen, die ihn eifrig beobachteten. Alles schien lebendig zu sein, und ab und zu hörte er, so glaubte er, das Geräusch eines gemessenen Schrittes in seinem Hintern. Er blieb stehen, aber es herrschte vollkommene Stille.

Sein Jubel hatte ihn völlig verlassen. Er fühlte sich schrecklich deprimiert und einsam. Ihm kam es nun so vor, als hätte er seine beiden Freunde ohne jeglichen Grund mit einem plötzlichen Schlag abgeschnitten. Mrs. Lester würde nie wieder mit ihm sprechen. Tony würde bei seiner Rückkehr wütend auf ihn sein, weil er sein feierliches Versprechen nicht eingehalten hatte. Lady Gale und Alice Du Cane würden ihr ganzes Vertrauen in ihn verlieren; Seine Frau würde nie ruhen, bis sie herausgefunden hätte, wo er in dieser Nacht gewesen war, und sie würde es nie glauben, wenn sie es herausfände. Jetzt erkannte er, wie dumm er gewesen war, nicht zum Abendessen ins Hotel zurückzukehren; er würde jetzt zurückgehen, wenn es nicht zu spät wäre; aber es war zu spät. Sie würden fertig sein, wenn er wieder den Hügel hinaufkam.

Er war hungrig und müde und ihm war kalt; er begrüßte voller Freude die Lichter des Marktplatzes. Es war offenbar eine Nacht voller Festlichkeiten. Die Lampen auf der Seite des Rathauses zeigten Scharen sich schnell bewegender Gestalten, die für einen Moment im Schatten der Eckhäuser dunkel waren und dann plötzlich ins Licht aufblitzten. Das Hauptgasthaus der Stadt, „The Green Feathers“, das extravagant rechts vom grauen Turm stand, erstrahlte in einem gleißenden Gaslicht. Zwei Kellner mit weißen Tüchern über den Armen standen auf der obersten Treppe und beobachteten die Menge. Hinter ihnen bot sich durch die offene Tür ein herrlicher Blick auf die erleuchtete Halle.

Die Menschen, die sich auf dem Markt bewegten, waren Fischer und Landleute. Ihre Bewegung schien ziellos, aber angenehm; Plötzlich fing jemand an zu singen, und für einen Moment hob sich seine Stimme, wie ein Fisch aus dem Meer springt, und sank dann wieder zurück. Es gab viel Gelächter und die Tendenz, immer lauter und undisziplinierter zu werden.

Maradick sich durch die Menge drängte, wurde er an jene erste Nacht erinnert, als Tony und er heruntergekommen waren; der Tanz und der Rest! Was für eine Ewigkeit schien das jetzt her zu sein! Er war ein anderer Mann. Er drängte sich wütend durch die Menschen. Er war sich jetzt eines enormen Appetits bewusst. Seit dem Mittagessen hatte er nichts mehr gegessen, und auch dann nur sehr wenig. Er war sowohl geistig als auch körperlich müde; vielleicht würde er sich nach dem Essen besser fühlen.

Ermüde stieg er die Stufen von „The Green Feathers" hinauf und sprach einen der Kellner an. Er muss etwas zu essen haben, ein Zimmer allein und ruhig. Maradick forderte Respekt; Der Kellner wandte seinen Blick widerstrebend von der Menge ab und schenkte ihm Aufmerksamkeit. „Ja – Fisch – ein Schnitzel – eine Flasche Burgunder – ja – vielleicht würde dem Herrn das Zimmer oben gefallen. Es war ein angenehmes Zimmer. Im Moment war niemand da; man blickte auf den Markt, aber bei heruntergelassenen Fenstern war der Lärm ..."

Die Idee, den Markt zu überblicken, war ziemlich angenehm; Die Menschen und die Lichter wären da und gleichzeitig wäre es nicht nötig, mit irgendjemandem zu reden. Ja, das Zimmer würde ihm gefallen. Er ging nach oben.

Im Erdgeschoss des Gasthauses herrschte viel Bewegung und Trubel, Geschwätz und Gelächter und das Klirren von Gläsern, aber über der Treppe herrschte vollkommene Stille. Der Kellner zündete Kerzen an, zwei massive silberne Kerzenständer von ehrwürdigem Alter, und betrat das lange Esszimmer, sie vor sich hertragend. Er erklärte, dass sie diesen Raum nicht mit Gas beleuchtet hätten, weil Kerzen angebrachter seien. Er deutete auf das 18. Jahrhundert und Puder und Rüschen hin. Er drehte fast eine Pirouette, als er die Kerzen hielt und sich bückte, um sie auf den Tisch am Fenster zu stellen. Er war mit Sicherheit ein Kellner mit einem Bein.

Er passte zweifellos zu dem Raum mit seinen langen, glänzenden Wänden und dem langen, glänzenden Tisch. Der Tisch, an dem er speisen sollte, stand nahe am Fenster, so dass er das Treiben auf dem Platz beobachten konnte. Das Kerzenlicht breitete sich bis zum langen Tisch aus und breitete sich dann kreisförmig aus, wobei es einen hohen Spiegel umarmte, der von der Decke bis zum Boden reichte. Dieser Spiegel war so angebracht, dass sich darin eine Ecke des Platzes mit seinen Lichtern, Figuren und hohen dunklen Häusern spiegelte.

Der Raum schien eng zu sein, und Maradick öffnete das Fenster ein wenig und Stimmen drangen zu ihm herauf. An manchen Stellen waren die Menschen in Licht getaucht und er konnte ihre Gesichter, ihre Augen und ihre Münder sehen, und an anderen Stellen herrschte graue Dunkelheit, so dass schwarze Gestalten sich bewegten und auf geheimnisvolle Weise verschwanden. Der Turm erinnerte ihn seltsam an den Turm in seinem Traum; es hob sich schwarz vor dem grauen Licht dahinter ab.

Sein Abendessen war ausgezeichnet; Der Kellner neigte zur Unterhaltung. „Ja, es war eine Art Festtag. Nein, er wusste es nicht genau. Der Ort war voller Aberglauben – nein, er kam, Gawd sei Dank, aus London – ja, aus Clapham , wo es Dinge wie Christen gab – es gab Baiser, Apfelkuchen oder Vanillesoße – ja, Baiser.“ Er verschwand.

Stimmen drangen in den Raum. Unter dem Fenster waren vage Gestalten von drei Personen zu erkennen. Die zitternde Stimme eines alten Mannes durchdrang das allgemeine Gemurmel auf dem Platz.

„Nun, ich hatte die erste Wespe der Saison schon im April gesehen; Ja , er wollte mir einen Schlag geben, aber er hat es verpasst.“ Die Wespe spielte in der Diskussion eine große Rolle. Sie alle drei erreichten schnell das Stadium, in dem übermäßige Zuneigung feindseligem Misstrauen Platz machte. Die Stimme des alten Mannes zitterte weiter. „Wenn er Frauennamen genannt *hat, dann hat er nicht verstanden, warum* er Frauennamen nicht *nennen* sollte .“ Dies führte zu einem vergeblichen Streit. Aber der alte Mann war hartnäckig.

Sterne brannten hoch über den Dächern in einem silbernen Cluster, und dann zog über das Nachtblau ein blassweißer Pfad wie Seide, der aus anderen Sternen bestand – Myriaden von Sternen, zurück in unbegrenzter Entfernung, und unter ihnen hing eine schwache Wolke von Sternen goldenes Licht, die Reflexion der Lampen des Turms.

Maradicks Abendessen hatte ihm gutgetan. Er saß da, seinen Stuhl leicht nach vorne geneigt, und beobachtete den Platz. Der prächtige Kellner war plötzlich aufgetaucht, hatte das Essen in einem Augenblick mit einem magischen Netz gefangen und war verschwunden. Er hatte Whisky, Limonade und Zigaretten an Maradicks Seite gelassen; Das Licht zweier Kerzen fiel auf das glänzende Glas der Whiskykaraffe und es funkelte über den ganzen Tisch.

Die Frage nach Tony stand wieder im Vordergrund; das schien jetzt das Bedeutende zu sein. Er hätte da sein sollen, als Tony zurückkam. Was auch immer er Mrs. Lester angetan hatte oder sie ihm – diese Angelegenheit konnte man jedenfalls aus zwei Blickwinkeln betrachten –, er hätte zurückgehen und Tony besuchen sollen. Die Befürchtungen, die er am Nachmittag wegen des Jungen gespürt hatte, kehrten nun mit doppelter Wucht zurück. Sein Traum, den er eine Zeit lang vergessen hatte, kam mit all seiner kühlen Warnung zurück. Dieser Mann Morelli! Dem Jungen hätte alles Mögliche passieren können; Sie könnten jetzt oben im Hotel auf ihn warten, auf sie beide. Er konnte sie alle sehen – Lady Gale, Alice Du Cane, Mrs. Lester, seine Frau. Er hatte in gewisser Weise seinen Posten verlassen. Sie hatten ihm alle vertraut; Unter dieser Bedingung hatten sie ihm ihre Freundschaft geschenkt und ihm so wunderbar und bereitwillig die Arme geöffnet. Und jetzt vielleicht der Junge. . .

Er trank einen kräftigen Whisky-Soda-Getränk, wobei seine Hand ein wenig zitterte, sodass das Glas gegen die Karaffe klirrte.

Er fühlte sich beruhigt. Welchen Grund hatte er schließlich zur Besorgnis? Was hatte er, soweit es Morelli betraf, vorzuschlagen? Gar nichts; lediglich ein paar vage Worte von Punch. Dem Jungen ging es vollkommen gut. Außerdem war er jedenfalls kein Dummkopf. Er wusste, worum es ging, er konnte mit Morelli klarkommen, wenn es dazu kam.

Er trank noch einen Whisky und Soda und betrachtete den Spiegel. Es war komisch, wie es diese Ecke des Platzes spiegelte, so dass man, ohne aus dem Fenster zu schauen, sich bewegende schwarze und graue Gestalten sehen konnte, und dann plötzlich ein weiß schimmerndes Stück Pflaster, auf das das Licht fiel. Sein Kopf war zweifellos verwirrt, weil er glaubte, im Spiegel noch andere Dinge zu sehen. Er glaubte, dass sich die Menge auf dem Platz in Reihen aufteilte. Jemand erschien tanzend, ein Mann mit einer Schirmmütze, der tanzte und Pfeife spielte; und der Mann – wie seltsam es war! – der Mann war Morelli! Und plötzlich drehte er sich um und tanzte die Reihen der Menschen entlang, immer noch pfeifend, zurück auf den Weg, den er gekommen war, und alle Menschen folgten ihm tanzend! Sie gingen tanzend durch den Spiegel und er schien Menschen zu erkennen , die er kannte. Warum natürlich! Da waren Tony und dann Janet Morelli und Lady Gale, Mrs. Lester, Alice Du Cane; und wie absurd sie aussahen! Da waren er und Mrs. Maradick ! Die Szene verblasste. Mit einem Ruck richtete er sich auf und stellte fest, dass er nickte und fast schlief; Die Idee mit der Musik war jedoch nicht ganz ein Traum gewesen, denn unter dem Fenster hatte sich eine Band versammelt. Im unsicheren Licht sahen sie seltsam phantastisch aus, so dass man eine Messingtrompete sah, ohne dass ein Mann dahinter war, und dann wieder einen Mann mit zusammengepressten Lippen, der blies, aber seine Trompete verschwand in der Dunkelheit.

Die Menge hatte sich versammelt und es gab großen Lärm; aber es war größtenteils unartikuliert und bis zu einem gewissen Grad streitsüchtig. Maradick hörte irgendwo in der Dunkelheit die Stimme des alten Mannes, der zitterte: „Wenn er meine alte Frau beschimpft, dann werde ich sie als alte Frau bezeichnen." . ." Es verstummte und ging in den Klängen von „Auld Lang Syne" unter, mit denen die Band, etwas fälschlicherweise, begonnen hatte.

Die Zeit war unberechenbar; Auch die Band schien getrunken zu haben, selbst jetzt konnte er sehen, dass sie Tassen an ihrer Seite hatten und einer oder zwei von ihnen versuchten, Trinken und Musik zu verbinden.

Ein kleiner Mann mit einer riesigen Trompete tanzte manchmal ein paar Schritte und erzeugte dabei einen langen, zitternden Ton aus seinem Instrument.

Gegenüber dem Fenster hatte die Menge eine kleine Lichtung gemacht, denn ein alter Mann mit einem ramponierten Bowler auf der einen Seite des Kopfes tanzte feierlich mit müdem, melancholischem Gesicht, die alten, zitternden Beine angewinkelt.

Maradick hatte plötzlich die Nase voll von allem. Er wandte sich vom Fenster ab und blickte in den Spiegel. Er war unsagbar müde und elend, schrecklich elend. Er hatte mit allen das Vertrauen gebrochen. Er war für niemanden von Nutzen; Er hatte seine Frau, Lady Gale, Tony, Mrs. Lester und alle anderen betrogen. Eine Last der Depression senkte sich wie eine schwarze Wolke auf ihn. Er hasste die Band und die betrunkene Menge; er hasste den Ort, weil er mitverantwortlich für das zu sein schien, was ihm widerfahren war; aber vor allem hasste er sich selbst für das, was er getan hatte.

Dann blickte er plötzlich auf und sah etwas Seltsames. Er hatte das Fenster heruntergelassen, und die Klänge der Band drangen nur ganz schwach durch; Im Raum herrschte seltsame Stille. Der Spiegel leuchtete sehr deutlich, weil der Mond über den Dächern auf der gegenüberliegenden Seite des Platzes hing. Die Straßenecke glänzte wie Glas. Fast die gesamte Menge hatte sich auf die Musikkapelle zubewegt, so dass dieser Teil des Platzes verlassen war.

Nur ein Mann bewegte sich darüber. Er kam mit einer merkwürdigen Bewegung; Er rannte ein paar Schritte, ging dann und rannte erneut. Maradick wusste sofort, dass es Tony war. Er wusste nicht, warum er sich so sicher war, aber als er ihn im Spiegel sah , war er sich ziemlich sicher. Er war nicht überrascht. Es war fast so, als hätte er ihn erwartet. Er stand sofort von seinem Stuhl auf und ging die Treppe hinunter; Irgendetwas war mit Tony los. Er sah den Kellner im Flur und sagte ihm, dass er zurückkommen würde; dann überquerte er den Platz.

Tony kam mit gesenktem Kopf und stolperte, als wäre er betrunken. Er wäre Maradick beinahe in die Arme gefallen. Er schaute auf.

"Du! Maradick ! Gott sei Dank!"

Er ergriff seinen Arm; sein Gesicht war weiß und eingefallen. Er sah zwanzig Jahre älter aus. Seine Augen waren weit geöffnet.

„Ich sage – bring mich irgendwo hin, wo ich – etwas trinken kann.“

Maradick brachte ihn wortlos zurück zum Gasthaus. Er stürzte den Brandy hinunter.

Dann seufzte er und riss sich zusammen. „Ich sage, lass uns zurückgehen!“ Er ließ Maradicks Arm nicht los . „Gott sei Dank, dass du hier warst; Ich hätte diesen Hügel nicht alleine bewältigen können. . . dieser Teufel. . .“ Dann sagte er leise: „Mein Gott!“

Maradick bezahlte seine Rechnung und sie gingen. Sie gingen an der Menge und der uneinigen Band vorbei und begannen, den Hügel hinaufzusteigen. Tony war mehr er selbst. „Ich sage, Sie halten mich sicher für einen Idioten, aber ich habe wirklich einen Schrecken gehabt! Ich hatte noch nie in meinem Leben solche Angst.“

„Morelli!“ sagte Maradick .

"Ja; Das Dumme ist nur, dass nichts passiert ist. Zumindest nichts Genaues. Wissen Sie, ich war schon eine ganze Weile dort; Ich wollte allein mit ihm sprechen, ohne Janet, aber er ließ sie nicht gehen. Es war fast so, als hätte er es ernst gemeint. Er war den ganzen Nachmittag über äußerst anständig. Wir haben alle möglichen Blödsinn gemacht, er und wir alle, und dann musste ich es aufgeben, wieder zum Abendessen zu gehen und einfach riskieren, dass der Gouverneur sich darüber ärgert. Wir hatten ein köstliches Abendessen. Er war am Topen, und dann verließ uns endlich Janet und ich begann. Aber wissen Sie, es war, als wüsste er, was ich sagen würde, und hielt mich davon ab. Er wechselte ständig das Thema – immer angenehm –, aber ich kam nicht dazu. Und dann kam endlich meine Chance und ich fragte ihn. Er sagte nichts. Er saß lächelnd auf der anderen Seite des Tisches. Und dann plötzlich, ich weiß nicht, was es war, ich kann es nicht beschreiben, aber ich bekam schreckliche Angst. So etwas habe ich noch nie gespürt. Sein Gesicht veränderte sich. Es war wie ein Teufelswerk . Man konnte nur seine Augen und seine weißen Wangen und die spitzen Spitzen seiner Ohren sehen. Er lachte immer noch. Ich konnte mich nicht rühren, ich zitterte am ganzen Körper. Und dann begann er sich langsam um den Tisch herum auf mich zuzubewegen. Ich riss mich zusammen; Ich war fast ohnmächtig, aber ich eilte zur Tür. Ich stieg gerade aus, als er mich berührte, und dann rannte ich um mein Leben."

Bei der Erinnerung daran keuchte er vor Angst. Sie waren oben auf dem Hügel. Er drehte sich um und ergriff Maradicks Hand. „Ich sage", sagte er, „was bedeutet das?"

Kapitel XV

WARUM ES DAS SIEBENUNDZWANZIGSTE SEIN SOLL UND WAS DAS

Der Zusammenhang bestand darin, dass Janet Angst hatte

Und Toby schließt sich der großen Mehrheit an

Am nächsten Nachmittag trafen sie sich alle zum Tee, und für die Götter, die die ganze Angelegenheit von den heiligen Höhen des Olymp aus beobachteten, muss es ein äußerst amüsanter Anblick gewesen sein.

Mrs. Lawrence war die einzige Person, von der man wirklich sagen konnte, dass sie „direkt aus der Sache heraus" war, und sie hatte zweifellos „ihren Verdacht"; sie hatte Dinge *gesehen , sie hatte es bemerkt*. Sie war seit ihrer Kindheit immer aufmerksam gewesen, und jeder konnte sehen, und so weiter und so fort; Dennoch stand sie wirklich außerhalb des Ganzen und war für Normalsterbliche die einzige echte Zuschauerin.

Im Übrigen drehte sich alles um Sir Richard; Es ist die verborgene Absicht eines jeden, aus ganz individuellen und besonderen Gründen ihm alles so lange wie möglich vorzuenthalten. Aber jeder war davon überzeugt, dass er die Sache besser durchschaute als alle anderen, und war ebenso entschlossen, seine besondere Klugheit vor dem Rest der Firma zu verbergen.

Tony war da, eher ruhig und verhalten. Das war eine Tatsache, die jeder bemerkte. Natürlich war letzte Nacht etwas passiert; Und hier lag das Geheimnis, vage, unbestimmt, das man nur blind erraten konnte, obwohl Maradick es wusste.

Die feinen Nuancen der Gefühle eines jeden gegenüber dem Ganzen, die besondere individuelle Art und Weise, wie es sich auf besondere einzelne Personen auswirkte, mussten vorübergehend zum Wohle der allgemeinen Sache beiseite gelegt werden, nämlich der Täuschung und Blendung der Verdächtigungen von Sir Richard; So ein Geschäft! Das Gespräch drehte sich daher um Flugzeuge , über die niemand der Anwesenden überhaupt etwas wusste, da Flugzeuge noch in den Kinderschuhen steckten; Aber es gelang ihnen, während der Diskussion einen großen Teil des Themas abzudecken, und alle waren so außerordentlich und fieberhaft interessiert, dass ein intelligenter und unvoreingenommener Beobachter leicht hätte feststellen können, dass überhaupt niemand wirklich interessiert war.

Lady Gale schenkte Tee ein, und ihre Gelassenheit war wirklich bewundernswert; wenn man bedenkt, was sie alles abdecken musste, war es fast übermenschlich; Aber die zentrale Tatsache, die mehr als alles andere in ihrem Kopf herumschwirrte, während sie Mrs. Lester anlächelte und zustimmte, dass „es für die Bekannten eher ein Ärgernis wäre, wenn man so schnell von überall herüberfliegen und einen sehen könnte", war dass ihr Mann Tony gegenüber bisher noch nichts über seine Abwesenheit in der letzten Nacht gesagt hatte. Das war so bedrohlich, dass sie es einfach nicht ertragen konnte; es bedeutete, es bedeutete, nun ja, es bedeutete den Einsturz, den Ruin, den völligen Zusammenbruch des Hauses; ein „Kartenhaus", wenn Sie so wollen, aber dennoch ein Haus, das ihr bewundernswertes Taktgefühl, ihr sorgfältiges Management, ihre Jahre aktiver und unaufhörlicher Diplomatie unterstützt hatten. Was das alles gewesen war, was das alles für sie bedeutet hatte, seit Tony ein kleiner Junge gewesen war, konnte nur sie wissen. Als er vielleicht zehn Jahre alt war, waren ihr plötzlich und deutlich zwei Dinge klar geworden . Sie hatte erstens erkannt, dass Tony für sie der Mittelpunkt ihres Lebens, ihrer Existenz sein sollte, und dass zweitens Tonys Lebensweg in jeder Hinsicht dem seines Vaters entgegengesetzt sein würde.

Sie erkannte, dass es eine Frage der Wahl sein würde, und vom Moment dieser klaren Vision an verbrachte sie ihr Leben mit der Suche nach Kompromissen, etwas, das es ihr ermöglichen würde, Tony und allem, was sein Leben für ihn bedeuten musste, treu zu bleiben , und etwas, das dieses Leben vor seinem Vater verbergen sollte. Sie war mit aller Kraft dabei, „das Haus zusammenzuhalten", und es war keine leichte Aufgabe; aber erst in der gegenwärtigen Krise schien es unmöglich zu sein.

Sie hatte immer gewusst, dass der Moment, in dem die Liebe kam, der Moment der größten Gefahr sein würde.

Sie hatte ihren Göttern geschworen, als sie sah, was ihre eigene Ehe aus ihrem Leben gemacht hatte, dass ihr Sohn unbedingt seinen Willen durchsetzen sollte; Er sollte sich entscheiden, und sie wäre die allerletzte Person auf der Welt, die ihn aufhalten würde. Sie hatte gehofft, sie hatte sogar gebetet, dass die Frau, die er wählen würde, jemand sein würde , die ihr Mann möglichst zulassen würde. Dann wäre die Stärke des Hauses unantastbar und der schreckliche Moment wäre abgewendet. Das war vielleicht der Grund, warum sie Alice Du Cane so bereitwillig und enthusiastisch willkommen geheißen hatte. Das Mädchen würde aus Sir Richards Sicht „ausreichen", und Lady Gale selbst mochte sie, liebte sie fast. Wenn es Tony interessierte, warum dann? . . und zuerst schien es Tony egal zu sein.

Aber obwohl sie versucht hatte, sich selbst davon zu überzeugen, wusste sie, dass es zumindest für ihn nicht das „Echte" war. Man hat es nicht so mit dieser Ruhe und sogar der gewohnten Scherzhaftigkeit aufgenommen, als das „Echte" kam. Aber sie hatte es sich eifrig überredet, weil es in fast jeder Hinsicht so passend sein würde.

Und dann war plötzlich das „Echte" da, mit seinen leuchtenden Augen und seiner wunderschönen Farbe ; Tony hatte es gefunden. Danach zögerte sie nicht mehr. Tony musste weitermachen, musste weitermachen, und sie musste verhindern, dass Sir Richard irgendetwas sah, bis alles vorbei war. Was das betrifft, sie hatte ihr Bestes gegeben, Gott weiß, sie hatte ihr Bestes getan. Aber die Umstände waren zu schlimm für sie gewesen; mit ängstlichen Augen und zitternden Händen sah sie, wie es ihrem Griff entglitt. Warum war Tony so dumm gewesen? Warum war er wieder so draußen geblieben und hatte das Abendessen verpasst? Warum war er jetzt so verstört? Es drohte ihr alles um die Ohren zu fallen; sie sah den Streit; sie sah Tony arrogant, empört, wütend. Er hatte sie verlassen und war nie wieder zurückgekehrt. Sie sah sich mit ihrem Mann sitzen, alt, krank, einsam, an einem verlassenen Kamin in einem leeren Haus, und Tony würde niemals zurückkehren.

Aber sie diskutierte weiterhin über Flugzeuge ; Sie wusste noch etwas anderes über ihren Mann. Sie wusste, dass Sir Richard toben und toben würde, wenn Tony einmal verheiratet wäre, aber irgendwann würde er das Beste daraus machen. Das Haus muss weitergeführt werden, das war einer seiner festen Lebensgrundsätze; Tony ist Single und alle Kräfte sollten angespannt sein, um seine Ehe zu einer passenden zu machen, aber Tony hat geheiratet! Warum dann, verfluche den jungen Narren, warum hat er das getan? . . . aber lasst uns trotzdem einen Jungen bekommen, und zwar schnell!

Vorausgesetzt, das Mädchen wäre möglich – das Mädchen *muss* möglich sein; aber dafür hatte sie Maradicks Wort. Er hatte Alice gesagt, dass sie „großartig" sei! Ja, lass die Hochzeit einfach stattfinden und alles könnte in Ordnung sein, aber Sir Richard darf es nicht wissen.

Und so diskutierte sie weiter über Flugzeuge . „Ja, da war neulich dieser kluge Mann. Er flog rund um den Kristallpalast; Was war sein Name? Porkins oder Dawkins oder Walker; Sie wusste, dass es so etwas wie Walker war, denn sie erinnerte sich, dass sie sich damals gefragt hatte, ob er irgendetwas mit den Walkers of Coming Bridge zu tun hatte – ja, so nette Leute – sie war früher Miss Temple – ja, die *Daily Mail* hatte einen Preis ausgelobt ."

Gleichzeitig machte ihr Tonys Gesicht Angst. Er stand am Fenster und redete mit Alice. Sie hatte ihn noch nie zuvor so gesehen, so weiß und ernst und streng – Jahre älter. Was hatte er letzte Nacht gemacht?

Sie gab Mrs. Lawrence ihre dritte Tasse Tee. „Ja, aber es sind so kleine Tassen – oh! da ist nichts. Nein, ich war noch nie in einem Ballon – noch nicht – ja, ich bin zu alt, glaube ich; Für mich in meinem Alter ist das, wissen Sie, nicht der Fall."

Angenommen, es wäre alles „aus". Vielleicht wäre es besser; aber sie wusste, dass sie enttäuscht sein würde, dass es ihr leid tun würde. Man hat das „Echte" nicht so oft im Leben bekommen, dass man es sich leisten konnte, es zu verpassen. Nein, er darf es nicht verpassen – oh, er *darf* es nicht verpassen. Je älter sie wurde, je weißer ihr Haar, je steifer ihre dummen Knochen, desto eifriger und enthusiastischer sehnte sie sich danach, dass jedes junge Ding – nicht nur Tony, obwohl er natürlich am wichtigsten war – das Beste aus seiner Zeit machen sollte. Sie wussten nicht, liebe Leute, wie schnell die Jahre und die Steifheit und die Verdünnung des Blutes über sie kommen würden. Sie wollte, dass sie alle, die ganze Welt unter dreißig, toben, leben, lachen und sogar böse sein konnten, wenn sie wollten! aber, nur, sie dürfen es nicht verpassen, sie *dürfen* die wunderbaren Jahre nicht verpassen!

Sir Richard schwieg vollkommen. Er sagte nie mehr als ein oder zwei Worte, aber seine Reglosigkeit schien den Raum einzufrieren. Seine Hände, sein Kopf, seine Augen bewegten sich nie; sein Blick war auf Tony gerichtet. Er saß zurückgelehnt in seinem Stuhl, sein Körper war regungslos, schlaff, aber sein Kopf war erhoben; es erinnerte die verängstigte Frau Lawrence an eine Schlange, die zum Angriff bereit war.

Frau Lawrence fand die Situation über sie hinaus. Viele Situationen überstiegen sie, weil sie zu den Menschen gehörte, die die Leute immer gerne außen vor ließen.

Ihre Versuche, sich einen Weg zu erzwingen – ihre Waffen waren unruhig und verwirrend – scheiterten stets; Aber sie ließ sich nie entmutigen, sie war nicht klug genug, um zu erkennen, dass sie versagt hatte.

Sie saß neben Sir Richard und beugte sich über ihn, um mit Lady Gale zu sprechen. Mrs. Maradick und Mrs. Lester saßen auf der anderen Seite des Tisches, während Maradick im Hintergrund krampfhaft mit Lester redete; Alice und Tony saßen zusammen am Fenster.

Maradick hatte seit ihrem Abschied am Tag zuvor nicht mehr mit Mrs. Lester gesprochen. Er wartete nun darauf, dass ihr Blick seinen traf; Dann würde er wissen, ob ihm vergeben wurde . Er hatte den Morgen mit seinen Mädchen am Strand verbracht. Er war zum Mittagessen gekommen und hatte, wie immer nach ein paar Stunden in ihrer Gesellschaft, das Gefühl gehabt, dass sie überhaupt nicht zu ihm gehörten, dass sie jemand anderem gehörten; Sie waren höflich zu ihm, höflich und streng respektvoll, wie sie es zu jedem Fremden tun würden, über den ihre Mutter mit ihnen gesprochen hatte. Oh! wie trist es ist!

Aber es amüsierte ihn, als er darüber nachdachte, dass auch sie, arme, unschuldige Geschöpfe, ihre unbewusste Rolle in dem ganzen Spiel spielen sollten. Sie spielten es, weil es so entscheidend dazu beitrug, die Atmosphäre von Epsom auszufüllen, oder vielmehr die Art und Weise, wie er selbst über Epsom dachte – die besondere Grauheit, Schmutzigkeit und Schäbigkeit des Ortes und der Mädchen.

Er war daher zum Mittagessen gekommen und wusch der Familie die Hände. Er musste an andere Dinge denken. Die unmittelbare Angelegenheit war natürlich Tony, aber er hatte bisher noch kein Gespräch mit dem Jungen geführt. Es gab nicht viel zu sagen. Es war genau so gewesen, wie er, Maradick , es erwartet hatte.

Morelli hatte sich geweigert, davon zu hören, und Tony hatte sich den Rest wahrscheinlich nur eingebildet. Im ruhigen Tageslicht waren Dinge klar und deutlich, die im Dunkeln fantastisch und unheilvoll ausgesehen hatten.

Schließlich war Tony sehr jung und übermütig. Maradick muss den Mann selbst sehen. Und so wurde auch diese Angelegenheit beiseite gelegt.

„Ja", sagte Lester, „wir kehren offensichtlich zur griechischen Einfachheit zurück und, wenn es nicht zu gewagt ist, das zu sagen, zur griechischen Moral." Je komplizierter und materieller das moderne Leben wird, desto sicherer werden alle denkenden Menschen und Schönheitsliebhaber zu dieser wunderbaren Einfachheit zurückkehren. Und dann wird der Rest eines Tages folgen müssen."

„Oh ja", sagte Maradick abwesend. Seine Augen waren auf die gegenüberliegende Wand gerichtet, aber aus den Augenwinkeln wartete er auf den Moment, in dem Mrs. Lester aufblicken sollte. Jetzt konnte er den gestrigen Nachmittag mit vollkommener Gelassenheit betrachten; es war nur ein unvermeidlicher Schritt in der Situation. Er wunderte sich jetzt darüber, dass er darüber so aufgeregt war; Wichtig war nur, wie sie es aufnahm. Die verbissene, fast dumme Stimmung war zurückgekehrt. Seine Augen waren schwer, seine großen Schultern hingen ein wenig herab, als er sich vorbeugte, um Lester zuzuhören. In seinem Gesicht war weder Freundlichkeit noch Barmherzigkeit zu erkennen, als er über den Boden blickte. Er wartete; Gleich würde sie aufschauen. Dann würde er es wissen; danach würde er Morelli sehen.

„Und so, sehen Sie", sagte Lester, „hat Platon immer noch das letzte Wort in dieser Angelegenheit."

„Ja", sagte Maradick .

Mrs. Lawrence war am Teetisch völlig ermüdend. Die Anspannung der Situation machte ihr deutlich zu schaffen. Sie hatte Sir Richard mehrere Dinge gesagt und er hatte überhaupt keine Antwort gegeben.

Er blickte Tony weiterhin mit unerschütterlichem Blick an. An Lady Gales und Mrs. Lesters merkwürdigem Künstlichkeitsverhalten erkannte sie, dass sie sich äußerst unwohl fühlten, und es ärgerte sie, dass sie sie so entschlossen außerhalb der Intimität hielten.

Wenn sie sich unwohl fühlte, hatte sie die irritierende Angewohnheit, die Bemerkungen anderer Leute eifrig mit leicht veränderten Worten zu wiederholen. Sie tat dies jetzt und Lady Gale hatte das Gefühl, dass sie schon bald zum Schreien gezwungen sein würde.

„Es wird so lästig sein", sagte Frau Lester und setzte das „fliegende" Gespräch fort, „über Kleidung." Man wird nie wissen, was man anziehen soll, weil die Temperatur beim Aufstehen immer sehr unterschiedlich sein wird."

„Ja", sagte Frau Lawrence eifrig, „niemand wird die geringste Ahnung haben, welche Kleidung er tragen soll, weil es heiß oder kalt sein kann." Es hängt alles ab--"

„ Jemand ", sagte Lady Gale lachend, „wird schreien und es uns sagen müssen."

„Ja", sagte Mrs. Lawrence, „es muss ein Mann da sein, der anrufen und uns Bescheid geben kann."

Tony spürte, wie sein Vater ihn ansah. Er hatte sich gefragt, warum er ihm nichts von seiner Abwesenheit in der letzten Nacht gesagt hatte, aber es hatte ihn nicht wirklich beunruhigt. Schließlich war es sehr unwichtig, was sein Vater oder einer der anderen von ihnen tat oder dachte, verglichen mit dem, was Morelli tat. Er war merkwürdig müde, körperlich müde und geistig müde, und er konnte über nichts klar denken. Aber er sah Morelli ständig vor sich. Morelli kam um den Tisch herum auf ihn zu und lächelte – Morelli. . . Was machte er mit Janet?

Maradick sprechen , aber es war so schwer, ihn zu erreichen, wenn all diese anderen Leute im Raum waren. Die Fröhlichkeit war aus seinen Augen verschwunden, das Lachen von seinen Lippen. Maradick war jetzt alles; es hing alles von Maradick ab .

„Du siehst müde aus", sagte Alice. Sie hatte ihn beobachtet und wusste sofort, dass er in Schwierigkeiten steckte. Natürlich konnte jeder erkennen, dass er nicht er selbst war, aber sie, die ihn sein ganzes Leben lang gekannt hatte, konnte erkennen, dass mehr dahinter steckte. Tatsächlich konnte sie sich nie erinnern, ihn jemals zuvor so gesehen zu haben. Oh! wenn er nur zulassen würde, dass sie ihm hilft!

Sie selbst hatte in letzter Zeit keine besonders gute Zeit gehabt, aber sie meinte, dass ihr Unglück nichts Egoistisches sein sollte. Es gibt bestimmte Menschen, die stolz auf unerwiderte Zuneigung sind und mit erhobenem

Kopf an denen vorbeigehen, die sie lieben, und mit einer Art „Sehen Sie, was ich für Sie leide!" Luft. Sie sind unvergleichliche Plagegeister!

Alice war anfangs eher dazu geneigt, Tony auf die gleiche Art und Weise zu behandeln, aber jetzt dachte sie, sie würde ihm helfen, wenn er sie nur ließe! Vielleicht war es doch nichts. Wahrscheinlich hatte er gestern Abend einen Streit mit dem Mädchen gehabt, oder er machte sich vielleicht Sorgen wegen Sir Richard.

„Tony", sagte sie und legte für einen Moment ihre Hand auf seinen Arm, „wir sind Freunde, nicht wahr?"

„Natürlich", löste er sich plötzlich von Janet und ihrer möglichen Gefahr und versuchte, das Mädchen an seiner Seite zu erkennen .

„Weil", fuhr sie fort und schaute aus dem Fenster, „ich war in letzter Zeit ein bisschen lästig – kein guter Begleiter, fürchte ich – schlecht gelaunt und mürrisch. Aber jetzt möchte ich, dass du mir hilfst, wenn ich irgendetwas tun kann. Vielleicht gibt es ja etwas. „Weißt du" – sie hielt einen Moment inne – „ dass ich sie neulich unten am Strand gesehen habe." Wenn es irgendetwas gäbe –"

Sie blieb unbeholfen stehen.

„Schau her", begann er eifrig; „Wenn du es herausfinden willst –" Dann hielt er inne. „Nein, ich weiß, natürlich bist du das nicht. Ich vertraue dir, altes Mädchen. Aber wenn Sie nur wüssten, was für eine Menge Dinge hier passieren –" Er sah sie zweifelnd an. Dann lächelte er. „Du bist ein guter Kerl, Alice", sagte er, „ich weiß, dass du es bist. Ich bin verdammt dankbar. Ja, ich bin nicht ganz der Richtige. Es gibt jede Menge Sorgen." Er zögerte erneut, dann fuhr er fort: „Ich sage Ihnen, was Sie tun *können* – die Familie ruhig zu halten, wissen Sie. Halten Sie sie davon fern, besonders den Gouverneur. Sie alle vertrauen Ihnen, und Sie können ihnen einfach sagen, dass alles in Ordnung ist. Wirst du das tun?"

Er sah sie gespannt an.

Sie lächelte ihn an. „Ja, alter Junge, natürlich. Ich denke, dass ich mit Sir Richard zurechtkomme, zumindest für kurze Zeit. Und auf jeden Fall wird es nicht mehr lange dauern, denn in etwa einer Woche fahren wir alle weg; Siebenundzwanzigster oder achtundzwanzigster, glaube ich, hat Lady Gale gesagt."

Tony begann. "Hat sie?" er sagte. „Bist du dir da sicher, Alice? Weil es wichtig ist."

"Ja. Ich habe gehört, wie Lady Gale gestern Abend mit Sir Richard darüber gesprochen hat."

"Von Jove. Ich bin froh, das zu wissen. Naja, Alice, ich werde es jedenfalls nie vergessen, wenn du uns hilfst. Wir wollen es, bei Gott."

Sie bemerkte das „Wir". „Oh, das ist alles in Ordnung", sagte sie und lächelte ihn an. „Verlassen Sie sich auf mich, Tony."

In diesem Moment wurde ein allgemeiner Schritt unternommen. Zur großen Erleichterung aller war das Essen vorbei. Mrs. Lester stand langsam von ihrem Stuhl auf und drehte sich zu Maradick um . Für einen Moment trafen ihre Augen seine; Ihre Mundwinkel waren ganz leicht angehoben – sie lächelte ihn an, dann wandte sie sich wieder seiner Frau zu.

"Frau. Maradick ", sagte sie, „komm doch mal vorbei und setz dich ans Fenster. Da wird etwas Luft sein. Die Sonne hat jetzt die Wende geschafft."

Aber Mrs. Maradick hatte das Lächeln gesehen. Plötzlich, in einem Moment, wurden alle ihre Vermutungen bestätigt. Sie wusste; es konnte keinen Zweifel geben. Frau Lester, Frau Lester und ihr Mann – ihr Mann James. Lieber, wie lustig! Sie hätte lachen können. Es war ein ziemlicher Witz. Gleichzeitig konnte es ihr nicht gut gehen, denn der Raum drehte sich, die Dinge schwammen; dieser absurde Teppich hob sich und flatterte ihr entgegen.

Sie legte ihre Hand auf den Teetisch und stützte sich ab; dann lächelte sie Mrs. Lester an.

„Ja, ich bringe meine Arbeit vorbei", sagte sie.

Der Rest der Gesellschaft schien plötzlich verschwunden zu sein; Maradick und Tony waren zusammen ausgegangen, Lady Gale und Alice, gefolgt von Sir Richard und Lester, waren durch eine andere Tür verschwunden; Nur Mrs. Lawrence blieb zurück und arbeitete ziemlich düster an einem kleinen quadratischen Stück Seide, das bei einer fernen Gelegenheit als Tischmitte getauft werden sollte .

Mrs. Maradick ging manchmal auf den Fersen, um größer zu werden; Sie tat es jetzt, aber ihre Knie zitterten und sie hatte das seltsame Gefühl, dass das Lächeln auf ihrem Gesicht dort fixiert war und dass es niemals verschwinden würde, sie würde immer so lächeln.

Als sie sich dem Tisch näherte, an dem Mrs. Lester saß, überkam sie ein weiteres seltsames Gefühl. Es ging darum, dass sie Mrs. Lester am liebsten erwürgen würde.

Während sie sie über den Tisch hinweg anlächelte, streckten sich ihre Hände in ihrer Fantasie mit langen, sich drehenden Fingern aus und umschlossen Mrs. Lesters Hals. Sie sah die genaue Stelle; Sie konnte die kleinen blauen Flecken sehen, die ihre Finger hinterlassen würden. Sie konnte

sehen, wie Mrs. Lesters Kopf zur Seite gedreht war und auf dumme, alberne Weise über ihrer Schulter hing. Sie zog ihre Finger sehr langsam weg, weil sie sie nur ungern loslassen wollten. Natürlich war es ein sehr dummes, primitives Gefühl, denn Damen, die in Epsom lebten, erwürgten andere Damen nicht, und da waren die Mädchen, an die man denken musste, und das würde überhaupt nicht funktionieren. Und so setzte sich Frau Maradick
.

„Es ist ziemlich cool", sagte sie, als sie ihre Arbeit herausholte, „und auch nach so einem heißen Tag."

Frau Lester hat die Situation sehr genossen. Sie wusste ganz genau, dass Maradick sie den ganzen Nachmittag ängstlich beobachtet hatte. Sie wusste, dass er abwartete, was sie wegen gestern unternehmen würde. Sie war sich zunächst selbst nicht ganz sicher. Tatsächlich war sie unmittelbar nachdem er sie verlassen hatte , wütend gewesen; Und dann hatte sie Angst gehabt und war losgegangen, um Fred zu suchen, und dann hatte sie eine halbe Stunde lang in ihrem Schlafzimmer geweint. Und dann hatte sie ihre Augen getrocknet, ihr schönstes Kleid angezogen und war zum Abendessen heruntergekommen, in der Absicht, ihm gegenüber sehr steif und würdevoll zu sein. Aber er war nicht dort gewesen; Niemand hatte gewusst, wo er war. Frau Maradick hatte mehr oder weniger zum Ausdruck gebracht, dass Frau Lester es sagen könnte, wenn sie wollte, aber das würde sie natürlich nicht tun.

Allerdings wusste sie es wirklich nicht. Der Abend war dumm, ermüdend und sehr lang. Mit den Stunden wurden die Erinnerungen stärker. Noch nie hatte sie jemand so festgehalten. Sie hatte noch nie eine solche Stärke gekannt. Sie war am Boden zerstört und keuchte. Da war ein Mann! Und schließlich spielte es keine Rolle; Daran war nichts *auszusetzen* . Natürlich hätte er es nicht tun sollen. Es war sehr anmaßend und gewalttätig; aber dann war das genau wie der Mann.

Es war die Art von Sache, die er tat, die Art von Sache, die schließlich von ihm bestimmt war! Im Mittelalter wäre natürlich seine Zeit gewesen. Sie stellte sich ihn vor, mit einer schönen Jungfrau, die über den Schweif geschwungen war, und den Ehemann, die Faust in der Luft, aber machtlos – das war die Art von Mann.

Und so hatte sie ihn angelächelt, um ihm zu zeigen, dass sie doch nicht sehr wütend war. Natürlich konnte sie es nicht immer haben; Sie meinte nicht einmal, dass sie ihm völlig vergeben hatte, aber die Anwesenheit von Mrs. Maradick verlieh der ganzen Situation eine zusätzliche Würze . Sie hatte nicht vor, dem armen kleinen Schauspiel einer Frau Schaden zuzufügen, sondern ihn direkt vor ihrer Nase fortzureißen! Also! Es lag in der Natur des Menschen, es zu genießen!

„Sie müssen uns unbedingt besuchen, liebe Frau Maradick , Sie beide, wenn Sie wieder in der Stadt sind. Wir würden uns sehr freuen, mehr von Ihnen zu sehen. Fred hat Ihren Mann sehr lieb gewonnen, und es kommt so selten vor, dass er sich wirklich mit jemandem anfreundet."

„Vielen Dank", sagte Frau Maradick lächelnd, „wir werden Sie auf jeden Fall aufsuchen." Und eines Tages musst du nach Epsom kommen. Die Leute nennen es einen Vorort, aber eigentlich ist es ziemlich ländlich. Wie ich oft sage, hat es alle Vorteile der Stadt und des Landes, ohne deren Nachteile. Jeden Tag kommt ein Lieferwagen von Harrods.

„Das muss herrlich sein", sagte Frau Lester.

„Und Lord Roseberry, so nahe zu wohnen, macht es so angenehm. Man sieht ihn oft beim Autofahren; Er interessiert sich sehr für die Schule, wissen Sie – das Epsom College für Ärztesöhne – und schaut sich oft Fußball an!"

„Oh ja", sagte Frau Lester.

Mrs. Maradick hielt inne und schaute aus dem Fenster. Was würde sie tun? Was würde sie tun? Die großen schwarzen Ulmen vor dem Fenster strichen wie ein Bogen über den blauen Himmel. Eine Ecke des Rasens leuchtete strahlend grün in der Sonne, und direkt gegenüber flatterte ein großes Bett aus Wicken wie ein Schwarm bunter Schmetterlinge im leichten Windhauch. Was sollte sie tun?

Sie fühlte sich jetzt plötzlich zum ersten Mal in ihrem selbstsüchtigen, egozentrischen Leben völlig ratlos. Sie war noch nie so allein gewesen. Es hatte immer jemanden gegeben. In Epsom hatte es jede Menge Menschen gegeben; und schließlich hatte es im schlimmsten Fall immer James gegeben. Sie hatte in all den Jahren nie wirklich bemerkt, dass er da war, weil sie ihn nie gewollt hatte; Es waren schon immer so viele andere Menschen da gewesen.

Jetzt waren plötzlich alle diese Leute weg. Epsom war sehr, sehr weit weg, und siehe, James war auch nicht da!

Sie erkannte auch, dass es nicht so schrecklich wehgetan hätte, wenn es jemand unten in der Stadt gewesen wäre, eine gewöhnliche Frau, wie sie es sich zunächst vorgestellt hatte. Aber dass sich jemand wie Mrs. Lester um James kümmerte und ihn wirklich für lohnenswert hielt , schien auf einmal alle Theorien über das Leben im Allgemeinen und über James im Besonderen, die sie in den letzten zwanzig Jahren beherrscht hatten, zu stören, ja sogar zu zerstören.

Was konnte sie sehen? Was konnte einer von ihnen in ihm sehen? fragte sie sich immer wieder.

In der Zwischenzeit muss natürlich alles irgendwie gestoppt werden. Sie müssen sofort verschwinden. Oder vielleicht wäre es besser, ein oder zwei Tage lang ruhig zu sein und nachzusehen. In etwa einer Woche würden sie alle verschwunden sein. Und dann wieder Epsom, und alles war wie zuvor und nichts davon – sie nannte es „Intrige".

„Ich bin so froh", sagte Mrs. Lester lächelnd, „dass Tony Gale eine so große Sympathie für Ihren Mann entwickelt hat. Es ist so gut für einen Jungen in diesem Alter, jemanden zu haben, der älter ist . . . . Er ist natürlich ein charmanter Junge, aber in diesem Alter brauchen sie immer jemanden, der sie davon abhält, etwas Dummes zu tun."

Das war Angeln, spürte Mrs. Maradick sofort. Sie konnte nicht genau erkennen, was Mrs. Lester wollte, aber sie *wollte* etwas, und sie würde es nicht bekommen. Plötzlich verspürte sie den Wunsch, Mrs. Lester zu beweisen, dass sie für ihren Mann viel mehr bedeutete, als es auf den ersten Blick schien. Natürlich viel mehr als alle anderen. Zum ersten Mal in ihrem Eheleben sprach sie voller Begeisterung von ihm.

"Ah! „James", sagte sie, „ist großartig im Umgang mit jungen Männern. Nur ich konnte der Welt wirklich sagen, was er für einige von ihnen war. Sie mögen ihn wie alles andere. Er hat etwas so Starkes und Männliches an sich – und doch ist er mitfühlend. Oh! Ich könnte Ihnen sagen –" Sie nickte verständnisvoll.

„Ja", sagte Frau Lester; „Ich kann Ihnen nicht sagen, wie sehr ich ihn bewundere, wie wir es tatsächlich alle tun. Er muss in Epsom sehr beliebt sein."

„Nun ja, eigentlich bleibt er da lieber unter sich. Sie mögen ihn natürlich alle sehr; Aber er will eigentlich nichts außer der Familie – mich und die Mädchen, wissen Sie. Er ist ein sehr häuslicher Mann, das war er schon immer."

„Ja, das kann man sehen", sagte Frau Lester lächelnd. „Es ist herrlich, wenn man das heutzutage sieht. Das passiert so selten, fürchte ich. Du musst sehr stolz auf ihn sein."

„Das bin ich", sagte Frau Maradick .

Der Drang, sich nach vorne zu beugen, Mrs. Lesters Kopf zu nehmen und ihn langsam nach hinten zu neigen, bis die Knochen brachen, war fast zu stark, als dass man ihm widerstehen konnte.

Mrs. Maradick stach sich in den Finger und stoppte das Blut mit ihrem Taschentuch. Beide Damen schwiegen. Als die letzten Sonnenstrahlen die Ecke des Rasens verließen, fielen sie in einem goldenen Regen auf die Zuckererbsen.

Man hörte, wie Mrs. Lawrence ihre Stiche zählte.

Inzwischen hatte Mrs. Lesters Lächeln eine Wirkung auf Maradick gehabt . Er hatte gequält darauf gewartet, dass das Lächeln kam, aber jetzt war alles in Ordnung. Sie waren immer noch Freunde. Er konnte es nicht weiter sehen. Warum sollte er sich schließlich die Mühe machen, es genauer zu betrachten? Sie waren Freunde. Er würde wieder mit ihr reden können; er würde sie wieder lächeln sehen. Wenn sie nicht wollte, dass er sich so verhielt, wenn sie nicht wollte, dass er ihre Hand hielt, war er bereit, in allem zu gehorchen. Aber sie waren immer noch Freunde. Sie war nicht böse auf ihn.

Seine Depression nahm Flügel und verflog. Er legte seinen Arm auf Tonys Schulter, als sie die Treppe hinuntergingen. „Nun, alter Junge", sagte er, „ich gehe jetzt zu Morelli. Sie können darauf wetten, dass alles gut wird. Gestern Abend sah es etwas komisch aus. Das tun sie immer, wenn man müde ist und es dunkel ist. Gestern Abend hast du dir nämlich Dinge eingebildet.

Aber Tony sah ruhig und ernst zu ihm auf.

„Nein", sagte er, „es gab nichts, was man sich vorstellen konnte. Es war genau so, wie ich es dir gesagt habe. Nichts ist passiert. Aber ich weiß jetzt, dass da etwas dran ist, was die Leute in der Stadt gesagt haben. Ich glaube jetzt an Teufel. Aber mein Gott, Maradick " – er umklammerte den Arm des anderen – „ Janet ist da unten." Es geht mir nicht um mich selbst. Er kann mit mir machen, was er will. Aber *sie ist es* , wir müssen sie wegbringen, sonst wissen wir es nicht . . . . Ich habe letzte Nacht kein Auge zugetan und darüber nachgedacht, was er ihr antun könnte. Er könnte sie irgendwohin verschleppen, wo man sie nicht erreichen kann; oder er kann es tun – Gott weiß es. Aber das hat er gestern Abend gesagt, genau das! dass sie nicht für mich oder für irgendjemanden da war, dass sie *nie* für irgendjemanden da war – dass er sie behalten würde." Tony brach ab.

„Ich finde das alles albern", sagte er, „es hat mich ein wenig aus dem Gleichgewicht gebracht." Man kann nicht denken; Aber es wäre die größte Hilfe, wenn Sie hingehen und nachsehen würden. Es ist die Unsicherheit, die so schrecklich ist. Wenn ich nur wissen könnte, dass alles in Ordnung ist. . . und währenddessen denke ich mir Pläne aus. Jetzt muss alles ganz schnell passieren. Ich rede, wenn du zurückkommst. Es ist äußerst anständig von Ihnen . . . . "

Maradick ließ ihn mit gesenktem Kopf und auf dem Rücken geballten Händen auf und ab gehen.

Er fand Morelli ruhig mit Janet und Miss Minns im Garten sitzen. Sie hatten dort draußen Tee getrunken, und das Teegeschirr glitzerte und funkelte in der Sonne. Etwas Friedlicheres hätte man sich kaum vorstellen können. Die hohen dunkelroten Ziegelsteine der Gartenmauern warfen weiche, samtene Schatten auf den Rasen; der riesige Baum in der Ecke warf einen riesigen Schatten über die Beete und Wege; Krähen schwangen langsam über ihren Köpfen durch die blaue, weite Stille des Sommerabends; Die Luft war schwer vom Duft der Blumen.

Morelli trat vor und begrüßte Maradick fast eifrig. "Was! Hast du Tee getrunken? Sicher! Wir können problemlos noch mehr herstellen lassen, wissen Sie? Komm und setz dich. Haben Sie eine Zigarre – eine Pfeife? Rechts. Ich habe mich gefragt, wann du uns wieder ehren würdest. Aber wir hatten den jungen Gale gestern Abend ziemlich lange bei uns."

Janet ging mit einem entschuldigenden Lächeln ins Haus. Miss Minns strickte in einiger Entfernung. Dies war offensichtlich der richtige Moment, um anzufangen, aber die Worte wollten nicht kommen. Es schien alles so absurd in diesem köstlichen Garten mit der Stille und dem Frieden und, in Ermangelung eines besseren Wortes, der Vernunft des Ganzen; All die Dinge, über die Maradick nachgedacht hatte, Tonys Geschichte und die fantastische Szene auf dem Marktplatz gestern Abend, das und die Ideen, die daraus entstanden waren, waren jetzt alle so aus dem Rahmen gefallen. Die Leute waren nicht so melodramatisch, nur hatte man manchmal eine Stimmung, die einen dazu brachte, Dinge zu denken, absurde Dinge.

Aber Morelli schien darauf zu warten, dass Maradick etwas sagte. Er lehnte sich ernst in seinem Stuhl zurück und beobachtete ihn. Es war fast so, dachte Maradick , als wüsste er, warum er hierher gekommen war. Es war ganz natürlich, dass Morelli ihn erwartete, aber genau diese Art von Stille, die auf ihn wartete, hatte er sich nicht vorgestellt. Er musste alle anderen Ideen, die er gehabt hatte, und all die Bilder, die er sich ausgedacht hatte, aus seinem Kopf verbannen. Es war etwas ganz anderes, dieser geschützte, sanft gefärbte Garten mit seinen tiefen Schatten und hohen Rot- und Brauntönen vor dem Blau des Himmels. Es war kein Melodram, und ganz besonders war es kein Melodram.

Der unangenehme Gedanke, dass die ruhigen Augen und der ernste Mund das alles erraten hatten, brachte Maradick plötzlich zum Reden. Der Frieden und die Stille des Gartens schienen seinen Worten eine Art Unanständigkeit zu verleihen. Er beeilte sich und stolperte über seine Sätze.

„Ja, wissen Sie", sagte er. „Ich dachte, ich komme einfach vorbei und besuche dich – nun ja, wegen des jungen Gale. Er sagte mir – ich traf ihn – er gab mir zu verstehen, dass er letzte Nacht hier war." Maradick schämte sich fast.

„Ja", sagte Morelli und lächelte ein wenig, „wir hatten ein ausführliches Gespräch."

„Nun, er hat mir erzählt, dass er dir etwas über deine Tochter gesagt hat. Sie müssen mir verzeihen, wenn Sie denken, dass ich überhaupt aufdringlich bin.“

Morelli machte eine abfällige Handbewegung.

„Aber natürlich bin ich ein Freund des Jungen, ich mag ihn sehr. Er erzählt mir, dass er über Ihre Tochter gesprochen hat. Er liebt Miss Morelli.

Maradick blieb abrupt stehen.

„Ja“, sagte Morelli sanft, „er hat mit mir über Janet gesprochen. Aber natürlich müssen Sie es genauso sehen wie ich; zwei solche Kinder. Wohlgemerkt, ich mag den Jungen, ich mochte ihn vom ersten Moment an. Er ist einer der jungen Engländer, von denen wir nicht genug haben können, wissen Sie. Mein Mädchen würde wahrscheinlich keinen besseren finden, und ich denke, sie mag ihn. Aber natürlich sind sie beide zu jung. Du musst genauso fühlen wie ich.“

Könnte dies der mysteriöse Schrecken sein, der Tony zu Tode erschreckt hatte? Dieser sanfte, lächelnde, braungesichtige kleine Mann, der da so ruhig in seinem Stuhl mit halb geschlossenen Augen liegt? Auf den ersten Blick war es unmöglich. Absurd! Und wer wusste vielleicht, ob es nicht besser wäre, zu warten? Wenn Morelli wirklich so dachte und bereit wäre, die Idee schließlich zu fördern; und dann könnte Janet schließlich nach und nach der Familie vorgestellt werden. Sie würden sehen, sogar Sir Richard musste endlich sehen, was für ein wirklich tolles Mädchen sie war, in jeder Hinsicht großartig. Er sah sie, wie sie aufgestanden war, um ihn zu treffen, als er über den Rasen ging, schlank, aufrecht, ihr Hals hob sich wie der weiße Stiel einer prächtigen Blume, ihre klaren dunklen Augen waren Lichtflecken.

Oh! Sie müssen sehen, ob Sie ihnen Zeit gegeben haben. Und schließlich ging es hier eher darum, die Sache mit überheblicher Hand voranzutreiben, dieses Durchbrennen und so weiter!

Der Garten hatte eine beruhigende, erholsame Wirkung auf ihn, so dass er anfing, schläfrig zu werden. Die hohen roten Mauern ragten auf allen Seiten um ihn herum auf, der große Baum warf seinen Schatten wie eine Wolke darüber, und der freundliche kleine Mann lächelte ihn mit sanften Augen an.

„Oh ja, natürlich, sie sind sehr jung.“

„Und dann ist da noch etwas anderes“, fuhr Morelli fort. „Ich weiß es natürlich nicht, aber ich sollte sagen, dass die Eltern des jungen Gale etwas anderes für ihn im Sinn haben, nämlich eine Heirat. Es ist unwahrscheinlich, dass sie jemanden mitnehmen, von dem sie überhaupt nichts wissen . . . . Sie werden natürlich, das gebe ich zu, etwas mehr wollen.“ Er hielt einen

Moment inne, dann lächelte er. „Aber vielleicht könnten Sie es mir sagen ",
sagte er .

Maradick hatte wieder das Gefühl, dass der Mann genau über die ganze
Angelegenheit Bescheid wusste, über die Gales, Alice und Tony und
vielleicht sogar über sich selbst. Er hatte auch das Gefühl, dass alles, was er
sagen konnte, überhaupt keinen Nutzen haben würde; dass Morelli nur mit
ihm spielte, wie eine Katze mit einer Maus spielt.

In der Zwischenzeit hatte er nichts zu sagen.

„Nun, sehen Sie", begann er unbeholfen, „tatsächlich hatten sie noch
keine Gelegenheit – sozusagen die Chance, es zu wissen –, Miss Morelli zu
treffen." Wenn sie es tun –"

„Sie sind schon seit einigen Wochen hier", unterbrach Morelli leise. Ich
nehme an, Lady Gale hätte anrufen können, wenn sie Interesse gehabt hätte.
Aber ich gehe davon aus, dass Gale es ihr nicht gesagt hat; hat es tatsächlich
keinem von ihnen erzählt. „Sehen Sie", fügte er fast entschuldigend hinzu,
„sie ist mein einziges Kind; sie hat keine Mutter; und ich muss mich in
gewisser Weise um diese Dinge kümmern."

Maradick stimmte zu. Es gab wirklich nichts zu sagen. Es stimmte
vollkommen, dass die Gales Janet nicht wollten und tatsächlich nichts von
ihr hören wollten. Die ganze Angelegenheit schien an diesem ruhigen und
erholsamen Ort viel von ihrer unmittelbaren Dringlichkeit zu verlieren, und
die Tatsache, dass Morelli selbst so ruhig und friedlich war, war ein weiterer
Grund zum Warten. Für das Mädchen bestand keine Gefahr; und
seltsamerweise schien Maradick zum ersten Mal, seit er Morelli kannte, das
Gefühl des unbehaglichen Misstrauens verloren zu haben, das er diesem
Mann gegenüber empfunden hatte; er schämte sich sogar ziemlich dafür, dass
er es überhaupt gehabt hatte.

„Nun", sagte er langsam, „Sie haben nichts dagegen, wenn die Dinge
eine Zeit lang so bleiben, wie sie sind. Ich bin sicher, Tony wird es vernünftig
sehen, und vielleicht lernt Miss Morelli Lady Gale kennen. Es wäre schade,
finden Sie nicht, der Bekanntschaft ein Ende zu bereiten?"

„Ah ja", sagte Morelli, „auf jeden Fall. Mehr sagen wir vorerst nicht dazu.
Es war so wie es war sehr angenehm. Wie ich dir schon sagte, mag ich den
jungen Gale; und wer weiß? – vielleicht eines Tages –"

Maradick lehnte sich in seinem Stuhl zurück und blickte träge in den
Himmel. Es war alles sehr angenehm und gemütlich hier in diesem köstlichen
alten Garten; Lass es dabei.

Und dann erwies sich Morelli als äußerst entzückender Begleiter. Er
schien überall gewesen zu sein und alles gesehen zu haben. Und es war nicht

nur Wissen. Er hat die Dinge so charmant ausgedrückt; Er hatte tausend Möglichkeiten, die Dinge zu betrachten, tausend Möglichkeiten, sie zur Schau zu stellen, so dass man sie aus neuen Blickwinkeln sah, und die Welt war eine amüsante, unterhaltsame Schatzkammer voller Wunder.

Die Minuten vergingen; die Sonne ging am Himmel unter, der Schatten des Baumes breitete sich immer weiter über den Rasen aus, die Nelken und Rosen lagen in roten, rosa und gelben Büscheln vor dem dunklen Hintergrund der Mauer.

Maradick stand auf, um zu gehen, und Morelli ging mit ihm, den Hut zurückgeworfen, die Hände in den Taschen. Als sie das Haus betraten, sagte er: „Ach übrigens, da war das spanische Schwert, das ich dir zu zeigen versprochen habe. Es ist eine schöne Sache und von gewissem Wert; Ich werde es abbauen."

Er verschwand die Treppe hinauf.

Plötzlich stand Janet neben Maradick . Er hatte sie nicht kommen sehen, aber sie blickte sich mit schnellen, erschrockenen Augen um. Ihr weißes Kleid glänzte in den dunklen Ecken der Halle. Er sah auch, dass ihr Gesicht sehr weiß war und dass sie dunkle Linien unter ihren Augen hatte; Zu seiner Überraschung legte sie ihre Hand auf seinen Arm und flüsterte.

"Herr. Maradick , bitte", sagte sie, „ich muss mit dir sprechen. Es gibt nur eine Minute. Bitte hören Sie zu, es ist furchtbar wichtig. Tony sagt, dass du uns helfen willst . Es gibt niemanden sonst;" Sie sprach in kleinen Keuchen und ihre Hand lag an ihrer Kehle, als ob es ihr schwer fiele zu atmen. „Ich muss irgendwie sofort entkommen, ich weiß nicht, was passieren wird, wenn ich es nicht tue. Du weißt es nicht, Vater, und ich kann es jetzt nicht erklären, aber ich habe schreckliche Angst; und er wird plötzlich – ich kann es kommen sehen." Sie war fast hysterisch; er konnte fühlen, wie ihr ganzer Körper zitterte. „Tony hat gestern etwas gesagt, was Vater furchtbar wütend gemacht hat. Tony hätte nicht kommen sollen; Wenn Vater so ist, kann alles passieren . Wenn du mir nicht helfen kannst, werde ich weglaufen; aber du *musst* helfen."

Sie wurde ruhiger, sprach aber immer noch sehr schnell und warf immer noch ängstliche Blicke auf die Treppe. "Hören; Am 27., das ist Donnerstag, reist der Vater ab. Er wird den ganzen Tag nach Pendragon fahren; es wurde schon vor langer Zeit arrangiert. Er hätte mich mitnehmen sollen, aber er hat beschlossen, es nicht zu tun; Ich habe gehört, wie er Miss Minns sagte: „Ich …"

Doch plötzlich war sie wieder weg, so leise, wie sie gekommen war. Er sah jetzt, dass hinter ihr eine Tür gewesen war, die zu einem Raum führte. Er blickte auf und sah, dass Morelli mit dem Schwert die Treppe herunterkam. Fünf Minuten später hatte er das Haus verlassen.

Es war alles so plötzlich und so fantastisch passiert, dass es einige Minuten dauerte, bis er es klären konnte. Zuerst hatte er den Eindruck von ihr, sehr jung, sehr verängstigt, sehr schön. Aber es gab keinen Zweifel an der Realität ihres Schreckens. All die Gefühle der Gefahr, die er letzte Nacht mit Tony gehabt hatte, kamen jetzt zurück. War es damals wahr? Es war nicht nur Tonys Einbildung gewesen. Schließlich muss Janet es wissen. Sie hatte all die Jahre nicht bei ihrem Vater gelebt, ohne mehr darüber zu wissen, als er, Maradick , möglicherweise könnte. Sie wäre wahrscheinlich nicht das Risiko eingegangen, ihn so zu sehen, wenn da nichts drin gewesen wäre, wenn da nur ein ganz normaler häuslicher Streit darin gewesen wäre. Aber vor allem war da die Angst in ihren Augen; das er gesehen hatte.

Dann konnte und durfte er sie nicht verlassen. Irgendwo drohte ihr Gefahr. Das ganze Geschäft hatte sich im Vergleich zu seiner ursprünglichen Vorstellung völlig verändert. Anfangs war es lediglich die Liebesaffäre zwischen einem Jungen und einem Mädchen gewesen, und er hatte aus einem angenehmen Sinn für Romantik und der festen Überzeugung, dass das alles seiner Solidität im mittleren Alter zugute kam, seinen Anteil daran gehabt. Aber jetzt war es plötzlich eine ernste und dringendste Angelegenheit geworden, vielleicht sogar eine Frage von Leben und Tod.

Er wandte sich, wie schon zuvor, an Punch. Es gab keine Zeit zu verlieren, und er war der Mann, der dafür sorgte; er muss ihn sofort finden.

Als er durch die Straßen ging, gingen in der Stadt die Lichter aus; Es waren nicht viele Menschen unterwegs, und die Dämmerung lag in der Luft, so dass alle Farben des Himmels, der Häuser und der weißen Straßenabschnitte ein schwaches, reines Licht ausstrahlten. Der Himmel war von zartem Blau, und der letzte Schimmer der untergehenden Sonne lag noch immer auf den dunklen Gipfeln und Zinnen der Häuser.

Bald war er am Rande der Stadt und betrat schließlich die weiße Landstraße. An der anderen Abzweigung befanden sich Punchs Unterkünfte. Es gab eine volle, runde Mondkugel, und unter ihm konnte er in der Ferne das Rauschen des Meeres hören.

Jemand ging schnell hinter ihm; Er drehte sich um und sah zu seinem Erstaunen, als der Mann auf ihn zukam, dass es genau die Person war, nach der er suchte.

"Ah! „Das ist großartig, Garrick“, sagte er, „ich wollte dich nur holen. Ich mache mir ein bisschen Sorgen und möchte Ihren Rat.

„Eigentlich mache ich mir auch ein bisschen Sorgen, Sir", sagte Punch, „aber wenn ich irgendetwas tun kann –"

Maradick erkannte nun, dass der Mann ganz anders war als sein sonst fröhliches Selbst. Er sah besorgt aus und seine Augen blickten auf die Straße, als würde er erwarten, etwas zu sehen.

"Was ist los?" sagte Maradick .

„Nun, es ist der Hund", sagte Punch, „Toby, wissen Sie? Er wird vermisst, war den ganzen Nachmittag weg. Nicht, dass da im Normalfall viel dran ist. Er geht oft alleine los . „E kennt die Gegend genauso gut wie ich; Außerdem kennen ihn die Leute hier und wissen, was er denkt. Aber dieses Mal bin ich unruhig. Es ist vielleicht dumm, aber wenn ein Mann nur eines auf der Welt hat –" Er hielt inne.

„Aber warum solltest du unruhig sein?" sagte Maradick . Der Verlust eines Hundes schien im Vergleich zu seinen eigenen Angelegenheiten eine sehr kleine Sache zu sein.

„Nun, tatsächlich ist es Morelli." Die Falten auf Punchs Mund wurden hart. „' E war mir einen Groll schuldig, seit ich mit ihm über diese Tiere gesprochen habe . ' Und er weiß, dass ich auch einiges weiß. Er kam vor zwei Tagen auf dem Marktplatz an mir vorbei, blieb einen Moment stehen und betrachtete den Hund. Für diejenigen, die Morelli nicht kennen, ist das nichts; aber für diejenigen, die es tun – würde er sich nichts dabei denken, sich zu rächen. Und jetzt ist es spät und der Hund ist nicht zu Hause." Der kleine Mann sah Maradick fast mitleiderregend an , als wollte er beruhigt werden.

„Oh, ich gehe davon aus, dass alles in Ordnung ist", sagte Maradick . „Jedenfalls komme ich mit und wir können uns unterwegs unterhalten."

In wenigen Worten erklärte er, was an diesem Nachmittag passiert war.

Punch blieb einen Moment auf der Straße stehen und starrte Maradick ins Gesicht.

„Gehen Sie weg, Sir", sagte er, „was auch immer Sie tun, gehen Sie weg." Ich kenne das Mädchen; Sie hätte nicht so mit dir gesprochen, es sei denn, es wäre etwas ganz Besonderes. Und ich kenne den Mann; Es gibt nichts, wovor er Halt machen würde , wenn er geweckt wird."

„Aber warum", sagte Maradick , „wenn er sich dabei so fühlt, hat er sie dann zusammen herumlaufen lassen?" Er hat ihnen in jeder Hinsicht geholfen. Er schien es zu lieben, Tony dort zu haben. Ich kann es nicht verstehen."

ihn nicht verstehen . Aber es ist eine Art Überleben. 'E liebt es, grausam zu sein, wie sie es am Anfang taten, als sie es nicht besser wussten. Das ist wahr. Ich habe es ein- oder zweimal in meinem Leben gesehen. Es ist eine Lust wie jede andere Lust, so dass Ihr Körper vor Vergnügen bebt. Aber es steckt noch mehr drin. Sie sehen, er möchte junge Dinge an sich haben . „E war schon immer so; Ich werde mit Kätzchen, Vögeln und Welpen spielen und sie dann plötzlich töten. Deshalb hat er sich wegen seiner Jugend für den jungen Gale entschieden. Und er liebte es, sie zusammen zu sehen; Aber jetzt, wenn der junge Gale kommt und von Heirat spricht, bedeutet das, dass sie beide ihn verlassen und er nicht mehr mit ihnen spielen kann , also werden wir sie stattdessen töten. Nehmen Sie sie weg, Sir, nehmen Sie sie weg."

Sie waren jetzt draußen auf dem Moor, das zwischen Wald und Meer verlief; Die Welt war völlig still, bis auf das ferne Blöken einiger Schafe und das monotone Stampfen der Wellen am Ufer weit unter ihnen. Von einem anderen Menschen war nichts zu sehen; Der Mond warf ein weißes, unnatürliches Licht über den Ort.

Punch ging mit hin und her wandernden Augen; ab und zu pfiff er, aber es kam kein antwortendes Bellen.

„Es mag für Sie etwas absurd erscheinen, Sir", sagte Punch fast entschuldigend, „so viel Aufhebens um einen Hund zu machen, aber das bedeutet für mich mehr, als ich jemals erklären könnte." Wenn ich nicht jemanden hätte, mit dem ich abends reden und reden und lächeln kann, wenn man Gesellschaft braucht, wäre die Welt ein anderer Ort."

Maradick versuchte, sich auf Punchs Worte zu konzentrieren, aber die Geisterhaftigkeit des Ortes und der Stunde schien ihn so zu umgeben, dass ihm nichts einfiel, sondern nur zu Lichtern und Gesellschaft zurückkehren wollte. Hin und wieder drehte er sich um, weil er glaubte, Schritte zu hören. Ihre Füße versanken im weichen Boden und stolperten dann über Grasbüschel. Schwache Nebelschwaden stiegen vom Meer auf und beschatteten den Mond.

Hinter ihnen funkelten die Lichter der Stadt wie das wachsame Auge eines mysteriösen Feindes. Ein Vogel erhob sich vor ihnen mit schrillen Protestschreien und wirbelte schreiend in den Himmel.

Punch schien mit sich selbst zu reden. „Toby, Junge, wo bist du? Toby, alter Hund. Du kennst deinen Meister und würdest dich nicht vor ihm verstecken. Es ist Zeit, nach Hause zu kommen, Toby. Zeit fürs Bett, alter Junge. Verdammter Hund, warum kommt er nicht? Toby, alter Junge!"

Alle paar Minuten zuckte er zusammen, als hätte er es gesehen, rannte ein paar Schritte vorwärts und blieb dann stehen. Und tatsächlich, in dem sich sammelnden und wechselnden Nebel, der kam und kam und Form und

Gestalt annahm, hätten tausend weiße Hunde umherwandern können, eine Armee von Hunden, die lautlos und geheimnisvoll über das Moor zogen.

„Toby, alter Junge, es ist Zeit zurückzukommen. Er war an den Ort gewöhnt, von dem man sich nicht vorstellen konnte, dass er sich irgendwo in der Nähe verirrt. Er war so schlau. . .“

Aber die Armee der Hunde ging lautlos vorbei und kurvte mit ihren lautlosen Füßen im Nebel hin und her. Ein neuer Hund hatte sich ihren Reihen angeschlossen. Er fiel hinten hinein und ging mit den anderen vorbei; aber sein Herr sah sie nicht.

Plötzlich brachen die Nebel auf und der Mond schien wie eine Flamme über das Moor. Der Mond sprang ins Licht. Etwas rechts davon lag auf einem erhöhten Stück Boden etwas Weißes.

Die Armee der Hunde war verschwunden. Die Wälder, das Moor, das Meer waren in weiße Farbe getaucht .

Punch rannte mit einem Schrei vorwärts; Er war auf den Knien und seine Arme waren um den Körper des Hundes gelegt.

Er bückte sich, und für einen Moment herrschte vollkommene Stille, nur dass auf einem weit entfernten Feld ein paar Schafe weinten. Dann blickte er auf.

Die Tränen liefen ihm übers Gesicht; Er hob seine Hand und strich sie zurück. „Es ist Toby. Mein Hund! „E wurde getötet.“ Irgendetwas ist bei mir zerrissen . . . . ”

Er bückte sich, hob es auf und hielt es in seinen Armen. „Toby, alter Hund, es ist Zeit zurückzugehen. Es ist alles in Ordnung; Er hat dir nicht wehgetan, alter Junge. Es ist alles in Ordnung." Er brach ab. „Verfluche ihn“, sagte er, „verfluche ihn! „ Er hat es getan – ich kenne seine Spuren – ich werde ihn dafür töten .“ Seine Hände fielen auf seine Seite. „Toby, alter Hund! Toby . . . . ”

Der Mond kroch wieder hinter den Nebel zurück. Im Schatten saß der Mann und säugte den Hund in seinen Armen.

Tief unter ihm rauschte das Meer.

TEIL III
DER TURM

Kapitel XVI

FRAU. Auch Lester hätte gern, dass es der Siebenundzwanzigste wäre

ABER MARADICK HAT ANGST VOR DEM TEUFEL

Am Montag, den 24., schlug das Wetter um. Kalte Winde wehten vom Meer herauf, Nebel wirbelten um das Hotel herum, der Regen prasselte in Strömen gegen die Scheiben. In allen Räumen brannten Feuer, und es schien unmöglich, dass es am Tag zuvor eine brennende, blendende Sonne gegeben hätte.

Es war nach dem Mittagessen und Lady Gale und Tony saßen im Wohnzimmer am Feuer. Tony war in den letzten Tagen offensichtlich nicht er selbst gewesen, und seine Mutter hatte das Gefühl, dass ihr Schweigen noch eine Weile anhalten könnte. Doch allmählich näherte sich die Lage einer Krise. Die Dinge müssen sich in ein oder zwei Tagen so oder so entscheiden, denn Sir Richard hatte beim Mittagessen seine Absicht angekündigt, am Samstag, dem 29., abzureisen; Das heißt, sie hatten innerhalb einer Woche Zeit, und dann würde Treliss , Gott sei Dank, zurückbleiben. Sicherlich könnte in einer Woche nicht viel passieren.

Ihr früheres Gefühl, dass sie vor allem nicht wollte, dass Tony dieses Mädchen vermisste, wenn sie die Richtige für ihn war, war nun einer Art Panik gewichen. Jetzt konnte sie nur noch daran denken, ihn wegzuholen. In seinen Augen lag ein Ausdruck, den sie noch nie zuvor in seinem Gesicht gesehen hatte. Es war ein Blick, der ihn altern ließ, der ihn gänzlich seiner entzückenden Jugend und Lebenskraft beraubte, die seine überraschende, bezaubernde Gabe gewesen war! Aber da war mehr als nur ein Ausdruck von Müdigkeit und Verzweiflung, es war geradezu Schrecken darin!

Sie beobachtete ihn, als er mit ihr im Zimmer war, und sie hatte gesehen, wie er plötzlich zusammenzuckte und zitterte und den Kopf zurückwarf, als erwartete er, jemanden hinter sich zu finden. Er, ihr Junge Tony, der nie vor irgendjemandem und irgendetwas Angst gehabt hatte. Und dann hatte sie in diesen letzten Tagen auch einen neuen Ausdruck der Entschlossenheit in seinem Mund und seinen Augen gesehen. Er hatte sich etwas vorgenommen, aber sie hatte zu viel Angst davor, daran zu denken!

Sie musste ihn wegbringen, und sie hatte die Entscheidung ihres Mannes am Samstag mit großer Erleichterung gehört. Sie hatte Tonys Gesicht bei der Ankündigung beobachtet. Aber es hatte sich überhaupt nicht geändert; nur hatte er für einen Moment schnell zu Maradick hinübergeschaut ; es hatte ihn offenbar nicht erschreckt.

Seine Gleichgültigkeit machte ihr Angst. Wenn er es so gelassen hinnahm, musste er sich dann für etwas entschieden haben, das dieses Datum nicht beeinflussen konnte, für etwas, das wahrscheinlich vor dem Datum lag? Aber was konnte er vor Samstag tun? Sie schien das Offensichtliche, was er tun konnte, völlig zu übersehen.

Aber es war selten genug gewesen, dass sie ihn in den letzten Wochen für sich gehabt hatte, und jetzt ergriff sie eifrig die Gelegenheit. Sie saß auf einer Seite des Feuers, eine Hand nach oben, um ihr Gesicht zu schützen, und ihre Ringe glitzerten im Feuerschein; Ihr braunes Kleid hob sich von den weißen Kacheln des Kamins ab und ihr wunderschönes schneeweißes Haar krönte prachtvoll ihren Kopf.

Tony saß zu ihren Füßen, eine Hand in ihrer. Er starrte direkt vor sich ins Feuer. Sie hatte in den letzten drei Tagen eine entzückende Zärtlichkeit ihr gegenüber bemerkt. Sein Umgang mit ihr war immer charmant, höflich, liebevoll und doch gesellig gewesen; aber jetzt schien er alles tun zu wollen, um ihr zu zeigen, dass er sie liebte. Und obwohl sie dies schätzte und schätzte, machte es ihr gleichzeitig Angst. Es war ein wenig, als bereitete er sich auf eine Abreise vor, jedenfalls auf eine Veränderung, die ihr weh tun könnte.

Nun ja, sie wollten am Ende der Woche los, nur noch ein paar Tage.

Er nahm ihre Finger und streichelte sie. Seine Hand blieb am Ehering stehen und er fuhr mit dem Daumen darüber.

„Ich sage, Mutter“, er sah ihr lachend ins Gesicht, „ich nehme an, du würdest sagen, dass du lieber etwas auf der Welt verlieren würdest.“

„Ja, mein Lieber, es ist sehr kostbar.“ aber sie seufzte.

„Ich nehme an, das ist es. Es muss reißend sein, etwas zu haben, das nur dir gehört und niemand anderem gehört, das du einfach mit niemandem teilst. Es muss reißend sein, jemanden zu haben, der zu einem gehört und zu dem man gehört; nur ihr zwei.“

„Ja, aber dieser Ring bedeutet mir mehr als das. Damit sind sowohl Sie und Rupert als auch Ihr Vater gemeint. Es bedeutet all die Stunden, in denen Sie geschrien und getreten haben, und den Tag, an dem Sie angefangen haben zu reden, und die ersten abenteuerlichen Stunden, in denen Sie versucht haben, den Boden des Kinderzimmers zu überqueren. Und ja, noch tausend Dinge darüber hinaus.“

„Liebe alte Mutter“, sagte er leise. „Es war einfach toll, dich zu haben. Du hast es immer so großartig verstanden. Ich habe die Mütter einiger Kerle gesehen, und sie kennen ihre Söhne überhaupt nicht. Sie tun all die Dinge, die sie am ehesten in den Wahnsinn treiben, und sie scheinen nie in der Lage zu sein, ihnen auch nur ein bisschen das zu geben, was sie wollen."

„Ja, aber es funktioniert in beide Richtungen", antwortete sie. „Ein Sohn muss auch versuchen, seine Mutter zu verstehen. Es hat keinen Sinn, ihr alles zu überlassen, wissen Sie."

"Nein natürlich nicht." Dann drehte er seinen Körper um und sah ihr ins Gesicht. „Aber du verstehst es so großartig. Du hast es immer verstanden. Siehst du, du vertraust einem Kerl." Dann fügte er schnell hinzu: „Du vertraust mir jetzt, nicht wahr?"

„Ja", antwortete sie und sah ihn fest an, „perfekt. Nur habe ich mir in den letzten paar Tagen vielleicht ein wenig Sorgen gemacht. Du hast nicht glücklich ausgesehen, und außerdem mache ich mir immer Sorgen; Es kommt so selten vor, dass es einem nicht gut geht."

„Aber du möchtest lieber nicht wissen – was los ist, meine ich. Es ist in Ordnung, vollkommen richtig, und wenn es nicht so wäre – wenn es nicht für dich, meine ich, und auch für mich nicht richtig wäre –, würde ich keinen Moment damit weitermachen. Nur ist es furchtbar wichtig."

„Ja, Schatz, ich weiß. Und wenn Mr. Maradick davon weiß –"

„Er ist ein Volltreffer, nicht wahr?" Tony unterbrach ihn eifrig. „Wissen Sie, so wenige Männer mittleren Alters können den Standpunkt eines Mannes verstehen, der erst etwa fünfundzwanzig ist. Sie sind entweder väterlich und gönnerhaft oder schulmeisterlich und herrisch oder irgendwie weise und großzügig; Aber Maradick ist wirklich sehr jung, und doch ist er auch weise. Er ist ein Reißer."

Er hörte auf. Einige Minuten lang sprach keiner von beiden. „Es wird ganz gut werden, Mutter", sagte er, „sehr bald. Im Moment ist es etwas schwierig, aber wir werden es schaffen."

Er stand auf und blickte auf sie herab. „Du bist ein Stein, wenn du mir vertraust und nicht fragst", sagte er. „Es würde die Sache furchtbar schwierig machen, wenn du fragen würdest." Er bückte sich und küsste sie. „Es ist ein bisschen Glück, dich zu haben", sagte er.

Doch sobald er den Raum verlassen hatte, wurde sein Gesicht wieder ernst. Er kam auf der Treppe an Frau Lester vorbei, lächelte und eilte weiter. Es war alles sehr gut; Sie war natürlich da, ganz real und so weiter, aber sie zählte in diesem Moment einfach nicht für ihn, sie existierte im Grunde nicht mehr als das Hotel oder der Garten. Nichts existierte außer diesem Haus in der Stadt, in dem Janet irgendwo darauf wartete, dass er sie freiließ.

Das war der einzige Punkt, auf den sein Blick jetzt gerichtet war. In seinen früheren Tagen war es vielleicht einer seiner Fehler gewesen, dass er viel zu eifrig zu vielen Interessen nachgegangen war und in allem eine so unmittelbare Aufregung gefunden hatte, dass er den Zweck von gestern im Zweck von heute vergaß. Bei ihm war es schon immer so gewesen, dass er zu viele Eisen im Feuer hatte. Das Leben war so erfüllt und so lustig! – das war die Ausrede gewesen. *Jetzt* war es todernst.

Aber es war das erste Mal, dass sich die Welt für ihn so in einen einzigen Punkt auflöste. Er war bereits um Jahre älter; Diese letzten Tage hatten ihn dazu gebracht, die Unsicherheiten, die Unentschlossenheit, die schwankende Begeisterung, der Übergang von Wunder zu Wunder. All dies hatte sich zu einer einzigen Sache verdichtet – Janet, wie man sie rausholt, wie man sie heiratet, wie man sie für immer hat; Der Rest der Welt lag im Schatten.

Heute war Montag; Dienstag, Mittwoch und dann Donnerstag, Donnerstag, der 27. Das war der Tag, an dem alles erledigt werden musste. Er dachte über alles nach, sie hatten diese eine Chance bekommen. Wenn sie es verpassten, würde Morelli zurück sein, und zwar für immer . Sie dürfen es nicht verpassen.

Aber er blieb völlig gelassen dabei. Merkwürdigerweise schien seine Aufregung ihn verlassen zu haben. Er war kalt und streng und absolut gefasst. Er und Maradick würden es schaffen.

Er konnte Maradick nicht finden . Er suchte im Esszimmer, in den Fluren und im Billardzimmer nach ihm.

Nein. Die Diener hatten ihn nicht gesehen. Mrs. Maradick war mit Mrs. Lawrence in einem der Salons; Nein, sie hatten ihn nicht gesehen , er war nach dem Mittagessen verschwunden.

Frau Maradick lächelte. „Suchen Sie Mrs. Lester", wäre der Rat gewesen, den sie ihm gegeben hätte. Mit fest geschlossenem Mund widmete sie sich wieder ihrem Roman und weigerte sich, mit Mrs. Lawrence zu sprechen.

Und dann erinnerte sich Tony plötzlich. Natürlich war er oben in dem alten Zimmer, in dem er sich so oft aufhielt, dem Zimmer mit der Galerie. Tony hat ihn dort gefunden.

Der Regen prasselte heftig gegen die Scheiben, und es gab ein sehr trübes Licht, das über den Boden kämpfte und sich hoffnungslos in den dunklen Ecken unter der Galerie verlor. Maradick saß dicht am Fenster und las im eher schwachen Licht. Als er Tony sah, blickte er auf und legte sein Buch weg.

„Ah, Tony, ich wollte runterkommen, um dich zu finden; Sir Richards
Entscheidung beim Mittagessen regelt die Sache doch ziemlich gut, nicht
wahr? Wir müssen sofort handeln."

Er sah zu dem Jungen auf und sah das Alter in seinem Gesicht.

„Mach dir keine Sorgen", sagte er. „Wir werden es schon schaffen."

„Oh, ich mache mir keine Sorgen", antwortete Tony knapp. „Es ist
verdammt ernst und außerdem ist keine Zeit." Er hielt inne, als würde er
seine Gedanken sammeln, und fuhr dann fort. „Sehen Sie, ich habe alles
durchdacht. Ich konnte Janet schreiben und habe mehrere Briefe von ihr
erhalten. Sie ist mutig, mein Wort, du kannst nicht denken! Jedenfalls scheint
es dem Biest im Moment gut zu gehen, nur dass er sie andauernd ansieht, als
wollte er etwas tun, und sie hat furchtbare Angst, das arme kleine Mädchen.
Aber er kommt schon am Donnerstag, und dann müssen wir es schaffen."

„Ja", sagte Maradick . „Ich stehe Ihnen voll und ganz zur Verfügung."
Ihre Positionen hatten sich geändert. Tony übernahm die Führung.

„Ja", sagte Tony sehr feierlich und sprach ziemlich schnell. „Es muss
alles Donnerstag sein. Wenn es Ihnen nichts ausmacht, möchte ich, dass Sie
heute Nachmittag zu dem Pfarrer gehen, von dem ich Ihnen erzählt habe —
dem Pfarrer in Tremnan . Er kennt mich und ist ein echter Sportler. Er muss
den Trick machen. Sagen Sie es ihm, Donnerstag, 13.30 Uhr. Dann muss
noch die Lizenz erworben werden. Ich werde dafür sorgen. Ich bin jetzt
schon seit drei Wochen hier, also ist das in Ordnung. Dann muss ich nur
noch darüber nachdenken: Ich werde sie – die Familie, meine ich – dazu
bringen, am Donnerstag auf eine Expedition zu gehen. Mutter wird es
verstehen, wenn ich sie frage, und das wird sie aus dem Weg räumen. Dann
nehmen wir einfach ein Taxi, Sie und ich und Janet und Miss Minns .

„Miss Minns ?" brach in Maradick ein .

„Ja", sagte Tony, immer noch sehr ernst. „Die arme Frau hat Angst aus
ihrem Leben und Janet hat sie ins Vertrauen gezogen. Wir werden sie
mitnehmen. Sie wird bei uns wohnen. Das wird in Ordnung sein. Sie hat
mehr Verstand, als Sie denken. Naja, wir vier fahren raus zur Kirche und da
ist die Sache erledigt. Dann kehren wir zurück und fahren um drei Uhr in die
Stadt. Dann ging es noch am selben Abend weiter nach Paris; und da bist
du!"

Maradick einen Moment lang an .

„Das Einzige", sagte er, „geht um dich."

"Über mich?" Maradick blickte lächelnd auf.

"Ja. Was werden wir für Sie tun? Wenn du willst, kannst du natürlich auch mitkommen, aber dann sind da noch deine Frau und die Mädchen. Das könntest du wohl nicht besonders gut machen, nehme ich an?"

„Nein", sagte Maradick , „das konnte ich nicht."

„Nun, aber wissen Sie, wenn Sie übrig bleiben, warum haben Sie dann sozusagen jeder – Morelli, meine Leute, jeder. Es gibt nur Sie, die Sie anmachen können; Du wirst eine ziemlich miese Zeit haben. Es ist nicht fair. Und selbst jetzt, wissen Sie, schaffe ich es wohl, wenn Sie lieber rauskommen würden."

Maradick sagte nichts.

„Ich hatte bis jetzt nicht wirklich gesehen, wie verdammt egoistisch das alles war. Ich habe dich gebeten zu kommen und habe nicht wirklich gesehen, wozu das alles führen würde, meine ich, und vor allem für dich."

Maradick blickte lachend auf.

„Mein lieber Junge, glaubst du, dass ich es überhaupt nicht gesehen habe? Warum ich von Anfang an, von jenem ersten Abend an, als wir darüber sprachen, verantwortlich war; Du bist auf jeden Fall deiner Mutter gegenüber verantwortlich, und sie ist die einzige Person , die wirklich zählt. Was Morelli betrifft, kann er nichts tun. Wenn ich ein Mädchen sehe, das so aussieht wie Janet neulich Abend, dann war es an der Zeit, dass jemand Schritte unternimmt, um sie wegzuholen."

Er legte seine Hand auf Tonys Arm. „Und außerdem, was auch immer mit mir passiert ist, glaubst du, dass ich jemals aufhören könnte, dankbar zu sein für alles, was du für mich getan hast, dass du bei mir warst, dass du mir eine ganz neue Art von Leben gezeigt hast? Ich wäre ein bisschen dumm, wenn ich danach nicht bereit wäre, dir zu helfen. Nichts, was ich tun kann, kann es dir wirklich vergelten."

„Das ist dann in Ordnung", sagte Tony. Er war gerade etwas ungeduldig wegen Maradicks Herangehensweise an Gefühle. Es war falsch; Es hatte überhaupt nichts mit Janet zu tun, und außerdem war es sowieso völliger Mist, über alles zu reden, was er getan hatte. Er hatte nichts getan. Aber er wollte keineswegs unhöflich sein. „Aber das ist wirklich sehr nett von dir, und ich glaube nicht, dass sie wirklich viel tun werden. Das können sie sowieso nicht. Ich bin volljährig und muss nicht zum Gouverneur gehen, um Geld zu holen. Außerdem wird in ein oder zwei Wochen alles in Ordnung sein. Der Gouverneur ist so; Ich kenne ihn, und wenn die Sache vorbei ist, wird er darüber hinwegkommen, weil er es verabscheut, wenn Dinge unangenehm sind; außerdem wird Mutter ihn betreuen. Sind Sie sicher, dass es Ihnen nichts ausmacht, zum Pfarrer zu gehen? Ich würde auch kommen, aber ich denke, es wäre insgesamt sicherer für mich, heute Nachmittag hier zu bleiben."

Nein, Maradick hatte nichts dagegen. Maradick würde gerne gehen; Maradick würde alles tun. Und tatsächlich wollte er raus und weg – weg vom Haus und den Menschen darin, wo er ungestört nachdenken konnte.

Er verließ Tony und machte sich auf den Weg in die Stadt. Sein Gehirn brannte immer noch, als er sich am Abend zuvor mit Mrs. Lester getroffen hatte. Während dieser letzten drei Tage hatten sie nur sehr wenige Gelegenheiten gehabt, sich zu treffen, aber die Angelegenheit war dennoch außerordentlich schnell vorangekommen. Dann, letzte Nacht, war er nach dem Abendessen allein mit ihr im Garten gewesen. Es war furchtbar heiß und drückend gewesen, ein Vorspiel zu dem Sturm, der einige Stunden später kam.

Es wehte kein Windhauch; Die Welt hätte aus gemeißeltem Stein bestehen können, so bewegungslos war sie. Er hatte sie in seinen Armen gehalten; Ihre Hände waren um seinen Hals geschlungen und hatten seinen Kopf nach unten gezogen, bis er auf ihrer Brust ruhte. Er war in Flammen gestanden – die Welt war in Flammen gewesen – und er hatte ihr mit grimmigen, hastigen Worten eine Leidenschaft ins Ohr gegossen, wie es ihm schien, als hätte noch kein Mensch zuvor gekannt. Er hatte ihr die alten, alten Argumente erzählt; Dinge, die ihm völlig neu und frisch erschienen. Ihre Ehen waren für beide absurd gewesen. Jeder von ihnen war mit Personen verbunden, die sie nicht verstanden, Menschen, denen es nicht einmal wichtig war, sie zu verstehen. Was waren schließlich Eheversprechen? Ein paar hastig gesprochene Worte, obwohl sie unmöglich sagen konnten, ob überhaupt eine Chance bestand, sie behalten zu können.

Sie sollten sie nicht behalten. Sie hatten ihren Fehler gemacht, und jetzt müssen sie dafür bezahlen; Aber es war besser, jetzt mit diesen Fesseln zu brechen, ein für alle Mal mit ihnen fertig zu sein, als für immer in überkritischem Spott weiterzumachen , vorzutäuschen, was sie nicht fühlen konnten, und vor Gott und den Menschen eine Lüge zu begehen.

Aber jetzt, wenn sie jetzt fliehen könnten, weg aus diesem dummen Land mit seinen dummen Konventionen, weg an einen Ort, an dem sie für immer bis zum Tod glücklich zusammen sein würden. . . und so weiter, und so weiter; und die Blätter und die Wege und der dunkle Himmel wurden regungslos von der eisernen Hand Gottes zusammengehalten.

Und dann hatte sie plötzlich jemand unterbrochen; Irgendein Idiot aus dem Hotel. Es juckte Maradicks Finger, sich um seinen Hals zu legen. „Was für eine enge Nacht! Ja, es muss ein Sturm aufziehen. Sie hatten in weiter

Ferne Donner gehört; wie feierlich das Meer klang. . ." und so waren sie ins Hotel gegangen.

Der Regen hatte aufgehört. Die Straßen erstreckten sich in trüben, nassen Linien vor ihm, der Himmel war bleigrau; Aus irgendeinem Raum drang das dissonante Klirren eines Klaviers zu ihm herab, ein Karren holperte durch Schlamm und Dreck an ihm vorbei.

Und dann sprang plötzlich der Turm auf dem Marktplatz auf ihn zu. Es war im wahrsten Sinne des Wortes ein klares Herausspringen aus all den Tiefen des Graus und des Elends dahinter, um ihn zu treffen. An strahlenden Tagen, wenn der Himmel sehr blau war und das neue schicke Hotel gegenüber in seiner ganzen Pracht glänzte , legte der Turm seinen düstersten grauen Mantel an und verbarg sich.

Das war weder die Zeit noch der Ort dafür, wo andere Dinge so strahlend aussehen konnten, sondern jetzt, auf dem absolut menschenleeren Marktplatz, wo das Kopfsteinpflaster in der Nässe glitzerte und die Fenster wie so viele dumme Augen wieder die tote Farbe von … gaben Der Himmel nahm seinen rechtmäßigen Platz ein.

Es schien das Einzige zu sein, was zählte, mit seiner quadratischen und robusten Stärke, seiner Solidität, die allen Winden und Regenfällen der Welt trotzte. Pfützen lagen um seine Füße und graue, windige Wolken zerrten an seinem Kopf, aber er stand selbstbewusst und entschlossen da, während das rote Hotel gegenüber zurückschrumpfte, dessen kitschiger Glanz feucht, zerrissen und zerzaust war .

Also stand Maradick allein auf dem Marktplatz, betrachtete es und erkannte plötzlich, dass es ein Symbol war. Er konnte sein Zimmer haben, von dem aus er hinausschaute und die Welt sah, und er hielt es für gut; Tony hatte ihm das gezeigt. Er könnte seine Freiheit haben, damit er hinausgehen und die wunderbaren Dinge mitnehmen kann, die er gesehen hat; Punch hatte ihm das gezeigt. Aber er muss auch – oh! Er sah es so klar – seine Stärke, den Charakter, mit allem klarzukommen, die Entschlossenheit, seine eigenen Handlungen zu gestalten, anstatt sich von seinen Handlungen prägen zu lassen; und der Turm hatte ihm das gezeigt!

Als er es betrachtete, neigte er fast den Kopf davor. Es ist dumm, so viel aus so einem alten Ding zu machen! Sentimental und emotional, ohne einen Hauch von gesundem Menschenverstand, aber es kam ihm genau dann entgegen, als er es am meisten wollte. Es brauchte seine ganze Entschlossenheit, um sich einzureden, dass es kein Eigenleben hatte, dass es nicht wie ein alter, nüchterner, erfahrener Freund wusste, in welche Gefahr er schwebte.

Er ging ohnmächtig aufs Land. Obwohl der Regen aufgehört hatte und das Gras die Luft mit dem neuen Duft duftete, den der Sturm ihm verliehen hatte, war der Himmel dunkel und bedeckt, graue Wolken rasten wie Walküren wütend vor dem Wind, und durch den Nebel brach das Meer herein Armeen weißer Pferde. So weit das Auge reichte, stürmten sie weiter in die graue, bräunliche Luft und wichen zurück, um anderen wütenden Reitern Platz zu machen.

Der Nebel kroch wie lebendige Wesen vorwärts, drehte und wendete sich, formte sich zu Säulen und Wolken und zerriss dann der kreischende Wind in tausend Fetzen.

Die Straße lag hoch, und er konnte sehen, wie sich die Küste einige Meilen lang bog, bis sie die Landzunge erreichte; eine Linie aus weißem Schaum, die sich von Punkt zu Punkt mit harten und klaren Umrissen erstreckte. Für ihn war dies ein neues Cornwall, dieses graue, geheimnisvolle Ding, das auf so viel hindeutete, mit einer fast schrecklichen Kraft und Macht in seiner bedrohlichen Missachtung der menschlichen Individualität. Er hatte geglaubt, dass das richtige Licht für Cornwall an einem Tag aus Gold und Blau sei, aber jetzt wusste er, dass er nicht die Hälfte des Wunders und der Faszination gesehen hatte; Hier, mit diesem kriechenden Schaum, den spitzen Felsen, dem heulenden Wind und dem sich drehenden, sich windenden Nebel, war sie zu Recht zu sehen.

Der Wind zerrte an seinem Mantel und schlug ihm ins Gesicht. Es war unglaublich, dass es gestern noch Hitze und Stille und blendende Farben gegeben hatte . Er drängte vorwärts.

Sein Gedanke war jetzt, dass er froh war, dass Mrs. Maradick es nicht wusste. Bis heute Morgen hatte er überhaupt nicht an sie gedacht. Schließlich hatte sie ihm zwanzig schlechte Jahre beschert, und sie hatte kein Recht, sich zu beschweren. Andere Männer taten es mit weitaus weniger Entschuldigungen.

Aber als sie ihn heute Morgen beim Frühstück getroffen hatte, war etwas passiert, das er nicht verstanden hatte. Sie war fast unterwürfig gewesen. Sie hatte beim Frühstück mit ihm gesprochen, wie sie noch nie zuvor in ihrem Eheleben mit ihm gesprochen hatte. Sie war sanft gewesen, hatte Annie gesagt, sie solle nicht mit dem Teelöffel klimpern, weil es Vater beunruhigte, und hatte sich fast schüchtern erkundigt, was er für den Tag vorhabe.

Gestern hatte er gespürt, dass er lieber wollte, dass sie sah, dass Mrs. Lester ihn mochte; Sie hatte es ihm so oft eingeflößt, dass er von den Menschen nur als ihr Ehemann akzeptiert wurde, dass er überhaupt keinen Wert mehr an sich hatte, außer als Zahler von Rechnungen. Sie hatte ihn sogar über bestimmte Damen geärgert, von denen sie ironischerweise angedeutet hatte, dass er verliebt sei . Und so kam es ihr gewissermaßen wie ein Triumph vor, ihr zu zeigen, dass er nicht nur ein Aushängeschild, eine Person ohne Bedeutung war; dass es jemanden gab, der ihn attraktiv fand, sogar mehrere Leute. Aber jetzt schämte er sich. Er hatte kaum gewusst, was er ihr antworten sollte, als sie so sanft mit ihm gesprochen hatte. Stand auch sie unter dem Einfluss des Ortes?

Tatsächlich wusste er nicht, was er tun würde. Er war müde, erschöpft; er würde überhaupt nicht daran denken. Er würde sehen, wie sich die Dinge entwickelten.

Der Charakter des Tages hatte sich verändert. Der Nebel lag immer noch auf dem Meer, aber hinter ihnen schien jetzt die Sonne, nur als schwaches Licht war es zu erkennen, aber das Wasser schien sich sanft zu bewegen, als hätte ein Riese das Kommen der Sonne gespürt und eilte ihm entgegen Es.

Das Licht wurde von einer Nebelwand zurückgehalten, aber stellenweise schien es gleich durchzubrechen, und der Meeresboden glänzte in allen Farben des Perlmutts.

Die kleine Kirche stand abseits der Klippe; Es stand da, als ob es tausend Jahre lang Sturm und Regen überstanden hätte, wie ein Tier mit ausgebreiteten Füßen und zurückgelegten Ohren, bereit zum Angriff. Sein kleiner Turm war quadratisch und sein Stein war von wettergegerbtem Grau, nur die kleinen Fenster mit tiefblauem Glas fingen den Dunst des Meeres ein und leuchteten wie Augen durch den Stein und über das Gras.

Das kleine Pfarrhaus stand auf der anderen Straßenseite. Es war auch winzig und völlig den Elementen ausgesetzt; Hier lebte Rev. Mark Anstey, zweiundachtzig Jahre alt, ganz allein, abgesehen von der Gesellschaft von fünf Hunden, sechs Katzen, drei Tauben, einem Papagei, zwei zahmen Kaninchen, einem Igel und vielen Fröschen, die letzten in einem Teich in der Nähe von .

Als Maradick die Straße hinaufkam, sah er den alten Mann in seinem Garten stehen und auf das Meer schauen. Der Nebel hatte sich zurückgezogen, wie ein Schleier von einer geheimnisvollen Hand zurückgezogen wird, bis er nur noch am Horizont lag. Das Meer war immer noch grau, aber es deutete gewissermaßen auf wundervolle Farben hin . Man bildete sich ein, Blau, Gold und Lila zu sehen, und doch als man noch einmal hinsah, war es immer noch grau. Es war, als ob eine graue Gaze über einen wunderbar glitzernden Boden gespannt wäre und die Farben durchschimmerten.

Der alte Mann war eine prächtige Gestalt von enormer Größe. Er hatte einen großen weißen Bart, der fast bis zur Taille reichte, und sein schneeweißes Haar war unbedeckt. Drei seiner Hunde waren an seiner Seite und die fünf Katzen saßen in einer Reihe vor seiner Haustür. Er stand mit den Händen auf dem Rücken und dem Kopf nach oben, als wollte er den Wind einfangen.

Maradick stellte sich vor und erklärte sein Anliegen. Der alte Mann schüttelte ihm herzlich die Hand.

"Ah ja; Komm rein, nicht wahr? Es freut mich sehr, Sie kennenzulernen, Herr Maradick . Kommen Sie in mein Arbeitszimmer und ich notiere mir die Einzelheiten."

Seine Stimme war so klar wie eine Glocke und seine Augen, blau wie das Meer, blickten ihn durch und durch an.

„Hier, das ist mein Zimmer. Ein bisschen chaotisch, nicht wahr? Aber daran kann ein Junggeselle nichts ändern, wissen Sie; Außerdem mag ich Chaos, schon immer."

Was auch immer es war, es war die richtige Art von Schlamassel. Der Kamin war aus leuchtend blauen Kacheln; Es gab Bücher, hauptsächlich, wie es schien, theologischer Natur, Angelgeräte lagen in einer Ecke, Waffen in einer anderen, und ein Schreibtisch nahm einen großen Teil des Raumes ein. Der alte Mann füllte den Platz. Er war wirklich riesig und hatte die Angewohnheit, mit den Fingern zu schnippen und dabei ein scharfes, klickendes Geräusch zu machen, das an den Knall einer Pistole erinnerte. Am Kamin lagen zwei Hirschhunde, die ihm entgegenkamen und ihre Nasen in seine Hände steckten.

„Ah, ha! Hmm – wo sind wir? Oh! Ja! Setzen Sie sich, Mr. Maradick , nicht wahr? Oh, räum die Dinger vom Stuhl weg – ja – lass mich sehen! Anthony Gale – Janet Morelli – was? Morelli? Wie buchstabiert man das? Was? Mehr – oh! ja dank! Donnerstag – 13.30 Uhr. Ja, ich kenne den Jungen; wird er heiraten, oder? Nun, das ist eine gute Sache – man kann nicht zu früh mit der Zucht beginnen – verbessert die Rasse – füllt das Land mit Kindern. Haben Sie selbst geheiratet, Mr. Maradick ? Ah! Das ist gut."

Maradick fragte sich, ob ihm der Name Morelli bekannt vorkommen würde, aber er hatte ihn offensichtlich noch nie zuvor gehört. „Heutzutage finden in dieser Kirche hier nicht mehr viele Hochzeiten statt. Sie kommen nicht oft hierher. Nur die Leute unten in der Bucht, wissen Sie ? . . . Trinken Sie etwas Tee – oh ja! Du musst etwas Tee trinken."

Er klingelte und ein kleiner Junge mit einem sehr alten Gesicht kam und nahm Befehle entgegen. „Eine bemerkenswerte Sache, wissen Sie", sagte Mr. Anstey, als der Junge wieder hinausgegangen war. „Der Junge ist dreiundzwanzig. Das würden Sie doch nicht glauben, oder? Aber es ist wahr. Hat aufgehört zu wachsen, aber er ist ein guter Junge; läutet die Glocke in der Kirche und gräbt im Garten und so weiter. Wir werden draußen Tee trinken. Es ist warm genug und es wird gut, denke ich. Außerdem muss ich, wenn möglich, immer das Meer im Blick haben."

Sie tranken Tee auf der kleinen Veranda über der Tür; das Geißblatt blühte noch, und in den Beeten standen immer noch Rosen, am anderen Ende des Gartens ragte eine Schar roter Stockrosen in den Himmel. Der alte Mann sprach von Tony.

„Ja, ich habe ihn mehrmals getroffen; ein großartiger Junge, ein Freund von Garrick, der ihn hierher gebracht hat. Ah, kennst du Garrick?"

Ja, Maradick kannte Garrick.

„Nun, da ist ein Mann! Gott hat diesen Mann in Ordnung gebracht, auch wenn er nicht oft in einer Kirche ist. Er betet auf seine eigene freundliche Art an, wie die meisten von uns es tun, wenn man nur genau hinschaut. Das kann ich Ihnen sagen: Gott ist toleranter als die meisten von uns Pfarrern und versteht die Menschen auch viel besser. Nicht, dass wir Pfarrer im Großen und Ganzen nicht besonders gut wären, aber wir neigen ein wenig dazu, den Blick auf unsere kleinen Differenzen, unsere Glaubensbekenntnisse und unsere kleinen Streitereien zu richten, obwohl wir den Blick lieber in den Himmel richten sollten. Ach, wenn ich ein paar dieser Herren, die sich dort oben in London streiten, zusammenbringen und sie hier in diesem Garten in Reihen aufstellen könnte, damit ich sie mir ansehen kann!" Er deutete mit der Hand auf das Meer.

Der Hügel bog am Ende des Gartens ab und verschwand, und hinter der Biegung war nichts als das Meer. Das Blau begann sich in kleinen Farbseen und Flüssen einzuschleichen .

„Das ist Gottes Werk, wissen Sie; Nimm deinen Atheisten und zeig ihm das."

Er sprach über Tony.

„Ein netter Junge, wenn es jemals einen gab. Aber was hat es mit der Ehe auf sich? Nun, ich schätze, ich darf keine Fragen stellen. Du bist ein Freund von ihm und kümmerst dich um ihn. Aber das ist ein Junge, der nie etwas falsch machen wird; Ich würde ihm jede Frau anvertrauen."

Bald stand Maradick auf, um zu gehen. Dieser Mann hatte ihn seltsam beeindruckt; Er hatte das Ding bekommen, das Tony und Punch hatten, aber er hatte es richtig genutzt. Da war nicht nur das Gefühl, die Emotion des Anblicks, sondern auch die Stärke des Turms.

Maradick ließ ihn stehen und blickte aufs Meer. Seine Gestalt schien den Himmel zu füllen.

Auf dem Rückweg wurde der Himmel klarer, und obwohl die Sonne nie wirklich zu sehen war, war ihr Licht in der Luft und über dem Meer zu spüren. Alles um ihn herum war frisch. Die Garben auf den Hügeln, das wogende Gras im Moor, die Schafe in ihren Ställen, die harten, weißen, klaren Linien der Straße umgaben ihn mit neuem Leben. Plötzlich hatte er das Gefühl, als hätte er in diesen letzten Tagen in einem dunklen, engen Raum gestanden, in dem die Wände ihn umgaben und in dem es keine Luft gab.

Und doch wusste er, als er sich der Stadt näherte, dass die Faszination, die Versuchung ihn erneut zu überkommen begann. Als sich die Tür des Hotels um ihn herum schloss, der Turm, die klaren Farben des Landes und des Himmels, der Mann, der da stand und aufs Meer blickte – all diese Dinge verschwanden bereits vor ihm.

Er hatte sich fast fertig angezogen, als seine Frau in sein Zimmer kam. Sie redete ein wenig, hatte aber offensichtlich nicht viel zu sagen. Plötzlich wurde ihm bewusst, dass er es vermied, sie anzusehen. Er beschäftigte sich mit seiner Krawatte und seinem Hemd; Es war nicht so, sagte er sich wütend, dass er sich schämte, ihr gegenüberzutreten. Warum sollte er es schließlich sein? Alles, was er getan hatte, war, eine andere Frau zu küssen, und das hatten die meisten Männer seinerzeit getan. Er war kein Heiliger und sie war es auch nicht. Niemand war ein Heiliger; aber er fühlte sich unbehaglich, ganz sicher unbehaglich. Als er in das Glas schaute, während er sich die Haare strich, bemerkte er, wie sie ihn auf eine seltsame Weise anstarrte, als ob sie versuchte, sich über etwas zu entscheiden.

Verwirrt – verwirrt – verwirrt worüber? Vielleicht war es einfach möglich, dass auch sie gerade entdeckte, dass ihr in all den Jahren etwas entgangen war. Vielleicht fragte sich auch sie plötzlich, ob sie vom Leben alles bekommen hatte, was sie wollte; Vielleicht wanderten ihre Gedanken zurück zu Zeiten, als es scheinbar andere Dinge gab, als es ganz offensichtlich andere Menschen gab, die etwas gefunden hatten, nach dem sie noch nie gesucht hatte.

Der Gedanke berührte ihn seltsam. Was wäre, wenn es eine Chance auf einen Neuanfang gäbe? Herr! Was für ein Idiot war er doch, so zu reden! Wusste er nicht, dass er in weiteren zwei Stunden mit der anderen Frau zusammen sein würde und sein Puls zu einer wilden Melodie schlagen würde, die sie, seine Frau, ihm niemals beibringen könnte? Man konnte die Fehler, Fehler und Versäumnisse von zwanzig Jahren nicht in drei Wochen heilen.

Das Abendessen an diesem Abend war sehr angenehm. Tony war in Bestform. Er schien all seine verlorenen Lebensgeister wiedererlangt zu haben. Dieser weiße, angespannte Ausdruck war aus seinem Gesicht verschwunden, die Anspannung war aus seinen Augen verschwunden; selbst die Kellner konnten sich ihr Lächeln über sein Lachen nicht verkneifen.

Sie besprachen die Stunde der Abreise und Tony zuckte nicht mit der Wimper. Mrs. Lester warf Maradick einen kurzen Blick zu , aber das war alles.

„Ich fürchte, ich muss am Donnerstagabend hoch", sagte Lester. „Wissen Sie, die Verleger müssen ständig betreut werden, und wenn ich sie am Freitagmorgen nicht sehe, kann es einige Zeit dauern, bis ich wieder eine Chance bekomme. Aber ich werde meine Frau in Ihren Händen lassen, Lady Gale. Ich weiß, dass sie in Sicherheit sein wird."

"Oh! „Wir kümmern uns um sie, Lester", sagte Tony lachend; „Wollen wir das nicht, Milly? Wir kümmern uns rund um die Uhr um Sie. Ich werde mich zu deinem besonderen Wanderritter machen, Milly. Solange ich dort bin, wird es dir an nichts mangeln."

„Danke, Tony", sagte Frau Lester.

Es war eine schöne Nacht für sie alle, um in den Garten zu gehen, und sehr bald waren Maradick und Mrs. Lester allein. Es drehte sich wieder alles um ihn, das Parfüm, das sie benutzte, das Rascheln ihres Kleides, die Art, wie ihr Haar seine Wange berührte. Aber dahinter sah er wider Willen das Gesicht seiner Frau im Spiegel, er sah Tony, er sah den Turm und er spürte den Wind um seinen Körper.

Sie beugte sich über ihn und legte ihre Arme um seinen Hals; aber er legte sie zurück.

„Nein", sagte er fast grob, „wir müssen reden; So etwas muss auf die eine oder andere Weise geklärt werden."

„Bitte, seien Sie nicht böse." Ihre Stimme war sehr sanft; er konnte ihren Atem auf seiner Wange spüren. „Ah, wenn Sie wüssten, was ich den ganzen Tag gelitten habe, als ich auf Sie gewartet habe, nach vorn geschaut habe und mich nach diesen Minuten gesehnt habe; Nein, du darfst jetzt nicht grausam zu mir sein."

Aber er starrte vor sich hin und blickte in die schwarzen Tiefen der Bäume, die sie auf allen Seiten umgaben.

„Nein, da ist mehr drin, als ich dachte. Was werden wir machen? Was wird danach passieren? Verstehst du nicht, dass wir da vernünftig sein müssen?"

„Nein", sagte sie und hielt seine Hand. „Dafür ist keine Zeit. Wir können hinterher vernünftig sein. Hast du es beim Abendessen nicht gehört? Fred reist am Donnerstagabend ab; das haben wir jedenfalls."

„Nein", sagte er und löste sich grob von ihr, „das dürfen wir nicht."

Aber sie drückte sich gegen ihn. Ihr Arm legte sich langsam um seinen Hals und ihre Finger berührten für einen Moment seine Wange. "NEIN; Hören. Sehen Sie nicht, was passieren wird, wenn wir es nicht annehmen? Unser ganzes Leben lang werden wir wissen, dass wir es verpasst haben. Es gibt etwas, das wir hätten haben können – etwas Leben, etwas Erfahrung. Auf jeden Fall hatten wir einmal gelebt, aus unserem spießigen Leben heraus, aus unserem dummen, langweiligen Alltag. Oh! Ich sage dir, das darfst du dir nicht entgehen lassen! Du wirst es immer bereuen, du wirst es immer bereuen!"

Ihr ganzer Körper war an seinen gedrückt. Er versuchte sie mit der Hand wegzustoßen. Für einen Moment glaubte er, dass Tony ihn beobachtete und sich dann traurig und verächtlich abwandte. Und dann fegte es wie eine Welle über ihn hinweg. Er zerquetschte sie in seinen Armen; für einige Minuten war die Welt stehen geblieben. Dann ließ er sie wieder los .

"Ah!" sagte sie lächelnd und berührte ihr Kleid mit ihren Fingern. „Du bist furchtbar stark. Ich wusste nicht, wie stark. Aber Ich mag es. Und jetzt gehört der Donnerstagabend uns; herrlich, wunderbar, unvergessen. Ich muss gehen. Sie werden sich fragen. Du solltest besser nicht mit mir zurückkommen. Gute Nacht Liebling!" Sie bückte sich, küsste ihn und verschwand.

Aber er saß da und umklammerte seine Knie mit den Händen.

Was für ein Abschaum war er? Er, ein Mann?

Das war also das schöne Neue, das Tony und Punch ihm gezeigt hatten. *So* eine Welt! *Das ist* eine tolle Erfahrung. Leben!

Nein. Mit ganzer Seele wusste er, dass das nicht der Fall war; Mit ganzer Seele wusste er, dass der Teufel und alle seine Engel seinen Weg beschritten – lachend, lachend.

Und der Mond ging hinter den Bäumen auf und die Sterne tanzten zwischen den Zweigen.

Kapitel XVII

MORGEN UND NACHMITTAG DES SIEBUNDZWANZIGTEN –
TONY,

MARADICK, JANET UND MISS MINNS FAHREN MIT

NACH DER HOCHZEIT

Aber Frau Lester hatte nicht den Mut ihrer Überzeugungen. Diese Überzeugungen beruhten größtenteils auf einem mutigen Aufbegehren gegen die Vorsehung, obwohl sie es selbst nie in diesem Licht gesehen hätte. In jeder ihrer „Angelegenheiten" ging sie atemlos vorwärts, sozusagen auf Zehenspitzen, mit starren Augen und klopfendem Herzen; Ich fragte mich, was die Gefahren wären, und keuchte angesichts möglicherweise überraschender Abenteuer.

Aber das Echte hatte sie noch nie zuvor getroffen. Die zwei oder drei Männer, die an ihren anderen Erlebnissen beteiligt gewesen waren, hatten genauso gut verstanden wie sie, dass es nur ein Spiel war, *pour passer le temps*, und auch eine sehr angenehme Art, es weiterzugeben. Aber dieser Mann nahm es ganz anders auf. Für ihn war es überhaupt kein Spiel; er sah nicht so aus, als könnte er ein Spiel spielen, wenn er wollte. Aber es war nicht Maradick, der ihr Angst machte; es war sie selbst. So weit war sie noch nie gegangen, und jetzt, als sie sich auszog, hatte sie plötzlich schreckliche Angst.

Ihr Gesicht schien im Spiegel weiß und geisterhaft zu sein, und in plötzlicher Panik schaltete sie alle Lichter ein. Dann erschreckte sie das Feuer und sie warf sie alle wieder raus, bis auf den über dem Spiegel.

Sie saß da und blickte hinein, und alle dunklen Ecken des Zimmers schienen sich wie Lebewesen um sie zu sammeln; nur ihr weißes Gesicht starrte aus dem Glas. Wenn Fred nicht so schrecklich eintönig gewesen wäre, wenn sie nicht jeden Zentimeter von ihm, jeden kleinen Trick, den er hatte, jede Art von Sichtweise, die er jemals zu irgendetwas hatte, so genau gekannt hätte, dann wäre das nie passiert. Denn tatsächlich war er ihr ein sehr guter Ehemann gewesen, und sie hatte ihn wirklich gern; Wenn man darüber nachdachte, war er viel besser gewesen als viele Ehemänner, die sie gekannt hatte. Sie lehnte sich in ihrem Stuhl zurück und betrachtete sich selbst.

Es war einmal mehr als nur Zärtlichkeit gewesen, es war ziemlich aufregend gewesen; Sie lächelte, Erinnerungen drängten sich um sie. . . lieber alter Fred!

Aber sie zog sich mit einem Ruck hoch. Das war schließlich nicht der Punkt; Der Punkt, das, was zählte, war Donnerstagabend. Draußen im Garten, als er sie so gehalten hatte, war eine große Gesetzlosigkeit über sie

gekommen. Es war fast so, als wäre ein neuer Geist in sie eingedrungen und
würde ihr Dinge zeigen, ihre Gefühle lehren, die ihr noch nie zuvor gezeigt
oder gelernt worden waren. Und in diesem Moment schien es ihr das Einzige
zu sein, was sich lohnte.

Sie hatte noch nie zuvor gelebt. Das Leben sollte nach Augenblicken
gezählt werden, nach diesen wenigen goldenen Augenblicken, die die guten
Götter einem schenkten, und wenn man sie nicht nahm, dann und dort, wo
sie angeboten wurden, warum dann, dann hatte man überhaupt noch nie
gelebt, dann könnte man es vielleicht doch tun auch nie geboren worden.

Aber jetzt, als sie allein in ihrem Zimmer saß, wurde ihr etwas anderes
bewusst – dass diese Momente ihre Konsequenzen hatten. Was würden sie
danach tun? Was würde Maradick tun? Wie würde vor allem ihre eigene
Haltung gegenüber Fred aussehen? Sie begann sehr langsam, die Wahrheit
zu erkennen , dass die großen Gesetze über Glaubensbekenntnissen und
allen Dogmen stehen, weil sie auf den Bedürfnissen des Menschen beruhen
und nicht auf seinem Aberglauben. Was würde sie tun?

Sie wusste ganz genau, was sie tun würde, wenn sie dort am
Donnerstagabend allein gelassen würde, und als sie plötzlich daran dachte,
schaltete sie das Licht aus und tauchte den Raum in Dunkelheit. Sie lag im
Bett und wartete darauf, dass Fred hochkam. Sie fühlte sich plötzlich sehr
schutzlos. Sie würde ihn bitten, sie am Donnerstag mitzunehmen, sie würde
sich irgendeine Ausrede einfallen lassen; er würde sich wahrscheinlich freuen.

Sie hörte, wie er sich im Nebenzimmer auszog. Er pfiff leise vor sich hin;
Er stolperte über etwas und sagte „Verdammt.“ Sie hörte ihn gurgeln,
während er sich die Zähne putzte. Er summte ein aktuelles Lied: „Ich würde
nicht im Dunkeln nach Hause gehen“; und dann hörte sie, wie er leise über
den Teppich auf das Bett zuging, damit er sie nicht weckte. Er legte sich ins
Bett und grunzte zufrieden, während er sich in die Laken rollte; Sein Zeh
berührte ihren Fuß und sie zitterte plötzlich, weil es kalt war.

„Hallo, altes Mädchen“, sagte er, „noch wach?“

Sie antwortete nicht. Dann drehte sie sich langsam zu ihm um.

„Fred“, sagte sie, „ich glaube, ich komme doch am Donnerstag mit.“
Doch als sie es zu ihm sagte, fürchtete sie sich plötzlich, er könnte etwas
ahnen. Er würde den Grund wissen wollen. „Es ist nicht so“, fügte sie hastig
hinzu, „dass ich hier nicht vollkommen glücklich bin. Ich genieße es
unheimlich, es ist herrlich; Aber schließlich hat es keinen großen Sinn, hier
zu bleiben. Ich will es nicht, wenn du weg bist.“

Aber er war schläfrig. Er gähnte.

„Ich bin furchtbar müde, Liebes. Wir reden morgen darüber. Aber irgendwie verstehe ich den Sinn nicht ganz. Du wirst bestimmt nicht mit mir durch London schlendern wollen. Ich bin nur aus geschäftlichen Gründen dort oben – diese scheußlichen Verleger", gähnte er erneut. „Sie würden sich langweilen, wissen Sie; Es ist viel besser, hier bei Lady Gale zu bleiben. Außerdem ist alles arrangiert." Seine Stimme verstummte in einem schläfrigen Murmeln.

Aber der Schrecken schien sich in der Dunkelheit um sie zu sammeln. Sie sah mit erstaunlicher Vision. Sie wollte nicht zurückgelassen werden; Sie darf nicht verlassen werden.

Sie legte ihre Hand auf seinen Arm.

„Fred, bitte – es ist wichtig; Ich will nicht bleiben."

Und dann hatte sie plötzlich Angst. Sie hatte zu viel gesagt. Er würde wissen wollen, warum sie nicht bleiben wollte. Aber er lag schweigend da. Sie hatte Angst, dass er einschlafen würde. Sie wusste, dass die Dinge anders aussehen würden, wenn der Morgen kam. Sie wusste, dass sie sich selbst davon überzeugen würde, dass es keine unmittelbare Eile gab. Sie würde die Dinge sich selbst überlassen; und dann. Oh! Also! Es gäbe keinen Zweifel, wie es weitergehen würde! Sie sah mit absoluter Klarheit, dass dies der Moment war, der ihr geschenkt wurde. Wenn sie ihn nur jetzt dazu überreden könnte, sie mitzunehmen, dann hätte sie das auf jeden Fall hinterher, um sich zurückzuhalten. Sie würde ihr Wort nicht noch einmal brechen wollen. Ihr einziges Gefühl war jetzt, dass Fred so sicher war. Der Gedanke an den Abend, den Garten, Maradick , erfüllte sie jetzt mit grundlosem Entsetzen; Sie hatte Panik, dass dieser Moment, diese Gelegenheit sie verlassen könnte.

Sie drehte sich zu ihm um und schüttelte seinen Arm.

„Fred, bleib einfach eine Minute wach; wirklich, es ist wichtig. Eigentlich möchte ich am Donnerstag mit dir weggehen, nicht um dort zu bleiben. Mir gefällt der Ort nicht. Es macht mir überhaupt nichts aus, in London zu sein, es wird ziemlich lustig sein; Es gibt viele Leute, die ich sehen möchte. Außerdem sind es doch nur ein oder zwei Tage."

Aber er lachte schläfrig.

„Was soll das für eine Aufregung, altes Mädchen? Ich bin einfach verdammt müde; Ich bin wirklich. Wir reden morgen darüber. Aber egal, du bleibst besser; Es ist alles arrangiert und Lady Gale wird es ziemlich lustig finden."

Seine Stimme verstummte. Für einen Moment herrschte Stille und sie hörte seinen Atem. Er hat geschlafen.

Sie hörte wütend zu. Na ja, wenn es ihn nicht mehr interessierte! Wenn er nicht länger wach bleiben könnte! Sie grub ihre Nägel in ihre Hand. Da war es; er konnte schlafen gehen, wenn sie gefoltert wurde. Es war ihm egal; der andere Mann! Ihre Gedanken flogen wieder zurück zum Abend. Ah! er wäre nicht eingeschlafen! Er hätte zugehört – zugehört.

Aber sie lag stundenlang da, starrte in die Dunkelheit und lauschte dem gleichmäßigen Atem des Mannes.

Aber es gab noch ein weiteres Beispiel für „jede Frau jedem Mann", das für einen Moment seine Gültigkeit haben musste.

Maradick sein Zimmer betrat, fürchtete er, dass seine Frau noch nicht im Bett war. Sie saß vor ihrem Glas und bürstete sich die Haare. Sie musste ihn im Spiegel gesehen haben, aber sie rührte sich nicht. Sie sah sehr jung aus, fast wie eine kleine Puppe; Als sie dort saß , überkam ihn erneut das seltsame Gefühl des Pathos, das er beim Frühstück gespürt hatte. Absurd! Emmy Maradick war die letzte Person, über die irgendjemand Mitleid erregen musste, aber trotzdem war das Gefühl da. Er ging wortlos ins Bett. Sie fuhr fort, sich schweigend die Haare zu kämmen. Es ging ihm auf die Nerven; er konnte seinen Blick nicht von ihr lassen. Er wandte seinen Blick zur Wand, aber langsam wandte er sich wieder der stillen weißen Gestalt in der Mitte des Raumes neben dem glänzenden Glas zu.

Plötzlich wollte er schreien, ihr etwas zuschreien wie „Sprich, du Teufel!" oder „Sag nicht weiter nichts, du Mama, wenn du so still sitzt."

Endlich sprach er .

„Du bist zu spät, Emmy", sagte er, „ich dachte, du wärst im Bett gewesen." Seine Stimme war sehr sanft. Wenn sie nur aufhören würde, die Bürste mit ihrer fast mechanischen Präzision auf und ab zu bewegen! Sie legte den Pinsel langsam auf den Tisch und drehte sich zu ihm um.

„Ja", sagte sie, „ich habe wirklich auf dich gewartet, bis du hergekommen bist."

Er war plötzlich überzeugt, dass sie es wusste; Sie hatte wahrscheinlich von Anfang an alles darüber gewusst. Sie war so eine kluge kleine Frau, es gab sehr wenige Dinge, die sie nicht wusste. Er wartete dumm und langweilig. Er fragte sich, was sie sagen würde, was sie ihnen vorschlagen würde.

Aber nachdem sie so weit gekommen war, schien sie nichts mehr zu sagen zu haben. Sie starrte mit großen, starren Augen auf das Glas; Ihre Wangen waren gerötet und ihre Finger spielten nervös mit den Dingen auf dem Frisiertisch.

„Nun", sagte er schließlich, „was ist das?"

Dann stand sie zu seiner größten Überraschung auf und kam langsam auf ihn zu; Sie saß auf der Bettkante, während er sie staunend und erstaunt beobachtete. So hatte er sie noch nie gesehen, und seine große Neugier auf ihren Zustand unterdrückte für einen Moment den Eifer, mit dem er herausfinden wollte, wie viel sie wusste. Aber ihre Art, es aufzunehmen, war sicherlich sehr seltsam.

Temperament, Wut, Leidenschaft, sogar Hass, das konnte er verstehen, und wenn er sie kannte, hätte er es erwartet, aber diese seltsame, verträumte Stille machte ihm Angst. Er packte die Bettwäsche mit seinen Händen und drehte sie; dann fragte er noch einmal: „Na, was ist denn?" Aber als sie endlich sprach, sah sie ihn nicht an, sondern starrte vor sich hin. Es war das Seltsamste auf der Welt, sie dort sitzen zu sehen und so zu reden; und er hatte das nicht zu erklärende Gefühl, dass sie überhaupt nicht da war, dass es jemand anderes war, möglicherweise sogar etwas Seltsames, das seine Handlungen der letzten Tage plötzlich hervorgerufen hatten – hervorgerufen hatten , das heißt, um ihn zu bestrafen. Er sank in seine Kissen zurück.

„Nun", fuhr ihre Stimme fort, „es ist nicht so, dass ich wirklich etwas zu sagen habe; Du wirst mich für albern halten, und ich bin mir sicher, dass ich dich nicht behalten will, wenn du schlafen gehen willst. Aber es kommt nicht oft vor, dass wir einander viel zu sagen haben; Das kommt hier jedenfalls nicht sehr häufig vor. Wir haben, wissen Sie, kaum miteinander gesprochen, seit wir hier sind.

„Aber in den letzten Tagen habe ich darüber nachgedacht und mir vielleicht bewusst gemacht , dass es in all den Jahren meine Schuld war, dass die Dinge nicht glücklicher gelaufen sind . . . . Ich glaube nicht, dass ich an irgendjemanden außer an mich selbst gedacht habe . . . . Irgendwie hatte ich überhaupt nicht an dich gedacht; Ich weiß nicht genau warum."

Sie hielt inne, als erwartete sie, dass er etwas sagen würde, aber er gab keinen Laut von sich.

Dann fuhr sie fort: „Ich nehme an, Sie werden es für dumm von mir halten, aber ich habe das Gefühl, dass seit dem Moment, als wir hierher kamen, seit dem Moment, als wir nach Treliss kamen, alles anders war ; Du warst ganz anders, und es tut mir leid, wenn ich so unangenehm war, und ich werde versuchen, freundlicher zu sein."

Sie holte es mit einem Ruck heraus, als würde sie aus einem Impuls heraus sprechen, als würde etwas sie zum Sprechen bringen.

Und er wusste nicht, was er sagen sollte; Er konnte nichts sagen – sein einziges Gefühl war, dass er wütend auf sie war, fast wütend, weil sie so gesprochen hatte. Es war schade von ihr, gerade in diesem Moment, nach all den Jahren. Zumindest hatte es zuvor in seinen Beziehungen zu Mrs. Lester eine Rechtfertigung dafür gegeben, oder zumindest hatte er versucht, sich davon einzureden. Er war von Vernachlässigung, mangelndem Mitgefühl und allem anderen getrieben worden; und nun war ihm das plötzlich unter den Füßen weggenommen worden. Oh! es war schade.

Und dann wurde sein Verdacht erneut geweckt. Es war ihr so unähnlich, sich so zu benehmen. Vielleicht verhielt sie sich nur so, um es herauszufinden, ihn sozusagen auszuhorchen. Oh ja! es war ein kluger Schachzug; aber er konnte ihr nichts sagen, die Worte wollten nicht kommen.

Sie wartete ein wenig erbärmlich auf dem Bett darauf, dass er etwas sagte; Und als dann nichts kam, sagte sie immer noch ohne ihn anzusehen leise „Gute Nacht" und ging leise durch das Zimmer.

Er hörte, wie sie das Licht ausschaltete, die Bettwäsche raschelte für einen Moment, und dann herrschte Stille.

Und diese nächsten zwei Tage waren für ihn eine Qual, die schrecklichsten Tage, die er je erlebt hatte. Teilweise waren sie schrecklich, weil man sich allgemein darüber im Klaren war, dass etwas passieren würde. Lady Gale hatte im Gehorsam gegenüber Tony ein Picknick für Donnerstag arrangiert, allerdings „nur für Damen". Sehen Sie, Mr. Lester reist am Nachmittag ab, und mein Mann und Rupert reden davon, ihn bis nach Truro zu begleiten; Mein Mann hat dort Verwandte. Und wirklich, ich weiß, dass Sie und Tony lieber alleine losziehen würden, Mr. Maradick . Es wäre zu langweilig für dich. Wir werden einfach nur in der Sonne sitzen und reden!"

Es wurde davon ausgegangen, dass Mr. Maradick tatsächlich etwas in Ordnung gebracht hatte. Ja, er hatte Tony seinen Tag versprochen, es war einer der letzten, die sie zusammen haben würden. Sie würden wahrscheinlich segeln gehen. Er wäre gerne gekommen. Er genoss das Letzte usw. usw.

Aber das reichte völlig aus, um den Zweck zu erfüllen. Was für ein Picknick! Vorstellen! Jeder war sich vollkommen darüber im Klaren, dass direkt hinter dem Hügel etwas „vor sich ging", etwas, das für Lady Gale jedenfalls fast Leben und Tod bedeutete. Der Donnerstag begann tatsächlich sehr groß zu werden . Was würden alle am Freitag tun und denken? Noch wichtiger ist die Frage: *Wo* würden alle am Freitag sein?

Aber auf jeden Fall konnte er sie sich vorstellen: die Damen – Lady Gale, Alice Du Cane, Mrs. Lester, seine Frau, sogar die arme Mrs. Lawrence –, die dort am Rande des Hügels saßen, schweigend, wachsam und zuhörend.

Was für ein Picknick!

Aber ihre Wachsamkeit, oder besser gesagt ihr schrecklicher Eifer, nicht wachsam zu wirken, entsetzte ihn. Sie schienen ihn, alle fünf, während dieser beiden schrecklichen Tage mit fragenden Blicken zu verfolgen; Am meisten ängstigte ihn nur seine Frau, die mit ihrer seltsamen, geduldigen Entschlossenheit so aussah, als würde sie auf die Krise warten. Je mehr er über ihr seltsames Verhalten nachdachte , desto weniger verstand er sie. Es war ihr alles völlig unähnlich. Und es war auch nicht so, dass sie sich sonst irgendwie verändert hätte. Er hatte gehört, wie sie mit anderen Leuten redete, er hatte beobachtet, wie sie die Mädchen beschimpfte, und es war dieselbe scharfe, schrille Stimme, dieselbe grimmige Annahme, dass die Person, mit der sie zusammen war, unbedingt versuchen musste, an sie heranzukommen; Nein, für den Rest der Welt war sie dieselbe Emmy Maradick . Aber für ihn war sie jemand völlig Neues, jemand, den er noch nie zuvor gesehen hatte; und bei all dem hatte ich immer diesen seltsamen Ausdruck des Staunens und der Überraschung. Er wusste oft, dass ihr Blick auf ihn gerichtet war, wenn er mit jemand anderem sprach ; als er selbst mit ihr sprach, wichen ihre Augen ihm aus.

Und dann war auch Frau Lester so seltsam. Den ganzen Dienstag lang ging sie ihm völlig aus dem Weg. Zur Teezeit verbrachte er ein paar Minuten mit ihr, aber es waren noch andere Leute da, und sie schien darauf bedacht zu sein, von ihm wegzukommen und den Raum zwischen sich zu bringen. Und als er sie so sah, wuchs seine Leidenschaft. Er hatte das Gefühl, dass er sie, was auch immer geschah, was auch immer die Katastrophe sein mochte, zumindest einmal wieder in seinen Armen haben musste. Die Erinnerungen an ihre anderen Treffen peitschten ihn wie Peitschenhiebe. Er stellte es sich noch einmal vor, die Dunkelheit, die Bewegung der Bäume, die Berührung ihrer Wange an seiner Hand; und dann hatte er das Gefühl, dass seine Frau ihn von irgendwo auf der anderen Seite des Raumes ansah. Er konnte fühlen, wie sich ihre Augen wie kleine Bohrer drehten und in seinen Rücken drehten. Und dann kamen andere Stimmungen und die schwärzeste Verzweiflung. Er war so ein Mann, so ein Schurke; Er erinnerte sich einmal, dass es in Epsom einen Mann gegeben hatte, der mit einer verheirateten Frau durchgebrannt war, ein Mann, der eher ein Freund von ihm gewesen war. Er erinnerte sich daran, was er zu ihm gesagt hatte, an die Art, wie er ihn angesehen hatte, das arme, verrottete Geschöpf; und was war er nun?

Aber er konnte nicht gehen; er konnte sich nicht bewegen. Er stand unter einem Zauber. Wenn er an Mrs. Lester dachte, begann sein Blut wieder zu rasen. Er sagte sich, es sei das Zeichen seiner Freiheit, die natürliche Konsequenz des neuen Lebens, das zu ihm gekommen war; und dann sah er plötzlich den Moment, in dem seine Frau, die einsam auf seinem Bett saß, mit ihm gesprochen hatte.

Und dann, am Mittwoch, gab es einen Moment, in dem Mrs. Lester wieder sie selbst war. Es war nur ein Augenblick, ein Augenblick nach dem Abendessen. Ihre Lippen trafen sich; Er sprach vom Donnerstag und sie lächelte ihn an, dann waren die anderen auf sie gestoßen. Ein oder zwei Stunden lang brannte er, dann kroch er elend wie ein Dieb in das Zimmer der Minnesänger und saß dort elend, Stunde um Stunde, und blickte in die Sterne.

Der Tag würde bald anbrechen! Donnerstag! Die Krise, so schien es ihm, seines gesamten Lebens. Er sah, wie der Morgen schwache Schatten über die Erde zeichnete, er sah, wie sich alle schwarzen Bäume wie eine fallende Mauer vor den Sternen bewegten, er spürte, wie der Wind mit dem Geruch von Erde und Meer seine Wange streifte, während er auf den kommenden Tag wartete.

Er wusste jetzt, dass es keine leichte Sache sein würde; Es sollte ein Kampf werden, der härteste, den er je geführt hatte. Zwei Streitkräfte kämpften um ihn, und eine von ihnen würde noch vor Ablauf der nächsten Nacht den Sieg davontragen. Kein Gut und Böse? Kein Gott und Teufel? Kein Himmel und keine Hölle? Nun, da waren sie vor seinen Augen; die beiden Lager und das Feld dazwischen! Und so brach der Donnerstag an!

Aber es kam mit grauem Nebel und strömendem Regen. Das Meer war verborgen; nur die Wipfel der Bäume im Garten standen trostlos tropfend über dem Nebel.

Alle kamen zitternd zum Frühstück, und Enttäuschungen, die an gewöhnlichen Tagen ungerecht erschienen, waren jetzt völlig unerträglich. Wenn es keine Briefe gab, wurde einer draußen gelassen, wenn es viele waren, waren es sicher Scheine. Es war sicher geräucherter Schellfisch, wenn das das Einzige war, was man mehr als alles andere verabscheute; und natürlich gab es eine Menge kleiner Luftzüge, die wie Mäuse um deine Füße krochen und wie Spinnen um deine Haare wanderten.

Aber eines war völlig klar: Natürlich konnte es kein Picknick geben. Fünf Damen zu sehen, die trostlos allein auf der Spitze des Hügels saßen und vor Neugier strotzten, war schon melancholisch genug; aber sie dort im strömenden Regen sitzen zu lassen, war völlig unmöglich.

Dennoch wollten einige Leute den Ausflug wagen. Sir Richard und Rupert – offenbar hauptsächlich, um ihre Verachtung gegenüber so plebejischen Dingen wie dem Regen zum Ausdruck zu bringen – waren immer noch entschlossen, Truro zu bekämpfen.

Maradick messen .

"Wo gehst du hin?" Dies von Sir Richard, der gerade entschieden hatte, dass sein drittes Ei genauso schlimm war wie die beiden, die er bereits gegessen hatte.

"Oh! Ich weiß nicht!" sagte Tony träge, „über die Hügel und weit weg, nehme ich an. Das ist der ganze Spaß an der Sache – nicht zu wissen. Nicht wahr, Maradick ?"

„Das ist es", sagte Maradick .

Er zeigte keine Anzeichen einer schlechten Nacht. Er aß ein sehr herzhaftes Frühstück.

„Aber Sie müssen eine Ahnung haben, wohin Sie gehen", beharrte Sir Richard und schnupperte düster an seinem Ei.

„Nun, ich gehe davon aus, dass wir uns auf den Weg zu dieser alten Kirche machen", sagte Tony. „Weißt du, der auf der Klippe; dann werden wir landeinwärts zuschlagen, nehme ich an. Meinst du nicht auch, Maradick ?"

„Ja", sagte Maradick .

Es bestand kein Zweifel daran, dass die fünf Damen außerordentlich froh darüber waren, dass es kein Picknick geben würde. Mrs. Lawrence wollte einen wirklich gemütlichen Tag verbringen und am Kaminfeuer eine dieser wunderbaren Geschichten von Miss Braddon lesen. Sie interessierte sich enorm für die Literatur der frühen Achtzigerjahre; alles, was später kam, machte ihr eher Angst.

„Wir können einen wirklich gemütlichen Tag verbringen", sagte Frau Lester.

„Ja, wir werden eine recht angenehme Zeit haben", sagte Frau Lawrence.

„Es ist so schön, einen Vorwand für ein Feuer zu haben", sagte Lady Gale.

„Ich liebe es, wenn man ein Feuer machen kann, ohne sich zu schämen, nicht wahr?" sagte Frau Lawrence.

Mrs. Maradick versammelte ihre beiden Mädchen um sich und sie verschwanden.

Langsam schritt die Uhr auf halb elf zu, als der erste Zug gemacht werden sollte. Herr Lester war ziemlich früh gegangen. Mit großer Herzlichkeit verabschiedete er sich von Maradick .

„Denken Sie daran, uns oft zu besuchen. Es war schön, Sie kennenzulernen. Es gibt noch viel Gesprächsstoff."

Er verabschiedete sich von seiner Frau mit seiner gewohnten, eher beiläufigen Freundlichkeit.

„Leb wohl, altes Mädchen. Schicken Sie mir eine Nachricht. Hoffentlich klart das Wetter auf" – und er war weg.

Sie hatte an der Flurtür gestanden. Als die Falle die Auffahrt hinunterfuhr, machte sie plötzlich einen Schritt nach vorne, als wollte sie hinter ihm in den Regen hinausgehen und ihn zurückrufen. Dann blieb sie stehen. Sie stand auf der ersten Stufe vor der Tür; der Nebel fegte um sie herum.

Lady Gale rief aus dem Flur: „Komm rein, mein Lieber, du wirst klatschnass."

Sie drehte sich um und kam zurück.

Als Tony zusah, wie sich die Zeiger der Uhr drehten, kam es ihm vollkommen unglaublich vor, dass das ganze Abenteuer einfach darin bestehen sollte, leise aus der Tür zu gehen. Es sollte auf jeden Fall mit etwas Schönerem beginnen, mit einer Flucht, etwas, das Geheimhaltung und Geheimnis brauchte. Es war so seltsam, dass er einfach hinuntergehen und Janet mitnehmen würde; es war schließlich eine ganz gewöhnliche Angelegenheit.

Um Viertel nach elf fand er seine Mutter allein in ihrem Zimmer.

Er kam auf sie zu und küsste sie. „Ich gehe jetzt mit Maradick los ", sagte er.

„Ja", antwortete sie und sah ihm in die Augen.

„Du weißt, dass mir ein Abenteuer bevorsteht, Mutter?"

"Ja, Liebes."

„Du vertraust mir, nicht wahr?"

„Natürlich, Liebes, perfekt."

„Morgen wirst du alles darüber erfahren."

„Wenn du willst, Liebes", antwortete sie. Sie legte ihre Arme auf seine Schultern, hielt ihn zurück und sah ihm ins Gesicht. Dann berührte sie seinen Kopf mit ihren Händen und sagte leise:

„Du darfst nicht zulassen, dass irgendetwas und niemand zwischen uns kommt, Tony?"

„Niemals, Mutter", antwortete er. Dann kam er plötzlich ganz nah an sie heran, legte seine Arme um sie und küsste sie immer wieder.

„Gott segne dich, alter Junge", sagte sie und ließ ihn los.

sich geschlossen hatte , begann sie zu weinen, aber als Mrs. Lester sie eine Viertelstunde später fand, waren keine Anzeichen von Tränen zu erkennen.

Maradick und Tony gingen, als die Uhr am oberen Ende der Treppe halb elf schlug, die Stufen des Hotels hinunter.

Als sie in den Garten hinauskamen, schwammen Nebel und Regen um sie herum und schlossen sie ein. Der Wind schlug ihnen ins Gesicht, erfasste ihre Mäntel und peitschte sie an ihren Beinen, und sie krabbelten um die Ecken des Hügels davon.

"Mein Wort! was für ein Tag!" schrie Tony. „Das ist ein Tag für eine Hochzeit!" Er war riesig aufgeregt. Er dachte sogar, dass er diesen Wind und Regen mochte, es half ihm bei dem Abenteuer; und dann wären auch weniger Leute unterwegs, aber es würde eine stürmische Fahrt zur Kirche werden.

Sie sicherten sich ein Taxi auf dem Marktplatz. Aber so ein Taxi; Gab es jemals so etwas? Es stand scheinbar aus keinem besonderen Grund dort vor dem Turm, und der Regen wirbelte darum herum, der Wind schlug an die Beine des Pferdes und spielte fantastische Streiche mit dem Umhang des Kutschers, der wie ein Kutscher um seinen Kopf auf und ab flog wütender Vogel. Er war der älteste Mann, den die Zeit je gesehen hatte; Sein Bart, ein gesprenkeltes Grau, fiel zerzaust auf seine Brust, seine Augen waren trüb und fast geschlossen, seine Nase war auf das Doppelte ihrer natürlichen Größe geschwollen und hatte eine violette Farbe, und als er seinen Mund öffnete, war ein riesiger Zahn zu sehen , aber nur einer.

Seine Hände zitterten vor Fieber, als er die Zügel umklammerte und sein elendes Tier ansprach. Das Pferd war eine erbärmliche Vogelscheuche; seine Rippen drangen wie ein gebogener Handtuchhalter fast in die Haut ein; Sein Blick war melancholisch, aber geduldig. Das Taxi selbst bewegte sich, als würde es jeden Moment auseinanderfallen. Die Seiten der Kutsche waren staubig und die Räder voller Schlamm; Bei jeder Bewegung schrien und klapperten die Fenster und zitterten vor Alter – der Kutscher, das Vierrad und das Pferd schwankten gleichzeitig von einer Seite zur anderen.

Allerdings gab es eigentlich nichts anderes. Zeit war kostbar und durfte auf keinen Fall damit verschwendet werden, zum Taxistand am anderen Ende der Stadt zu fahren. An einem schönen Tag wäre eine ganze Reihe von ihnen auf dem Marktplatz gewesen, aber bei diesem Wetter suchten sie einen besseren Schutz.

Der Wind pfiff über das Kopfsteinpflaster; Der Regen fiel mit solcher Wucht, dass er auf die Steine prallte und wieder hochsprang. Der alte Mann murmelte immer wieder dieselben Worte vor sich hin. „Äh! Herr! wie der Regen fällt; Es ist furchtbar schlecht für die Tiere." Der Turm runzelte die Stirn.

Tony sprang ein, es gab nichts anderes zu tun; es ratterte über den Platz.

Tony lachte. Es kam ihm so vor, als ob das alles die Aufregung noch steigerte. „Kennen Sie", sagte er, „das Gedicht von James Stephens? Es trifft es genau;" und er zitierte:

> „Der Fahrer rieb sich das reizende Kinn,
>
> Mit einem riesigen, losen Zeigefinger, krumm und
> schwarz,
>
> Und seine wackeligen, heftigen Lippen saugten ein,
>
> Und schnaufte wieder auf und hing schlaff herab:
>
> Ein Fangzahn leuchtete durch sein schiefes Lächeln,
>
> In seinem kleinen, mit Tränensäcken bedeckten Auge
> flackerten Jahre der List.
>
> Und das Pferd, armes Tier, es war gerippt und gegabelt,
>
> Und seine Ohren hingen herab, und seine Augen waren
> alt,
>
> Und seine Knie waren knöchelweich , und während wir
> redeten
>
> Es schwang den steifen Hals, den er kaum halten konnte
>
> Sein großer, dünner Kopf ist hoch – dann bin ich
> eingestiegen
>
> Und der Fahrer kletterte grinsend auf seinen Sitz.

Nur konnte dieser alte Junge nicht klettern, wenn er dafür bezahlt würde. Ich frage mich, wie er morgens zu seiner Box kommt. Ich gehe davon aus, dass sie ihn hochheben, wissen Sie; seine alte Frau und die Kinder und Enkelkinder – eine Art Zeremonie."

Sie wurden die ganze Zeit herumgeschleudert wie Erbsen in einer Blase, und Tony musste laut reden, um sich Gehör zu verschaffen. „Ich gehe davon aus, dass er uns auf jeden Fall dorthin bringen wird. Mein Wort, was für ein Regen! Ich sage, wissen Sie, ich kann es überhaupt nicht begreifen . Es scheint furchtbar aufregend, aber in gewisser Weise ist alles so einfach. Sie sehen, ich musste nicht einmal eine Tasche oder ähnliches dabei haben, weil ich jede Menge Zeit haben werde, in der Stadt anzuhalten und Dinge zu holen. Und morgen früh mit Janet den Sonnenaufgang über Paris sehen!"

Seine Augen strahlten vor Aufregung. Aber für Maradick kam dieses Wetter, dieses Taxi schrecklich, fast bedrohlich vor. Er wurde gegen die Seite des Fensters geschleudert, dann gegen Tony und dann wieder zurück. Er hatte den Atem verloren.

Aber ihm war plötzlich etwas anderes klar geworden; Er fragte sich, wie er so dumm sein konnte, es nicht schon einmal gesehen zu haben, und das hieße, dass dies wahrscheinlich, ja fast sicher, das letzte Mal sein würde, dass er Tony für sich hatte. Die Dinge, die der Junge in diesen Wochen für ihn getan hatte, schlugen wie Glocken in seinem Kopf und erinnerten ihn daran. Der Junge war ihm alles gewesen! Und nun sah er plötzlich, dass er dem Jungen in Wirklichkeit überhaupt nichts bedeutet hatte. Tonys Augen waren auf das Abenteuer gerichtet – das große Abenteuer des Lebens. Maradick und andere wie er könnten unterwegs amüsant sein; waren natürlich „gute Sorten", aber sie konnten zurückgelassen werden, sie mussten zurückgelassen werden, wenn man weiterkommen wollte, und es gab noch andere, viele andere.

Maradick in diesem holprigen Taxi plötzlich bewusst, wie alt er war. Im Laufe der Jahre „vierzig" zu sein war nichts, Jahre zählten nicht, aber „vierzig" zu sein, wie er es jetzt sah, war die große Trennlinie im Leben. Er erkannte nun, dass es nicht mehr seine Aufgabe war, sich denen anzuschließen, die „das Leben schufen", sondern dass es sich um die Jugend handelte, und dass sie weder Zeit noch Geduld haben würden, auf seine langsameren Schritte zu warten; Er muss sich damit zufrieden geben, seine Rolle in den Abenteuern anderer Menschen zu spielen und den Beobachter, den Zuschauer zu spielen. Diese jungen Leute sagten ihm vielleicht, dass sie sich um ihn kümmerten, dass sie ihn wollten, aber sie würden es bald vergessen, sie würden bald weitermachen, bis auch sie „vierzig" seien und widerstrebend, unfreiwillig in das andere Lager überwechseln müssten.

Er wandte sich an Tony.

„Ich sage, Junge", sagte er fast grob, „das ist das letzte Stück, das wir zusammen haben werden; allein, meine ich. Ich sage, vergiss mich danach nicht ganz. Ich möchte kommen und dich sehen."

"Dich vergessen!" Tony lachte. "Warum nie! ICH!"

Doch dann stießen der alte Mann und sein Trainer sie plötzlich zusammen, schleuderten sie auseinander und stießen sie dann erneut an, so dass keine Worte mehr möglich waren. Das Taxi war um die Ecke gebogen. Das Haus mit seiner schiefen Tür lag vor ihnen.

In der Halle gab es Lichter; Unter der Treppe stand eine Lampe und an der Wand gegenüber der Tür standen Kerzen. In der Mitte der Halle stand Janet und wartete; Sie trug etwas dunkelblaues Zeug und einen kleinen runden dunkelblauen Hut, darunter glänzte ihr Haar herrlich. Sie hielt eine Tasche in ihrer Hand und einen kleinen Umhang über ihrem Arm. Tony trat mit großen Schritten vor und sie trat ein kleines Stück auf ihn zu. Dann nahm er sie in die Arme, und ihr Kopf neigte sich ein wenig nach hinten, so dass das Licht der Lampe ihr Haar erfasste und einen Heiligenschein um sie warf. Miss Minns stand im Hintergrund und befand sich in einem Zustand ganz natürlicher Aufregung. Es war alles sehr ruhig und zurückhaltend. Maradick schien es, als würde für einen Moment eine sehr schöne Stille über sie herrschen. Das Licht, die Farbe , alles drehte sich um diese beiden, und die Welt stand still. Dann ließ Tony los und sie trat auf Maradick zu .

Sie streckte ihre Hand aus und er nahm sie in seine, und plötzlich, von einem seltsamen Impuls bewegt, beugte er sich vor und küsste sie. Sie ließ es einen Moment liegen und zog es dann lächelnd zurück.

„Das ist großartig von Ihnen, Mr. Maradick ", sagte sie; „Ohne dich weiß ich nicht, was wir getan hätten, Tony und ich."

Und dann drehte sie sich zu Tony um und küsste ihn erneut. Es entstand eine weitere Pause, und tatsächlich schienen die beiden Kinder vollkommen bereit zu sein, den Rest des Tages so zu stehen. Es muss etwas Praktisches getan werden.

„Ich denke, wir sollten etwas unternehmen", sagte Maradick . „Das Taxi wartet draußen und der Zug muss erwischt werden, wissen Sie."

„Warum natürlich." Janet löste sich von Tony. „Wie dumm wir sind! Es tut mir so leid, Miss Minns , haben Sie die Tasche mit der Zahnbürste? Das ist alles, was wir haben, wissen Sie, weil wir in Paris Dinge kaufen können. Oh! Paris!"

Sie holte tief Luft und stand da, ihre Augen starrten, die Hände in die Hüften gestemmt, den Kopf zurückgeworfen. Es war wirklich erstaunlich, wie sie es aufnahm. Es gab weder Zweifel noch Besorgnis über die möglichen Folgen eines so gewagten Schrittes. Es muss sein, dachte Maradick , dass ihre Unwissenheit darüber, was das Leben jetzt für sie bedeuten musste, all der Unterschied, den es haben würde, wenn dieser Tag vorbei wäre, sie vor der Angst bewahrte.

Und doch war in ihren Augen sowohl Wissen als auch Mut zu erkennen, sie war nicht ganz unwissend.

Miss Minns trat vor, Miss Minns mit einer erstaunlichen Haube. Es war eine so erstaunliche Haube, dass Miss Minns sie bestimmt selbst gemacht haben musste; Es hatte die Form eines quadratischen Laibs und kleine Perlen läuteten darauf, während sie sich bewegte. Sie zitterte völlig vor Aufregung, und die ganze Angelegenheit ließ sie an den einen anderen romantischen Vorfall in ihrem Leben zurückdenken – die einzige Liebesaffäre. Aber die wirklich erstaunliche Entdeckung war, dass die Romanze für sie noch nicht zu Ende war, dass es ihr erlaubt war, an einer echten „Affäre" teilzunehmen und sie von Anfang bis Ende durchzuziehen. Sie zitterte vor Aufregung.

Sie stiegen alle ins Taxi.

Es war eine sehr stille Fahrt zur Kirche. Der Regen hatte fast aufgehört. Es schlug nur ab und zu ein wenig zweifelnd gegen das Fenster und strömte dann mit einem kleinen Windwirbel davon.

Das Taxi fuhr langsam, und obwohl es von einer Seite zur anderen schwankte und hin und wieder nach vorne kippte, als würde es auf den Kopf fallen, wurden sie nicht sehr stark durchgeschüttelt. Janet lehnte sich gegen Tony und er hatte seinen Arm um sie gelegt. Keiner von ihnen sprach überhaupt etwas, aber seine Finger bewegten sich ganz leicht über ihre Hand und dann zu ihrer Wange und dann wieder zurück zu ihrer Hand.

Als sie die Spitze des Hügels erreichten und die weiße Straße zur Kirche entlanggingen, traf sie der Wind vom Meer und fegte um sie herum. Große dunkle Wolken, bucklig wie Kamele, rasten über den Himmel; Die knorrigen und knorrigen Bäume am Straßenrand wedelten mit ihren dürren Armen wie Hexen.

Miss Minns nur: „Ich muss sagen, ich hätte mir ein bisschen Orangenblüte gewünscht."

„Das bekommen wir in Paris", sagte Tony.

Dem alten Mann wurde gesagt, er solle mit seiner Kutsche warten, bis alle wieder aus der Kirche kämen. Er schien durchaus bereit zu sein, notfalls bis zum Tag des Untergangs zu warten. Er starrte trübsinnig vor sich auf das Meer. Seiner Meinung nach war das alles eine sehr schlechte Angelegenheit.

Bald waren sie alle in der Kirche, der Geistliche mit dem wallenden Bart, sein älterer Junge, der als eine Art Kirchendiener und allgemeines Faktotum fungierte, Miss Minns , Maradick und dort, am Altargeländer, Tony und Janet.

Es war in der Tat eine sehr kleine Kirche, und der größte Teil des Raumes wurde von einer riesigen kastenförmigen Bank eingenommen, die einst von „The Family" genutzt worden war; jetzt war es eine Masse aus Spinnweben. Am Altar waren zwei Kerzen angezündet worden, die einen unregelmäßigen, unsicheren Schein über den Ort und lange, sich windende Schatten an die Wand warfen. Auf dem Altar selbst stand eine große Schale mit weißen Chrysanthemen, und für den Rest seines Lebens rief der Anblick von Chrysanthemen Maradick diese Szene in Erinnerung: die brennenden Kerzen, der Priester mit seinem großen weißen Bart, die winzige, staubige Kirche, Miss Minns und ihre Haube, Tony, prächtig aufgerichtet, ein Lächeln in den Augen, und Janet mit ihren Haaren und ihrem blauen Serge-Kleid und ihrem hin und wieder Blick auf Tony, um zu sehen, ob er noch da war .

Und so waren sie in wenigen Minuten verheiratet.

Für einen Moment wehte ein leichter Wind über den Boden, wirbelte den Staub auf und erfasste die Kerzen. Sie flammten auf, und aus den Schatten sprangen das strahlende Weiß der Chrysanthemen, das Gold von Janets Haar und das Blau der kleinen Buntglasfenster. Der Regen hatte wieder eingesetzt und schlug heftig gegen die Scheiben; Sie konnten es in kleinen Bächen und Flüssen den Hügel hinunter an der Kirche vorbeifließen hören.

Maradick versteckte für einen Moment seinen Kopf in seinen Händen, bevor er sich abwandte. Er wollte nicht unbedingt beten, er hatte niemanden, zu dem er beten konnte, aber er hatte jetzt wieder das Gefühl, wie schon zuvor im Raum der Minnesänger, dass da etwas war, bei ihm an diesem Ort – das ihn berührte, Gut und Böse? Gott und der Teufel? Ja, sie waren da, und er wagte nicht, den Blick zu heben.

Dann blickte er endlich wieder auf, und im Schock des plötzlichen Lichts schienen die Kerzen wie goldene Lampen vor ihm zu schwingen, und der Altar war ein Thron, und davor der Junge und das Mädchen.

Und dann waren sie wieder alle im Arbeitszimmer des alten Mannes, zwischen seinen Angelruten, Hunden und Büchern.

Er legte beide Hände auf Tonys Schultern, bevor er sich verabschiedete. Tony sah ihm ins Gesicht und lächelte.

Und der alte Mann sagte: „Ich denke, dass Sie beide sehr glücklich sein werden. Aber nehmen Sie einen Rat von jemandem an, der schon sehr lange auf der Welt lebt und etwas darüber weiß, auch wenn er nur in einem dunklen Winkel davon gelebt hat. Meine Liebe, behalte deine Wohltätigkeit. Das ist alles, was ich Ihnen sagen würde. Sie haben es jetzt; behalte es als deinen wertvollsten Besitz. Verurteile niemanden; Ihr wisst nicht, welche Schwierigkeiten sie hatten, welche Versuchung, und selbst auf dem trostlosesten Fleckchen Erde werden Blumen blühen, wenn wir nur den Samen säen. Und denken Sie daran, dass es auf der Welt viele sehr einsame Menschen gibt. Geben Sie ihnen etwas von Ihrer Vitalität und Ihrem Glück, und es wird Ihnen gut gehen.“

Miss Minns , die die meiste Zeit des Gottesdienstes geschnüffelt hatte, wäre zu diesem Zeitpunkt beinahe völlig zusammengebrochen. Und dann erinnerte sich plötzlich jemand an die Zeit.

Es war Tony. „Mein Wort, es ist halb zwei. Und der Zug ist Viertel nach drei. Alles ist in Ordnung, wenn wir es verpassen. Wir müssen los; wir machen es einfach so wie es ist."

Sie fanden den alten Mann, der in einer Wasserlache auf der Kiste saß. Wasser tropfte von den Beinen des zitternden Pferdes. Die Regentropfen sprangen wie von einem Teufel besessen vom Dach des Fahrerhauses wie Erbsen von einem Katapult.

Tony versuchte den Fahrer damit zu beeindrucken, dass er keine Zeit zu verlieren hatte, aber er schüttelte nur traurig den Kopf. Sie gingen langsam um die Ecke.

Dann begann die wundervollste Fahrt, die ein Mensch oder ein Pferd je erlebt hatte.

Zuerst bewegten sie sich langsam. Die Straße war zu diesem Zeitpunkt dick mit Schlamm bedeckt und auf beiden Seiten waren kleine Wassergräben zu sehen. Sie holperten ein Stück hier entlang. Und dann wurde der alte Mann plötzlich sozusagen von einem Teufel gepackt. Sie waren oben auf dem Hügel; Der Wind wehte direkt über ihn hinweg, der Regen peitschte ihn an die Haut. Plötzlich erhob er seine Stimme und sang. Es war der Matrosengesang, den Maradick am ersten Tag seiner Ankunft in Treliss gehört hatte ; Aber jetzt, durch die geschlossenen Fenster des Taxis, schien es sie mit einem schrillen Schrei zu erreichen, wie eine Möwe über ihren Köpfen im Sturm.

Wilder Jubel drang in das Herz des alten Mannes. Er schien von den Furien ergriffen zu sein. Er schlug wild auf sein Pferd ein, das Tier mit all seinen krummen Beinen und wogenden Rippen schoss wie wild vorwärts, und der Regen strömte in Strömen herab.

Hätte es einen Beobachter gegeben, der ihn beobachtet hätte, hätte der alte Mann wie der Geist des Moores wirken können. Seine Augen starrten, seine Arme waren in die Höhe gereckt; und so gingen sie holpernd, rüttelnd und taumelnd über die weiße Straße.

Im Fahrerhaus herrschte Verwirrung. Bei der ersten Bewegung war Miss Minns heftig in Maradicks Schoß geschleudert worden. Zuerst umklammerte er sie wild. Die Signalhörner auf ihrer Haube trafen ihn scharf in die Augen, in die Nase, ins Kinn. In der Aufregung des Augenblicks kniff sie ihn in den Arm. Dann erholte sie sich.

"Oh! Herr Maradick !" Sie begann: „Ich …", aber im nächsten Moment wurde sie erneut gepackt und gegen die Tür geschleudert, so dass Tony sie am Rock festhalten musste, damit die Bretter nicht nachgaben und sie auf die Straße geschleudert wurde. Aber das Tempo des Taxis wurde immer schneller. Sie wurden nun alle vier heftig von einer Seite des Fahrzeugs auf die andere geschleudert. Erst vorwärts, dann rückwärts, dann auf beiden Seiten gleichzeitig, dann alles zusammengeballt in der Mitte; und der alte Mann oben auf der Kiste, während das Wasser in einem Sturzbach von seinem Hut tropfte, schrie sein Lied.

Dann überkam sie alle plötzlich der Schrecken. Es schien ihnen allen im selben Moment klar zu werden, dass Gefahr drohte. Maradick hatte plötzlich Angst. Er hatte blaue Flecken, sein Halsband war zerrissen, ihm schmerzten alle Glieder. Er verspürte den merkwürdigen Drang, Miss Minns zu ergreifen und in Stücke zu reißen, er war wild vor Wut darüber, dass sie ihn so schlagen und schlagen durfte. Er begann wütend zu murmeln. Und die anderen spürten es auch. Janet war den Tränen nahe; Sie klammerte sich an Tony und murmelte: „Oh! Stopp ihn! Stopp ihn!"

Und Tony auch. Er schrie: „Wir müssen da raus! Wir müssen hier raus!" und er zerrte wütend an den Fenstern, aber sie wollten sich nicht bewegen; Und dann durchbrach seine Hand die Scheibe und sie begann zu bluten, da war Blut auf dem Boden des Wagens.

Und sie wussten nicht, dass es der Ort war, der sie vertrieb. Sie kehrten in ihre Städte zurück, zu ihren disziplinierten Orten, zu ihren Straßen und feierlichen Häusern, zu ihren Erfindungen, ihren Schienen und Linien und ihrem geordneten Leben; und so würde der Ort sie vertreiben. Es würde sein letztes wildes Spiel mit ihnen haben. Der alte Mann stieß einen letzten schrillen Schrei aus und schwieg. Das Pferd geriet wieder in Trümmer; sie waren in den dunklen, feierlichen Straßen. Sie stiegen den Hügel zum Bahnhof hinauf.

Sie begannen sich aufzurichten und vergaßen bereits, dass es zumindest im Geringsten schrecklich gewesen war.

„Schließlich", sagte Tony, „war es wahrscheinlich gut, dass wir dieses Tempo erreicht haben." Vielleicht haben wir den Zug verpasst."

Er half Janet, sich aufzuräumen. Miss Minns entschuldigte sich ausführlich: „Wirklich, Herr Maradick , ich weiß nicht, was Sie von mir gedacht haben. Wirklich, es war höchst unbescheiden; und ich fürchte, ich habe dich ziemlich ungeschickt angestoßen. Es war am meisten —"

Aber er hielt sie auf und versicherte ihr, dass alles in Ordnung sei. Als sie den Hügel hinaufstiegen, dachte er, dass sie beide in einer weiteren Viertelstunde verschwunden sein würden, wahrscheinlich ganz aus seinem

Leben verschwunden sein würden. Außer seinen Erklärungen würde ihm nichts mehr übrig bleiben; sein Aufklären sozusagen und Mrs. Lester. Aber er würde jetzt nicht an sie denken; er schob sie für den Moment entschieden von sich. Der Gedanke an sie schien eine Entweihung zu sein, als diese beiden Kinder bei ihm waren – etwas so Reines und Schönes wie alles, was die Welt zeigen konnte. Er würde später an sie denken, wenn sie gegangen wären.

Doch als er sie ansah, durchfuhr ihn ein großer Neid wie ein Messerstich. Ah! das war es, was das Leben bedeutete! Jemanden zu haben , für den du das Wichtigste auf der Welt warst, jemanden , der auch für dich das Wichtigste war!

Und er? Hier, mit vierzig, hatte er nichts als ein Scheckbuch und einen anständigen Schneider.

Sie stiegen aus dem Taxi.

Es dauerte zehn Minuten, bis der Zug abfuhr. Es war da und wartete. Tony ging, um die Tickets zu holen.

Janet legte plötzlich ihre Hand auf Maradicks Arm und sah ihm ins Gesicht:

"Herr. Maradick ", sagte sie, „ich hatte nicht die Gelegenheit, dir viel über all das zu sagen, was Tony und ich dir schulden. Aber ich fühle es; tatsächlich, das tue ich tatsächlich. Und ich werde es niemals vergessen. Wo auch immer Tony und ich sind, es wird immer einen Platz für dich geben, wenn du einen möchtest. Das wirst du doch nicht vergessen, oder?"

„Nein, in der Tat", sagte Maradick , und er nahm für einen Moment ihre Hand und drückte sie. Dann hörte sein Herz plötzlich auf zu schlagen. Der Bahnhof schien für einen Moment zusammengedrückt zu sein, so dass der Bahnsteig und das Dach zusammentrafen und der Bücherstand und die Menschen, die dort herumlungerten, völlig verschwanden.

Sir Richard und Rupert gingen langsam über den Bahnsteig auf sie zu. Daran gab es überhaupt keinen Zweifel. Sie waren offensichtlich gerade erst aus Truro angekommen und Rupert starrte in seiner üblichen ziellosen Art vor sich hin. Es gab einfach keine Zeit zu verlieren. Ihnen drohte eine Katastrophe, denn Tony war nicht vom Fahrkartenschalter zurückgekommen und konnte jeden Moment auf seinen Vater stoßen.

Maradick packte Janet am Arm und zerrte sie zurück in den Erfrischungsraum. „Schnell", sagte er, „es gibt keinen Moment zu verlieren – Tonys Vater." Sie und Miss Minns müssen alleine reinkommen; vertraue dem Glück!" In einem Moment hatte sie die Situation erfasst. Ihre Wangen waren ein wenig gerötet, aber sie lächelte ihn hastig an und gesellte sich dann zu Miss Minns . Gemeinsam gingen sie leise den Bahnsteig hinunter und nahmen in einem Erste-Klasse-Wagen am anderen Ende des Zuges Platz. Janet war vollkommen selbstbeherrscht, als sie an Sir Richard vorbeikam. Es stand außer Frage, dass dieser vornehm aussehende Herr Tonys Vater sein musste, und sie musste eine ganz natürliche Neugier verspürt haben, zu sehen, wie er aussah; Sie warf ihm einen scharfen Blick zu und beugte sich dann zu einem scheinbar ernsten Gespräch mit Miss Minns .

Dann sah Rupert Maradick . „Hallo! Da ist Maradick !" Er trat langsam vor; aber er lächelte ein wenig auf eine ziemlich müde Art. Er mochte Maradick . "Was für ein Tag! Ja, Truro war schrecklich! Alle möglichen schrecklichen Leute, die tropfnass sind!"

Ja, Maradick war mit Tony ein Trottel im Regen gewesen. Tony fragte gerade nach einem Paket, das er erwartete; Ja, sie waren sehr nass geworden und bereit für den Tee! Ah! Da war Tony.

Maradick starrte ihn schmerzerfüllt an, als er aus dem Fahrkartenschalter kam. Würde er zusammenzucken und vor Überraschung erröten, wenn er sie sah? Würde er sich vage und wild nach Janet umsehen? Würde er umkehren und fliehen?

Aber er hat nichts davon getan. Er ging auf sie zu, als ob das Einzige, was er dort auf dem Bahnsteig wirklich zu sehen erwartet hätte, sein Vater wäre. In seinen Mundwinkeln lag ein kleines Lächeln und seine Augen leuchteten besonders hell, aber er schlenderte ganz lässig den Bahnsteig entlang, als hätte er nicht die geringste Ahnung, dass der Zug in weiteren fünf Minuten abfahren würde, und das Janet war irgendwo in der Nähe und konnte jeden Moment auftauchen.

„Hallo, Gouverneur! Rupert! Wer hätte gedacht, Sie hier zu sehen? Ich nehme an, das Wetter hat dich zurückgeschickt. Maradick und ich waren da draußen auf dem Hügel ganz schön durchnässt. Aber eines ist, dass es einen mit einigem Genuss ins Feuer schickt. Ich bin hinter einem verrotteten alten Paket her, das mir Briggs geschickt hat – ein paar Bücher. Er sagt, es hätte kommen sollen, aber ich kann hier keine Nachricht darüber bekommen. Wir begleiten Sie gleich zum Hotel zum Tee."

Aber Rupert schien geneigt zu sein, zu bleiben und sich zu unterhalten. "Oh! wir kommen mit dir weiter; Wir haben es nicht besonders eilig, oder, Gouverneur? Ich sage, das war ein verdammt hübsches Mädchen, das gerade gestorben ist; Mädchen in Blau. Hast du sie gesehen, Maradick ?"

Nein, Maradick hatte sie nicht gesehen. In Blau? Nein, er hatte es nicht bemerkt. Die Situation begann ihm auf die Nerven zu gehen. Er war weitaus aufgeregter als Tony. Was sollten sie tun? Der Wachmann ging den Bahnsteig entlang und schaute sich die Fahrkarten an. Türen fingen an zu knallen. Sehr viele Menschen überbrachten eilig viele Botschaften, die schon viele Male zuvor überbracht worden waren. Was war zu tun? Für seine aufgeregte Fantasie schien es fast so, als ob Sir Richard sich der ganzen Angelegenheit vollkommen bewusst wäre. Er fand sein Schweigen düster; sicherlich gab es ein böses Funkeln.

„Ja", sagte Rupert, „da ging sie die Lemon Street entlang, weiß ich nicht , und ihr wasserdichtes Ding flatterte auf die *absurdeste Weise* hinter ihr –" Die Türen wurden alle zugeschlagen; Der Wachmann schaute die Linie hinunter.

Plötzlich bewegte sich Sir Richard. „Mir ist verdammt kalt; nasse Sachen." Er nickte Maradick kurz zu . „Bis später, Mr. Maradick ."

Sie entfernten sich langsam; Sie bogen um die Ecke und im selben Moment setzte sich der Zug in Bewegung. Tony ergriff Maradicks Hand und machte dann einen wilden Sprung über die Plattform. Der Zug fuhr jetzt ziemlich schnell; Er machte eine Kupplung an einem der Wagen. Zwei Träger stürmten schreiend herbei, aber er hatte die Türklinke im Griff. Er warf es auf; Einen ekelerregenden Augenblick lang stand er schwankend auf dem Brett; es schien, als würde er zurückgefegt werden. Dann zog ihn jemand hinein. Er machte einen Satz nach vorne und verschwand; die Tür war geschlossen.

Viele kleine Papiere stiegen in einer kleinen Staubwolke in die Luft. Sie wirbelten hin und her . Ein leichter Wind wehte über den Bahnsteig.

Maradick drehte sich um und ging langsam weg.

Kapitel XVIII

NACHMITTAG UND ABEND DES SIEBUNDZWANZIGTEN –
MARADICK

GEHT IN DIE KIRCHE UND ZAHLT DANACH A

BESUCH IN MORELLI

Als er aus dem Bahnhof kam und auf die kleine Straße blickte, die den Hügel hinunterführte, auf die grauen Wolkenbänke, auf das weißgraue Tal des Meeres, fühlte er sich seltsam und unheimlich allein. Es war, als wäre er plötzlich durch eine unbekannte, mysteriöse Kraft in ein neues Land versetzt worden, ein Land, das noch nie zuvor jemand gefunden hatte. Er ging den Hügel mit dem vorsichtigen, abenteuerlichen Gefühl der Überraschung entlang, das mancher Entdecker gehabt haben könnte; er war allein in der Welt der Geister.

Als er am Ende der Straße ankam, blieb er stehen und versuchte, seine Gedanken zu ordnen. Wo war er? Was würde er tun? Welche Gedanken schwebten wie Raubvögel um seinen Kopf und warteten auf den Moment des Abstiegs? Er stand ganz dumm da, als ob sein Gehirn plötzlich von allen Gedanken befreit worden wäre; es war ein leerer, trostloser Raum. Alles war leer, verlassen. Zwei Platanen winkten traurig; zu seinen Füßen befanden sich kleine Regenwasserpfützen, die das düstere Grau des Himmels widerspiegelten; Eine sehr alte, gebeugte Frau in einem schwarzen Umhang humpelte langsam den Hügel hinauf. Dann war sein Gehirn plötzlich wieder lebendig, plötzlich wusste er es. Tony war weg. Tony war weg und er musste die Leute sehen und es erklären.

Der Gedanke an die Erklärungen beunruhigte ihn kaum; Keiner dieser anderen Menschen war wirklich wichtig. Sie konnten nicht viel tun; sie konnten nur Dinge sagen. Nein, sie spielten keine Rolle. Sie machten ihm nichts aus, genauso wenig wie irgendjemand sonst auf der Welt außer Tony. Er sah jetzt tausend kleine Dinge, die Tony getan hatte, die Art und Weise, wie Tony standhaft geblieben war, Dinge, die Tony gesagt hatte, kleine Tricks, die er hatte; und nun war er weg.

Die Dinge könnten nie wieder so sein wie zuvor. Tony hatte jetzt jemand anderen. Jeder hatte jemand anderen, jemanden , der ihm besonders gehörte; Er sah die Welt als einen Ort, an dem jeder – Mörder, Priester, König, Prostituierte – seinen Begleiter hatte und nur er, Maradick , allein war. Er war schon früher ziemlich stolz darauf gewesen, allein zu sein; Er hatte lieber das Gefühl gehabt, völlig unabhängig zu sein, dass es keine Rolle spielte, ob jemand starb oder vergaß, weil er auch alleine weiterkommen konnte! Was für ein Idiot war er gewesen! Das war einfach das Einzige, was sich zu haben lohnte: Beziehungen zu anderen Menschen, Intimität, Zuneigung, alles, was man hatte, jemand anderem zu geben und etwas von ihm zurückzunehmen. Oh! Das hat er jetzt gesehen!

Er war unbestimmt, gedankenlos und ziellos gegangen. Nun sah er, dass seine Füße ihn zurück in die Stadt geführt hatten und dass er auf dem Marktplatz war und wieder der Stadt zugewandt war. Er war entschlossen, nicht ins Hotel zurückzukehren, bis er Morelli gesehen hatte, und das konnte er auch nicht vor dem Abend tun; aber das wäre das nächste. In der Zwischenzeit würde er gehen – egal wohin –, aber er würde sich auf die Straße begeben, in die Luft, und versuchen, den ganzen verwirrten Zustand, in dem sich sein Geist befand, in Ordnung zu bringen.

Einen Moment lang stand er da und blickte auf den Turm. Es gab ihm wieder das Gefühl von Stärke und Trost. Schließlich war er nicht ganz allein, solange die Welt der Ort war, an dem sie war. Aktien und Steine hatten mehr eine Stimme, mehr eine persönliche Lebensaktivität, als die meisten Menschen wussten. Aber er wusste es! Er wusste es, seit er in diese seltsame Stadt gekommen war, diesen Ort, an dem jeder Baum, jedes Haus und jeder Hügel lebendig zu sein schien.

Und dann kam Mrs. Lester mit dem Gedanken an den Ort zu ihm zurück. Er hatte sie vergessen, als er an Tony dachte. Aber jetzt, da Tony weg war, jetzt, da das in gewisser Weise vorbei war, trat plötzlich die andere Frage in den Vordergrund. Mrs. Lester mit ihrem Lächeln, ihren Armen, der Krümmung ihres Halses, dem Duft, den sie benutzte, der Art und Weise, wie ihre Augen sozusagen langsam zu seinen aufstiegen, kurz bevor sie ihn küsste . . . . . . Frau Lester. . . und es muss noch heute Abend entschieden werden.

Er fing an, wütend zu laufen, und bald war er draußen auf der Hauptstraße, die über dem Meer verlief. Der Regen hatte aufgehört; Die Sonne schien nicht wirklich, aber durch die dichten Wolken war ein Licht zu sehen, als wäre sie nicht weit entfernt, und die Schimmer von Blau und Gold waren nicht wirklich zu sehen, sondern zitterten sozusagen am Rande der sichtbaren Erscheinung , schien in die Luft zu fliegen. Alles glänzte und glitzerte im Regen. Das Grün der Bäume und Felder hob sich so hell vom Grau des Meeres und des Himmels ab, dass es fast blendete; seine Helligkeit war unnatürlich, sogar ein wenig grausam. Und nun war er mitten in der Hitze des Konflikts gefangen . Der Kampf schien plötzlich über ihn hereingebrochen zu sein, als ob in Wirklichkeit zwei sichtbare Kräfte um den Besitz seiner Seele kämpften. In einem Moment wirkte er ruhig und entschlossen; Tony, Janet, seine Frau (und das war merkwürdig, denn ein paar Tage zuvor hätte sie überhaupt keine Rolle gespielt), Punch, der Turm, alle möglichen seltsamen Teile von Dingen, Eindrücken, Gedanken und vor allem ein Bewusstsein davon eine äußere Macht, die für ihn kämpfte – all diese Dinge bestimmten ihn. Er würde heute Abend Frau Lester sehen und ihr sagen, dass es nichts weiter geben dürfe; Sie sollten Freunde sein, gute Freunde, aber dieses gefährliche Gefühl durfte nicht mehr aufkommen, man wusste nie, wohin es führen würde. Und schließlich sollten Gesetze eingehalten werden. Ein Mann war überhaupt kein Mann, wenn er einer Frau auf diese Weise Schaden zufügen konnte. Und dann war er Lesters Freund gewesen. Wie konnte er seine Frau entehren ?

Und dann kam es plötzlich von der anderen Seite, heftig, heiß, wild, so dass sein Herz anfing wie wild zu schlagen, seine Augen wurden trübe. Er sah nur sie, der ganze Rest der Welt wurde mitgerissen. Sie sollten dieses eine Abenteuer erleben, sie *müssen* ihr einziges Abenteuer erleben. Schließlich waren sie keine Kinder mehr. Keiner von ihnen wusste, was das Leben vorher war; Lassen Sie sie es jetzt leben, ihre großartige Erfahrung. Wenn sie es jetzt verpassen würden , würden sie es ihr Leben lang bereuen. Sie blickten auf die Dinge zurück, die sie hätten tun können, auf die Dinge, die sie hätten wissen können, und stellten fest, dass sie alles nur deshalb bestanden hatten, weil sie nicht mutig genug gewesen waren, weil sie Angst vor Konventionen und alten, muffigen Gesetzen hatten das war vor Tausenden von Jahren für andere Menschen gemacht worden, Menschen, die weit weniger zivilisiert waren , Menschen, die Regeln brauchten. Und dann wuchs ihm der Gedanke an sie – Einzelheiten, das Gefühl, sie zu halten, sie zu behalten; und dann war er für einen Moment so primitiv und wild, dass er vor aller Welt alles getan hätte, um sie zu ergreifen.

Aber es ging vorüber; der Geist verließ ihn, und wieder war er elend, elend, reuig. Er war so ein Mann, ein Verräter an seiner Frau, an seinen Freunden, an allem, was anständig war. Er ging wie wild, sein Haar wehte vom Wind, seine Augen starrten vor sich hin, und die frühe Dämmerung eines grauen Tages begann sich um seine Füße zu schleichen.

Es kam alles dazu. Gab es einen Ethikkodex für die Welt, oder musste sich jeder für seinen Einzelfall zum Gesetz machen?

Es gab bestimmte offensichtliche Dinge, wie z. B. den Nachbarn Schaden zuzufügen , Lügen, Grausamkeit, die schlecht für die Gemeinschaft waren und daher dem Einzelnen verboten werden mussten; Aber nehmen Sie ein Beispiel von etwas, bei dem Sie niemandem geschadet haben, sich tatsächlich selbst geschadet haben, indem Sie es geleugnet haben. War das eine Sünde, selbst wenn das allgemeine Gesetz es verbot? Wofür waren die Instinkte eines Mannes? Warum wurde er so sorgfältig in die Mitte seines wunderbaren, abenteuerlichen Lebens eingebunden, wenn es ihm verboten war, etwas davon zu wissen? Warum diese Nebel? Diese Linie aus Marmorschaum weit unter ihm? Dieser harte schwarze Rand der Felsen gegen den Himmel? Es war alles stark, unbarmherzig, unvermeidlich; und er verstieß mit dieser namby-pamby-artigen Tugend gegen die Natur.

Er ließ den Wind um sein Gesicht schlagen, während er beobachtete, wie die Nebel in großen Wellen und mit umschlungenen Armen über die Bucht fegten. Als er sich das Ganze ansah, kamen ihm plötzlich einige Zeilen vom Ende von „To Paradise" in den Sinn. Er konnte sich nicht genau an sie erinnern, aber sie waren ungefähr so gewesen:

> Für Tressiter , wie für jeden anderen Menschen, war plötzlich die Zeit der Offenbarung gekommen, der Moment, in dem er ohne jede Hilfe der Tradition, ohne jeglichen Bezug zu Dingen oder Personen der Vergangenheit sehen konnte. Plötzlich hatte er die Vision eines Neugeborenen , und durch sein Gehirn und seinen Körper drangen in die verschlossenen Tiefen seiner Seele die elementaren Leidenschaften und Bewegungen der Welt vor, die die Schöpfung von Anfang an beherrscht hatten. Das gewaltige Ausmaß der Winde, das unermüdliche Schlagen der Wellen an unzähligen Ufern, die stillen Wasser unzähliger Flüsse, die leuchtenden Flanken von tausend Rindern auf Moorlandschaften, die sich ohne Horizont bis ans Ende der Zeit erstrecken – das waren es und nicht nur Kleinigkeiten Zivilisationsakte , die es vor einigen hundert Jahren gegeben hatte und die nun mit dem neuen Leben, das ihm gehörte, übereinstimmten. Er hatte es noch nie zuvor gesehen, er hatte es noch nie zuvor gewusst. Er sah jetzt mit unvoreingenommenen Augen, er wusste jetzt mit einem Wissen, das alle menschengemachten Gesetze außer Acht ließ und wie ein Kind zu Mutter Erde zurückkehrte . . . . Doch mit diesem neuen Wissen gingen auch Gefahren einher. Da einige Gesetze nun keine Wirkung mehr zu haben schienen, bedeutete das nicht, dass es überhaupt keine Gesetze geben durfte. Dieser Weg war Schiffbruch. Nur aus dieser neuen Stärke, dieser neuen Klarheit der Sicht muss er seine Stärke, seine Zurückhaltung, seine Disziplin für sich selbst nutzen und so als neuer Mann die andere Seite des Hügels hinuntergehen . . . . Dies ist das „mittlere Alter", das jeden Mann erreicht. Es hat nichts mit Jahren zu tun, sondern ist der große Rubikon des Lebens . . . .

Und so Lester. Schöne Worte und große Worte, und vielleicht ein wenig lächerlich, wenn man wüsste, was Lester war, aber da war etwas dran. Oh! Ja! da war was drin!

Und dieses Mal hatte ihn dieses „mittlere Alter" erreicht.

Er stellte fest, dass seine Schritte ihn wieder zurück zu der kleinen Kirche geführt hatten, in der er bereits an diesem Tag gewesen war. Er dachte, es könnte ein guter Ort zum Sitzen und Nachdenken sein, ruhig und zurückgezogen und geschützt, falls es erneut regnen würde.

Die Dämmerung kroch die kleine Gasse hinunter, so dass die Tiefen davon verborgen und schwarz waren; Aber über den dunklen Baumgruppen begann der Himmel in das schwächste, blasseste Blau einzutauchen. Ein Vogel freute sich über diese Rückkehr der Farbe und sang mitten in der Gasse; Aus der Erde stieg der süße, saubere Geruch auf, den der Regen hinterlässt. Hinter den kleinen blauen Fenstern der Kirche schien ein blassgelbes Licht, von der gleichen Blässe wie das schwache Blau des Himmels, und schien es auf eine intime, freundliche Weise widerzuspiegeln. Der Kirchenkörper hob sich grauweiß vom umgebenden Nebel ab. Es kam Maradick vor (und das zeigte, dass er jetzt allem Lebenskraft zuschrieb), als würde er sich ein wenig nach vorne beugen und dem ganz fernen Rauschen des Meeres lauschen; seine Fenster waren goldene Augen.

Die Lichter schienen Gesellschaft zu verkünden, und so war er überrascht, als er die Tür sanft zurückschob und eintrat, dass niemand da war. Aber auf dem Altar standen zwei große Kerzen, und sie winkten ihm im Zug der Tür ein wenig zu, als wollten sie ihn begrüßen. Im Dämmerlicht schien die Kirche jetzt größer zu sein. Die große, kastenförmige Familienbank verschwand in den dunklen Ecken der Wände; es schien sich in den unendlichen Raum zu erstrecken. Auf den anderen Plätzen herrschte die Atmosphäre des bewussten Wartens auf eine Zeremonie. Auf einem von ihnen befand sich noch ein aufgeschlagenes Gebetbuch, das bei der Trauung geöffnet worden war und am Nachmittag dort zurückgelassen worden war. Und als er es sah, kamen ihm die Erinnerungen an Tony und Janet mit einem Schlag zurück, so dass es schien, als wären sie bei ihm. Es schien schon sehr, sehr lange her zu sein, seit sie gegangen waren, fast wie ein weiteres Leben. Und jetzt, wo er darüber nachdachte, war es vielleicht doch besser, dass sie so gegangen waren.

Er dachte von Anfang an über die ganze Angelegenheit nach. Der erste Abend in Treliss , die erste Nacht, in der er sich mit ihr gestritten hatte , und dann war da noch Tony gewesen. Das datierte die Veränderung in ihm. Aber er konnte sich nicht erinnern, wann ihm zum ersten Mal etwas an ihr aufgefallen war. Da war das Picknick gewesen, der Abend in ihrem Zimmer, als er fast die Kontrolle über sich verloren und sie geschüttelt hatte . . . . Ja, das war danach. Das hat es gebracht. Nun ja, es lag schließlich nur daran, dass er sich standhaft gezeigt hatte, weil er ihr dieses eine Mal Angst vor ihm gemacht hatte. Denn zweifellos hatte sie auch gemerkt, dass die Leute ihm Aufmerksamkeit schenkten. Zum ersten Mal in ihrem Eheleben war er „jemand" geworden, und das hatte ihr vielleicht die Augen geöffnet. Aber dann hatte es neulich Abend diesen merkwürdigen Moment gegeben, als sie mit ihm gesprochen hatte. Das war außerordentlich unangenehm gewesen. Er spürte wieder das unangenehme Gefühl der Hilflosigkeit, nicht im Geringsten zu wissen, wie er mit ihr umgehen sollte. Das war die neue Mrs. Maradick . Er hatte also mit jemand ganz Neuem zu rechnen.

Und dann sah er dort in der Kirche plötzlich, dass es das Richtige war. Es sollte zurückgehen. Zurück nach Epsom, zurück zu seiner Frau, zurück zu den Mädchen. Er sah, dass sie, Mrs. Maradick , auf ihre Art vom Admonitus berührt worden war Locorum – nicht, dass er es so ausgedrückt hätte; er nannte es den „Rum-Ort" oder „die absurde Stadt". Sie würde versuchen (das hatte sie ihm selbst gesagt), besser und zuvorkommender zu sein. Er konnte sie jetzt sehen, wie sie dort am Ende des Bettes saß und ihn so erbärmlich ansah.

Die Schatten sammelten sich um die Kirche, krochen über den Boden und verdunkelten das blaue Licht aus den Fenstern, und nur am Altar war ein Lichtschein zu sehen, wo die Kerzen immer größer zu werden schienen und ihr Licht wie ein federleichter goldener Nebel hing im Kreis, bis es sich im düsteren Dach verlor.

Aber er starrte vor sich hin und sah nur die beiden Frauen, eine auf jeder Seite von ihm. Er hatte alles andere vergessen. Sie standen da und warteten darauf, dass er seine Wahl traf. Es war die Trennung der Wege.

Und dann ist er plötzlich eingeschlafen. Er wusste nicht, dass seine Augen geschlossen waren; Er schien immer noch dumm auf die beiden Kerzen und die Ringe zu starren, die sie bildeten, und auf die Art und Weise, wie der Altar vor ihm abfiel wie die trübe graue Seite eines Hügels. Und es war ein Hügel. Er konnte sehen, wie es sich vor ihm in die Luft erstreckte, bis seine Höhe verloren ging. Am Fuße des Hügels verlief ein Bach, blau im Halbdunkel, und vor dem Bach erstreckte sich eine grüne Ebene bis zu seinen Füßen. Entlang des Baches befanden sich große Uferbänke aus grünem und braunem Schilf, und rechts und links davon liefen braune Klippen steil ins Meer hinab.

Und dann wurde ihm im Traum plötzlich klar , dass er den Ort schon einmal gesehen hatte. Er wusste, dass jenseits der Ebene eine hohe weiße Straße zu einer Stadt führen sollte, dass sich unterhalb der Klippen eine Bucht mit einer weißen Sandbucht befand; er kannte den Ort.

Und die Leute kamen näher. Er konnte ihre Gesichter nicht sehen, und sie schienen in diesem Halblicht , in dem sich die blauen Hügel und der blaue Fluss mit dem Grau der Dämmerung vermischten, wie Schatten zu sein, wie ein Licht sie auf einen Bildschirm wirft. Sie sangen sehr leise und bewegten sich langsam über die Ebene. Dann vergingen sie und es herrschte wieder

Stille, nur ein leichter Wind rauschte den Hügel hinunter und die Binsen zitterten für einen Moment. Dann teilten sich die Binsen, und ein Gesicht schaute zwischen ihnen hervor, sah Maradick an und lächelte. Und Maradick erkannte das Lächeln. Er hatte es zum ersten Mal in einem Wirtshaus gesehen, voller Rauch, laut vom Trinken und Gelächter. Er konnte alles noch einmal sehen; der kleine Mann in Braun plötzlich an seinem Tisch und dann dieses entzückende, charmante Lachen, das seinesgleichen auf der Welt sucht – Morelli.

Aber diese Gestalt war nackt, seine Füße waren Ziegenfüße und auf seinem Kopf waren Hörner; Sein Körper war braun und behaart und in seiner Hand hielt er eine Pfeife. Er begann zu spielen und langsam kamen die schattenhaften Gestalten wieder zurück und versammelten sich um ihn. Sie begannen zu seinem Spiel zu tanzen und bewegten sich langsam im Dämmerlicht, so dass sie zeitweise nur wie Nebel wirkten; Und ein kleiner Mond, gleich einem goldenen Auge, kam heraus und beobachtete sie und berührte die Gipfel der blauen Hügel mit Flammen.

Maradick wachte auf. Sein Kopf war nach vorne auf den Sitz vor ihm gerutscht. Er fühlte sich plötzlich furchtbar müde; Jedes Glied in seinem Körper schien zu schmerzen, aber ihm war kalt und der Sitz war sehr hart.

noch jemand anderes in der Kirche war . Drüben beim Altar kniete jemand , und ganz leise kamen ihm die Worte eines Gebets in den Sinn. „Vater unser, der Du im Himmel bist, Dein Name werde geheiligt . . . . Dein Wille geschehe, . . . wie es im Himmel ist . . . . Führe uns nicht in Versuchung; Sondern erlöse uns von dem Bösen . . . . . „Es war der alte Geistliche, der alte Geistliche mit dem weißen Bart.

Maradick saß regungslos auf seinem Sitz. Er machte keine Bewegung, aber er betete, betete heftig. Er betete zu keinem Gott, der einen Namen hatte, sondern zu den Kräften aller Ehre , aller Nächstenliebe, aller Güte.

Liebe war der ultimative Test, der Test für alles. Er wusste jetzt mit einer Klarheit, die alle Schatten zu vertreiben schien, die tagelang um ihn herumgehangen hatten, dass er Mrs. Lester nie geliebt hatte. Es war der Schrei der Sinnlichkeit, der Ruf des Tieres; es war Lust.

"Erlöse uns von dem Bösen." Er sagte es immer wieder, die Hände geballt, die Augen starr, den Blick auf den Altar richtend. Die Mächte des Bösen schienen überall um ihn herum zu sein; Er hatte das Gefühl, dass er verloren war, wenn er nicht mit aller Kraft an diesem Gebet festhielt. Die Vision von Frau Lester kehrte zu ihm zurück. Sie schien zwischen ihn und den alten Mann am Altar zu geraten. Er versuchte, über sie hinauszuschauen, aber sie war da, flehend und streckte ihm ihre Arme entgegen. Dann war sie näher bei ihm, ganz nah, er konnte ihren Atem auf seiner Wange spüren; und dann stieß er sie mit aller moralischen Kraft, die in ihm steckte, von sich.

Dann schien er lange Zeit in einer seltsamen Mattigkeit zu liegen. Er saß immer noch vornübergebeugt, die Hände fest zusammengepresst, den Blick auf den Altar gerichtet, aber sein Gehirn schien nicht mehr zu arbeiten. Er hatte das Gefühl, plötzlich außerhalb und über sich selbst zu stehen. Er sah Maradick dort sitzen, er sah die düstere Kirche und das schwache goldene Licht über dem Altar und draußen die Weite der Ebene und das dunkle, stürzende Meer; und er war über alles hinaus. Er wunderte sich ein wenig, dass dieser Mann wegen einer so kleinen Angelegenheit so beunruhigt sein konnte. Er wunderte sich und hatte dann Mitleid mit ihm. Was für eine Perspektive muss er haben, das arme Ding, wenn er glaubt, dass seine Kämpfe von so großer Bedeutung sind.

Er sah ihn als Baby, als Jungen, als Mann – stur, dumm, egozentrisch , unwissend. Oh! so eine langweilige Seele! So ein Klumpen Lehm, der den Raum genau so ausfüllt, wie eine Wand ihn ausfüllt; aber nutzlos, überhaupt ohne Anteil an der Musik, die ihn umgab.

Und dann, weil die Flamme für einen Moment auf ihn niedergegangen ist und ihm die Augen geöffnet wurden, eilt er sofort los, um in seinem Körper Zuflucht zu suchen. Er hat Angst vor seiner Seele, ihr Licht tut ihm weh, er kauert in seiner dunklen Ecke und tastet nach seinem Essen und möchte, dass seine Sinnlichkeit befriedigt wird; und der kleine Funke, der entzündet wurde, ist fast erloschen, in einem Moment wird er verschwunden sein, weil er nicht wusste, was er damit anfangen sollte, und der letzte Zustand dieses Mannes ist schlimmer als der erste.

Und langsam kam er zu sich selbst zurück. Die Kerzen waren erloschen. Die Kirche war ziemlich dunkel. Nur ein Stern schien durch das kleine Fenster und ein verspäteter Vogel sang. Er sammelte sich. Es muss spät sein und er muss Morelli sehen. Er stolperte aus der Kirche.

Als er dem Wind und der Nachtluft entgegensah, wusste er, dass er auf irgendeine unbekannte, bisher nur vage geahnte Weise den moralischen Sieg über sich selbst errungen hatte. Er hatte keinen Zweifel darüber, was er tun musste; Er hatte überhaupt keinen Zweifel daran, welches Leben er danach führen würde. Er sah, dass ihm etwas sehr Kostbares zum Behalten gegeben worden war – sozusagen sein *vie sacré – und er wusste, dass jeder dieses vie sacré* irgendwo hatte, dass es etwas war, worüber er nie sprach, etwas, das er sehr streng verheimlichte. und dass sie, wenn sie es beschmutzt oder verletzt hatten oder es vielleicht sogar eine Zeit lang verloren hatten, unglücklich waren und das Leben elend sahen und ihren Mitmenschen misstrauten. Er hatte es noch nie zuvor gehabt; Aber jetzt hatte er sie, seine kostbare goldene Schatulle, und sie würde alles Leben zu etwas Neuem machen.

Aber da war immer noch sein Körper. Noch nie in seinem Leben hatte er sich so stark gefühlt; Das Blut raste durch seine Adern, er hatte das Gefühl, als würde er sich am liebsten nackt ausziehen und mit allem Wütenden und Starken kämpfen und kämpfen.

Sein Gefühl der Müdigkeit hatte ihn verlassen; Er hatte das Gefühl, dass er seine Kräfte sofort freilassen musste, sonst würde er ein Verbrechen begehen. Ein paar Minuten stand er da und ließ sich den Wind um die Stirn wehen. Der Sturm war vorüber. Der Himmel war sehr dunkelblau und die Sterne sahen vom Wind verweht und neblig aus, wie sie es oft nach einem Sturm haben. Ihr goldenes Licht war ein wenig wässrig, als wären sie alle in einen geheimnisvollen See irgendwo in den Hügeln des Himmels getaucht worden, bevor sie draußen am Himmel waren. Trotz des Windes herrschte große Stille, und der Vogel auf einem dunklen, vom Wind gebeugten Baum sang weiter. Die Bäume auf beiden Seiten der Gasse erhoben sich wie dunkle Mauern in den Himmel. Dann erklangen in der Ferne Schreie, zuerst vage und unzusammenhängend, fast unheimlich, und dann, als er die Gasse entlangkam, hörte er das Blöken unzähliger Schafe. Sie gingen an ihm vorbei, ihre Körper hoben sich geheimnisvoll weiß von den dunklen Hecken ab; sie drängten aufeinander und ihre Schreie drangen seltsam zu ihm und hallten durch die Stille, wie ein Ball auf ein Brett trifft; es waren sehr viele von ihnen und ihre Füße trotteten in die Ferne. Sie kamen ihm vor wie all die wirren und dunklen Gedanken, die ihn all diese Wochen umgeben hatten, die er aber nun vertrieben hatte. Sein Kopf war außerordentlich klar; es kam ihm vor, als wäre er aus einem langen Schlaf erwacht.

Als er die Stadt betrat, begannen die Lichter zu erlöschen. Es muss ungefähr acht Uhr sein, dachte er, und Morelli war wahrscheinlich aus Truro zurückgekehrt. Es war ihm bisher nicht in den Sinn gekommen, darüber nachzudenken, was er Morelli sagen würde. Schließlich gab es eigentlich nicht viel zu sagen, nur dass seine Tochter weg war und nie wieder zurückkommen würde und dass er, Maradick , ihr geholfen hatte zu gehen. Es war ihm bisher nicht in den Sinn gekommen, darüber nachzudenken, wie Morelli wohl seinen Anteil daran bekommen würde. Es würde ihm natürlich nicht gefallen; Es würde wahrscheinlich einige Unannehmlichkeiten geben.

Und dann war Morelli zweifellos eine seltsame Person. Tony war ein sehr gesunder, normaler Junge, der überhaupt nicht zu unnötiger Angst neigte, aber Morelli hatte ihm Angst gemacht. Und dann gab es da noch eine Menge Kleinigkeiten, von denen keines für sich genommen etwas ausmachte, aber in ihrer Gesamtheit – ach ja! Der Mann war seltsam.

Die Straße war ziemlich leer; Der Lampenanzünder hatte diesen Teil der Stadt noch nicht erreicht und die Spitze des Hügels lag in Dunkelheit. Maradick fand die Glocke und klingelte, und während er das tat, begann ihn ein merkwürdiges Gefühl des Unbehagens zu überkommen. Plötzlich und ganz unbewusst wollte er weglaufen. Er begann sich vorzustellen, dass auf der anderen Seite der Tür etwas auf ihn wartete, und als sie sich tatsächlich öffnete und ihm nur Lucy, das kleine Dienstmädchen, zeigte, zuckte er fast vor Überraschung zusammen.

"Nein Sir; sie sind alle draußen. Ich weiß sicher nicht, wann Miss Janet zurück sein wird. Ich erwarte jeden Moment den Kapitän, Sir." Sie schien, dachte Maradick , ein wenig verängstigt zu sein. „Ich weiß sicher nichts über Miss Janet, Sir; Sie hat nichts über das Abendessen gesagt, Sir. Ich war allein." Sie blieb stehen und drehte ihre Schürze in ihren Händen.

Maradick schaute die Straße hinunter, dann drehte er sich um und blickte an ihr vorbei in den Flur. "Herr. Morelli sagte mir, dass er ungefähr jetzt zurück sein würde", sagte er; „Ich habe versprochen zu warten."

Sie trat beiseite, um ihn in die Halle zu lassen. Sie war offensichtlich erleichtert, dass noch jemand im Haus war . Sie neigte sogar dazu, ein wenig vertraulich zu sein. „Diese Küche", sagte sie und blieb stehen.

"Ja?" sagte er, stand im Flur und sah sie an.

„Nun, es macht einem schon eine Gänsehaut. Auch den ganzen Tag alleine im Keller sein . . . . „Ihre Stimme war ein wenig erstickt und ihr Gesicht war in der Dunkelheit sehr weiß. Sie war ein ziemliches Kind und nicht sehr ordentlich; erbärmlich, dachte Maradick .

„Nun", sagte er, „dein Meister wird in einer Minute zurück sein."

„Ja, Sir, und es ist alles dunkel, Sir. Ich werde die Lampe oben anzünden."

Sie ging mit einer Kerze voran. Er folgte ihr die Treppe hinauf und sein Unbehagen schien mit jedem Schritt, den er tat, zuzunehmen. Er hatte das seltsame Bewusstsein, dass Morelli wirklich zurückgekehrt war und irgendwo in der Dunkelheit auf ihn wartete. Die Treppe bog ab und er konnte das sehr schwache Licht des höheren Treppenabsatzes über sich sehen; Die Kerze, die das Mädchen trug, schleuderte ihre beiden Köpfe an die Wand, riesig, absurd. Sein Haar schien im Schatten aufzustehen wie ein Wald und seine Nase war gebogen wie ein Elefantenrüssel.

Sie zündete die Lampe im Wohnzimmer an und stellte sich dann mit der Kerze an die Tür.

„Ich nehme an, Sie können mir nicht sagen, Sir", sagte sie schüchtern, „wann Fräulein Janet voraussichtlich kommt – um wie viel Uhr wird sie da sein?"

„Dein Meister wird es dir wahrscheinlich sagen können ", sagte er Maradick .

Lucy war zu Gesprächen geneigt. „Es ist komisch, Sir", sagte sie, „was für einen Unterschied Miss Janet im Haus macht, wenn sie reinkommt und rausgeht ." Eine bessere Geliebte könnte man sich nicht wünschen; aber wenn da nicht ähm wäre. . . Ich muss mich unten um die Dinge kümmern ." Sie eilte davon.

Bis auf das Ticken der Uhr war es im Raum ruhig. Die kleinen blauen Kacheln des Kamins leuchteten unter der Lampe, die Porzellanteller an der Wand erregten Blicke auf ihn.

Er saß aufrecht in seinem Stuhl und hörte zu. Das Unbehagen, das er anfangs verspürt hatte, würde, wenn er es nicht unter Kontrolle hielt, sich bald in Schrecken verwandeln. Es gab keinen Grund, keinen Grund, den er auch nur im Geringsten erklären konnte, aber er hatte das Gefühl, als würden Dinge vor der Tür geschehen. Er wusste nicht, was für Dinge, aber er bildete sich ein, dass er, wenn er genau hinhörte, leise Schritte, Flüstern und ein Geräusch wie das Rascheln von Teppichen hören konnte. Das Ticken der Uhr wurde immer lauter, und um es zu vergessen, öffnete er das Fenster, um die Geräusche der Stadt hören zu können. Aber es gab keine Geräusche; nur ganz weit weg heulte eine Katze. Die Nacht war jetzt sehr dunkel; die Sterne schienen verschwunden zu sein; Der Wind ließ die Lampe aufflackern. Er schloss das Fenster.

Im selben Moment öffnete sich die Tür und er sah Morelli dort stehen und ihn anlächeln. Es war dasselbe bezaubernde Lächeln, das vertrauensvolle, zutrauliche Lachen eines Kindes; das fröhliche Funkeln in den Augen, das die ganze Welt für einen entzückenden, köstlichen Witz hält.

„Na, Maradick !" Er schien überrascht zu sein und trat vor und streckte seine Hand aus. "Ich bin entzückt! Ich hoffe, Sie haben nicht lange gewartet. Aber warum unterhält Janet Sie nicht? Ich nehme an, sie ist nur oben. Ich rufe sie an." Er ging zurück zur Tür.

„Miss Morelli ist nicht da", sagte Maradick langsam. Er stand auf und legte eine Hand auf den Tisch.

"Nicht in?"

"NEIN. Dein Diener hat es mir gesagt."

Er wollte mehr sagen. Er wollte sofort seine Botschaft überbringen und gehen, aber ihm schien die Zunge gebunden zu sein. Er setzte sich und stützte beide Arme auf den Tisch.

Morelli lachte. „Na ja, ich gehe davon aus, dass sie irgendwo mit Minns unterwegs ist – beim Spazierengehen, nehme ich an. Sie kommen oft zu spät; Aber wenn es Ihnen nichts ausmacht, warten wir noch ein wenig mit dem Abendessen. Wir geben ihnen zehn Minuten. Na, wie geht es dem jungen Gale?“

Wenn man ihn so sah, war es fast unmöglich, ihn mit all den absurd unhöflichen Vorstellungen in Einklang zu bringen, die Maradick von ihm hatte. Aber das unheimliche Gefühl, dass jemand vor der Tür stand, war immer noch in ihm; Er hatte den dummen Impuls, Morelli zu bitten, es zu öffnen.

Dann beugte er sich über den Tisch und sah Morelli ins Gesicht.

„Das ist es, was ich dir sagen wollte. Der junge Gale ist weg.“

"Gegangen? Was, mit seinen Leuten? Es tut mir Leid. Ich mochte ihn."

"NEIN. Nicht mit seinen Leuten. Er hat heute Nachmittag um zwei Uhr Ihre Tochter geheiratet. Sie sind nach London gegangen.“

Es herrschte absolute Stille. Morelli rührte sich nicht. Er saß jetzt auf der gegenüberliegenden Seite des Tisches, Maradick gegenüber .

„Meine Tochter ist mit Gale nach London gegangen?“ sagte er sehr langsam. Das Lächeln war aus seinem Gesicht verschwunden und seine Augen waren voller Tränen.

"Ja. Sie haben heute geheiratet. Sie sind nach London gegangen.“

„Janet!“ Er rief leise ihren Namen, als wäre sie im Nebenzimmer. „Janet!“ Er wartete, als erwartete er eine Antwort, und dann brach er plötzlich in Tränen aus. Sein Kopf fiel zwischen seinen Armen nach vorne auf den Tisch; seine Schultern zitterten.

Maradick beobachtete ihn. Es war das Trostloseste auf der Welt; er fühlte sich völlig beschämt. Wenn es möglich gewesen wäre , hätte er Janet und Tony in diesem Moment mit aller Gewalt zurückgebracht.

„Ich sage“, murmelte er, „es tut mir furchtbar leid.“ Er hörte auf. Es gab nichts zu sagen.

Dann blickte Morelli plötzlich auf. Die Tränen schienen verschwunden zu sein, aber seine Augen leuchteten mit außergewöhnlichem Glanz. Seine Hände beugten sich mit ihren langen weißen Fingern über den Tisch; seine Oberlippe schien nach hinten gebogen zu sein wie das Maul eines Hundes.

Er sah Maradick sehr aufmerksam an.

„Du hast gesehen, wie sie geheiratet haben?“

"Ja."

„Du hast gesehen, wie sie nach London aufgebrochen sind?“

"Ja."

„Du hast ihnen die ganze Zeit geholfen?“

"Ja."

"Warum?"

„Ich dachte, dass sie heiraten sollten; Mir gefielen beide. Ich wollte, dass sie heiraten.“

„Und jetzt werde ich dich töten.“

Er sagte es, ohne sich zu bewegen; Sein Gesicht schien mit jedem Moment mehr dem eines Tieres zu ähneln . Seine Hände streckten sich über den Tisch; Die langen Finger waren wie Schlangen.

"Ich muss gehen." Maradick stand auf. Wieder überkam ihn Panik. Er hatte das Gefühl, dass er sich irgendwie für das, was er getan hatte, verteidigen sollte , aber die Worte blieben ihm aus.

„Sie werden später sehen, dass das, was ich gemacht habe, das Beste war. Es war wirklich das Beste. Wir werden noch einmal darüber reden, wenn Sie sich ruhiger fühlen.“

Er ging zur Tür; aber Morelli kam auf ihn zu, den Kopf nach vorne gereckt, den Rücken ein wenig gebeugt, die Hände hingen gebogen in der Luft, und er lächelte.

„Ich werde dich hier und jetzt töten“, sagte er. „Es ist keine sehr schreckliche Angelegenheit. Es wird nicht mehr lange dauern. Du kannst nicht entkommen; aber es liegt nicht daran, dass du dies oder das getan hast, es liegt nicht an irgendetwas, was du getan hast. Es liegt nur daran, dass du so dumm bist, so furchtbar dumm. Es gibt andere wie euch, und ich hasse euch alle, ihr Narren . Du verstehst nichts – was ich bin oder wer ich bin oder die Welt – nichts.“

Maradick sagte nichts. Der Schrecken, der Tony einst erfasst hatte, hing jetzt wie eine Wolke um ihn; Das Ding, das sich ihm näherte, war kein Mensch, sondern etwas Unreines, Unreines. Es war genau so, als würde man ihn langsam in einen Kerker voller kriechender Schlangen hinablassen.

Sein Atem ging schwer. Er fühlte sich erstickt.

„Du musst mich rauslassen“, keuchte er.

„Oh nein, ich werde dich später rauswerfen. Jetzt sind Sie hier. Der Junge verstand ein wenig, und das Mädchen auch. Sie waren jung, sie lebten, sie waren ein Teil von mir; Ich liebte es, sie bei mir zu haben. Glaubst du, dass es mich interessiert, ob sie verheiratet sind? Was geht mich das an? Aber sie sind weg. Du hast mit deinen Fehlern, du fetter Narr, das getan; und jetzt werde ich mit dir spielen."

Maradick , der plötzlich das Gefühl hatte, dass er sich überhaupt nicht bewegen könnte, wenn er sich nicht bald bewegte, stolperte zur Tür. Im Nu war Morelli bei ihm. Seine Hand hing einen Moment lang wie eine Peitsche über Maradick in der Luft, dann legte sie sich auf seinen Arm. Es reichte bis zu Maradicks Hals; seine andere Hand lag um seine Taille, sein Kopf war nach hinten geworfen.

Dann kehrte seltsamerweise mit der Berührung der Hand des anderen Mannes Maradicks Kraft zurück. Er war wieder er selbst; seine Muskeln wurden angespannt und fest. Er wusste sofort, dass es um Leben und Tod ging. Die Finger des anderen Mannes schienen seinen Hals wie Stahl zu umklammern; schon drückten sie sich ins Fleisch. Er streckte seinen Arm aus und packte Morelli am Hals, aber es war wie ein eiserner Griff, seine Hand schien wegzurutschen. Dann grub sich Morellis Hand plötzlich in Maradicks Schulterknochen. Es drehte sich dort wie ein Bohrer. Plötzlich schien etwas nachzugeben, und ein heißer, brennender Schmerz zuckte in seinem Fleisch, wie ein Tier sich in seinem Bau windet. Sie schwankten in der Mitte des Raumes hin und her. Maradick schob den anderen Körper langsam zurück und mit einem Krachen landete er auf dem Tisch. Das Ding fiel, und die Lampe flammte einen Moment lang bis zur Decke auf und lag dann in tausend Teilen auf dem Boden.

Als die Lampe herunterfiel, schien die Dunkelheit wie eine Wand aus dem Boden zu springen. Es fiel alles um sie herum; es drückte auf sie und der Boden bewegte sich hin und her .

Sie hatten sich immer wieder umgedreht, so dass Maradick verwirrt war und sich nicht erinnern konnte, wo die Tür war. Dann drückte die Hand des anderen Mannes auf seine Kehle, so dass er bereits zu ersticken begann; dann fühlte er, dass ihm schwindelig wurde. Er schwamm auf dem Meer, Lichter blitzten in der Dunkelheit auf und wieder heraus; das Fenster bildete ein graues Quadrat, und durch dieses schienen unzählige grüne Eidechsen zu kriechen – klein mit brennenden Augen; sie krochen über den Boden auf ihn zu. Er begann zu wimmern: „Nein, Morelli, bitte …" . . mein Gott . . . mein Gott!" Seine Schulter brannte wie Feuer; sein Gehirn geriet ins Wanken, so dass es ihm vorkam, als wären dort viele Menschen, die ihn zerquetschten. Dann wusste er, dass Morelli ihn langsam zurückdrängte. Eine Hand lag um seinen Hals, aber die andere war durch sein Hemd gekrochen und hatte die

Haut berührt. Maradick spürte, wie die Finger auf seine Brust drückten. Dann begannen die Finger zu kneifen. Sie packten das Fleisch und schienen es zu zerreißen; es war wie Messer. Sein ganzer Körper stand in Flammen. Dann schienen die Finger überall auf seinen Gliedmaßen zu sein. Sie krochen bis zu seiner Hüfte, seinem Oberschenkel. Sie bissen in sein Fleisch, und dann wusste er, dass Morelli einen Nerv in seiner Hüfte drückte und ihn aus der Gelenkpfanne drückte. In diesem Moment wurde er selbst zum ersten Mal auf Morellis Körper aufmerksam. Er drückte gegen seine Brust und seine Finger hatten dem Mann die Kleidung weggerissen. Morellis Brust war behaart wie die eines Tieres und kalt wie Marmor. Er schwitzte aus jeder Pore, aber Morelli war eiskalt. Er bohrte seine Nägel ins Fleisch, aber sie schienen wegzurutschen. Sein Arm lag direkt um Morellis Körper; das kalte Fleisch verrutschte und schrumpfte unter seiner Berührung. Sein Mund lag an Morellis Hals. Er verspürte plötzlich den wilden Impuls zu beißen. Er wurde zu einem wilden Tier . . . .

Dann schien Morelli ihn ganz zu umarmen. Jeder Teil seines Körpers wurde von diesen schrecklichen Fingern berührt – seine Arme, sein Hals; es war, als würde er zu Tode gebissen. Dann spürte er die Zähne in seinem Nacken; etwas biss ihn . . . .

Er schrie immer wieder, aber von seinen Lippen schien nur ein heiseres Murmeln zu kommen. Er kämpfte immer noch, aber er ging; Der Raum schien voller Tiere zu sein. Sie bissen ihn, zerrissen ihn; und dann spürte er wieder , wie sich die weichen Finger um seinen Körper schlichen.

Ein seltsames Gefühl der Schläfrigkeit überkam ihn. Der Schmerz in seiner Schulter und seinem Arm war so schrecklich, dass er sterben wollte; Sein Körper zuckte in einem neuen Schmerzkrampf. Dinge – er wusste nicht, was sie waren – krochen seine Beine hinauf; bald würden sie an seiner Brust sein.

Er wusste, dass sie beide bis zur Hüfte nackt waren. Er konnte fühlen, wie das Blut über sein Gesicht und seine Arme lief . . . .

Tony war im Raum! Ja, Tony. Wie war er dort? Egal! Er würde ihm helfen! „Tony! Tony! Sie tun es für mich!" Tony war überall im Raum. Er riss sich zusammen und fiel plötzlich gegen den Türknauf. Sie fielen gemeinsam dagegen. Er schlug auf den nackten Körper des anderen ein, immer wieder. Die Kraft schien in einer Flut in seinen Körper zurückzuströmen. Er war fast auf den Knien gewesen, aber jetzt drückte er sich wieder nach oben. Er packte die Hand um seinen Hals und riss sie weg. Wieder strömten sie durch den Raum. Seine Hand lag auf der Tür. Morellis Hände umfassten seine und versuchten, es wegzuziehen, aber er klammerte sich fest. Eine Ewigkeit lang schienen sie dort zu hängen, keuchend, keuchend und umklammernd.

Dann hatte er es umgedreht. Die Tür flog auf und sein Fuß sprang hinter ihm hervor. Er trat mit aller Kraft, berührte aber nichts. Da war nichts.

Er schaute zurück. Die Tür war offen. Über dem Raum lag ein graues Licht. Etwas murmelte und machte ein Geräusch wie ein Hund über einen Knochen. Durch die offene Tür konnte er das Ticken der Uhr hören; es schlug neun. Es herrschte vollkommene Stille; niemand war in seiner Nähe.

Dann kroch er lautlos und am ganzen Körper zitternd die Treppe hinunter. Einen Augenblick später war er auf der Straße.

KAPITEL XIX

NACHT DES SIEBENZWANZIGTEN – MARADICK UND FRAU. LESTER

Aber die Götter waren mit seiner Nacht noch nicht fertig.

Als die scharfe Nachtluft auf ihn traf, bemerkte er , dass seine Kleidung zerrissen war und dass seine Brust nackt war. Er zog sein Hemd wieder enger an, machte dumme Handbewegungen, als wollte er sich die Haare aus den Augen streichen, und stellte dann fest, dass es Blut war, das aus einer Wunde in seiner Stirn tropfte.

Das schien etwas in ihm zu berühren, sodass er sich plötzlich an die Wand lehnte und, den Kopf im Arm, zu weinen begann. Es gab eigentlich keinen Grund, warum er weinen sollte; Tatsächlich wollte er nicht weinen – es war wie das Weinen einer Frau. Er wiederholte es dumm vor sich hin: „Wie eine Frau, wie eine Frau . . . . ”

Dann begann er langsam, sich sozusagen zusammenzureißen; die Bruchstücke aufzugreifen und zu spüren, dass er, Maradick , immer noch als persönliche Identität existierte. Er zog seine Kleidung über sich und blickte auf das dunkle Haus. Es war absolut still; Nirgendwo gab es Lichter. Was passiert ist? Sah Morelli ihn jetzt aus einer dunklen Ecke an und beobachtete ihn hinter einem schwarzen Fenster?

Und dann, als sein Kopf unter dem Einfluss der Nachtluft kühler wurde, kam ihm ein anderer Gedanke. Was machte das kleine Stubenmädchen ? Was würde mit ihr passieren, wenn sie damit die ganze Nacht allein in diesem Haus eingesperrt wäre? . .? Sollte er zurückgehen? Er konnte sie sehen, wie sie irgendwo unten im Keller kauerte, vermutlich nachdem sie das Geräusch der krachenden Lampe gehört hatte, voller Angst, während sie darauf wartete, dass Morelli sie fand. Ja, er sollte zurückgehen. Dann wusste er, dass nichts, nichts auf der Welt – keine Pflicht und kein Anspruch, keine Person, keine Macht – ihn wieder in dieses Haus zurücktreiben konnte. Später betrachtete er es als eines der beschämendsten Dinge in seinem Leben, dass er nicht zurückgekehrt war, um zu sehen, was mit dem Mädchen passiert war; aber er konnte nicht gehen, nichts würde ihn dazu bringen. Es war nichts Körperliches, mit dem er sich auseinandersetzen musste. Wäre es eine ganz normale Chance gewesen – ein „Schrott“, wie er es nennen würde –, dann hätte er es ohne zu zögern in Kauf genommen. Aber irgendetwas an diesem Kampf oben machte ihn krank; es war etwas Unwirkliches, Unreines, Unanständiges. Es war abnormal gewesen, und alles, was darin gewesen war, war nicht der eigentliche Kampf, die Schläge und Wunden gewesen, sondern etwas daran, das undefiniert und unbenannt sein musste: die „Luft“, die

„Atmosphäre" der Sache, das plötzliches Fallenlassen des anständigen Vorhangs, der diese Welt vor anderen verhüllt.

Aber er konnte es jetzt nicht so analysieren . Bei dem Gedanken daran wurde ihm nur furchtbar schlecht, und sein einziger dringender Gedanke war, wegzukommen, weit, weit weg, von dem Haus und allem, was es enthielt.

Die Nacht war sehr dunkel; niemand würde ihn sehen. Er muss zurück ins Hotel, in sein Zimmer schleichen und versuchen, sich anständig zu machen. Er drehte sich langsam den Hügel hinauf.

Dann, als seine Gedanken klarer wurden, verspürte er eine Art Jubel darüber, dass es vorbei war. So viel mehr als der eigentliche Kampf schien vorbei zu sein; es fegte den ganzen verschwommenen moralischen Nebel hinweg, in dem er sich in den letzten Wochen befunden hatte. Indem er Morelli abwarf, indem er ihn sowohl körperlich als auch moralisch von sich warf, schien er alles weggeworfen zu haben, was zu ihm gehörte – die Wildheit, das heiße Blut, die Unruhe, die über ihn gekommen war! Er fragte sich, ob Morelli nicht doch viel damit zu tun hatte. Da waren mehr Dinge drin, als er jemals zu verstehen hoffen konnte.

Und dann kam noch ein überwältigendes Gefühl der Müdigkeit dazu. Mit fast geschlossenen Augen taumelte er den Hügel hinauf. Müde! Noch nie in seinem Leben hatte er sich so müde gefühlt. Schon jetzt war ihm alles, was geschehen war, gleichgültig. Wenn er sich nur für eine Minute hinlegen und die Augen schließen könnte; Hätte er nur nicht diesen schrecklichen Hügel erklimmen müssen! Da wäre es einfacher, sich irgendwo in die Hecke zu legen und zu schlafen. Er überlegte, ob dies ratsam sei. Es war ihm wirklich egal, was mit ihm geschah. Und dann kam ihm der Gedanke, dass Morelli hinter ihm den Hügel hinaufkam; Morelli wartete wahrscheinlich, bis er *tatsächlich* einschlief, und dann würde er bei ihm sein. Diese Finger würden sich wieder um seinen Körper schleichen, es würde diesen beißenden Schmerz geben. Er kämpfte sich durch. Nein, er darf nicht aufhören.

Endlich war er im Hotelgarten. Er konnte Stimmen und Gelächter hinter verschlossenen Türen hören, aber es schien niemand im Flur zu sein. Er stolperte die Treppe zu seinem Zimmer hinauf und traf unterwegs niemanden. Sein Bad schien ihm das Schönste zu sein, was er je hatte. Es war dampfend heiß und er lag völlig regungslos mit geschlossenen Augen da und ließ sein Gehirn sich ganz langsam beruhigen. Es war wie ein farbiges Puzzle, das in Stücke geschüttelt und verstreut worden war; Jetzt schienen alle kleinen Quadrate und Ecken aus eigener Initiative wieder zusammenzukommen. Er war wieder in der Lage, vernünftig und nüchtern zu denken, und vor allem verließ ihn das schreckliche Gefühl, etwas Unwirkliches an sich zu haben. Er begann jetzt zu lächeln über die Dinge, die er sich über Morelli vorgestellt hatte. Der Mann war wütend darüber gewesen, dass er Janet zur Flucht verholfen hatte – das war ganz natürlich; er war natürlich aufbrausend – das war das fremde Blut in ihm. Gott sei Dank war die Welt kein seltsamer Ort. Natürlich stellte man sich Dinge vor , wenn man erschöpft oder aufgeregt war, aber diese albernen Ideen hielten nicht lange an, wenn ein Mann vernünftig war.

Er stellte fest, dass der Schaden nicht sehr schwerwiegend war. Es gab natürlich blaue Flecken und böse Kratzer, aber das war nicht viel. Als er aus der Badewanne stieg, seine Glieder streckte und die Muskeln seiner Arme spürte, verspürte er eine enorme Erleichterung. Es war alles vorbei; er hatte wieder einmal Recht. Und dann fiel ihm plötzlich Mrs. Lester ein.

Nun, das war natürlich vorbei. Aber heute Abend war Donnerstag. Er hatte versprochen, sie zu sehen. Er muss noch ein letztes Mal reden, nur um ihr zu sagen, dass es nichts dergleichen mehr geben darf. Während er sich langsam anzog und sich an der Kühle sauberer Wäsche erfreute, versuchte er sich vorzustellen, was er sagen würde; aber er war müde, so furchtbar müde! Er konnte nicht denken; er konnte sie heute Nacht wirklich nicht sehen. Außerdem war es absolut vorbei, alles. Er hatte das alles an diesem Nachmittag in der Kirche durchgesehen. Er gehörte jetzt ganz und gar seiner Frau; er würde ihr zeigen, was er sein konnte, jetzt, wo er alles so viel besser verstand; und sie würde es auch versuchen, das hatte sie ihm neulich Abend auf diese komische Art und Weise versprochen.

Aber er war so müde; er konnte nicht zusammenhängend denken. Sie gerieten alle durcheinander, Morelli und Mrs. Lester, Tony und seine Frau. Er stand auf und versuchte mit zitternden Fingern, seinen Kragen zu schließen. Der verdammte Hengst! wie es sich drehte! Als er seinen albernen Kopf in die eine Richtung hatte und das Halsband darüber stülpte, rutschte er plötzlich in die andere Richtung und ließ seine Finger schmerzen.

Oh! er nahm an, dass er sie sehen musste. Schließlich war es besser, es jetzt zu klären und es zu regeln, es ein für alle Mal zu regeln. Diese Frauen – eine tierische Plage. Verdammter Hengst!

Er hatte darüber nachgedacht, es der Familie zu sagen, und beschlossen, es bis zum Morgen aufzuschieben. Er war viel zu müde, um sich jetzt allen mit ihren Fragen, ihrem Zorn und ihren Protesten zu stellen. Oh! Davon hatte er genug, armer Mann!

Außerdem würde es bis zum Morgen keine Angst geben. Tony kam so oft zu spät, und obwohl Sir Richard wahrscheinlich wieder wütend und schimpfen würde, wenn er sein scharfes Abendessen bekam, hatte er es dennoch so oft getan. Nein, Lady Gale war wirklich die Frage. Wenn sie sich Sorgen machte, wenn sie eine ängstliche Nacht damit verbringen würde, darüber nachzudenken, dann sollte er sofort hingehen und es ihr sagen. Aber sie hatte wahrscheinlich eine ziemlich gute Vorstellung davon, wie die Dinge gelaufen waren. Sie würde jetzt nicht ängstlicher sein als in all den letzten Wochen, und er fühlte sich gerade körperlich nicht in der Lage, es ihr zu sagen. Nein, er würde noch keinen von ihnen sehen. Er ging in das Zimmer der Minnesänger und überlegte, was er tun sollte. Er schien dort oben immer besser denken zu können.

Aber Frau Lester! Was sollte er wegen ihr tun? Er verspürte jetzt einfach Feindseligkeit. Er hasste sie, allein der Gedanke an sie! Was machte er mit so etwas? Warum konnte er sie nicht in Ruhe lassen?

Eine Art Wut erfasste ihn bei dem Gedanken an sie! Er schüttelte die Faust zur Decke und starrte finster auf den Spiegel; dann ging er müde ins Zimmer. Aber es war dunkel, und die Dunkelheit fürchtete ihn jetzt. Er stand auf der Schwelle und wagte kaum einzutreten. Dann tastete er mit zitternden Fingern nach den Streichhölzern und zündete die beiden Kerzen an. Aber selbst dann war das Licht, das sie warfen, so unsicher, sie ließen so viele Ecken dunkel, und dann gab es so seltsame graue Lichter unter der Galerie, dass er überhaupt nicht glücklich war. Herr! in was für einem Zustand waren seine Nerven!

Er hatte Angst, er könnte einschlafen, und dann könnte etwas passieren. Mit zusammengekniffenen Augen blickte er auf das graue Quadrat des Fensters; dort hindurch kamen die Smaragdeidechsen. . .

Am liebsten wäre er durch das Zimmer gegangen, um zu verhindern, dass das Fenster klappert, wenn er den Mut gehabt hätte, aber das Geräusch seiner Schritte auf dem Boden machte ihm Angst. Er erinnerte sich an seine anfängliche Begeisterung für den Raum. Nun, das ist lange, lange her. Nicht viele Stunden, das wusste er, aber Erfahrung! Es war ein anderes Leben!

Es war der Turm, den er wollte. Er konnte es jetzt auf dem Marktplatz sehen, so stark und ruhig und grau! Das war es, was er im Kopf haben sollte: Ruhe und Kraft. Während er in seinem Sessel döste – die Kerzen warfen Löwen und Tiger an die Wand, das alte Braun der Galerie funkelte und glänzte im ungleichmäßigen Licht – schien ihm der Turm durch die dazwischen liegende Dunkelheit der Nacht entgegenzukommen. Es wuchs und wuchs, bis es hinter dem Fenster stand, ein großer grau-weißer Stein, der in den Himmel ragte und die Welt erfüllte; das und das Meer allein in der gesamten Schöpfung.

Er war fast eingeschlafen, den Kopf auf der Brust, die Arme locker über die Seiten des Stuhls hängend, als er die Tür knarren hörte.

Er fuhr plötzlich erschrocken auf. Die Kerzen warfen ihren Lichtkreis nicht bis zur Tür – *das* war Dunkelheit, ein schwarzes Quadrat, dunkler als der Rest der Welt; Und als seine Augen darauf starrten, sah er, dass sich eine Gestalt davor abzeichnete, eine graue, schattenhafte Gestalt.

Flüsternd stammelte er: „Wer ist das?"

Dann trat sie in den Kreis der Kerzen – Mrs. Lester! Mrs. Lester in ihrem sehr tief ausgeschnittenen blauen Seidenkleid, Mrs. Lester mit Diamanten im Haar und einem sehr leuchtenden Rot auf den Wangen, Mrs. Lester blickte ihn schüchtern, fast verängstigt an und beugte sich ein wenig nach vorne, um ihn anzustarren.

"Ah! du bist es!" Er konnte ihren erleichterten Atem hören. „Ich wusste es nicht, ich dachte, es könnte so sein!" Sie stand da und starrte ihn an, ein kleines Lächeln schwebte unsicher auf ihren Lippen, als wäre sie nicht sicher, ob es da sein sollte.

"Ah! du bist es!"

Er stand auf, sah sie an und stützte sich mit einer Hand schwer auf den Stuhl.

Er wollte ihr sagen, sie solle gehen; dass er müde sei und nicht wirklich in der Lage sei zu reden – der Morgen wäre besser. Aber er konnte nicht sprechen. Er konnte nichts anderes tun, als da zu stehen und sie dumm anzustarren.

Dann sagte er schließlich mit einer Stimme, die überhaupt nicht seine eigene zu sein schien: „Willst du dich nicht setzen?" Sie lachte, beugte sich ein wenig nach vorne, legte beide Hände auf den Tisch aus grünem Filz und sah ihn an.

„Es macht dir nichts aus, oder? Wenn du das tust, gehe ich sofort. Aber es ist unser letzter Abend. Wir werden uns vielleicht nicht mehr oft sehen, und ich möchte, dass Sie mich verstehen." Dann setzte sie sich auf einen Stuhl am Tisch, und ihr Kleid raschelte wie ein Meer um sie herum. Das Kerzenlicht fiel auf sie und sie, und hinter ihr war es dunkel im Raum.

Aber Maradick saß da und verdeckte seinen Kopf mit der Hand. Er wollte sie nicht ansehen, er wollte nicht mit ihr sprechen. Die Faszination ihrer Anwesenheit begann ihn bereits wieder zu überwältigen. Während ihrer Abwesenheit war es leicht gewesen zu sagen, dass es ihm egal sei. Aber jetzt drang der Veilchenduft, den sie benutzte, ganz zart über den Boden zu ihm. Er schien aus dem Augenwinkel das Blau ihres Kleides zu erkennen, obwohl er sie nicht ansah. Sie füllte den Raum; Die Vision, die er vom Turm gehabt hatte, verschwand in der Nacht und machte dem neuen Platz. Er klopfte ungeduldig mit dem Fuß auf den Boden. Warum konnte sie ihn nicht in Ruhe lassen? Er wollte keine weiteren Kämpfe. Er war einfach nicht in der Lage , er war so furchtbar müde. Alles war besser als ein Kampf.

Er sprach mit leiser Stimme, ohne den Blick zu heben. „War es nicht – ist es nicht ziemlich riskant, jetzt hierher zu kommen – so?" Wie absurd war das doch! Wie viele Stücke hatte er mit ihrem dritten Akt wie diesem gesehen. Es war alles düster und fantastisch – die Frau, der Ort. Er wollte schlafen.

Sie lachte. "Riskant? Warum nicht. Fred ist in London. Niemand sonst wird sich wahrscheinlich darum kümmern. Aber Jim, was ist los? Was ist passiert? Warum bist du plötzlich so? Findest du es nicht etwas unfreundlich an unserem letzten Abend, der letzten Gelegenheit, uns zu unterhalten? Ich möchte weder lästig noch beunruhigend sein –" Sie hielt inne mit einem kläglichen kleinen Stock in der Stimme und ließ ihre Hand abrupt auf die Seide ihres Kleides fallen.

Er versuchte, sich zusammenzureißen, den Ort, die Frau und die ganze Situation zu erkennen . Schließlich war es seine Schuld, dass sie dort war, und er konnte sich nicht wie ein Trottel benehmen, nachdem er sich mit ihr verabredet hatte; und sie war in diesen Wochen schrecklich nett gewesen.

"Nein, bitte." Endlich hob er den Blick und sah sie an. „Ich bin müde, tierisch müde; oder ich war es, bis du kamst. Halten Sie mich nicht für unhöflich, aber ich hatte einen schrecklich anstrengenden Tag, wirklich schrecklich anstrengend. Aber natürlich möchte ich reden."

Sie sah so bezaubernd hübsch aus. Ihre Farbe , ihre schönen Schultern, die Art und Weise, wie sich ihr Kleid mit ihrem Atem hob und senkte – ein wenig hastig, aber so gleichmäßig, wie das Heben und Senken einer sehr sanften Musik.

Er lächelte sie an und sie lächelte zurück. „Da wusste ich, dass du wirklich nicht böse sein würdest; Und es ist unser letztes Mal, nicht wahr? Und ich habe eine ganze Menge Dinge, die ich Ihnen sagen möchte."

„Ja", sagte er und lehnte sich wieder in seinem Stuhl zurück, aber er ließ ihren Blick nicht von ihrem Gesicht ab.

„Nun, wissen Sie, ich habe mich lange gefragt, ob ich kommen würde oder nicht; Ich konnte mich nicht entscheiden. Sehen Sie, ich habe in diesen letzten Tagen überhaupt nichts von Ihnen gesehen, überhaupt nichts. Vielleicht war es auch gut so. Wie auch immer, Sie hatten andere Dinge zu tun; und das ist, denke ich, der Unterschied zwischen uns. Bei Frauen sind Sentimentalität, Romantik, nennen Sie es wie Sie wollen, alles. So ist das leben; Aber bei euch Männern ist es nur ein kleines bisschen, eines unter vielen anderen Dingen. Oh! Ich weiß. Ich habe das schon vor langer Zeit herausgefunden, ohne darauf zu warten, dass es mir jemand sagt. Aber jetzt haben Sie es mir vielleicht auf eine Weise vor Augen geführt, die mir vorher nicht bewusst gewesen wäre."

Er wollte sie unterbrechen, aber sie hielt ihn davon ab.

„Nein, glaube nicht, dass ich mich darüber beschwere. Es ist vollkommen natürlich. Ich weiß – andere Männer sind so. Ich hatte nur gedacht, dass du ein wenig anders wärst, nicht ganz wie die anderen; dass du es als etwas Kostbares, Wertvolles gesehen hast . . . . "

Und das hatte er natürlich auch. Es hatte den entscheidenden Unterschied in seinem Leben gemacht. Es war gut so, dass er wie an diesem Nachmittag dachte, es sei Tony oder der Ort oder Punch, irgendein seltsames Ding, das ihn auf diese Idee gebracht hatte, aber in Wirklichkeit war es Mrs. Lester , und niemand anderes. Sie hatte ihm alles gezeigt.

„Nein, das darfst du nicht von mir denken", sagte er; „Ich habe es wirklich sehr ernst genommen." Er wollte noch mehr sagen, aber sein Kopf war so schwer, dass er nicht denken konnte, und er hielt inne.

Währenddessen wunderte sie sich über ihre eigene Position. Sie war an diesem Abend in einem Zustand der Verärgerung zu ihm gekommen. Den ganzen Tag hatte sie beschlossen, dass sie nicht gehen würde. Das sollte das Ende einer amüsanten kleinen Episode sein. Und schließlich war er nur ein großer dummer Klotz. Er konnte sie in seinen Armen zerquetschen, aber das konnte auch jeder Kohlenträger. Und sie hatte an diesem Morgen so einen netten Brief von Fred, dem Lieben, bekommen. Er hatte sie sogar an dem Tag, an dem er weg war, vermisst. Oh ja! Sie würde Mr. Maradick nicht mehr sehen !

Aber sie würde am liebsten nur ein Wort mit ihm allein reden. Sie erwartete, ihn zur Teezeit zu sehen. Aber nein; Sir Richard und Rupert hatten ihn am Bahnhof gesehen und er hatte gesagt, dass er ihnen zurück folgen würde. Aber nein; Na dann, beim Abendessen. Weder Tony noch er waren beim Abendessen.

Nun ja! Er könnte sich nicht sehr um sie kümmern, wenn er den ganzen letzten gemeinsamen Tag wegbleiben könnte! Sie hatte alles gut überstanden. Sie las Freds Brief viele Male und küsste ihn. Dann ging sie direkt nach dem Abendessen – unten war es *so* langweilig, dass alle am schlimmsten deprimiert zu sein schienen und sich ständig fragten, wo Tony war – in ihr Zimmer und begann, einen langen, langen Brief an ihren „kleinen Fredikins " zu schreiben ; Zumindest würde es ein langer, langer Brief werden, und dann ging es irgendwie nicht mehr weiter.

Mr. Maradick war ein Biest. Wenn er glaubte, dass er mit solchen Frauen einfach schnell spielen und mit ihnen machen konnte, was er wollte, täuschte er sich gewaltig. Sie warf ihren Stift weg. Im Zimmer war es stickig! Sie ging zu ihrem Fenster und öffnete es; sie lehnte sich hinaus. Ah! wie kühl und erfrischend die Nachtluft war. Da war jemand in der Ferne, der etwas spielte.

Es klang wie eine Flöte oder eine Pfeife. Wie schön und romantisch! Sie schloss das Fenster. Wo war er schließlich? Er muss die ganze Zeit irgendwo sein. Sie musste nur einmal mit ihm sprechen, bevor sie ging. Sie musste es tun, auch wenn es nur darum ginge, es ihm zu sagen. . . Dann erinnerte sie sich an das staubige, leere Zimmer oben. Er hatte ihr erzählt, dass er oft dorthin ging.

Und so kam sie. Das war die ganze Geschichte davon. Als sie den Raum betrat, hatte sie nicht die geringste Ahnung, was sie tun oder sagen würde. Nur, dass es romantisch war und dass sie ein außerordentlich dringendes Verlangen verspürte, noch einmal von diesen sehr starken Armen zerquetscht zu werden.

„Ich habe es wirklich sehr ernst genommen." Als er es zu ihr sagte, fragte er sich, was genau er wohl ernst genommen hatte. Das „es" war weit mehr als nur Mrs. Lester; das sah er sehr deutlich. Sie war nur der Ausdruck einer Art Stimmung, in der er sich in den letzten Wochen befunden hatte, einer Art echter Atmosphäre, für die sie stand, genauso wie etwas ganz Einfaches und Alltägliches – ein Stuhl, ein Bild, eine Vase mit Blumen – steht manchmal für ein tolles Erlebnis oder eine tolle Emotion. Und dann – sein Kopf war jetzt klarer; Das brachte ihn dazu, noch weiter zu sehen.

Plötzlich begriff er, dass sie für ihn überhaupt keine Frau war, dass sie es tatsächlich nie gewesen war. Er hatte sie nicht als die Frau, den persönlichen Charakter und die Identität gesehen, die er wollte, sondern einfach als eine Art emotionalen Höhepunkt der Erfahrungen, die er gemacht hatte; jede andere Frau hätte es genauso gut gemacht, wie ihm plötzlich klar wurde. Und dann, wenn die Krise vorbei wäre und sich die emotionale Situation verändert hätte, würde die Frau bleiben; das wäre der Hammer!

Und das veranlasste ihn – all dies in der kurzen Zeit, bevor sie ihm antwortete – zu der Frage, ob sie ihn auch gewollt hatte, nicht als Mann, nicht als James Maradick , sondern einfach als Mütze, die zu ihrer Stimmung passte war drin: Jeder Mann würde auch passen. Wenn das sowohl bei ihr als auch bei ihm der Fall war, was für eine Zukunft blieb ihnen dadurch erspart, dass er plötzlich so klar sah wie er. Wenn dem nicht so wäre, dann wäre die ganze Sache voller Schwierigkeiten; aber genau das musste er jetzt herausfinden, und zwar sofort.

Dann, in ihrer nächsten Rede, erkannte er zwei Dinge ganz deutlich – dass sie entschlossen war, heute Abend auf jeden Fall ihren Willen durchzusetzen, was auch immer kommen mochte, und alles zu tun, um ihn durchzusetzen. Sie war vielleicht nicht entschlossen, als sie den Raum betrat, aber jetzt war sie entschlossen.

Sie beugte sich in ihrem Stuhl zu ihm vor, ihre Wangen waren etwas röter, ihr Atem ging etwas schneller.

„Jim, ich weiß, dass du es ernst meinst. Ich weiß, dass du es jetzt ernst meinst. Aber es bleibt nicht viel Zeit; und schließlich gibt es nicht viel zu sagen. Wir haben alles schon vorher arrangiert. Wir sollten diese Nacht verbringen, nicht wahr, und dann würden wir uns danach verabreden, ins Ausland zu gehen oder so etwas. Hier sind wir, zwei moderne Menschen, Sie und ich, und betrachten die Sache ganz genau. Unser ganzes Leben lang haben wir dumm, langweilig und bequem gelebt. Es gab nie etwas, das uns auch nur im Geringsten gestört hätte. Und nun ist plötzlich diese Romanze da. Sollen wir, nur wegen der dummen Gesetze, die dumme Menschen vor Hunderten von Jahren erlassen haben, die Chance unseres Lebens verpassen? Jim!"

Sie legte eine Hand auf ihn und berührte sein Knie.

Aber er blickte ihr fest ins Gesicht und sprach, ohne sich zu bewegen.

„Warte", sagte er. "Stoppen. Ich will dich eine Frage fragen. Liebst du mich – wirklich, meine ich? Damit du morgen mit mir nach Timbuctoo gehst, irgendwohin?"

Für einen Moment senkte sie den Blick, dann sagte sie vehement und eifrig: „Natürlich, natürlich tue ich das. Weißt du – Jim, wie kannst du fragen? Habe ich es nicht gezeigt, indem ich hierhergekommen bin?"

Aber genau das hatte sie nicht getan. Ihr Besuch dort zeigte eher das Gegenteil; und tatsächlich hatte er auf die Art und Weise, wie sie ihm geantwortet hatte, sofort die Wahrheit erkannt. Sie könnte in diesem Moment ganz ehrlich denken, dass sie ihn liebte, aber was sie wirklich wollte, war überhaupt nicht der Mann, sondern der Ausdruck, die Emotion, nennen Sie es, wie Sie wollen.

Und er sah auch genau, wie die Nachwirkungen aussehen würden. Sie würden beide am nächsten Morgen die sofortige Aktion verschieben. Sie würden ein paar Wochen warten. Sie würde zu ihrem Mann zurückkehren; für eine Weile würden sie vielleicht schreiben. Und dann würden sie es nach und nach vergessen. Sie fing an, es als einen Vorfall zu betrachten , als eine „romantische Stunde"; Wahrscheinlich würde sie bei dem Gedanken an all die Langeweile und Langeweile, die sie dadurch vermieden hatte, dass sie nicht mit ihm davongelaufen war, erleichtert aufatmen. Auch er würde anfangen, es leichtfertig zu betrachten, würde es auf diesen seltsamen Ort zurückführen, auf alles und jeden, vielleicht sogar auf Morelli; und dann – nun ja, es nützt nichts, über verschüttete Milch zu weinen, und es schadet ja auch nichts – und so weiter, bis man es schließlich ganz vergessen würde. Und so wäre „die unverzeihliche Sünde" begangen worden, „die unverzeihliche Sünde", nicht weil sie soziale Gesetze und Konventionen gebrochen hätten, sondern weil sie ohne Liebe gehandelt hätten – die unverzeihliche Sünde der Lust des Fleisches um des Fleisches willen allein.

Frage beantwortet hatte, hielt sie einen Moment inne, und er sagte nichts; Dann fuhr sie noch einmal fort: „Natürlich wissen Sie, dass es mir mit ganzem Herzen und ganzer Seele am Herzen liegt." Sie sagte die letzten drei Worte mit einem leichten Keuchen und presste beide Hände fest zusammen. Sie hatte ihren Stuhl näher an seinen herangerückt, und nun lagen beide Hände auf seinem Knie und ihr Gesicht war zu seinem emporgehoben.

„Dann würdest du morgen mit mir irgendwo hingehen?"

„Ja, natürlich", antwortete sie nun ohne zu zögern.

„Wissen Sie, dass Sie Ihren guten Namen, Ihr Leben zu Hause, Ihre Freunde und die meisten davon verlieren würden? Alles, was für Sie das Leben lebenswert gemacht hat?"

"Ja, ich liebe dich."

„Und dann ist da noch Ihr Mann. Er war sehr gut zu dir. Er hat Ihnen nie den geringsten Grund zur Beschwerde gegeben. Er war furchtbar anständig zu dir."

"Oh! es ist ihm egal. Du bist es, Jim; Ich liebe dich von ganzem Herzen."

Aber er wusste bei all dem, dass sie es nicht tat: Schon die Wiederholung des Satzes zeigte das. Sie versuchte, das wusste er, sich selbst davon zu überzeugen, dass sie es tat, weil es ihr sofort Freude bereiten würde. Sie war nicht bewusst unaufrichtig, aber er schreckte vor ihrer Berührung in seinem Stuhl zurück, weil er nicht sicher war, was er tun würde, wenn er sie dort bleiben ließe.

Er legte ihre Hände fest beiseite. „Nein, das darfst du nicht. Schau her, ich muss dir etwas sagen. Ich weiß, dass du mich für einen schrecklichen Kerl halten wirst, aber ich muss ehrlich zu dir sein. Ich habe etwas herausgefunden. Ich habe die ganzen Tage nachgedacht, und weißt du, ich liebe dich nicht so, wie ich dachte. Nicht so gut, wie ich es mir vorgestellt hatte; Ich liebe dich nicht einmal so, wie ich meine Frau liebe. Es ist alles nur sinnlich. Ich will deinen Körper, nicht dich. Das klingt schrecklich, nicht wahr? Ich weiß, ich schäme mich, aber es ist wahr."

Seine Stimme wurde zu einem Flüstern. Er erwartete, dass sie sich mit Verachtung, Abscheu und Hass gegen ihn wenden würde. Vielleicht würde sie sogar eine Szene machen. Nun, das war auf jeden Fall besser, als weiterzumachen. Vielleicht rettet er noch rechtzeitig seine und ihre Seele. Aber er wagte es nicht, sie anzusehen. Er schämte sich, den Blick zu heben.

Und dann spürte er zu seinem Erstaunen wieder ihre Hand auf seinem Knie. Ihr Gesicht war seinem sehr nahe und sie sprach sehr leise.

„Nun – vielleicht – Liebling, diese andere Art von Liebe wird kommen. Das ist wirklich nur ein Teil davon. Diese andere Liebe kann nicht sofort kommen."

Er richtete seinen Blick auf sie. Sie sah ihn lächelnd an.

„Aber du verstehst es nicht, du kannst es nicht?"

"Ja ich verstehe."

Dann begann sich etwas Wildes in ihm zu regen. Er ergriff ihre Hände heftig und grob.

„Nein, das kannst du nicht. Ich sage dir, ich liebe dich überhaupt nicht. Nicht so, wie ein anständiger Mann eine anständige Frau liebt. Vor ein paar Wochen dachte ich, ich hätte meine Seele gefunden. Ich habe die Dinge anders gesehen; Es war eine neue Welt, und ich dachte, du hättest sie mir gezeigt. Aber du warst es überhaupt nicht. Es geht dir nicht um mich, sondern um deinen Mann, und wir werden beide vom Teufel geführt – hier – jetzt!"

"Ah!" sagte sie und zog sich ein wenig zurück. „Ich dachte, du wärst mutiger. Sie kümmern sich schließlich um all die alten konventionellen Dinge, „die Heiligkeit der Ehe" und alles andere. Ich dachte, wir hätten das alles geklärt."

„Nein", antwortete er ihr. „Es sind nicht die Konventionen, die mir am Herzen liegen, sondern unsere Seelen, deine und meine. Wenn wir uns lieben würden , wäre das etwas anderes; Aber ich habe herausgefunden, dass die Berührung einer anderen Person mehr als nur erregend ist – das reicht nicht aus. Ich liebe dich nicht; wir müssen es beenden."

"NEIN!" Sie hatte sich neben seinen Stuhl gekniet und plötzlich seine beiden Hände in ihre genommen und sie immer wieder geküsst. „Nein, Jim, das müssen wir heute Abend haben. Der Rest ist egal. Ich will dich jetzt. Nimm mich."

Sie umarmte ihn. Ihr Kopf lag auf seiner Brust. Ihre Faszination fing wieder an, sich auf ihn zu konzentrieren. Sein Blut begann zu toben. Was waren denn all diese Kasuistiken, dieses Gerede über die Seele? Reden konnte jeder, es kam auf das Leben an. Er begann, ihre Hände zu drücken; ihm schwamm der Kopf.

Dann geschah plötzlich etwas Merkwürdiges. Der Raum schien zu verschwinden. Mrs. Maradick saß auf der Bettkante und sah ihn an. Er konnte die erbärmliche Neigung ihres Kopfes sehen, als sie ihn ansah. Er fühlte sich wieder einmal, so wie er es in Morellis Zimmer gefühlt hatte, als ob Teufel um ihn herum wären.

Er war wieder müde, hundemüde; Gleich würde er nachgeben. Beide Frauen waren wieder bei ihm. Hinter dem Fenster war die Nacht, die dunklen Hecken, die weiße Straße, der Turm, grau und kalt, mit dem Schatten, der zu seinen Füßen lag und sich mit dem Mond bewegte, während sich die Wellen am Ufer bewegten.

Für einen Moment erfasste ihn das Feuer. Er spürte nichts außer ihrem Körper – den Druck, die Wärme davon. Seine Finger kratzten ein wenig über die Seide ihres Kleides.

Es herrschte vollkommene Stille, und er glaubte, über den Schlag ihrer Herzen hinaus die Geräusche der Nacht zu hören – das Rascheln der Bäume, das monotone Tropfen des Wassers, das geheimnisvolle ferne Flötenspiel, das er schon einmal gehört hatte . Seine Hände zerquetschten sie. Im nächsten Moment hätte er sich gebeugt und ihr Gesicht, ihren Körper mit Küssen bedeckt; Dann war die Zeit vorbei, als würde nach einer sengenden Stille eine Brise aufkommen.

Er stand auf und schob ihre Hände sanft weg. Er ging durch den Raum und schaute hinaus auf die Sterne, den Mond, das Licht auf den nebligen Bäumen.

Er hatte seinen Sieg errungen.

Seine Stimme war ganz ruhig, als er mit ihr sprach.

„Du solltest besser, wir sollten beide besser ins Bett gehen. Es darf keinem von uns passieren, denn es ist nicht gut genug. Ich bin nicht der Typ Mann, du bist nicht der Typ Frau, für den das reicht; Du weißt, dass du mich nicht wirklich liebst.

Auch sie war aufgestanden und stand nun mit leicht hängendem Kopf an der Tür, die Hände schlaff an ihrer Seite. Dann lachte sie heftig.

„Ich habe mich lieber verraten", sagte sie barsch. „Glaubst du nicht, dass es freundlicher und ehrlicher gewesen wäre , das vor einer Woche gesagt zu haben?"

„Ich versuche nicht, mich zu entschuldigen", sagte er leise. „Ich war ziemlich mies, aber das ist kein Grund –" Er hielt abrupt inne.

Sie ballte die Hände, warf dann plötzlich den Kopf hoch und blickte ihn quer durch den Raum wütend an.

„Gute Nacht, Mr. Maradick ", sagte sie und war weg.

KAPITEL XX

MARADICK ERZÄHLT ES DER FAMILIE, FRÜHSTÜCKT MIT
IHNEN

EHEFRAU UND VERABSCHIEDET SICH VON EINIGEN
FREUNDEN

Aber er schlief nicht.

Vielleicht lag es daran, dass seine Müdigkeit wie eine schwere Last auf ihm lastete, so dass das Schließen der Augen so war, als ließe er zu, dass eine große Last auf ihn fiele und ihn zerquetschte. Seine Müdigkeit hing wie eine dunkle, bedrohliche Wolke über ihm; es kam ihm tatsächlich so bedrohlich vor, dass er Angst davor hatte. In dem Moment, in dem er einzuschlafen schien, riss er sich ruckartig zurück, er fürchtete sich vor seinen Träumen.

Gegen vier Uhr morgens fiel er in einen verwirrten Schlaf. Formen, Menschen – Tony, Morelli, Mrs. Lester, seine Frau, Epsom, London – alles war vage, neblig und auf irgendeine unzusammenhängende Weise erschreckend. Er wollte aufwachen, er versuchte, sich zum Aufwachen zu zwingen, aber seine Augen weigerten sich, sich zu öffnen, sie schienen zusammengeklebt zu sein. Der Haupteindruck, den er hatte, war, sich von jemandem oder vielmehr von vielen Menschen zu verabschieden. Es war, als würde er in ein fernes Land reisen, irgendwohin, von dem er das Gefühl hatte, nie wieder zurückkehren zu können. Aber wenn er sich diesen Gestalten näherte, um sich zu verabschieden, verschwanden sie oder verschmolzen mit jemand anderem .

Gegen halb sechs erwachte er, lag ruhig da und sah zu, wie das Licht die Fenster füllte und langsam und geheimnisvoll über den Boden kroch. Er hatte seine Träume verlassen, aber trotz seiner Müdigkeit beim Zubettgehen und dem schlechten Schlaf, den er hatte, war er nicht müde. Er verspürte ein Gefühl der Erleichterung, etwas abgeschlossen zu haben und, was noch wichtiger war, es losgeworden zu sein. Eine bestimmte Zeitspanne in seinem Leben schien abgeschlossen, abgegrenzt zu sein. Er hatte etwas von dem Gefühl, das Christian hatte, als sein Rudel ihn verließ. Alle Emotionen, die Kämpfe, die Verwirrungen der letzten Wochen waren vorbei, vorbei. Er bereute sie nicht; er hieß sie willkommen wegen der Dinge, die sie ihm beigebracht hatten, aber er wollte sie nicht wieder zurückhaben. Es war fast so, als ob man eine Krankheit durchgemacht hätte.

Er wusste, dass es ein schwieriger Tag werden würde. Es gab alle möglichen Erklärungen, alle möglichen „Einigungen". Aber er betrachtete das alles sehr friedlich. Es spielte keine Rolle; Die Fragen waren alle beantwortet, die Schwierigkeiten alle gelöst.

Um halb sieben stand er leise auf, nahm ein Bad und zog sich an. Als er ins Schlafzimmer zurückkam, stellte er fest, dass seine Frau noch schlief. Er beobachtete sie, während ihr Kopf auf ihrer Hand ruhte und ihre Haare in einer dunklen Wolke auf dem Kissen lagen. Als er über ihr stand, überkam ihn ein großes Gefühl der Zärtlichkeit. Das war ganz neu; er hatte noch nie zuvor zärtlich an sie gedacht. Emmy Maradick war nicht die Art von Person, an die man zärtlich dachte. Wahrscheinlich hatte noch nie jemand so über sie gedacht.

Aber jetzt – in den letzten Wochen hatte sich alles so verändert. Es gab zwei Emmy Maradicks . Das war seine große Entdeckung, so wie es natürlich auch zwei James Maradicks gab .

Er machte sich keine Illusionen darüber. Er hatte nicht im Geringsten damit gerechnet, dass die alte Emmy Maradick plötzlich verschwinden und nie wieder herauskommen würde. Das war natürlich absurd, es ging nicht so schnell. Aber jetzt, da er wusste, dass der andere, der jüngste mysteriöse Mann, dessen Schatten er nur ganz schwach gesehen hatte, da war, würde alles anders sein. Und es würde wachsen, es würde wachsen, genau wie seine neue Seele wachsen würde.

sie ansah , erwachte sie, sah ihn einen Moment lang an, ohne es zu merken , und stieß dann einen kleinen Schrei aus: „Oh! Ist es zu spät?"

„Nein, Liebes, nur acht. Um Viertel vor neun komme ich zum Frühstück zurück."

In ihren Augen stand wieder diese verwunderte, erbärmliche kleine Frage. Als Antwort bückte er sich und küsste sie zärtlich. Er hatte sie seit Hunderten von Jahren nicht mehr auf diese Weise geküsst. Als er sich zu ihr beugte, schlossen sich ihre Hände plötzlich wütend um ihn. Einen Moment hielt sie ihn fest, dann ließ sie ihn los. Als er den Raum verließ, klopfte sein Herz stürmisch.

Und so ging er nach unten, um sich der Musik zu stellen, wie er sich sagte.

Er klopfte an die Wohnzimmertür der Gales und jemand sagte „Komm rein." Er atmete tief auf, als er sah, dass Lady Gale allein dort war.

"Ah! Das ist gut!"

Sie saß mit dem Kopf zu ihm am Fenster. Sie schien ihm – teils lag es an dem grauen Seidenkleid, das sie trug, teils an ihrem wundervollen weißen Haarkranz – substanzlos, als könnte sie jeden Moment aus dem Fenster verschwinden.

Er hatte sogar das Gefühl, dass er sie umklammern und festhalten sollte, um zu verhindern, dass sie verschwand. Dann sah er die dunklen Linien unter ihren Augen und ihren Mangel an Farbe ; sie sah furchtbar müde aus.

„Ah, ich schäme mich; Ich hätte es dir gestern Abend sagen sollen."

Sie reichte ihm die Hand und lächelte.

„Nein, es ist alles in Ordnung; Es ist wahrscheinlich besser, so wie es ist. Ich werde nicht leugnen, dass ich besorgt war, das war natürlich so. Aber ich hatte gehofft, dass Sie jetzt hereinkommen würden, bevor mein Mann hereinkommt. Ich hätte Ihnen fast eine Nachricht geschickt, in der ich Sie bitte, herunterzukommen."

Ihre bezaubernde Freundlichkeit ihm gegenüber berührte ihn seltsam. Oh! Sie war eine wundervolle Person.

„Liebe Dame", sagte er, „das ist wie Sie." Ich meine, ich will nicht wütend auf mich sein. Aber dafür bin ich jetzt natürlich hier, um mich den Dingen zu stellen. Ich erwarte es und ich verdiene es; Dafür blieb ich übrig."

"Links?" sagte sie und sah ihn an. Er sah, wie sich ihre Hand ganz schnell über ihren Schoß und dann wieder zurück bewegte.

"Ja. Natürlich ist Tony weg. Er hat gestern Nachmittag um zwei Uhr in der kleinen Kirche draußen auf dem Hügel geheiratet. Der Name des Mädchens ist Janet Morelli. Sie ist neunzehn. Sie sind jetzt in Paris; aber er hat mir diesen Brief für dich gegeben."

Er überreichte ihr den Brief, den Tony ihm auf dem Weg zum Bahnhof gegeben hatte.

Sie sagte ihm nichts, sondern nahm den Brief schnell entgegen und riss ihn auf. Sie las es zweimal, reichte es ihm dann und wartete darauf, dass er es las. Es lief:-

LIEBSTE UND WUNDERVOLLSTE ALLER MÜTTER ,

Wenn Sie das bekommen, werde ich in Paris sein und Janet wird meine Frau sein. Janet Morelli ist ihr Name, und Sie werden sie einfach lieben, wenn Sie sie sehen. Erinnerst du dich daran, mir einmal gesagt zu haben, dass ich auf jeden Fall die richtige Person heiraten würde? Nun, plötzlich sah ich sie eines Nachts wie Julia aus dem Fenster schauen, und es gab nie wieder eine Frage; ist es nicht wunderbar? Aber wissen Sie natürlich, wenn ich es Ihnen gesagt hätte, hätte der Gouverneur es wissen müssen, und dann hätte es einfach einen gewaltigen Aufruhr gegeben und ich wäre rausgeschmissen worden oder so, und niemand wäre einer gewesen umso besser, und es wäre furchtbar schwierig für dich gewesen. Und so hielt ich es geheim und sagte Maradick, er solle es tun. Natürlich wird der Gouverneur zuerst krank sein, aber da Sie nichts davon wussten, kann er Ihnen nichts sagen, und das ist alles, was zählt. Denn natürlich kann Maradick auf sich selbst aufpassen und es ist ihm eigentlich egal, was jemand zu ihm sagt. Ich gehe davon aus, dass wir direkt danach nach Paris gehen und dann zurückkommen und in Chelsea leben. Ich werde wie alles andere schreiben; Aber auf jeden Fall, wissen Sie, wird es keine Rolle spielen, denn ich habe diese vierhundert im Jahr und wir kommen damit problemlos zurecht. Der Gouverneur wird bald darüber hinwegkommen und ich weiß, dass er Janet einfach wirklich lieben wird. Niemand konnte etwas dagegen tun.

Und oh! Liebe Mutter, ich bin so glücklich. Ich wusste nicht, dass man so glücklich sein kann; Und das ist es doch, was du wolltest, nicht wahr? Und deswegen liebe ich dich umso mehr, dich und Janet. Schicken Sie mir einfach eine Zeile an das Hôtel Lincoln, Rue de Montagne, Paris, um mir zu sagen, dass Sie mir verzeihen. Janet sendet ihre Grüße. Bitte schick ihr deine.

Immer dein liebender Sohn,

TONY.

PS: Maradick hat einfach nur Spaß gemacht. Er ist der großartigste Mann, der je gelebt hat. Ich weiß einfach nicht, was wir ohne ihn gemacht hätten.

Es herrschte ein oder zwei Minuten lang Stille. Dann sagte sie leise: „Lieber alter Tony. Erzähl mir von dem Mädchen."

„Sie ist großartig. Es besteht überhaupt kein Zweifel daran, dass sie die Richtige ist. Ich habe viel von ihr gesehen und da besteht überhaupt kein Zweifel. Sie hat nichts von der Welt gesehen und ihr ganzes Leben hier unten verbracht. Sie ist Tony einfach ergeben."

„Und ihre Leute?"

„Es gibt nur ihren Vater. Er ist ein seltsamer Mann. Sie ist weit weg von ihm. Ich glaube nicht, dass er sich wirklich um sie kümmert. Ich glaube, sie sind eine gute alte Familie. Ursprünglich natürlich Italiener. Der Vater hat viel Ausländer in sich, aber das Mädchen ist eine absolute Engländerin."

Es entstand eine weitere Pause, dann blickte sie auf und nahm seine Hand.

„Ich kann Ihnen nicht genug danken. Du hast absolut das Richtige getan. Es blieb nichts anderes übrig, als es mit einem Jungen von Tonys Temperament durchzuziehen. Ich bin froh, froher, als ich es dir sagen kann. Aber natürlich wird mein Mann das zunächst eher unangenehm auffassen. Er hatte Ideen zu Tonys Heirat und hätte alles getan, was er konnte, um zu verhindern, dass es so kam. Aber jetzt, wo es passiert ist, jetzt, wo nichts anderes übrig bleibt, als es zu akzeptieren, denke ich, dass es bald in Ordnung sein wird. Aber vielleicht solltest du es ihm jetzt besser sagen und es hinter dich bringen. Er wird in einer Minute hier sein.“

In diesem Moment kamen sie herein – Sir Richard, Rupert, Alice Du Cane und Mrs. Lester.

Es war sofort klar, dass Sir Richard wütend war. Rupert war amüsiert und ein wenig gelangweilt. Alice war aufgeregt und Mrs. Lester müde und weiß unter den Augen.

"Was ist das?" sagte Sir Richard und trat vor. „ Sie sagen mir, dass Tony die ganze Nacht nicht da war. Dass er weg ist oder so.“

Dann erblickte er Maradick .

"Ha! Maradick – Morgen! Weißt du zufällig, wo der Junge ist?“

Maradick glaubte, in der Wut des alten Mannes eine sehr reale Angst erkennen zu können, aber es war ein schwieriger Moment.

Lady Gale sprach. "Herr. Maradick hat mir gerade erzählt –“, begann sie.

„Vielleicht Alice und ich –“ sagte Mrs. Lester und ging zurück zur Tür. Dann ergriff Maradick die Dinge.

„Nein, bitte geh nicht. Es gibt nichts, was niemand nicht wissen muss, nichts. Ich habe Lady Gale gerade erzählt, Sir Richard, dass Ihr Sohn gestern um zwei Uhr in der kleinen Kirche außerhalb der Stadt mit einer Miss Janet Morelli getraut wurde. Sie sind jetzt in Paris.“

Es herrschte Stille. Niemand sprach oder bewegte sich. Die Situation hing vollständig zwischen Sir Richard und Maradick . Lady Gales Augen waren ganz auf ihren Mann gerichtet; Die Art und Weise, wie er es aufnahm, würde einen Unterschied für den Rest ihres Ehelebens machen.

Sir Richard atmete schwer. Sein Gesicht wurde plötzlich ganz weiß. Dann sagte er mit leiser Stimme:

"Verheiratet? Gestern?" Er schien seine Gedanken zu sammeln und zu versuchen, die unbändige Leidenschaft zu unterdrücken, die ihn in einem Moment überwältigen würde. Für einen Moment schluckte er es. Er hielt sich sehr aufrecht und blickte Maradick ins Gesicht.

„Und warum hat mein pflichtbewusster Sohn Ihnen die Last dieser Botschaft überlassen?"

„Weil ich von Anfang an in die Angelegenheit verwickelt war. Ich wusste es von Anfang an. Ich war gestern Zeuge ihrer Hochzeit und habe sie am Bahnhof verabschiedet."

Sir Richard begann schwer zu atmen. Die Farbe kam in einer Flut auf seine Wangen zurück. Seine Augen waren rot. Er trat mit erhobener Faust vor, aber Rupert legte eine Hand auf seinen Arm und seine Faust fiel auf seine Seite. Er konnte nicht zusammenhängend sprechen.

"Sie Sie Sie"; und dann „Du hast es gewagt? Was zum Teufel hast du mit meinem Jungen zu tun? Mit uns? Mit unseren Angelegenheiten? Was zum Teufel hat das mit dir zu tun? Sie – Sie – verdammt, Sir – mein Junge – mit irgendjemandem verheiratet, und weil ein –"

Rupert legte erneut seine Hand auf den Arm seines Vaters und seine Worte verweilten in der Luft.

Dann wandte er sich an seine Frau.

„Sie – wussten Sie davon – wussten Sie, dass das vor sich ging?"

Dann erkannte Maradick , wie klug sie in ihrer Entscheidung gewesen war, ihr die ganze Angelegenheit vorzuenthalten. Es war ein Wendepunkt.

Wenn sie darin eingeweiht gewesen wäre, so erkannte Maradick , würde Sir Richard ihr das nie verzeihen. Es wäre für immer eine hoffnungslose, unüberwindbare Barriere zwischen ihnen geblieben. Es hätte die empfindlichste und weichste Stelle des Mannes getroffen, seine Einbildung. Er könnte ihr alles andere als das verzeihen.

Und so klärte sich die Luft enorm, als sie den Blick zu dem ihres Mannes richtete und ohne zu zögern sagte: „Nein, Richard. Natürlich nicht. Ich wusste nichts, bis Mr. Maradick es mir gerade erzählte."

Sir Richard wandte sich von ihr wieder Maradick zu .

„Und so halten Sie es für angebracht, Sir, sich in Angelegenheiten einzumischen, die Sie nichts angehen. Du stehst zwischen Sohn und Vater, oder? Du--"

Aber wieder blieb er stehen. Maradick sagte nichts. Es gab überhaupt nichts zu sagen. Es war offensichtlich, dass die eigentliche Affäre, Tonys Entführung, noch nicht in Sir Richards Gehirn eingedrungen war. Das Einzige, was er im Moment begreifen konnte, war, dass irgendjemand – irgendjemand – es gewagt hatte, einzugreifen und sich in die Gales einzumischen. Jemand hatte die heimtückische Unverschämtheit gehabt zu glauben, er stünde auf einer Stufe mit den Gales, jemand hatte es gewagt, seine plebejischen und unhöflichen Finger in einen Gale-Kuchen zu stecken. So etwas hatte es noch nie gegeben.

Worte könnten es nicht ausdrücken.

Er sah aus, als würde er gleich einen Anfall bekommen. Er zitterte und zitterte in allen Gliedern. Dann sagte er mit kaum hörbarer Stimme: „Mein Gott, ich werde dafür das Gesetz von dir haben."

Er drehte sich um und verließ das Zimmer, ohne jemanden anzusehen.

Es herrschte Stille.

Rupert sagte: „Mein Wort!" und pfiff. Niemand sonst sagte etwas.

Und in dieser Pause des Schweigens war Maradick , zu seiner eigenen ziemlich merkwürdigen Überraschung, fast völlig außerhalb der ganzen Angelegenheit, eher amüsiert als beunruhigt über die Art und Weise, wie sie es alle auffassten, obwohl „sie", um die strenge Genauigkeit zu gewährleisten, fast „sie" waren entschied sich sofort für Mrs. Lester. Lady Gale hatte ihm vor langer Zeit ihren Standpunkt dargelegt; Sir Richard und Rupert konnten aufgrund ihrer begrenzten Konventionen nur eine mögliche Meinung haben; Alice Du Cane würde sich wahrscheinlich um Tonys willen freuen und daher indirekt dankbar sein; aber Frau Lester! Warum, das würde, wie er blitzartig erkannte, die großartigste Verstärkung der Art und Weise sein, in der sie die Affäre der letzten Nacht bereits zu sehen begann. Er könnte sehen, wie sie in ein oder zwei Tagen auf allen Vieren mit seinem eigenen brutalen Angriff auf ihre makellosen Tugenden in den „Gale Pie" eingreift. In kurzer Zeit würde alles wie aus einem Guss sein, mit der perversen Vorstellung, dass sie ihre eigene „kleine" Situation ausspielen würde. Es wäre eine Art rosafarbener Schleier, den sie über das ganze Geschehen werfen könnte. „Der Mann, der sich den Gales gegenüber so verhalten kann, ist genau der Typ Mann, der eine wehrlose Frau auf so schreckliche und brutale Weise beleidigen würde."

Er sah in ihren Augen bereits den Anfang des Bildes. In ein paar Tagen würde das Gemälde fertig sein. Aber das war alles nur Nebensache. Für diese Leute war sein Geschäft erledigt.

Ohne jemanden anzusehen, verließ auch er den Raum.

Es war schwierig gewesen, aber nachdem er Lady Gales Zusicherung erhalten hatte, spielte der Rest keine Rolle mehr. Natürlich musste der alte Mann das so auffassen, aber er würde es wahrscheinlich bald anders sehen. Und für ihn, Maradick , spielte das jedenfalls – Sir Richards Einstellung zu ihm persönlich – überhaupt keine Rolle.

Aber diese ganze Angelegenheit schien jetzt tatsächlich von zweitrangiger Bedeutung zu sein. Das erste und einzig lebenswichtige Thema waren jetzt seine Beziehungen zu seiner Frau. Darauf muss sich alles richten. Die Berührung seiner Hand hatte ihn unendlich und tief berührt. Zum ersten Mal in ihrem Eheleben wollte sie ihn. Sir Richard, Mrs. Lester und sogar Tony wirkten im Vergleich dazu klein und unbedeutend.

Aber er musste ihr alles erzählen – das sah er. Alles über Mrs. Lester, alles – sonst würden sie nie klarkommen.

Sie war gerade damit fertig, sich anzuziehen, als er in ihr Zimmer kam. Sie drehte sich schnell von ihrem Frisiertisch zu ihm um.

„Ich bin gerade bereit", sagte sie.

„Warte mal", antwortete er ihr. „Bevor wir zu den Mädchen gehen, möchte ich noch einiges sagen."

Sein großer, schwerfälliger Körper bewegte sich über den Boden und er setzte sich hastig auf einen Stuhl neben dem Frisiertisch.

Sie beobachtete ihn besorgt mit ihren scharfen kleinen Augen. „Ja", sagte sie, „beeil dich nur. Ich bin hungrig."

„Nun, es gibt eigentlich zwei Dinge", antwortete er langsam. „Dinge, die Sie wissen müssen."

Eines fiel ihr auf: Er entschuldigte sich nicht im Voraus, wie er es vor drei Wochen getan hätte. Jetzt gab es keine Entschuldigung mehr, nur die feste Entschlossenheit, damit durchzukommen.

„Erstens geht es um den jungen Tony Gale. Ich habe es gerade seiner Familie erzählt. Er hat gestern ein Mädchen geheiratet und ist mit ihr nach Paris geflohen. Man kann wetten, dass die Familie zufrieden ist."

Frau Maradick war aufgeregt. "Nicht wirklich! Wirklich durchgebrannt? Dieser Gale-Junge! Wie großartig! Ein echtes Elopement! Natürlich konnte man sehen, dass etwas nicht stimmte. Er war so oft unterwegs und so weiter; Ich wusste. Aber einfach schick! Ich mache es wirklich! Wird der alte Sir Richard nicht –!"

Ihre Augen funkelten. Die Romantik hatte sie offensichtlich berührt, es war fast so, als wäre man selbst durchgebrannt, weil man den Jungen und alles kannte!

Dann fügte er hinzu: „Ich musste es ihnen sagen. Wissen Sie, ich habe die ganze Zeit davon gewusst, war sozusagen dabei. Hat ihnen geholfen, es zu arrangieren und so weiter, und Sir Richard hatte mir gerade ein oder zwei Worte dazu zu sagen."

„ *Das ist es also* , was du die ganze Zeit getan hast. *Das ist* dein Geheimnis!"
Sie war genauso zufrieden, wie sie nur sein konnte. „Das ist es, was dich
verändert hat. Natürlich! Man hätte es ahnen können!"

Doch hinter ihrer Aufregung und ihrem Vergnügen spürte er, so dachte
er, auch eine Spur von Enttäuschung, die ihn verwirrte. Was hatte sie
gedacht, was er getan hatte?

„Ich habe es ihnen gerade erzählt – den Gales. Sir Richard war erheblich
verärgert."

„Natürlich – hasserfüllter alter Mann – natürlich hätte er etwas dagegen;
verletzte seinen Stolz." Mrs. Maradick hatte die Hände um die Knie
geschlungen und schwang einen kleinen Fuß hin und her. „Aber du hast
ihnen die Stirn geboten. Ich wünschte, ich hätte dich gesehen."

Aber er beeilte sich weiter. Das war schließlich ganz unwichtig im
Vergleich zu dem, was er ihr hauptsächlich zu sagen hatte. Er fragte sich, wie
sie es aufnehmen würde. Die neue Vorstellung, die er von ihr hatte, die neue
Art, wie er sie sah, begann für ihn so wertvoll zu werden, dass er den
Gedanken nicht ertragen konnte, dass er sie plötzlich verlieren könnte. Er
konnte sehen, wie sie, nachdem er es ihr erzählt hatte, zu der alten, scharfen,
bissigen Satire zurückkehrte. Es würde die alten Streitereien geben, die alten
wütenden Streitereien; Bei dem Gedanken daran zögerte er einen Moment.
Vielleicht wäre es doch besser, es ihr nicht zu sagen. Die Episode wurde
beendet. Es würde niemals zu einem erneuten Aufflammen kommen, und es
gab keinen Grund, warum sie es wissen sollte. Aber etwas trieb ihn voran;
Er musste ihr sagen , dass es anständig war.

„Aber es gibt noch etwas anderes, das ich dir sagen muss, das ich dir
sagen sollte. Ich weiß nicht einmal, dass ich mich dafür schäme. Ich glaube,
dass ich das alles noch einmal durchmachen würde, wenn ich so viel lernen
könnte. Aber es ist alles vorbei, absolut vorbei. Ich habe mir in den letzten
zwei Wochen eingebildet, dass ich in Mrs. Lester verliebt wäre. Ich habe sie
geküsst und sie hat mich geküsst. Du brauchst keine Angst zu haben. Das ist
alles, was passiert ist, und ich werde sie nie wieder küssen. Aber da ist es!"

Er warf es ihr zu, damit sie es nehmen oder liegen lassen konnte. Er hatte
nicht die geringste Ahnung, was sie sagen oder tun würde. Nach seinem
bisherigen Wissen über sie zu urteilen, erwartete er, dass sie stürmen würde.
Aber es war ein Test für die neue Mrs. Maradick , ob es sich tatsächlich nur
um seine Einbildung handelte, dass es überhaupt eine neue Mrs. Maradick
geben würde.

Es herrschte Stille. Er sah sie nicht an; und dann, plötzlich, brach sie zu
seinem völligen Erstaunen in schallendes Gelächter aus. Er konnte seinen

Ohren nicht trauen. Lachen! Nun, Frauen waren einfach unverständlich! Er starrte sie an.

"Warum mein Lieber!" Sie sagte schließlich: „Natürlich habe ich es die ganze Zeit gesehen. Natürlich habe ich das, oder fast immer. Du glaubst nicht, dass ich mit geschlossenen Augen herumlaufe, oder? Weil ich es nicht tue, kann ich es Ihnen sagen. Natürlich habe ich es damals gehasst. Ich war eifersüchtig, eifersüchtig über alles. Zum ersten Mal seit unserer Hochzeit war ich eifersüchtig auf dich; Ich hasste diese Mrs. Lester sowieso. Katze! Aber es war ein Augenöffner, das kann ich Ihnen sagen. Aber seit wir hier sind, ist viel passiert, und das ist nur eines davon. Und ich bin wahnsinnig froh. Ich mag es, wenn Frauen dich mögen. Mir hat es gefallen, dass die Leute hier unten dich wiedergutmachen, und dann warst du auch anders.“

Dann ging sie zu seinem Stuhl und legte plötzlich ihren Arm um seinen Hals. Ihre Stimme wurde leiser. „Ich habe mich in dich verliebt, während wir hier unten waren, zum ersten Mal seit unserer Hochzeit. Ich weiß nicht warum, ganz … Es begann damit, dass du so gemein warst und so weitermachtest. Früher hast du immer nachgegeben, wenn ich etwas zu dir gesagt habe, aber seit du hier bist, hast du dich wie alles andere gehalten. Und dann waren es die Leute, die dich mehr mochten als mich. Und dann war es Mrs. Lester, ich war eifersüchtig auf sie. Und es war noch mehr als diese Dinge – etwas lag in der Luft. Ich weiß es nicht, aber ich sehe die Dinge anders. Ich schätze, ich war die meiste Zeit eine arme Frau; Ich habe es vorher nicht gesehen, aber ich werde anders sein. Ich könnte Ihre Mrs. Lester küssen, obwohl ich sie hasse.“

Als er sie dann küsste , dachte sie, wie groß er war. Seit den Flitterwochen hatte sie nicht mehr mit ihren Armen um ihn und seinen großen Muskeln um sie gesessen, und selbst damals hatte sie über ihre Aussteuer nachgedacht.

Und das Frühstück war eine ganz außergewöhnliche Mahlzeit. Die Mädchen waren erstaunt. Sie hatten ihren Vater noch nie in einer solchen Stimmung gesehen. Sie hatten ihn immer eher vorsichtig abgelehnt, sofern sie überhaupt Gefühle für ihn hegten, aber ihre Haltung war im Großen und Ganzen negativ gewesen. Aber jetzt scherzte er, erzählte lustige Geschichten und Mutter lachte. Schneiden Sie auch den Deckel ihrer Eier ab und schenken Sie ihnen viel Aufmerksamkeit.

Er fand das Essen auch köstlich, obwohl ihm klar wurde , dass noch viel von der alten Mrs. Maradick übrig war. Ihre Stimme war so schrill wie immer; Sie war genauso sauer auf Annie, weil sie ihre Butter eher aus Genusssucht als aus Sparsamkeit verteilte. Ihre Meinung über Dinge und Menschen war immer noch genauso grob und vulgär.

Aber er sah es nicht mehr so. Das Wissen, dass da wirklich die andere Mrs. Maradick war , die die ganze Zeit darauf wartete, dass er sich entwickelte und sie ermutigte, machte die Dinge, die ihn einst so hart geärgert hatten, jetzt zu einer Angelegenheit von sehr geringer Bedeutung. Er war ihnen gegenüber sogar zärtlich. Es war gut, dass sie beide ihre Fehler hatten, und es war ein großes Glück.

„Nun, Annie, los geht's, du schüttest deinen Tee so in deine Untertasse, und jetzt tropft er über dein ganzes Kleid. Warum *kannst du nicht* vorsichtiger sein?"

„Ja, aber Mutter, es war so voll."

„Ich sage", das von Maradick , „was haltet ihr davon, dass wir alle diesen Nachmittag unten am Strand oder irgendwo verbringen?" Tee und andere Dinge; nur wir selbst. Schließlich ist es unser letzter Tag und es ist ganz schön warm. Kein Regen mehr."

Alle fanden es großartig. Annie fand in dieser glorreichen neuen Situation sogar Zeit und Mut, ihrem Vater ihre letzte Französischübung mit nur drei Fehlern zu zeigen. Die Szene blieb für die nächste halbe Stunde häuslicher Natur.

Dann verließ er sie. Er wollte gehen und sich von diesem Ort verabschieden; Dies wäre die letzte Gelegenheit, die er haben würde.

Er hatte nicht damit gerechnet, die Gales wiederzusehen. Schließlich gab es für ihn nichts mehr zu sagen. Sie hatten Tonys Adresse. Jetzt musste Sir Richard nur noch so schnell wie möglich darüber hinwegkommen. Lady Gale würde das wahrscheinlich schaffen. Er hätte gern noch einmal mit ihr gesprochen, aber eigentlich hätte er es besser nicht tun sollen. Er würde ihr schreiben.

Bevor er das Haus verließ, stellte er fest, dass ein anderer Teil der Affäre bereits beendet war. Als er das Ende der Treppe erreichte, durchquerte Mrs. Lester den Flur und für einen Moment sahen sie sich gegenüber. Sie blickte durch ihn hindurch, an ihm vorbei, als hätte sie ihn noch nie zuvor gesehen. Ihre Augen waren hart wie Stahl und so kalt. Sie gingen schweigend aneinander vorbei.

Er war nicht überrascht; Er hatte gedacht, dass sie es wahrscheinlich so auffassen würde. Wahrscheinlich war mit dem Morgen eine heftige Verärgerung über sein Verhalten und eine glühende Scham über ihre eigene entstanden. Wie sie konnte! Das würde ihr erster Gedanke sein, und dann, sehr bald darauf, würde sich herausstellen, dass sie es überhaupt nicht getan hatte. Er hatte sie weitergeführt. Und dann würde es in einer Woche wahrscheinlich tugendhafter Widerstand gegen die Überzeugungen eines abscheulichen Sensualisten sein. Natürlich würde sie ihm nie verzeihen.

Er fiel in die Luft.

Als er den Hügel hinunter in die Stadt ging, fiel ihm auf, dass die seltsame emotionale Atmosphäre, die in diesen Wochen über ihnen geherrscht hatte, mit Tonys Weggang verschwunden zu sein schien. Es mag natürlich nur ein Zufall gewesen sein, aber zweifellos hatte die Anwesenheit des Jungen etwas damit zu tun. Und dann trug ihn seine Fantasie noch weiter. Es war natürlich fantastisch, aber sein Kampf mit Morelli schien dem Einfluss, den dieser Mann gehabt hatte, ein Ende gesetzt zu haben. Denn er hatte zweifellos einen Einfluss gehabt. Und heute schien Morelli überhaupt nichts zu wollen.

Und dann könnte es auch sein, dass sie sich alle endlich an den Ort gewöhnt hatten; Es war nichts Frisches mehr, sondern etwas, das sie in ihr Gehirn, ihr Blut, aufgenommen hatten. Jedenfalls war Lesters Theorie, dass Orte und Menschen zusammen einen solchen Einfluss und eine solche Macht haben, interessant. Aber egal, welche Theorien er entwickeln wollte, eines war er sich sicher. Es hatte einen Kampf gegeben, einen gewaltigen Kampf. Sie hatten sich alle ein wenig darum gekümmert, aber es war seine unmittelbare Angelegenheit gewesen.

Er bog die Hauptstraße in Richtung Stadt ab. Der Tag war ein „ China “-Tag; Alles war von den schwächsten, blasssten Farben , zart mit der Zartheit dünner Seide, von hauchdünner Spitze, sozusagen vom Regen gewaschen, bis alles eine Symphonie aus Grau und Weiß und einem sehr zarten Blau war. Es war ein Tag voller harter Umrisse. Die weißen Wolken, die am Himmel lagen, waren Wolken aus Porzellan; die dunkelschwarze Baumreihe, die die Straße säumte, hob sich vom Hintergrund ab, als wären sie in Eisen geschnitzt; der Kamm der dahinter liegenden Hügel verlief wie der Rand eines Blattes graues Papier vor dem Blau; Das Meer selbst schien marmorne Wellen an ein marmornes Ufer zu werfen.

Als er innehielt, bevor er in die Stadt ging, dachte er, dass er das Meer noch nie so gesehen hatte, wie es heute war. Obwohl es so still war und überhaupt kein Geräusch zu machen schien, schien jede Art von Licht darin zu sein , wie Farben , die in einem Netz gefangen sind. Perlmutt kam seiner Schönheit am nächsten, aber das war noch sehr weit entfernt. Es gab Gold und Rosa und Grau und das schwächste cremige Gelb und die zartesten Grüntöne und manchmal sogar einen dunklen Rand von Schwarz; aber man konnte nie sagen, dass diese oder jene Farbe da war, denn sie veränderte sich, sobald man sie betrachtete, und verschmolz mit etwas anderem; und weit hinter dem geschwungenen Strand tauchten die schwarzen Felsen ins Blaue ab und schienen dort ihre Füße aufzusetzen und sie dann ein wenig anzuheben, als das Meer zurückging.

Er ging über den Marktplatz und grüßte zum letzten Mal vor dem Turm. Es waren nur sehr wenige Leute da und er konnte sich in aller Ruhe verabschieden. Er würde es nie vergessen, seinen grauen und weißen Stein, seine unerschütterliche Stärke und Überlegenheit gegenüber dem Rest seiner Umgebung. Er bildete sich ein, dass es ihm zum Abschied zulächelte, als er dort stand. Es schien zu sagen: „Du kannst mich vergessen, wenn du willst; Aber vergessen Sie nicht, was ich Ihnen beigebracht habe – dass in uns allen ein Geist, ein Mut und eine Bedeutung steckt, wenn Sie danach suchen. Auf Wiedersehen; Versuchen Sie, vernünftiger zu sein und ein wenig weiter zu sehen als die meisten Ihrer albernen Mitgeschöpfe. Oh ja! Auch in ihm lag Verachtung, als er da stand und seine weißen Schultern so stolz in den Himmel hob.

Zärtlich ließ er seine Hand über einige der rauen grauen Steine gleiten, um sich langsam zu verabschieden. Wahrscheinlich war er dem Turm auf eine obskure Art und Weise etwas wert gewesen. Er glaubte genug an seine wirkliche Existenz, um es für nicht fantastisch zu halten, sodass es seine Wertschätzung dafür anerkennen und sich freuen sollte.

Sein nächster Abschied war von Punch.

Mit einigen Bedenken stieg er die dunkle Treppe des kleinen Mannes hinauf. Er hätte in letzter Zeit häufiger dort sein sollen, besonders nachdem der arme Mann seinen Hund verloren hatte. Er hatte Punch sehr viel zu verdanken; Einige Leute mögen sein ständiges Philosophieren als ermüdend empfunden haben, aber für Maradick gaben seine Aufrichtigkeit und die sehr große und ungewöhnliche Erfahrung dahinter den Worten einen Wert und Autorität.

Er fand Punch auf seinem Bett sitzend und versuchte, dem neuen Hund einige Dinge beizubringen, die er lernen musste. Er sprang auf, als er Maradick sah, und sein Gesicht war voller Lächeln.

„Ich bin so froh, Sie zu sehen“, sagte er, „ich hatte gehofft, Sie würden herkommen, bevor Sie ganz weg sind. Ja, das ist der neue Hund. Es ist kein großes Tier, nur ein Mischling, aber ich wollte nach Toby keinen allzu guten Hund; In gewisser Weise sieht es wie ein Vergleich aus, und ich denke, es könnte mir schaden, wo auch immer er ist, wenn er wüsste, dass da dieser neue ganz neue Platz einnimmt.“

Der Neue war sicherlich kein besonders großes Biest, aber er schien eine enorme Zuneigung zu seinem Meister zu haben und einen ziemlich erbärmlichen Lerneifer zu haben.

„Aber kommen Sie und setzen Sie sich, Sir. Kümmere dich nicht um die Hemden, ich werfe sie auf den Boden. Nein, mein Junge, wir haben im

Moment genug Unterricht . „ Er hat einen erstaunlichen Lernhunger , dieser Hund, aber nur eine begrenzte Intelligenz. “

Maradick konnte sehen, dass Punch nichts mehr über Toby sagen wollte, also stellte er keine Fragen, aber er konnte sehen, dass er den Verlust schrecklich empfand.

„Nun, Garrick“, sagte er, „ich bin gekommen, um mich zu verabschieden. Wir gehen alle morgen wieder hin, und im Großen und Ganzen weiß ich nicht, ob es mir leid tut. Für meinen Geschmack ist es hier etwas zu schnell gegangen, und ich bin sozusagen froh, mit meinem Leben davonzukommen.“

Punch sah ihn einen Moment lang an und sagte dann: „Was ist mit dem jungen Gale passiert, Sir? Heute Morgen sind alle möglichen Geschichten im Umlauf.“

Maradick erzählte ihm alles.

„Nun, das ist alles zum Besten. Ich bin verdammt froh darüber. Das Mädchen ist weit weg, und sie werden das hübscheste Ehepaar weit und breit sein. Sie werden glücklich genug sein. Und jetzt sehen Sie selbst, dass ich Morelli gar nicht so weit entfernt war.“

Maradick dachte einen Moment nach und sagte dann: „Aber schau mal, Garrick, wenn Morelli das ist, was du sagst, wenn er schließlich etwas Übernatürliches an sich hat, muss er gewusst haben, dass die beiden weglaufen würden; Nun, wenn er so viel wusste und sich darum kümmerte, warum hat er sie dann nicht aufgehalten?“

„Ich sage nicht, dass er es wusste“, sagte Punch langsam, „und ich sage nicht, dass er sie aufhalten wollte. Morelli ist kein Mann und auch nichts Reales. Wenn Sie mich verstehen, ist E einfach eine Art Gefäß, durch das Emotionen fließen. Der Grund dafür, dass er die Natur zum Ausdruck bringt, liegt in gewisser Weise darin, dass nichts bei ihm bleibt. Er ist grausam, er ist liebevoll, er ist traurig, er ist glücklich, genau wie die Natur, weil der Wind weht oder die Flüsse fließen oder der Regen fällt. Er hat Einfluss auf alles Menschliche, weil er nicht selbst ein Mensch ist . „Er ist überhaupt keine Person, er ist nur ein Einfluss, ein Atmosphärenstrom in der Gestalt eines Mannes.“

„Es gibt Dinge, glauben Sie mir, Sir, überall auf dieser Welt, die an einem Tag so und an einem anderen Tag so Gestalt annehmen, aber sie haben keine Seele, keine persönliche Identität, das heißt, weil sie keinen Anfang und kein Ende haben, kein Schicksal oder Schlussfolgerung, genauso wenig wie der Wind oder das Meer. Und passen Sie auf sich auf, wenn das in Ihrer Nähe ist — es ist sehr gefährlich.“

Maradick sagte nichts. Punch fuhr fort:

ständig etwas tut , kann man diese Dinge nicht sehen . Du musst deinen Geist wie einen leeren Raum haben, deine Augen müssen blind und deine Ohren geschlossen sein, und dann wirst du langsam anfangen zu hören und zu sehen."

Maradick schüttelte den Kopf. „Nein, das verstehe ich nicht", sagte er. „Und wenn ich wieder meiner regulären Arbeit nachgehe, werde ich anfangen zu denken, dass das alles Blödsinn ist. Aber ich weiß, dass ich in der Nähe von etwas war, das ich noch nie zuvor berührt habe. Es gibt etwas an diesem Ort, das uns alle für einen Moment verändert hat. Wir werden alle zurückgehen und wieder alle gleich sein; Aber Gott sei Dank kann es für mich nie wieder so sein wie vorher."

Punch schlug seine Pfeife gegen den Absatz seines Stiefels.

„Mann", sagte er plötzlich, „wenn du einfach mit mir kommen und durch die Gassen und Hügel laufen würdest , würde ich dir Dinge zeigen." Du würdest anfangen zu verstehen." Er packte Maradicks Arm. „Komm mit mir", sagte er, „verlass dein ganzes dummes Leben; Lass mich dir die wahren Dinge zeigen. Es lohnt sich nicht, mit geschlossenen Augen zu sterben."

Für einen Moment reagierte etwas in Maradick . Für einen wilden Moment dachte er, er würde ja sagen. Dann schüttelte er den Kopf.

„Nein, David, mein Freund", antwortete er. „Das ist nicht mein Leben. Da ist meine Frau und da sind noch andere. Das ist meine Linie. Aber jetzt wird alles anders sein. Ich werde es nicht vergessen.

Punch lächelte. „Nun, vielleicht hast du recht. Du hast deine Pflicht. Aber denken Sie daran, dass nicht nur wir Männer und Frauen Kinder zeugen. Wir kreieren ständig. Jedes Mal, wenn du über einen Gedanken lachst, jedes Mal, wenn du dich freust, jedes Mal, wenn du Schönheit siehst und es sagst, jedes Mal, wenn du denkst, es sei besser, anständig zu sein als nicht, besser fröhlich als traurig zu sein, du Du erschaffst. Sie vergrößern die glückliche Weltbevölkerung. Young Gale war das, und jetzt haben Sie es auch gefunden. Das ist Religion; es ist offensichtlich genug. Viele andere Leute haben das Gleiche gesagt, aber nur sehr wenige haben es getan."

Als sie sich dann verabschiedeten, sagte er:

„Und denken Sie daran, dass ich da bin, wenn Sie mich wollen. Ich werde immer kommen. Ich bin immer bereit. Den ganzen Winter über bin ich in London. Sie finden mich an den meisten Abenden in der Ecke bei der National Gallery, fast gegenüber dem Garrick Theatre, mit meiner Show; Ich bin immer dein Freund."

Und Maradick wusste, als er die dunkle Treppe hinunterging, dass dies nicht das letzte Mal sein würde, dass er ihn sah.

Er kletterte zum letzten Mal den Hügel hinauf, der über dem Meer verlief. Seine harte weiße Linie verlief unter ihm bis zur Stadt und über ihm über das Moor durch das kleine grüne Wäldchen, das den Hügel säumte. Für einen Moment zeichnete sich seine Gestalt, schwarz und winzig, vor dem Himmel ab. Hier oben wehte ein Wind und er fegte um seine Füße.

Tief unter ihm lag das Meer wie ein blauer Stein, hart und scharf gemeißelt . Hinter ihm krümmte sich die weiße Straße wie ein Band über ihm, und um ihn herum war die zarte Biegung des Himmels zu erkennen.

Einen Moment lang stand er da, eine kleine Puppe von einem Mann.

Der Wind pfiff lachend an ihm vorbei. Drei weiße Wolken segelten majestätisch über seinem Kopf. Der harte schwarze Körper des Holzes beobachtete ihn tolerant.

Er ging erneut die weiße Straße hinunter.

KAPITEL XXI

SECHS BUCHSTABEN

Frau Maradick an Miss Crowdet .

Die Ulmen, Epsom.

17. Oktober.

Mein liebster Louie ,

Ich hatte vorgehabt, die ganze Woche zu schreiben, aber seit unserer Abwesenheit hat sich so viel angesammelt, dass einfach keine Minute Zeit blieb, um einen anständigen Brief zu schreiben. Nein, Treliss war dieses Mal nicht sehr nett. Weißt du, meine Liebe, die wunderbaren Menschen, die letztes Jahr dort waren? Na ja, davon gab es dieses Jahr überhaupt keine außer Mrs. Lawrence, die mir wirklich so auf die Nerven ging!

Es gab einige Leute namens Gale, von denen wir etwas gesehen haben – Lady und Sir Richard Gale. Ich muss sagen, ich fand sie ziemlich schlecht, aber Jim mochte sie; und dann ist ihr Junge mit einem Mädchen aus der Stadt durchgebrannt, was es ziemlich aufregend machte, vor allem, weil Sir Richard einfach wütend auf Jim war, weil er dachte, er hätte etwas damit zu tun. Und Sie können sich nicht vorstellen, wie besser der gute alte Jim mit all dem klarkommt, wirklich ein ganz anderer Mann und so amüsant, wenn er will; Und da sind ihm die Leute regelrecht nachgelaufen, man hätte es nicht geglaubt. Es gab eine schreckliche Frau, eine Mrs. Lester, die, glaube ich wirklich, alles getan hätte, nur dass Jim natürlich nichts davon wollte. Ich habe immer gesagt, dass er unheimlich amüsant sein kann, wenn er Lust hat, und wirklich nett, und seit wir zurück sind, ist er ziemlich oft ausgegangen, und jeder hat den Unterschied gemerkt.

Und was denkst du? Möglicherweise verlassen wir Epsom! Ich weiß, es wird einfach hasserfüllt sein, dich zu verlassen, Liebes, aber es wird nur London sein, weißt du, und du kannst herkommen, wann immer du willst, und so lange bleiben, wie du willst, und wir werden uns riesig freuen. Aber Epsom ist etwas langsam, und was Jim sagt, ist durchaus wahr – warum nicht entweder in der Stadt oder auf dem Land sein? Das habe ich immer gesagt, wissen Sie, und vielleicht haben wir auch irgendwo ein kleines Häuschen.

Übrigens, Liebes, da Sie in der Stadt sind , würde ich mir wünschen, dass Sie einfach bei Harrod's vorbeischauen und sich diese Muster ansehen. Zwei und elf Pence sind viel zu viel, und wenn die mit zwei und sechs Pence nicht gut genug sind, fragen Sie vielleicht nach einer anderen Sorte!

Besuchen Sie uns bald. Vielleicht komme ich bald für eine Matinée vorbei . Schreiben Sie und lassen Sie es mich wissen.

Dein liebender

EMMY .

AN ANTHONY GALE , Esq.,

20 Tryon-Platz,

Chelsea, SW

MEIN LIEBER JUNGE ,

Ich habe mich sehr gefreut, heute Morgen Ihren Brief zu erhalten. Sie haben sich erstaunlich schnell eingewöhnt, aber ich gehe auch davon aus, dass Janet eine ausgezeichnete Managerin ist. Ich freue mich sehr, nächsten Mittwochabend zum Abendessen zu kommen und freue mich riesig darauf, Sie beide und die Art von Zuhause, die Sie haben, zu sehen. Ich kann Ihnen gar nicht sagen, was für eine Erleichterung es für mich ist, zu hören, dass Sie beide so glücklich sind. Natürlich wusste ich, dass du es sein würdest und hoffentlich immer tun wirst, aber die Verantwortung auf meiner Seite war ziemlich groß und ich wollte hören, dass alles in Ordnung sei. Ich bin so froh, dass deine Mutter Janet so sehr mag. Ich wusste, dass sie miteinander auskommen würden, und ich hoffe, dass auch dein Vater bald kommt und in dieser Richtung alles in Ordnung bringt. Mittlerweile haben wir uns hier alle wieder ganz eingelebt; nicht ganz. Treliss hat bei uns beiden Spuren hinterlassen, und wir denken sogar darüber nach – springen Sie nicht vor Aufregung von Ihrem Stuhl auf –, nach London zu kommen, um dort zu leben. Ein etwas erweitertes Leben würde uns beiden jetzt besser passen, denke ich. Noch ist nichts geklärt, aber ich werde mich nach einem Haus umsehen.

Treliss hat ziemlich viel für uns alle getan, nicht wahr? Es scheint wirklich alles ein wenig unglaublich; Aber Sie haben Janet, die Ihnen zeigt, dass es real genug ist, und ich habe, nun ja, ziemlich viele Dinge, sodass es nicht alles ein Traum gewesen sein kann.

Also bis Mittwoch. Dann erfahre ich alle Neuigkeiten.

Meine Zuneigung zu Janet.

Dein Freund,

JAMES MARADICK .

AN JAMES MARADICK ,

Die Ulmen, Epsom.

20 Tryon-Platz,

Chelsea, SW

25. Oktober 1909 .

MEIN LIEBER MARADICK ,

Hurra! Ich bin so froh, dass du am Mittwoch kommen kannst, aber ich bin einfach nur wild vor Freude, dass du wirklich nach London kommst, um dort zu leben. Hurra nochmal! Nur Sie müssen, Sie müssen unbedingt in Chelsea leben. Es ist der einzig mögliche Ort. Hier lebt jeder, der es wert ist, kennengelernt zu werden, darunter auch ein nettes, intelligentes junges Paar namens Anthony und Janet Gale. Das Haus – unser Haus – ist einfach kaputt. Ganz weiß und verfärbt von deinem bescheidenen Diener; und Janet war einfach wunderbar. Es gibt nichts, was sie nicht tun kann, und jeder liebt sie überall. Wir haben kein Wort von ihrem Vater gehört, daher gehe ich nicht davon aus, dass er sich in dieser Richtung noch mehr Mühe geben wird, aber ich habe neulich von Garrick gehört – Sie erinnern sich an Punch – und er sagt, dass er ihn nicht gesehen hat Vor langer Zeit saß er am Ufer und pfiff mit einem glücklichen Lächeln im Gesicht zu den Wellen. Ist er nicht Rum?

Die Minns sind hier und amüsieren sich wie alle anderen. Sie hat sich eine neue Motorhaube gekauft und sieht einfach umwerfend aus – mein Auge! Und was denkst du? Wer sollte heute Morgen auftauchen, wenn nicht der Gouverneur! Zuerst sah er furchtbar verärgert aus, aber er konnte Janet nicht standhalten; und er ging überaus zufrieden weg und sagte, wir müssten ein besseres Sideboard im Esszimmer haben, und er würde uns eines schenken. Ist das nicht der Hammer? Das Schreiben geht voran. Ich habe neulich beim Tee einen Kollegen getroffen, Randall, er ist Herausgeber des *New Monthly* ; Er war ein bisschen gekonnt, aber ganz anständig, und jetzt hat er eines meiner Sachen geklaut, und ich habe ziemlich viele Kritiken erhalten.

Nun, auf Wiedersehen, alter Junge. Du weißt, dass Janet und ich dich lieber hier hätten als jeden anderen auf der Welt, außer natürlich der Mutter. Wir schulden dir alles. Machen Sie es sich bequem und kommen Sie hierher, um zu leben. Liebe Grüße von Janet.

Dein Affekt.

TONY.

AN LADY GALE ,

    12 Park Lane, W.

Rossholm ,

Nr. Dartford, Kent,

25. Oktober .

MEIN SCHATZ ,

Dies ist nur ein hastiges Gekritzel, um zu sagen, dass Fred und ich nächste Woche für eine Nacht in der Stadt sein werden und dich sehr gerne sehen würden, wenn es möglich ist. Fred speist an diesem Abend mit einem albernen alten Schriftsteller, also würde ich mich riesig freuen, wenn ich einfach reinkäme und ein Krümelchen mit dir essen könnte. Fred und ich haben beide entschieden, dass uns Treliss dieses Jahr nicht so gut gefallen hat und dass wir nie wieder dorthin gehen werden. Wenn Sie nicht gewesen wären, weiß ich einfach nicht, was wir getan hätten. Da ist etwas an diesem Ort.

Fred spürte es auch, nur dachte er, es sei eine Verdauungsstörung. Und dann die Leute! Ich weiß, dass du diese Maradick -Leute ziemlich mochtest . Aber ich fand den Mann absolut schrecklich. Natürlich musste man höflich sein, aber mein Lieber, ich glaube wirklich nicht, dass er sehr nett ist, nicht ganz die Art von Mann – na ja! Du weisst! Nicht, dass ich um alles in der Welt etwas gegen ihn sagen würde, aber ich weiß wirklich nicht, wie weit man mit einem solchen Mann gehen kann. Aber natürlich habe ich kaum etwas davon gesehen.

Wie geht es Tony? Ich habe gehört, dass sie sich in Chelsea niedergelassen haben. Ist Sir Richard versöhnt? Du musst mir alles erzählen, wenn wir uns treffen. Fred – er ist gerade so ein Haustier – lässt grüßen.

Immer

Dein liebender

MILLY.

AN JAMES MARADICK, Esq.,

Die Ulmen, Epsom.

12 Park Lane, W.

21. Oktober.

SEHR GEEHRTER HERR MARADICK,

Ich wollte Ihnen schon seit einigen Tagen schreiben, aber in London drängen sich so viele Dinge um einen, und selbst jetzt habe ich nur einen Moment Zeit. Aber ich dachte, dass Sie gerne wissen würden, dass sowohl mein Mann als auch ich Tony in Chelsea besucht haben und dass wir Janet absolut charmant finden. Mein Mann wurde sofort von ihr erobert; man kann einfach nicht anders, als sie zu lieben. Sie ist auch kein Idiot. Sie verwaltet das Haus hervorragend und verfügt über wesentlich mehr gesunden Menschenverstand als Tony.

Natürlich werden Sie jetzt sagen, dass wir sie Sir Richard sofort hätten zeigen sollen, wenn er sie so sehr mögen wollte. Aber das ist nicht so. Ich bin mir ziemlich sicher, dass er die Ehe niemals zugelassen hätte, wenn die Möglichkeit bestanden hätte, dass sie verhindert würde. Aber jetzt macht er das Beste daraus und es ist ganz einfach, wenn es Janet ist.

Ich glaube, es tut ihm immer noch leid, dass Sie sich „eingemischt" haben, wie er es nennt, aber das wird bald nachlassen, und dann müssen Sie zu uns kommen. Alice Du Cane wohnt bei uns. Sie hat sich in letzter Zeit sehr verbessert, sie ist viel menschlicher; Sie ist wirklich ein bezauberndes Mädchen.

Und wie kann ich Ihnen in der Zwischenzeit genug für alles danken, was Sie getan haben? Ich habe das Gefühl, dass ich dir alles schulde. Ich werde es nicht ertragen, darüber zu reden oder zu schreiben, aber ich bin dankbarer, als ich jemals sagen kann.

Aber behalte Tony im Auge. Er ist dir ergeben. Er ist noch sehr jung und man kann so viel für ihn tun.

Bitte erinnern Sie mich an Ihre Frau.

Ich bin,

Mit freundlichen Grüßen

LUCY GALE .

AN JAMES MARADICK , Esq.,

Die Ulmen, Epsom.

Auf dem Weg nach Ashbourne ,

Derbyshire.

11 Uhr

Ich sitze unter einer Hecke mit diesem Stück Papier auf meinem Knie; dreckig, Sie denken es vielleicht, aber ich finde, dass das Warten auf Papier überhaupt keinen Brief bedeutet, und deshalb muss es geschrieben werden, wenn der Moment da ist. Ich wandere nach Norden – zwischen den Seen, die ich ansteuere. Es ist schönes Wetter und eine harte, weiße Straße, und die Show lief in den letzten Tagen gut. Da ist eine violette Hügelkette hinter mir und ein Himmel, der viele Dichterreden braucht , um ihn zu verherrlichen, und ein kleiner Teich an der Straßenbiegung, der blauer ist als blaue Glocken.

Der neue Hund ist nicht so dumm, wie ich dachte; nicht, dass er Toby ist, aber er hat einen Sinn für Humor an sich, der mehr als nur ein Korb voll Intelligenz ist. Letzte Nacht war ich in einem schönen Gasthof in fröhlicher Gesellschaft. Ich wünschte, Sie hätten das Reden hören können, aber Sie hätten mit der Serviette auf dem Knie und einem weichen Teppich zu Ihren Füßen gegessen. Gestern Abend war ein netter Kerl da, der letzte Woche den Teufel auf dem hohen Bergrücken laufen sah, der in Richtung Raddlestone führt .

Vielleicht war es Morelli; wie genug. Er ist oft so herum. Ich denke oft an dich und werde im November wieder in London sein. Ich möchte dich hier draußen haben, mit Sternen statt Schornsteinen und einem roten Licht dort, wo die Sonne untergeht.

Ich schreibe noch einmal aus dem Norden.

Mit freundlichen Grüßen

DAVID GARRICK .

KAPITEL XXII

DER ORT

Es ist Dämmerung. Die Bucht versinkt mit ihren Farben im Abendnebel. Das Meer kriecht ganz sanft über den Sand, der ein wenig durch die nassen Spuren glänzt, die die zurückweichende Flut hinterlassen hat.

Die Felsen, die Hügel, die Stadt erheben sich hinter dem grauen, geheimnisvollen Boden, der sich in schwarzen Mauern, die sich scharf vom Nachtblau des Himmels abheben, grenzenlos in die Unendlichkeit erstreckt.

Es gibt nur einen Stern. Einige Schafe weinen in einer Herde.

Ein kalter Wind streicht wie ein Dieb über den Sand. Das Meer kriecht unerbittlich und bedrohlich zurück. . . ewig.

DAS ENDE
